KB185629

근대철학자가 본
한국 사회

근대철학자가 본 한국 사회

김용환 지음

서광사

근대철학자가 본 한국 사회

김용환 지음

펴낸이 | 이숙
펴낸곳 | 도서출판 서광사
출판등록일 | 1977. 6. 30.
출판등록번호 | 제 406-2006-000010호

(10881) 경기도 파주시 회동길 77-12 (문발동)
대표전화 (031) 955-4331 팩시밀리 (031) 955-4336
E-mail: phil6060@naver.com
http://www.seokwangsa.co.kr | http://www.seokwangsa.kr

제1판 제1쇄 펴낸날 — 2024년 12월 10일

ISBN 978-89-306-1057-5 93160

나에게 철학을 가르쳐 주신
오영환 교수님, 박동환 교수님께
이 책을 바칩니다.

차례

7장 Hume의 철학에서의 회의주의와 독단주의 : 종교에 관한 세 작품 분석

8장 공감과 연민의 감정의 도덕적 함의

회고와 재검토

프롤로그

누구를 위해서 이 책을 쓸 것인가? 이 질문은 처음 이 책을 기획할 때 스스로 물었던 물음이었다. 흐르는 강물에 물 한 컵 보태는 일이 아무런 의미가 없듯이 홍수처럼 쏟아져 나오는 책들 사이에 이 책 한 권을 보태는 일이 민망한 일처럼 느껴진다. 하루가 다르게 변해가는 이런 시대에, 그것도 삶의 대부분을 아날로그 시대에 살았고 디지털 시대에서 겨우 생존할 수 있을 정도로 길들여진 사람이 초-디지털(super-digital) 시대를 살아가는 또는 살아갈 사람들에게 무슨 보탬이 되는 이야기를 할 수 있을 것인가? 이런 의문이 드는 것은 너무도 자연스럽다. 새로운 경험은 적고 낡은 경험만 많은 노년에 이른 사람이 미래를 살아갈 사람들과 그들이 살아 낼 한국 사회를 위해 할 수 있는 말이 뭐가 있을 것인가? 노년의 상징처럼 여겨지는 작은 지혜라도 있어 뒤에 오는 사람들에게 남겨 줄 수 있다면 그 또한 좋지 않을까 하는 것은 노욕(老欲)일 뿐이다. 나는 내게 이런 과욕이 있다는 사실이 놀랍기는 하지만 굳이 그것을 숨기고 싶지 않다. 그러나 동시에 과욕에 대한 반성은 사실 이 책을 만들어 보는 일에 주저하도록 했다. 과욕과 반성 사이를 수없이 오가며 글쓰기는 진퇴를 거듭하고 그 속도는 더디게 진행되었다.

나는 독자들에게 무엇을 말하려고 하는 것일까? 짧게는 19년, 길게는 35년이란 시간이 지난 글을 다시 읽고 재검토하는 이유는 어디에 있는가? 이 책의 값(price)과 가치(value)는 얼마일까? 시장에서 물건 값을 정하는 사람은 그 물건을 파는 사람(seller)인 듯 보이지만 실제로는 사는 사람(buyer)이 정한다고 하는 홉스의 말은 지금 여기에도 들어맞는 말이다. 고객이 그 물건을 구매하여 거래가 이루어질 때 그 값은 정해지는 것이다. 지금 내가 그러는 것처럼 '사람은 누구나 자신의 값을 최대한으로 높게 매기고자 하나 실제 값은 다른 사람에 의해 인정된 것 그 이상일 수는 없다.' (『리바이어던』 10장) 내가 이 글을 쓰는 이유를 제시하고 이 책의 값과 가치를 말할 수는 있어도 그것이 정당하고 적절한지를 결정하는 일은 내 몫이 아니다. 책의 가치는 이 책을 선택해서 읽는 독자가 스스로 발견하고 판단할 때 결정될 것이다. 내 경험과 생각이 그때는 맞았을지 모르나 지금은 틀릴 수 있다. 그것을 찾아내는 것도 독자의 몫이다. 또는 반대로 내 판단과 주장이 그때는 틀렸으나 지금은 맞을 수도 있다면 그것을 찾아내어 조언으로 삼는 것도 독자의 몫이다.

이 책을 처음 기획하게 된 계기는 아주 오래전에 18세기 영국 철학자 데이비드 흄(David Hume : 1711–1776)이 쓴 'My own life' 라는 짧은 그의 자서전을 읽었을 때였다.

"허영심 없이 긴 자서전을 쓴다는 것은 참으로 어려운 일이기에 나는 짧게 쓰려고 한다. 내 삶에 관해 쓴다는 것도 일종의 허영심(vanity)이라 생각될 수 있겠지만 이 서술은 내 작품들의 역사 외에는 거의 아무것도 포함되지 않을 것이다."[1]

내가 만일 훗날 나의 앎과 삶에 관해 글을 쓴다면 '나도 흄처럼 쓰겠다' 라는 다짐을 했던 기억이 있다. 이 글의 형식은 흄의 말처럼 지난 40년간 내가 써 온 글들에 대한 짧은 회고와 재검토의 기록이 될 것이다. 그렇지만 오래전에 쓴 글을 현재의 시점에서 되돌아보거나(retrospection) 다시 검토(review)하면서 나의 사적인 삶에 대한 기록을 완전히 배제하는 일은 어려웠다. 나의 글은 나의 삶에서 유리(遊離)될 수 없기에 최소한의 개인사를 언급하지 않을 수 없었다. 이 점은 독자들에게 양해를 구한다.

나의 글들은 대부분 그 글을 쓸 때의 심리적, 사회적 환경이 반영되어 있다. 여기서 심리적, 사회적 환경이란 글을 쓸 당시 나의 문제의식 안으로 도전해 오는 여러 현실 문제에 대한 절박한 심정 또는 안타까움을 말한다. 따라서 이 회고와 재검토에서는 냉정한 논리성과 치밀한 조직적 사고가 글의 중심 분위기를 차지하고 있지는 않다. 오히려 지식인에게 부여된 사회적 책무를 다하지 못하고 있지나 않은지 하는 두려움과 부끄러움의 정서가 똬리를 튼 뱀처럼 나의 가슴 밑바닥에 항상 정주해 있었다. 그때그때 내가 느꼈던 문제의식을 표면으로 드러내는 일에 글쓰기를 이용하는 것은 지식인이 할 수 있는 유효한 자기표현 방식이었다. 실천가가 아닌 이론가로서, 그리고 인문학자로서 내가 가장 잘할 수 있는 일은 독서와 사색 그리고 글을 쓰는 일이다. 독서가 앎의 지평을 넓혀 주는 일이라면 사색은 생각의 깊이를 더해 주는 일이다. 그리고 글을 쓰는 일은 이 두 가지 행위가 만나야 가능한 일이다.

나는 아마도 한국인으로서 영국에서 홉스 철학을 공부하고 박사학위를 취득한 첫 번째 사람일 것이다. 나에게 붙여진 홉스 전공자라는 이름은 영광스러운 훈장과도 같았다. 1985년 대학 강단에 처음 섰을 때 나는 약간의 당혹감을 느끼지 않을 수 없었다. 그것은 학생들에게 홉스 철학을 가르치는 일보다 더 시급한 일이 있다는 것을 금방 알았기 때문이다. 우리는 1960년대 이후 7-80년대에 이르기까지 30년 가까이 군사독재와 불관용의 시대를 살아왔다. '나와 다른 것은 틀린 것'이라 보려는 태도는 아군이 아니면 모두 적으로 보려는 군사 문화의 잔재였다. 아직도 '다르다'라는 말과 '틀리다'라는 말을 구분하지 못하고, 다른 것을 틀린 것이라고 말하는 숱한 사람들을 보면서 나는 이것이 단지 언어 습관이나 국어 교육의 부실 문제는 아니라고 느꼈다. 나와 다른 것들을 모두 틀린 것으로 보는 것은 오래된 무의식적 관습의 산물이며, 이 배후에는 흑백의 논리와 이분법적 사고가 놓여 있다.

나는 불관용의 문화를 극복하지 않고서는 근대정신이 우리 사회에 뿌리내리는 일이 어렵다고 보았다. 학생들에게 관용의 윤리(ethics of tolerance)를 가르치는 일은 내게 너무도 중요하고 급한 일이었다. 한국 사회가 열린사회로 조금 더 진화하기 위해서는 관용의 정신이 필요했고, 이것이 진정한 의미에서 근대화에 다다르는 길이라 믿었기 때문이다. 이렇게 해서 관용을 둘러싼 근대 유럽의 관용론을 다시 공부하기 시작했다. 이것이 홉스 철학 외에 관용이 나의 두 번째 연구 주제가 된 계기였다. 나는 누군가가 나를 '관용의 철학자'라 불러 주고 기억해 준다면 이는 내게 최고의 찬사이자 명예로 생각할 것이다.

나의 개인적인 경험이 사적인 영역에만 머물지 않기를 소망하며, 가능한 한 공적인 문제로 환원하고자 하는 기대와 함께 이 글을 기획하고 시작했다. 내가 다른 사람의 말을 듣고자 노력한 만큼 나의 글과 생각을 다른 사람이 읽고 이야기하고 기억해 주기를 소망한다. 이 책을 구성하고 있는 각각의 글은 내가 평생 가장 많은 시간을 내서 연구한 홉스 철학과 관용의 문제에서 빗겨나 있는 제3의 주제들이다. 홉스 철학과 관용의 문제에 대한 글들은 이미 여러 권의 저서와 공동 연구를 통해 정리되어 있어서 누구라도 관심이 있는 연구자는 쉽게 접근할 수 있다.[2] 그러나 제3의 주제를 구성하고 있는 이 책의 논문들은 발표된 시기도 1989년부터 2005년까지 16년의 간격이 있으며, 여러 학술지와 공동저서들에 흩어져 있어서 접근하기가 쉽지 않다. 가까운 미래에 누군가가 나의 글을 읽고자 할 때 손쉽게 읽을 수 있도록 한 권의 책으로 모으는 것이 필요하다는 생각이다.

J. 로크의 글이 두 편, D. 흄의 글이 두 편이 있는데 글을 쓴 시기는 다소 차이가 있으나 연결성을 고려해서 같이 나란히 배치했다. 또 「Phronesis와 Praxis」, 「아리스토텔레스와 마르크스가 이해한 삶과 실천」 그리고 「세계화에 얽힌 문제들과 그에 대한 철학적 반성」, 이 세 편의 글은 실천 문제를 중심 주제로 삼고 있기에 어느 정도 연결성을 찾을 수 있다고 보아 앞뒤로 배치했다. 나머지 글은 발표 순서에 따라 배치했다.[3] 혹시라도 철학을 전공하지 않은 독자들이라면 본문을 읽을 때 부담을 가질 수도 있다. 그런 경우 본문은 과감하게 생략할 것을 독자들에게 권유한다. 회고와 재검토는 철학적 이해가 없어도 읽을 수 있을 만큼 쉬운 글로 쓰려고 노력했다.

이 책의 제목을 어떻게 붙일 것인가에 대해서 많은 고심을 했다. 여러 주제를 다루고 있는 이 책에다 어떻게 전체를 아우르는 제목을 붙일 수 있을 것인가. 각각 시, 공간적으로 분절(分節)된 글들을 표면적으로만 보면 제목 찾기가 어려웠다. 처음에 이 책을 구상할 때 임시로 생각이 떠오른 제목은 회고와 반성적 검토를 붙인다는 의미에서 어느 영화 제목을 붙일까 생각을 했다. 과거의 글과 현재의 검토 그리고 약간의 전망을 붙인다면 아마도 글의 내용에 따라 '그때는 맞고 지금은 틀릴 수 있거나, 아니면 그때는 틀리고 지금은 맞는' 그런 것이 있을 수 있다. 어느 경우이든 모두 의미는 있다. 과거에 맞았던 생각이 지금에 틀렸다면 그것은 진보를 의미하고, 과거에 맞았던 생각이 지금도 맞는다면 그것은 혜안(慧眼)일 수 있기 때문이다.

여러 주제의 글들을 해부하듯 내면으로 들어가 보면 거기에는 흩어진 구슬을 꿰어서 이어 주는 실과 같은 주제가 있음을 발견하게 된다. 그것은 나의 사회적 자각(social awareness)과 소박한 실천(naive praxis)이다. 역동적으로 변화하는 한국 사회처럼 근대철학자로서 그것을 바라보는 나의 인식도 변할 수밖에 없다. 4.19 학생혁명, 5.16 군사 쿠데타, 긴 군사정권, 그리고 6월 항쟁과 민주화 이후 여러 차례의 정권 교체는 다이내믹 코리아(dynamic Korea) 그 자체였다. 혼돈과 질서, 억압과 자유의 쌍곡선이 교차하며 오르내리는 굴곡진 삶은 이런 시대를 살아온 우리 모두의 사회적 의식 안에 상흔(傷痕)을 남겼다. 좌우 이념 대립의 상처는 여전히 치유되지 않은 채 생채기를 남겼으며 어정쩡한 진보와 지켜 내야 할 보수적 가치조차 상실한 자기도취적 보수 사이의 갈등은 세대 갈등과 여성 혐오주의와 함께 지금의 한국 사회를 분열시키고 있다. 나의 사회적 인식은 분열과 갈등을 어떻게 해소할 것이며, 지식인의 역할은 무엇인가에서 출발하고 있다.

소박한 실천이란 나의 실천력이 결핍된 정신적 무력감의 다른 표현이다. 이 말은 갈등과 대립의 현장에서 두 발 물러서서 관망자로 살아온 나의 삶에 대한 자기변명과도 같다. 이 책에 실린 글들 안에서 나는 지식인에게 요구되는 실천적 삶의 결핍에 대해 아쉬움과 미안함을 에둘러 여러 곳에서 표현하고 있다. 내가 할 수 있는 실천은 소박하게 글로 비판하는 일이 전부였다. 판사는 판결로 말한다는 오랜 법언(法

言)처럼 지식인은 말과 글을 통해 자기 생각을 드러내야만 한다. 그 외에 다른 방법은 외도(外道)로 간주되었다. "학자의 잉크는 순교자의 피보다 진하다."라는 마호메트의 말을 위안 삼으며 순교자의 처절한 삶보다는 학자의 안온한 삶을 살 수 있음에 감사했다. 그러나 조금 더 행동하는 삶을 살지 못하는 것에 대해 부끄럽고 미안한 마음을 가지지 않을 수가 없었다. 이 점 때문에 마음이 괴로웠던 것도 사실이다.

서양 근대철학은 나의 철학적 둥지이다. 알이 부화하고 새끼로 태어나서 둥지를 떠나는 새처럼 나의 미숙한 생각들이 부화하고 자란 곳은 서양 근대철학이라는 둥지였다. 여행의 목적이 집에 돌아오는 것이듯 나의 지적인 탐험으로 시작된 사유 여행의 목적은 언제나 서양 근대철학이라는 둥지로 회귀하는 것이었다. 내가 한국 사회를 바라보는 시선(視線)도 바로 이 둥지에 난 창문을 통해서였다. 한국 사회를 바라보는 나의 자각과 그 안에서 소박하게나마 실천해 보려는 나의 의지가 여기에 모인 글들을 관통하는 주제 의식이다. 그리고 내게 작은 것도 크게 보게 하고, 먼 것도 가깝게 보게 하는 현미경과 망원경의 시선을 갖게 한 것은 서양 근대철학자들이다. 그렇기에 나는 '근대철학자가 본 한국 사회'를 이 책의 제목으로 삼기로 했다.

1
자유 민주주의에 대한 철학적 반성

1. 서론

철학적 반성이란 회광반조(回光返照)요, 생각을 되새김질하는 것과 같다. 인간의 이성은 본질적으로 사유하는 기능이며 사유는 현재라는 시간적 관점에서 과거를 평가하고 미래를 예측하는 기능을 포함하고 있다. 자연과학의 영역에서 요구되는 반성적 사유는 비교적 현재의 이론들에 대한 검토와 미래에 대한 예측이 그 핵심을 이루나 철학적 사유는 앞선 철학자들의 이론이라는 과거의 것과 사유의 주체자가 현존하고 있는 현재적 상황과 철학자들의 진정어린 충고가 필요한 여러 문제에 대한 해답으로서의 미래적 처방이라는 세 가지 요소가 결합되어 있는 복합적 활동으로 이루어져 있다. E.H. Carr의 지적대로 역사가 현재의 관점에서 과거와 미래를 잇는 가교와 같은 것이라고 한다면, 철학 역시 과거 현재 미래를 꿰뚫는 통시성이 요구되는 학문임에 틀림없다. 따라서 철학적 사유란 사유의 대상이 무엇이든 상관없이 과거의 것 또는 이미 있는 것들을 비판 평가하는 일로서의 반성과 아직 있지 않은 것에 대한 기대 및 대안 제시로서의 전망으로 이루어져 있다.

철학자가 사회나 역사 또는 문화 현상에 대해 이론적으로 시비를 가리고자 하는 일은 사유의 반성적 기능이 담당하고 있으며, 이는 비교적 쉽게 개별 철학자에 의해 독자적으로 수행되는 철학의 일차적 과업이다. 그리고 미래에 대한 전망 제시는 비록 그것이 철학의 일차적 과제보다는 위험 요소가 더 많고 엄밀하지 못하다 하여 일부 철학자들에 의해 포기되어 버린 적이 있다 하더라도 여전히 철학자들이 져야 할 제 이차적 과제이며 부담이다. 이는 마치 일반의학에서 병의 원인을 진단하는 일은 비교적 용이하나 치료하는 일은 복잡하고 어려우며 위험 부담이 따르는 것과 마찬가지이고, 사회학자들이 여러 가지 사회병리 현상들을 지적하고 비판하는 일에는 능숙하나 처방하는 일에는 주춤하는 것과 유사하다.

이 글을 통해서 드러내고자 하는 것은 이미 제목이 말해 주고 있듯이 정치제도로서의 민주주의에 대한 철학적 반성과 비판을 하는 데 있다. 그리고 철학적 반성이 사상을 되새김질해서 음미하는 것이라면, 이 시대를 지배하는 사상 중의 하나로서 자유 민주주의라는 이념은 마땅히 반추(反芻)되어야 한다. 따라서 이 글은 기존의 민주주의 체제에 대한 이론적 검토와 비판에 초점이 맞추어져 있다. 그리고 이런 반성의 기초 위에서 한국의 민주주의에 대한 반성과 전망을 시도해 보고자 한다. 왜냐하면 이론의 의미는 그것이 실천적일 때 발생하며, 이론적 반성은 그것이 현재적 상황에 대한 해석으로만 그칠 때보다는 실천적인 전망으로 이어질 때 의미를 가지기 때문이다.

2. 민주주의에 대한 반성 이유

정치적 민주주의에 대해 반성되어야 할 내재적 필연성은 다음과 같은 세 가지 명제 속에 포함되어 있다. 첫째, 민주주의는 아직도 그것의 완성을 위해서 필요한 구조적 기초를 충분히 갖추고 있지 못하며, 둘째로, 민주주의는 하나의 이데올로기이기 때문이며, 셋째로 민주주의가 최선의 통치 형태로 남아 있기 위해서는 자기 수정이 불가피하기 때문이다. 먼저 첫 번째 명제부터 살펴보자. 민주주의의 전통이 오래된 유럽에서뿐만 아니라 소위 제3 세계권 내에서도 민주화 운동이 활발히 전개되고 있음에도 불구하고 오늘날 대부분의 국가들이 충분히 민주주의적으로 통치되고 있지 않음은 어떤 이유에서인가? 나는 미비된 민주주의의 구조적 기초에서 그 원인이 찾아져야 한다고 보며, 여기서 말하는 민주주의를 위한 구조적 기초란 인간의 본성과 인식능력에 대한 경험주의적 태도, 자율적인 정치적 판단과 정책 결정 과정에의 적극적 참여, 그리고 민주주의를 생활양식 또는 사고방식의 한 유형으로 이해하는 태도 등을 의미한다.

R. 다렌도르프(Dahrendorf)가 독일 사회를 분석하면서 비교적 다른 서구의 여러 국가보다 독일에서 민주주의가 잘 뿌리내리지 못했던 이유를 칸트, 헤겔, 괴테의 탓으로 돌리고 있는 것은 흥미 있는 일이다. 실제로 19세기 독일에서 민주주의 운동에 대한 반대 투쟁이 일어났을 때, "다수가 아니라 권위이다"라는 표어를 만들어 낸 것은 헤겔의 한 제자였다. 또 니콜라우스 쿠자누스(Nicolaus Cusanus)가 절대자에 대해서는 불가지론을, 그리고 정치 이론에 대해서는 민주주의의 이념적 기초라고 말할 수 있는 인간의 자유와 평등을 주장한 것과 아퀴나스나 라이프니츠가 질서와 조화를 바탕으로 군주정치를 주장한

것은 흥미 있는 대조를 이룬다. 절대군주제를 지지했던 이들은 공통적으로 인간의 불완전한 존재 조건을 간과했으며 이성의 합리성, 그리고 자연 내의 조화로운 질서를 근거로 해서 이상적인 국가의 실현을 기대했다. 인간의 본성에 대한 낙관적 견해와 우주 내의 합리적 질서가 인간의 내면에도 자리 잡고 있다는 형이상학적 가정은 근대나 현대에도 민주주의의 토대가 되기에는 부적절하다는 것이 역사적 경험을 통해서 증명되고 있다.

반면 민주주의는 인간의 본성에 관해 두 가지 상반되는 가설을 그 기초로 삼고 있다. 즉 인간은 잠재적으로 이기적 존재이며 동시에 선하기도 하다는 신념이다. 이런 신념은 이미 17세기에 홉스가 주장했고 로크, 루소, 밀에 의해 계승되면서 민주주의의 구조적 기초를 이루어 왔다. 인간은 자연 상태하에서 이기적 존재가 된다는 사실로부터 힘의 균형과 견제를 배웠고, 계약을 통해 사회를 구성함으로써 권력을 억제하고 자기 자신의 욕망을 억제해야 할 필요성을 체험하게 되었다. 경험에 충실하는 한 완전한 지식이 불가능하다는 사실로부터 사회, 정치적 문제에 대한 이상적이고 완벽한 해답이 불가능하다는 사실을 받아들임으로써 민주주의적 가치들은 그 설 자리를 가지게 된다.

인간의 본성에 대해 낙관적으로 생각했던 관념론자들이나 자연의 질서에 예찬을 보냈던 낭만주의자들에게는 심리적 이중성으로부터 나온 민주주의의 실천 덕목 즉, 균형과 견제, 계약의 정신과 권력의 억제가 민주주의의 구조적 기초가 된다는 것이 인식되기 어려웠다. 이렇게 볼 때 우리는 정치제도와 철학적 태도 사이에 놓여 있는 상관관계를 두 가지로 구분, 설정해 볼 수 있게 된다. 하나는, 인식의 불완전성을 용납하고 갈등과 대립의 불가피성을 인정하고 따라서 관용이 중요한 정치적, 도덕적 덕목으로 인정되는 경험주의 정신이 민주주의의 토대로서 적합하다는 것이며, 다른 하나는 관념론적 형이상학이나 철학적 절대주의가 군주정치, 전제정치 또는 정치적 절대주의와 긴밀한 상관관계가 있다는 것이다. 서구의 민주주의 국가들이 비교적 전자의 경우라고 한다면 유교 문화의 전통이 오래된 동양의 여러 나라는 후자의 경우에 가깝다. 따라서 미비된 민주주의의 구조적 기초에 대한 반성은 위에서 지적한 경험주의적 정신과 태도에 충실치 못한 점에 대한 비판이다.

또 다른 민주주의의 구조적 기초는 정치적 판단의 주체는 자율적 개인들이며 이들은 개인이나 집단 그리고 공동체 자체의 이익과 관련된 여러 정책 결정 과정에 적극적으로 참여해야 한다는 신념 위에 세워져 있다. D.D. 라파엘(Raphael)의 말대로 "민주주의는 '너 스스로 그것을 행하라' 는 이론이며 … 민주주의자는 보다 뛰어난 지혜를 가진 다른 사람에 의해 지배를 받기보다는 자신이 잘못을 범할 각오가 되어 있는 사람이다."[1] 즉 각각의 개인이 내리는 정치적 판단은 자기 지시적(self-directive)이어야 하며, 스스로 선택한 정치적 판단이 다른 사람에 의해 결정되고 부여된 것을 그대로 따르는 것보다 훨씬 낫다는 믿음이 민주주의의 기초가 된다. 그래서 이런 신념은 고대의 직접민주제로 나타났으며, 근대에는 일반의지론 및 동의론으로 대표되었다.

그러나 현대 민주주의의 구조 속에서 자율적 정치적 판단은 어렵게 되었으며 정책 결정 과정에의 참여 역시 보다 복잡해지고 전문화됨으로써 전반적인 정치적 무관심이 초래되었다. 이미 사회비판 이론가들에 의해 지적되었듯이 정치적 정보의 독점권이 통제와 의사결정의 주도권을 공유하고 있는 정치 전문가, 행정관료 그리고 소위 테크노크라트(technocrat)에게 양도되어 버림으로써 권리뿐만 아니라 전적인 정치적 책임(total political responsibility)까지도 그들에게 넘겨 버리게 되었다. 이제 자율적 개인, 정치적 결정 과정에의 적극적 참여 같은 민주주의의 신념은 환상이나 허구에 불과한 것으로 평가절하되어 무너져 버렸거나 이름만 남아 있을 뿐이다.

민주주의의 기초가 되는 세 번째 요소는 다음과 같은 신념으로 구성되어 있다. 즉 민주주의는 단순히 특수한 정치제도에 붙여진 이름만이 아니라 보다 넓은 적용 범위를 갖고 있는 "하나의 생활양식" 또는 "사고방식"이라는 믿음이다. J. 듀이는 민주주의를 세 가지 신념들에 의해 통제되는 하나의 생활양식이라 지적하고 있는데, 그 신념들이란, '인간 본성의 가능성에 대한 믿음이며, 지성적 판단과 행동을 위한 인간의 능력에 대한 믿음이며, 그리고 타자들과 더불어 일할 수 있다는 인격적 신념'을 말한다.[2] W. 에벤스타인은 『현대의 이념들』이라는 책에서 민주주의의 생활양식에 맞는 사고방식으로서 1) 자유로운 결사의 중요성에 대한 믿음, 2) 사회, 문화, 정치적인 관용성과 다양성에 대한 강조, 3) 국가를 수단 또는 도구로 보는 태도, 4) 폭력 수단의 배척, 5) 자발적 활동의 강조 등을 열거하고 있으며, 또 E. 린드만은 민주주의의 행동 양식들로서 다음을 지적하고 있다. 1) 통합은 다양성을 잃지 않고서 행해져야 한다. 2) 이상은 언제나 부분적으로만 이루어진다. 3) 수단과 목적은 일치해야만 한다. 4) 회의는 민주주의의 수단이다. 5) 민주주의는 제도적으로 보장되어야 한다. 6) 민주주의는 하나의 교육과정이다. 이런 신념들이 기초되어 있지 않고 정치적인 형식과 제도만으로 이루어진 민주주의는 모래 위에 집을 지은 것과 같이 위태로울 뿐이다. 이는 마치 민주적 헌법으로 치장된 옷을 입고도 전체주의적 사고를 하는 것과 같으며, 독일 바이마르공화국의 운명이나 한국 정치사에서 겪었던 실패한 민주주의의 경험은 모두 민주주의의 기초가 준비되어 있지 않은 상태에서 일어났던 전형적인 실례들이다. 아직도 전 세계의 여러 나라에서 민주주의가 위기에 직면해 있는 이유는 바로 위에서 지적한 민주주의의 기초들이 채 준비되어 있지 않다는 데 있으며, 따라서 민주주의가 반성되어야 할 첫 번째 근거는 바로 여기에 있다.

민주주의가 반성되어야 하는 두 번째 이유는 그것이 곧 이데올로기이기 때문이다. 즉 이데올로기 비판의 당위성과 민주주의에 대한 비판의 당위성은 동일선상에 놓여 있다. 따라서 이데올로기 비판의 본질을 드러냄으로써 민주주의가 심각하게 반성되어야 할 필요성도 함께 밝혀질 것이다. 이데올로기라는 개념은 18세기에 등장한 이후 여러 가지 의미로 다양하게 사용되고 있지만 공통적으로 두 가지 요소가 내포되어 있다. 하나는 그것이 관념적이라는 것이요, 다른 하나는 구체적인 행위와 직접적인 관계를 가지고 있다는 점이다. 관념적이란 그것이 체계화된 것이건 전이해적인 것이건 하나의 사유물이며 철학적 관념론과 깊게 관련되어 있음을 의미한다.

마르크스는 이런 이데올로기를 한 역사적 시기에 주어져 있는 사회경제적 관계를 반영한 것이며, 지배계급의 의식을 반영한 것으로 사회체제를 현 상태로 유지하기 위한 왜곡된 관념들 또는 허위의식이라 비판하고 있다. 또 마르크스주의자가 아니라 하더라도 현대의 철학자와 사회학자들은 이데올로기를 비판을 통해서 극복되어야 할 거짓된 신념의 체계로 인식하고 있다. 반면 이데올로기가 구체적 행위와 관련되어 있다는 말은 그것이 실천(praxis)을 위한 이념 체계라는 의미이다. 인간의 생활을 조종하고 규제하는 이념들의 체계로서 이데올로기는 행위를 위한 가치를 제공해 주고 있으며, 사회의 공통적 가치관을 제공해 줌으로써 사회의 연합과 통일을 가능케 한다. 따라서 인간은 어느 정도 불가피하게 이데올로기를 요청하게 되는 것이다.

이렇듯 이데올로기는 비판 부정되어야 할 대상이면서 동시에 행위와 사회질서를 위한 도식적인 전형으로서 요청되어야 하는 상반되는 이중적 가치를 지니고 있다. 다시 말해 이데올로기 비판이란 처음부터 완전하고 객관적인 지식을 얻어 이데올로기로부터 완전히 해방되고 극복됨을 의미하는 것이 아니다. 만약 그것을 기대한다면 그것은 하나의 환상에 불과하며 그것 자체가 이데올로기일 뿐이다. 따라서 이데올로기 비판은 어떤 특정한 이데올로기를 확정된 진리로 간주하고 지지 선전하며, 그와 대립되는 이데올로기는 비진리로 배척하려는 데 그 목적이 있는 것이 결코 아니다. 다만 어떤 이데올로기이든지 변할 수 있고 허구성과 병폐를 지니고 있다는 사실을 지적하는 데 있으며 부단한 이데올로기 비판을 통해 특정한 이데올로기를 지지 고수하는 데서 오는 폐단과 해독을 막는 데 있다.

이런 이데올로기 비판의 일반적 성격은 이 시대를 지배하는 가장 강력한 두 사상인 민주주의와 공산주의 이데올로기에도 그대로 적용된다. 이 두 대립적인 이데올로기는 똑같이 비판되어야 할 대상임에도 불구하고, 지난 30여 년간 한국 사회에서 보여 주었던 이데올로기 비판은 공산주의 이념에 대한 공격으로 점철되었으며, 마치 그것이 완전히 극복, 제거되리라는 잘못된 기대를 가지고 시행되었다. 또 그렇게 함으로써 민주주의 이념에 지나치게 의존하고 두둔하도록 심정적 유도를 꾀한 것은 아닌가 하는 반성도 가능하다. 이념들에 대한 철학적 반성과 비판은 그 공정성을 잃지 않기 위해서라도 두 개의 대립적인 이데올로기를 비판의 대상으로 삼아야 한다. 그렇게 할 때라야 공산주의 이데올로기의 완전 극복도 불가능하며 민주주의의 우상도 불가능하다는 사실을 자각하게 될 것이다.

민주주의가 왜 반성되어야만 하는가 하는 세 번째 이유는 우리가 선택한 민주주의가 최선의 통치 형태로 남아 있으면서 계속 성장해야 하기 때문이다. 자유세계에 속해 있는 대부분의 사람이 민주주의는 인류가 고안해 낸 정부 형태로서 가장 바람직한 것이라는 데 동의할 것이다. 무엇이 그들로 하여금 민주주의가 최선의 통치 방법이라는 확신을 가지도록 만들었는가? 그것은 다음 두 가지 점에 있다. 첫째는 민주주의가 인간의 본성에 가장 적합한 제도라는 점이다. 즉 민주주의는 인간이 인식론적으로나 존재론적으로 불완전하다는 사실을 근거로 해서 고안된 정치제도라는 것이다. 완전한 민주주의란 원초적으로 불가능하다. 따라서 민주주의 내에서는 상충하는 주장과 집단이 공존하며 이들을 존중해 주고 관용할 수 있는 심리적 여유를 갖도록 함으로써 독단과 비타협의 위험으로부터 벗어날 수가 있다.

둘째는 민주주의의 기반이 도덕적이라는 점이다. 다시 말해 민주주의의 전제는 도덕적 기반 위에 세워져 있으며 단순한 통치 기구 이상의 것이라는 의미다. 민주주의는 비인간적 행위를 감소시키고 희망을 최대한 증가시키려는 목적으로 구성된 정부 조직의 원리인 것이다. 또 인간의 존엄성을 원칙으로 하고 개인의 정치적 평등을 법적으로 보장한 정체이다. 그렇기 때문에 민주주의에 대한 본질을 이해하지도 못하고 그것의 장, 단점에 대해 파악하지 못한 사람들에게까지도 민주주의는 호소력을 지니게 되는 것이다. 그러나 이와 같은 민주주의의 내재적 장점이 언제나 이 체제를 최선의 통치 형태로 남아 있도록 보장해 주는 것은 아니다. 민주주의는 완벽한 이념 체계가 아니며, 완성된 이론도 아니다. 그것은 이데올로기로서 끊임없이 비판되고 수정되어야 할 운명을 지니고 있다. 복합적인 사회현상이나 새로운 상황을 설명하기 위해 탄력성 있는 이념으로서 적응력을 유지하기 위해서 민주주의는 비판으로부터 살아남아야 하고 또 자기비판의 기능을 상실치 않을 때에만 건강하게 성장할 수 있는 것이다. 이런 근거하에서 민주주의에 대한 반성은 필수적으로 요청된다.

3. 민주주의에 대한 반성 내용들

민주주의는 모든 사회 정치적 문제들에 잘 듣는 만병통치약이 아니며 제도로서도 완전한 것이 못 되며 유토피아도 물론 아니다. 민주주의는 이론적인 면과 실천적인 면 사이에 깊은 간격이 있으며 다른 어떤 제도보다도 그 간격을 메우기가 어렵다. 소올 K. 파도버가 지적하고 있듯이, "민주주의적 이념을 입버릇처럼 주창하는 일은 특히 경험 없는 신생국의 선동적인 지도자들에게는 손쉬운 일이지만, 이것은 그러한 목표를 민주적 절차로 실천에 옮긴다는 것과는 아주 별개의 문제이다. 역사가 짧고 훈련이 부족한 나라들에게 민주주의의 실천은 참화를 뜻할 수 있다. 왜냐하면, 민주적 제도는 전체적으로 실로 복잡다단하여 오직 가장 성숙한 사람들만이 이를 다룰 수 있기 때문이다."[3] '완전한 것은 실현될 수 없다' 라는 명제 아래 제도로서의 완벽성을 가정하지 않은 민주주의는 시행착오를 통해서라도 가능한 한 독자적인 개선의 길을 모색하고자 노력한다. 현대 민주주의가 반성되고 개선되어야 할 그 구체적 내용은 다음과 같은 다섯 가지로 열거될 수 있다.

3.1 현대 민주주의 국가에서 보호와 복종의 관계는 정상적인가?

정치제도의 변화에 있어서 그 핵심은 지배와 피지배자, 국가와 국민 사이의 관계가 어떻게 변했느냐에 달려 있다. 즉 국가의 보호와 국민의 복종이라는 일종의 역학 관계가 어떠하냐에 따라 정치체제에는 각기 다른 이름이 주어져 왔다. 통치권의 강제력, 법률과 처벌의 집행력은 보호의 이름으로 정당화될 수 있는 국가의 권리이며, 개개의 국민에게 요구되는 복종은 국가의 명령에 따라야 하는 정치적 의무로 나타난다. Aristoteles의 목적론적 세계관이 지배하던 고대와 중세 시대의 대부분 국가는 보호의 대가로 복종을 요구하게 되었고, 따라서 국가의 '지배' 권리와 국민의 '복종'의 의무를 비례적인 상관관계로 보았다.[4] 이런 상황 아래서 국민의 권리보다는 의무가 보다 강조되었던 것은 자연스러운 일이었다. 그러나 근대의 민주주의는 보호와 복종 관계의 새로운 조정으로부터 시작했으며, 개인주의와 자유주의의 발전은 국가의 보호와 간섭을 제한하고 따라서 복종의 의무도 그만큼 약하게 만들었다. 그 대신 자유와 평등, 그리고 정의의 실현을 위한 국가의 의무는 확대되고, 참정권의 획득, 사유재산의 축적 등 국민의 권리도 확대되었다. 현대 민주주의자들은 자기들의 이념적 뿌리를 근대로부터 갖고 있다고 주장하나 과연 얼마나 현대의 민주주의가 그러한지 반성되어야 한다. T. 혼더리취(Honderich)는 "평등을 위한 폭력"에서 현대의 민주주의의 특징을, '비강압적인 선택과 영향(uncoerced choosing and influencing)', '대략적인 평등(approximate equality)', '효력 있는 다수결(effective majority decision)'로 보면서도 이들이 모두 현실과는 거리가 있음을 지적하고 있다.[5] 이는 바꾸어 말해서 강압적인 선택과 영향력 행사가 현실 정치에서 보다 지배적이며, 대략적인 평등 배후에 불평등한 상황이 여전히 상존해 있고, 다수결의 배후에 소수의 입장이 무시된 채 있다는 것을 드러내는 말이다. 특히 현대의 국가 조직 가운데 행정부의 비대는 강압적인 선택과 영향력 행사를 보다 용이하게 만들었고 이 때문에 근대적인 의미의 보호와 복종의 관계와는 상당히 멀어지게 되었다. 현대는 그것이 민주주의 국가이거나 공산주의 국가이거나 공동선의 이름으로 계획하고 추진하는 일들의 규모가 크면 클수록 이 목적을 달성하기 위해 보다 강한 통제력을 요청하게 되고 그런 과정 속에서 개인의 이익과 권리는 희생당할 수밖에 없다는 생각으로 만연해 있다. E. 프롬의 말대로, "공산주의 국가들은 국민의 복종을 보다 강압적으로 그리고 공개적으로 요구하는 반면 소위 민주주의 국가들은 설득이라는 교묘한 방법으로 복종을 유도하고 있을 뿐 실제로 모두 불복종을 억제하고 복종을 미덕으로 가르치고 있다."[6] 개인의 권리보다는 국가의 목적을 우선으로 생각한다는 점에서 현대의 민주주의 국가는 다시 고대 그리스 국가처럼 국민에게 복종의 의무는 보다 더 강조되고 국가의 '보호' 권리가 강조되는 경향을 띠고 있다. 이런 상황에서 비록 근대와 같은 낭만적인 시대로 다시 돌아갈 수는 없다 하여도, 또 현대 민주주의가 기술상의 어려움 때문에 실제로 이념 그대로 실현되기 어렵다 하더라도 적어도 기울어진 보호와 복종과의 관계는 바로 회복되어야만 한다.[7]

3.2 민주주의는 공산주의에 대한 배타적 개념인가?

과거의 군주정치나 봉건주의 시대에는 피지배자의 동의를 필요로 하지 않고 다만 통치자의 권력 의지와 그 의지를 실현시킬 수 있는 물리적 힘만 있으면 충분했다. 그러나 최소한 현대 국가들의 대부분은 모든 정치체제가 그 구성원들의 지지를 얻지 않으면 확고하게 설 수 없다는 사실에 대해 인정하고 있다. 즉 어떤 형태로든 국민들로부터 받는 동의나 지지를 통치권 획득의 필수조건으로 보려는 것은 거의 모든 나라가 공통적이다. 상징적이거나 또는 실질적이거나 간에 선거를 통한 동의는 주로 자본주의 사회에서 실시되는 방법이며, 국민 전체를 대표한다는 당(political party)의 의결에 따라 동의를 받는 방식은 주로 사회주의국가에서 채택되고 있다. 이 양자 사이에 놓여 있는 형식과 내용적인 차이에도 불구하고 공통적으로 지향하고 있는 것은 국가 구성원 전체의 동의나 지지를 얻음으로써 국민에 의한 통치라는 원초적인 민주주의 이념에 충실하려는 데 있다. 따라서 정치권력이 국민으로부터 나오며 정부는 피지배자의 동의에 의해서만 합법적이 된다고 믿는 민주주의는 오늘날 자기 정치체제의 보편적 정당성을 보장받기 위해서 모든 종류의 정치체제가 사용하는 보통명사에 불과하게 되었다. 2차 세계대전 이후 공산주의와 대립하는 이데올로기로서 자유 진영에서 전유물처럼 사용해 왔던 민주주의라는 용어가 더 이상 특정한 국가들의 통치 형태를 지시하는 고유명사가 아니라는 뜻이다. 이렇게 볼 때 민주주의는 공산주의와 양립할 수 없는 배타적 개념이 아니며, 대부분의 공산주의 국가에서조차 민주주의를 표방하는 것은 이와 같은 경향을 잘 드러내 준다. 소련이나 중국에서 민주주의라는 용어로 자기 정치체제를 수식하는 것과 현실 정치가 일치하지 않는다는 점에 주목할 필요는 없다. 이는 마치 민주주의 국가에서 비민주적 정치형태가 존재하는 것과 같기 때문이다. 다만 두 진영 사이를 구분 짓는 차이점이란 '정도의 차이'일 뿐이라는 것이다. 주지하는 바와 같이 현대사회에 있어서 서로 대립되는 두 계급, 프롤레타리아와 부르주아 사이의 관계가 변했다는 사실과 경제 이론에 있어서 자본주의와 사회주의 사이의 경계선이 무너졌다는 사실에 근거해서 이데올로기의 종언을 이야기하는 것은 이제 진부한 이야기처럼 되어 버렸다. 오늘날 우리는 고전적인 민주주의 개념을 고집하거나 우리와 체제를 달리하는 공산주의 국가를 향해서 민주주의를 강요하는 일이 불가능한 시대에 살고 있다. 이제 더 이상 민주주의라는 용어 자체가 미국과 소련, 남한과 북한을 가로지르는 경계선이 될 수 없게 되었다. 이와 같은 민주주의에 대한 반성과 시각의 변화는 이데올로기의 대립에서 벗어나게 할 뿐만 아니라 민주주의 이데올로기의 교조적인 성격과 우상화로부터 우리의 정치적 의식을 자유롭게 만들어 준다.

3.3 민주주의의 이념을 가장 극명하게 주는 명제로서 링컨 대통령에 의해 제창된 "국민의, 국민에 의한, 국민을 위한 정부"라는 이상은 이대로 좋은가?

독일의 법학자 한스 켈젠은 『민주주의의 기초』라는 책에서 '국민을 위한' 정치가 '국민에 의한' 정치와 동일하지 않을 수 있고, 국민을 위한 정치가 민주주의를 정의하는 기본적인 요소가 될 수 없다고 지적하고 있다.[8] 독재정치나 군주정치가 스스로를 '국민을 위한' 정치라 말한다고 해서 그것이 곧 '국민에 의한' 통치는 아니며, 따라서 민주주의라 불릴 수 없다는 뜻이다. 동·서양을 막론하고 어느 정치체제이든지 모두 '국민을 위한' 통치를 표방하지 않는 것은 없었다. 그렇다고 해서 그 모든 정부가 민주적이었다고 말할 수 없었다는 것은 분명하다. 조선 시대의 통치 이데올로기였던 유가의 경세 사상 속에도 위민 사상이 중요하게 자리 잡고 있으며 또 실제로 통치의 기술로서 세종대왕이나 그 밖의 몇몇 성군에 의해 사용되었다고 해서 그것이 곧 민주주의적 통치 형태나 사고방식을 뜻한다고 보는 것은 잘못이다. 위민 정치는 국민을 위한 정치는 되지만 국민에 의한 정치는 결코 아니다. 국민을 위한다는 면에서는 군주정치나 과두정치가 민주주의보다 더 효과적이고 많은 것을 국민에게 줄 수도 있다. '국민의', '국민에 의한' 통치라는 두 가지 요소만으로도 민주주의는 충분히 설명될 수 있다. 왜냐하면 국민을 위한 통치는 앞의 두 요소 안에 이미 내재적으로 함축되어 있기 때문이다. 그러나 국민을 위한 통치로부터 나머지 두 요소가 논리적으로 추론되지 않는다는 것은 사실이다. 따라서 민주주의를 규정하는 요소로서 '국민을 위한 정치'는 충분조건이 될 뿐 필요조건은 못 된다.

3.4 민주주의의 실천 주체인 '시민'이란 개념은 대중(mass) 또는 우민(mob)으로 전락해 버리지 않았는가?

Aristoteles는 『정치학』에서 국가는 시민(citizen)들의 집합이라 말하면서 누가 시민인가? 하는 질문을 던지고 있다. 단순한 거주자(denizen)가 시민이 아니며 모든 사람이 모두 시민은 역시 아니라며 누가 시민이냐는 문제는 각각의 제도 또는 정체에 따라 다르게 설명될 수 있다고 진술하고 있다.[9] Aristoteles는 세 가지 점에서 시민이라는 용어를 명백히 설명하고 있다. 첫째는 시민이라는 개념을 정의하는 데 있어서 (정치적) 판단을 내리고 심의회나 사법부의 직책을 가지는 일에 참여(participation)하는 사람이라 하고 있는 점이며 둘째는 시민이라는 개념이 민주주의 제도 내에서 가장 적절하게 적용될 수 있다는 점이며, 셋째로는 건전한 시민(good citizen)과 선한 사람(good man)을 구별하면서 건전한 시민은 '어떻게 통치하며(how to govern)' 또 '어떻게 복종하는가(how to obey)' 하는 두 가지 덕목을 모두 갖추고 있는 사람이어야 한다는 점이다.[10]

비록 Aristoteles가 의미하는 '시민'이라는 용어가 그리스 사회 전체 구성원을 대상으로 하지는 않았다 하더라도, 그리고 그 후 근대에 이르기까지 대부분의 정치 이론가들도 시민이란 용어를 제한된 범위의 사람에 대해서만 사용하고 있었다 하더라도, '시민'을 정치적 행위의 주체자로 보았다는 점에서는 일치했다. 또 Hobbes, Locke,

Rousseau 그리고 Mill로 이어지는 근대의 이론가들은 봉건 질서가 무너지고 새롭게 구성된 자신들의 사회를 '시민사회'라 부르면서 그 두드러진 특징을 통치권의 기반, 국가 권위의 근거를 시민들의 동의나 일반의지로 보았다는 점에서 시민 개념의 외연을 크게 확대시켰으나 내포만은 그리스적인 개념에서 크게 벗어나고 있지 않다. 그리스적인 직접민주제이든 근대적인 간접민주제이든 그들은 적어도 정치적 행위에 있어서 자유로운 의사 결정이 비교적 가능했던 사람들을 시민이라고 부른다.

이와 대조적으로 현대사회를 '대중사회'라고 부르고 그 가상적 주체를 대중이라 부른다. 그러나 현대의 대중은 소수의 통치 그룹 또는 국가권력에 의해 동원된 매스 미디어를 통해 완벽한 통제를 받아 주체적인 정치적 판단이 불가능한 우민이 되어 버렸거나, 또는 마르쿠제의 지적대로 기존의 정치적, 경제적 질서의 영속화를 인정하고 기술 지배를 받아들이는 굴종적인 일차원적 인간이 되어 버렸다. 이들은 현대사회의 양적 진보에 안주해 버리며 부정적 사유를 스스로 포기해 버림으로써 자연 사회의식의 주체적 지배자가 오히려 지배의 객체로 자리바꿈을 해 버렸다.

현대인의 정치의식에 있어서 이와 같은 전락의 근본 원인 중의 하나는 아마도 20세기 초기의 분석철학자들이 윤리적 규범이나 정치적 목적들에 대한 합리적 탐구는 불가능하다고 가르친 데 있다고 보여진다. 윤리를 개인의 정서의 표현이라 보았던 정서주의(emotivism)처럼 정치적 판단은 개인의 가치와 선호도에 따라 결정되는 주관적 문제이지 객관적 탐구의 대상이 못 되며, 따라서 정치적 합리성의 행사 역시 개인적 차원에서 이루어지는 것이 아니라 그 이상의 것이라는 생각이 지배적이 되었다. 이런 상황에서 정치체제의 관리는 특별하게 자격이 갖추어진 전문가들의 특권에 속하는 일이 되었으며 일반인들의 의견은 이미 전문가들에 의해 확립된 정치적 합리성의 기준을 만족시키는 데 실패하고 만다. 따라서 일반 시민들의 합리적 의견은 그 합당한 목소리를 찾지 못하게 되었다.[11] 이제 대중은 민주주의의 가상적 주체일 뿐이며 실질적 주체는 소수의 정치 전문가 또는 테크노크라트로 대체되었다는 현대 민주주의의 현상은 반성의 소재가 되기에 충분하다. 현대 민주주의에 대한 비판은 바로 이 점에 초점이 모아지고 있다.

로날드 베이너(Ronald Beiner)는 판단을 자유로운 정신 활동의 한 형태로 보았고 개인들이 자신의 정치적 판단을 회복함으로써 이제까지 정치 전문가들에게 맡겨져 왔던 통치의 정당성을 되찾을 수 있다고 보고 있다. 그리고 정치철학의 주된 임무는 과학에 기초한 기술(technology)의 지배에 대항해서 정치적 이성을 방어하는 데 있으며, 의사 결정을 전문가에게 맡기지 않고 자신의 책임에 따라 내려야 하는 것이 '시민' 으로서의 고귀한 임무라는 사실을 옹호하는 데 있다고 본다.[12] 이와 유사하게 맥퍼슨(C.B. Macpherson)의 참여적 민주주의(participatory democracy)나,[13] 로버트 달(Robert A. Dahl)의 절차적 민주주의(procedural democracy)도 동일한 문제의식에서 출발한 이론적 대안들이다. 로버트 달은 절차적 민주주의의 기준을 네 가지로 보고 있는데 그중 하나인 '계몽된 이해(enlightened understanding)' 에 주목할 필요가 있다.[14] 그가 말하는 계몽적 이해란 민주주의를 위해 정치적 상황에 대한 사정에 밝고 계몽된 국민을 필요로 한다는 의미이며, 교육과 공개적인 토론을 통해 그것이 가능하다는 뜻이다. 달(Dahl)이 비록 충분하게 지적하고 있지는 못하나 계몽된 국민이란 정치적 의사 결정의 주체자, 근대적 개념으로서의 시민 그리고 조종을 거부할 수 있는 자각된 주체자로서의 시민을 의미한다고 보여진다.

3.5 민중 민주주의는 수정된 대중 민주주의인가?

민주주의의 어원이 국민에 의한 통치라는 말에서 나온 것이며 그리스적인 의미의 국민은 오늘의 의미와 사뭇 다르다는 것은 이미 말했다. 플라톤과 아리스토텔레스가 지적했듯이 당시의 국민은 주로 귀족과 여자와 노예를 제외한 가난한 사람들을 지칭하는 말이었다. 따라서 민주주의의 원래 의미는 사회 구성원 전부에 의한 통치가 아니라 분파적 정부 형태(a form of sectional government)였다. 여기서 말하는 '분파적'이란 통치권의 소유가 어디에 있느냐에 따라 국가 구성원 전체가 계급적으로 구분될 때 생기는 것을 의미한다. 1인(mono)에 의한 군주정치(monarchy), 귀족(Aristoi)에 의한 귀족정치(aristocracy), 소수(oligoi)에 의한 과두정치(oligarchy), 부자들(plutoi)에 의한 금권정치(plutocracy), 대중(ochlos)들에 의한 우민정치(ochlocracy) 등은 모두 분파적 통치 형태였다. 그리스적인 민주주의가 가난한 사람들, 즉 시민(demos)들에 의한 통치라고 한다면 이것 역시 당시 사회 구성원의 일부들에 의한 분파적 통치였다.[15] 군주정치나 귀족정치와 마찬가지로 민주주의 통치하에서도 권력으로부터 소외된 계층은 반드시 존재했다. 그러나 근대에 와서 민주주의는 대체로 국가 구성원 전부에 의한 통치라는 의미로 확대되었으며 일반 의지론이나 공동선의 이론은 이를 뒷받침해 주었다.

현대의 대중 민주주의는 어떠한가? 오늘날 국민에 의해 움직이는 국가란 거의 불가능하며 국가의 규모가 크면 클수록 더욱 그러하다. 앞에서 대중 민주주의의 실질적 주체를 대중이 아닌 정치 전문가, 정치 엘리트, 최고의 기업 경영자 그리고 관료로 본 것은 이들 외에 대부분 국민이 실제로 권력으로부터 소외되거나 배제되어 있기 때문이다. 따라서 현대의 대중 민주주의는 지배의 주체자가 국가 구성원의 일부로 제한되어 있다는 의미에서 오히려 그리스적인 분파적 정부 형태로서의 민주주의 개념에 가까이 가고 있다. 이와 더불어 최근 우리에게 익숙해져 있는 민중 민주주의는 어떠한가? 민중 민주주의라는 용어는 아직 채 정립되지 않은 개념이다. 즉 공산권 내에서 사용되고 있는 인민 민주주의(people's democracy)와 어떻게 구별되며, 또 민중이 누구인가? 하는 문제도 아직 정리되지 않고 있다. 그러나 대중이란 개념이 비계급적이며 약간은 경멸적 의미로 쓰이고 있는 반면 민중은 계급성이 강조되고 약간은 그 역할이 과대평가된 채 사용되고 있다. 계급의식을 바탕으로 해서 붙여진 민중 민주주의는 비민중 계층을 통치의 주체 세력권에서 축출해 냄으로써 국민에 의한 통치라는 근대적 민주주의 개념과 거리가 멀어지면서 동시에 통치의 중심 세력을 민중이라는 막연하면서도 범위는 넓으나 전체는 아닌 어느 특정한 계급(층)에 놓고 있다는 점에서 그리스적인 분파적 형태의 민주주의로 변질될 위험을 항상 내포하고 있다. 따라서 권력에서 소외된 계층을 낳는다는 측면에서 보면 대중 민주주의와 민중 민주주의는 동일선상에 있다.

그러나 앞에서 지적했듯이 대중 민주주의 사회에서 대중들이란 자신들의 정책 결정 과정에 참여하기를 스스로 거부하거나, 또는 차단된 상황을 그대로 감수하는 데 익숙해진 사람들을 의미한다면 적어도 민중 민주주의는 정치적 소외 상태로부터 벗어나려는 것을 목표로 하고 있다. 이때 정치적 소외란 단지 좁은 의미에서의 정치뿐만 아니라 사회 전 분야에 걸쳐 이제까지 예속되어 왔다고 믿는 정신 노동자나 육체 노동자 모두가 느끼는 소외를 의미한다. 따라서 이런 소외로부터의 탈출을 통해 현대사회의 가장 심각한 문제 중의 하나였던 대중 민주주의로의 퇴행을 피할 수 있다고 민중 민주주의자들은 믿고 있다. 이는 마치 C.B. 맥퍼슨이 말하고 있는 참여적 민주주의가 1960년대 신좌파 학생운동 구호로부터 시작해서 공장 근로자나 정신 노동자들이 모두 기존 질서와 문화 체계에 반발하고 기술 지배로부터 파생된 자기소외를 극복하려고 했던 것과 유사하다.[16] 잠정적이기는 하나 소위 민중 민주주의는 대중 민주주의를 거부하려는 데서 나온 것이며 성격상 참여적 민주주의와 궤를 같이한다고 결론지을 수 있을 것이다. 그러나 남은 문제는 진정한 민주주의 회복을 위한 반체제 또는 반문화(counter culture) 학생운동이 사회나 인간의 불완전한 존재 조건을 간과함으로써 이상적이지 않나 하는 데 있다. 이상은 언제나 부분적으로만 이루어진다는 생각을 가져야 하는데도 혹시 완전한 민중 민주주의를 기대하고 그 성취 방법으로 전적인 혁명(total revolution)에 의존하고 있는 것은 아닌가?

4. 한국 민주주의에 대한 반성

해방 이후 우리가 체험한 것은 두 문화, 즉 전통문화와 외래문화 사이의 충돌과 갈등이었으며, 두 세력, 즉 보수와 혁신 또는 민주주의와 공산주의 사이의 첨예한 대립이었다. 정치의식에 있어서는 권위주의를 근간으로 하는 봉건 질서 의식과 민주주의의 뿌리인 자유주의 의식이 불협화음으로 나타났으며 경제 제도 면에서는 선진 자본주의 질서에 무비판적으로 편입되고 사회주의 경제 이론을 백안시함으로써 성장과 분배, 효율성과 평등이라는 사회적 가치들의 균형이 깨어져 버린 결과를 낳고 있다. 또한 사상운동의 중심에 자리 잡은 철학에서도 갈등과 혼란은 예외가 아니었다. 특히 개념들의 혼란은 어쩌면 필연적이었다고 보아야 할 것이다. 서양에서 들어온 개념들과 한국 철학의 전통 속에서 다듬어진 개념들 사이에 접목이 쉽게 이루어지지 않고 있으며 또 상당수의 개념이 철저하게 검토되지 않고 사용됨으로써 학문적인 서클 내에서뿐만 아니라 일반인들의 사회 정치적 언어에서도 그 혼란은 심각하게 야기되고 있다. 나는 이런 개념들의 무규정 상태 또는 힘 있는 자의 자의적 해석이 가능한 상태를 '개념의 무정부주의'라 부르고 싶다. 이는 사용하고자 하는 개념에 대해 합의된 정의 없이 아무나 임의로 사용할 때 생기는 혼란을 의미한다. 그리고 이런 개념적 혼란은 특히 사회 정치적 문맥 안에서 의사소통의 곤란을 심화시키는 데 결정적 역할을 하며, 40여 년이란 짧은 역사를 가진 한국의 민주주의가 성장해 오는 데 늘 장애 요소로 작용하고 있었다. 한국 사회의 변화 방향과 속도 그리고 방법에 관한 문제가 제기될 때마다 보수주의자들의 논리에 참패당해 온 혁명론을 재평가해 보는 일과 한국 민주주의의 실패 이유가 어디에 있는지를 검토해 보는 일은 중요하다. 왜냐하면 이를 통해 혁명은 언제나 반민주적이기만 한 것이 아니며 때때로 참여적 민주주의의 가장 적극적인 방식 중의 하나임을 드러낼 수 있기 때문이며, 실패한 민주주의에 대한 원인 분석은 미래의 전망을 위한 선결 조건이기 때문이다.

4.1 혁명론의 재평가

혁명이란 말은 이집트 시대부터 사용되기 시작해서 그리스 시대를 거쳐 유럽의 정치사와 더불어 오랫동안 쓰이고 있는 개념이다. 아리스토텔레스는 혁명에 대해 선동과 유사한 것으로 보며, 국가의 안전을 위태롭게 하는 부정적인 것으로 이해하고 있다. 16세기 마키아벨리에 와서 차츰 혁명을 하나의 사회현상으로 보게 되었으며, 1789년 프랑스대혁명은 인간성 해방과 자유 의식의 확대라는 역사의 진보에 있어서 그 첫걸음으로 평가될 만했다. 이후 유럽의 역사는 가히 혁명의 시대라 부를 만큼 많은 혁명을 거치면서 사회 발전의 한 형태로서 혁명을 이야기하기에 이르렀다. 그 절정은 마르크스의 혁명 이론이었으며 레닌과 모택동 그리고 카스트로에 의해서 실천화되기에 이르렀다.

요즘 한국 사회에서 언급되고 있는 혁명은 두 입장에서 각각 다른 뜻으로 말해지고 있다. 하나는 주로 반혁명적 보수주의자들이 사용하고 있는 혁명 개념으로서 대체로 마르크스의 이론을 배경으로 해서 나오고 레닌이 실천한 혁명 개념으로 이해하고 있으며, 다른 하나는 한국 사회의 점진적 변화에 불만을 가지고 어떤 형태로든 혁명의 필요성을 말하는 혁명론자들이 말하는 개념이다. 이들은 보수주의자들과는 다른 개념의 혁명을 기대하고 있다. 개념의 전장에서 대치하고 있는 보수주의자들과 혁명론자들은 과연 화해할 수 없을까? 혁명은 언제나 부정적이기만 할까? 혁명의 목적을 달성하기 위해 폭력은 사용되어야 하고 또 그것은 정당화될 수 있을까? 문제는 그리 간단하지 않다. 어떤 의미로 혁명이란 개념을 사용할 것인가 하는 것부터 정리되어야 그다음 문제에 대한 대답이 가능해진다. 피터 칼버트(Peter Calvert)는 혁명이란 말에 속해 있는 몇 가지 의미들을 다음과 같은 순서로 열거하고 있다. 혁명은 (1) 권위에 대한 도전, (2) 통치자의 축출, (3) 사회 분열, (4) 악용되는 권위에 대한 반발, (5) 헌법의 변화, (6) 사회의 재구성, (7) 발전의 불가피한 단계, (8) 이상적인 질서

의 항구적 특성, (9) 심리적 감정 배출 기회 등의 의미를 함축하고 있다.[17]

이런 혁명 개념의 다양한 의미들을 자세히 살펴보면 결국 혁명의 양면성, 즉 부정적 요소와 긍정적 요소로 구분되고 있음을 보게 된다. 그리고 이 구분을 각각 보수주의자들과 혁명론자들의 입장으로 귀속시키는 일은 어렵지 않다. 혁명의 부정적 요소만을 보려는 경향이 있는 보수주의자들은 혁명을 (1), (2), (3), (9)의 의미로 보며 또 혁명은 언제나 폭력을 수반하는 것으로 이해하고 있다. 반면 혁명의 긍정적 요소를 급진적 변화(개혁)와 진보라 보는 혁명론자들은 그 의미를 (4), (5), (6), (7), (8)로 보고자 할 것이다. 이렇듯 '폭력'과 '진보'라는 이중적 가치 개념(two valued concept)을 어느 한쪽에 서서 평가하는 일은 공정성을 잃기가 쉽다. 혁명은 폭력을 이유로 무조건 비난받아야 할 것도 아니며, 또 진보의 이름으로 무조건 찬양되어야 할 것만도 아니다.

보수주의자들이 혁명을 기피하는 이유는 크게 두 가지인데, 하나는 혁명이 폭력으로 쉽게 연결될 수 있기 때문이며, 다른 하나는 혁명의 순환성 때문이다. 역사를 통해서 우리는 혁명이 늘 폭력을 수반했고 진보보다는 다시 원점으로 돌아오는 순환적 현상이라는 것을 경험해 왔다. 17세기 영국의 시민전쟁을 전후로 한 체제의 변화는 군주정치에서 무정부 상태, 군사독재 그리고 다시 군주정치라는 순환적 과정을 거쳤고, 프랑스에서나 러시아에서의 혁명도 유사한 과정을 보였다. 따라서 반혁명주의자들이 진보를 위한 방식으로 혁명보다는 '점진적 개선(evolution)'을 택한 것은 자연스러운 일이다. 그러나 이들은 점진적 방식에 감추어진 약점을 간과하는 경향이 있다. 그 약점이란 급진적인 사회 변화를 요구하는 시대에 점진적인 개선의 방식을 채택함으로써 오히려 사회 유기체의 생명력(vitality)을 상실케 만들거나 사회적 변화의 욕구 분출을 감당해 내지 못하는 데 있다. 그리고 그 결과로 무정부 상태 또는 야만적인 군사 집단의 등장과 독재정치를 유발시키기 쉽다는 점이다. 4.19와 10.26 이후의 한국 사회를 회상하면 '점진적 개선'이 언제나 미덕인 것만은 아니라는 것을 쉽게 인지할 수 있을 것이다.

반면 혁명론자들도 진보와 발전이라는 강점 뒤에 부인할 수 없는 약점을 가지고 있다. 그것은 그들이 폭력의 가능성을 무시하거나 진지하게 고려치 않는다는 점이다. 왜냐하면 그들은 목적론자들로서 수단의 합법성 여부를 의심하지 않기 때문이다. 또 혁명 주체는 소수가 되기 쉽고 혁명 이념은 이데올로기화됨으로써 다수를 향해 이들 소수에 의한 폭력이 행사되기 쉬운 것도 사실이다. 혁명을 반대하는 입장에 선 사람들이 주장하는 점진적 개선과 이의 대립 개념인 혁명 또는 개혁(reformation)은 반드시 어느 하나를 선택하고 다른 하나는 포기해야 할 모순 관계에 있는 개념들은 아니다. 따라서 점진적 개선과 혁명 어느 쪽에 서느냐 하는 물음보다는 반혁명적 보수주의자들과 혁명론자들이 지니고 있는 각각의 약점들을 피하면서 우리 시대의 변화를 수용하기에 적절한 방식이 어떤 것이냐를 찾아내는 일이 더 중요하다.

4.2 한국 민주주의의 실패 이유

만약 우리 사회가 혁명을 필요로 한다면 그것은 폭력이 없는 것이어야 하고 점진적인 개선을 기대한다면 그것은 사회의 각 분야에서 용암처럼 분출되는 변화에 대한 욕구를 정체시키지 않는 것이어야만 한다. 이는 마치 두 마리의 토끼를 한꺼번에 잡으려는 것처럼 불가능한 욕심인지도 모르겠다. 40년간 실패한 민주주의를 경험하면서 우리는 신기루처럼 보이는 '민주화'에다 모든 기대와 희망을 걸고 있다. 즉 폭력 없는 혁명과 정체성 없는 점진적 개선이 민주주의와 동시에 이루어지리라는 확신 위에 누구나 그것의 성취를 지상 과제로 삼고 있다. 그러면서도 실제로 실패한 민주주의에 대한 반성과 검토에는 소홀한 것이 사실이다.

해방 이후 40여 년 한국 정치사는 민주주의의 실패기였다. 그 이유는 여러 가지 있겠으나 다음 세 가지는 반드시 지적될 수 있다. 첫째, 친일파를 포함한 보수 세력이 한국 사회의 전반에 걸쳐 주도권을 장악하고 있다는 점이다. 이들 보수 세력은 그 특유의 소극성 때문에 빠른 변화 욕구를 수용치 못함으로써 사회 발전에서 파생되는 충격들을 흡수하는 데 실패했다. 더욱이 이념의 부재 또는 도덕성의 결여라는 이들의 약점은 사회적 구심체로서의 역할도 실패케 했다. 둘째로, 보수주의자들이 혁명론의 완전 제거를 통해 민주주의가 이루어진다고 본 데 있다. 급진 사상에 대한 불관용, 혁명론에 대한 이들의 부정적 시각은 한편으로는 사회 내에 비판 세력이 설 자리를 빼앗고, 다른 한편 폭력이 비민주적 체제를 만든다고 매도했다. 특히 반공 이데올로기 교육은 단순히 체제의 우월성을 선전하기 위한 정치교육의 차원에서 그친 것이 아니라 일체의 혁명론을 터부시하도록 함으로써 일반인들의 정치의식을 불균형 내지는 불구자로 만들어 버리는 오류를 범했다. 이들은 권력과 결탁한 자본주의 경제 질서가 오히려 더 비민주적 체제를 구축한다는 사실과 민주주의 체제의 붕괴는 혁명론자의 폭력에 의해서보다는 체제 내의 소극성(passivity)에 의해서 이루어지는 경우가 더 많다는 사실을 간과하고 있다.[18] 셋째로, 민주주의를 정치 제도로서만 이해해 왔다는 데 있다. 즉 헌법이 민주주의를 보장해 주리라는 생각에 집착함으로써 소위 상징적 민주주의의 허구에 속아 온 것이다. 이제까지 우리는 한국 민주주의의 운명이 제도의 내용에 달려 있다는 생각으로 수차례 헌법 개정을 손쉽게 해 왔다. 그러나 이미 앞에서 지적했듯이 민주주의는 정치제도로서만이 아니라 하나의 생활양식 또는 사고방식이라고 했다. 그리고 보다 중요한 것은 후자를 실천하는 데 있으며 그러기 위해 훨씬 많은 시간과 노력 그리고 교육이 필요하다는 사실을 간과한 잘못을 범해 왔다. 이제 민주화의 문턱에서 과거의 실패 경험은 심각하게 음미되어야 하며 미래를 위한 교훈으로 삼아야 한다.

5. 결론

아직은 불투명하지만 진정한 민주주의 사회로 나아가겠다는 것은 우리 모두의 합의된 목표이다. 민주주의는 반성되어야 할 많은 약점과 실패할 수 있는 위험 요소가 많음에도 불구하고 우리가 선택할 수 있는 최상의 체제임은 분명하다. 그 이유는 민주주의가 다른 어느 체제보다 '자기 수정'의 기능을 가장 많이 가지고 있기 때문이다. 혁명가와 같은 예외자의 도전을 수용하고 계획적인 통제 사회가 아니기 때문에 생길 수 있는 변칙적 사회 현상들을 유연성 있게 흡수할 수 있는 체제가 곧 진정한 민주주의 사회이다. 만약 그렇지 못할 때 이미 그것은 경직되고 이데올로기화된 상징적 민주주의가 될 뿐이다. 전자를 기대하며 오늘의 한국 사회를 누가 어떻게 선도할 것이냐 하는 물음이 제기된다. 나는 앞에서 지적한 한국 민주주의의 실패 원인 세 가지를 각각 전도시킴으로써 대답하고자 한다.

첫째, 혁신 세력이 등장하여 그들에 의해 개혁 정책이 입안, 수행됨으로써 다양한 계층의 요구가 수렴되어야 한다. 이는 전처럼 보수주의자들의 소극적인 대응으로 역사의 진보가 정체되는 것을 피하기 위한 대안이다. 둘째, 비록 사회적 평형을 최상의 가치로 삼는 보수주의자들이 주도적 역할을 한다고 하더라도 이들은 이상주의적 성격의 혁명론자들과 공존할 수 있는 개방사회를 보장해야 한다. 왜냐하면 혁명론자 같은 비판 세력 없이는 국가나 법률 또는 다수결 원칙이라는 이름으로 소수에게 가해지는 제도적 또는 정치적 폭력이 은폐되기 쉽기 때문이다. 민주주의의 건강한 발전을 위해서도 급진 혁신 세력은 필요하고 양성화되어야 한다. 셋째로, 주도권이 혁신 세력 또는 보수진영 어느 쪽에 있든지 모두 앞에서 말한 민주주의의 실천적인 면에 관심을 돌려야 한다. 왜냐하면 민주적 사고방식과 생활양식이 국민 모두에게 젖어들지 않는 한, 제도로서의 민주주의는 불가피한 진통을 겪을 수밖에 없기 때문이다. 또 군주정치나 귀족정치는 그 성공과 실패가 일인 또는 소수의 지배자에 달려 있으나 민주주의는 그 성패가 국민 전체에게 달려 있기 때문이다. 다시 말해 민주주의는 국민의 의식이 그것을 향유할 수 있을 만큼 준비되어 있을 때만 가능하다는 것이다. 민주화를 갈망하는 우리는 그것을 맞이할 준비가 되어 있는가?

1. 나의 기억 속에 있는 한국 민주주의

한국 민주주의의 역사를 생각할 때 나의 기억의 시작은 1960년 4월 혁명의 열기가 전국으로 확산이 되던 어느 날 아침부터 출발한다. 초등학교 3학년이었던 나는 여느 때와 같이 등교를 했으나 집으로 돌아가라는 선생님의 말씀을 듣고 집으로 가던 길에 파출소가 고등학생들에게 파괴되는 것을 목격하였다. 내가 4월 혁명에 대해 실제로 기억하는 것은 그것이 전부였다. 군사독재에 대한 저항과 민주화에 대한 갈망이 나의 문제로 직접 다가온 것은 대학 1학년이던 1971년부터이다. 그리고 70년대 10년은 독재 정권의 암울한 시기였으며, 이 긴 시간을 어둡고 긴 터널을 통과하듯 온 국민이 견디어 내며 지내야 했다. 그리고 1979년 10월 26일 18년 군사독재와 유신정권은 종말을 고했다. 그리고 잠시나마 민주화의 기대는 부풀었으나 1979년 12월 12일 군사 반란은 향후 12년 지속된 군사정권의 시작이었다.

1980년 5월은 국가가 국민에게 가할 수 있는 폭력이 어느 정도까지인지를 보여 주었던 비극의 시간이었다. 민주주의의 가장 기본 중의 하나인 언론과 출판의 자유, 집회와 결사의 자유가 철저하게 통제되고 감시되었을 뿐만 아니라 정당한 민주화 요구가 폭력적으로 저지되었던 암흑의 시기였다. 그해 5월 이후 대학이 다시 문을 연 9월까지 나는 D.D. 라파엘 교수의 『정치철학의 문제들』이라는 책을 번역했다. 국가란 무엇이며, 통치적 권위의 근거는 어디에 있으며, 자유와 정의, 그리고 민주주의란 무엇인지에 대한 라파엘 교수의 글은 가슴을 뛰게 만들고, 암울한 현실 정치를 무기력하게 견디어 내던 내게 위로의 글이 되었다.

1985년 영국 유학을 마치고 귀국했을 때 한국은 여전히 군사독재 아래에 있었고, 민주화에 대한 열망은 점차 고조되기 시작되던 때였다. 군사독재의 억압과 폭력은 민주주의의 기본 가치인 자유와 인권을 근본부터 부정하였으며, 획일적인 통제는 수용소 같은 불관용의 사회를 만들고 있었다. 이런 한국 정치 상황은 유럽의 근대화 역사와 민주주의의 토대를 그들 나라의 삶과 정치에서 배운 나에게 스스로 자문하지 않을 수 없게 만들었다. 도대체 이 암울한 시대의 대한민국 대학 강단에서 나는 무엇을 학생들에게 가르칠 것인가? 이런 물음에 대한 나의 첫 번째 대답은 1980년에 초벌 번역한 라파엘 교수의 『정치철학의 문제들』을 다시 꺼내어 다듬은 후 1986년 여름에 출판하는 일이었다. 그리고 1987년 6월 항쟁을 지나면서 민주화에 대한 나의 소망을 담아내며 이 시기에 가장 절실했던 물음인 민주주의의 본질적 물음을 묻지 않을 수 없었다.

1980년대 후반의 대학 사회는 민주화 운동을 둘러싼 이념적 갈등으로 진통을 겪어야만 했다. 강의실에서 수업이 이루어지는 같은 시간에 교문 밖에서는 시위하는 학생들이 돌과 화염병을 들어야만 했다. '당신은 어느 편이냐?' 라는 학생들의 질문에 나는 늘 '나는 중도좌파(中道左派)' 라는 준비된 대답을 머릿속에 갖고 있었다. 중도라는 자기규정은 극단적인 형태의 진보와 보수라는 양쪽 진영으로부터 오는 공격을 피하고자 하는 전략적 선택이었으며, 좌파라는 이념적 표현은 자유와 평등의 가치가 대립하는 상황에서 평등을 자유보다 조금 더 우선적 가치로 생각하는 나의 실천적 지향성을 드러내고자 하는 의도였다. 특히 실천적 삶이 부족하다는 것을 항상 부끄럽게 느끼던 내게 중도좌파라는 자기규정은 나 스스로뿐만 아니라 밖으로부터 오는 비난의 화살을 피하기 위한 방패막이 같은 것이었다. 머리와 가슴으로는 진보를 말하면서도 삶의 토대는 보수적 자유시장경제의 혜택을 누리던 나의 자기 모순적 삶의 양식은 지금도 크게 변하지 않았다. 강남좌파라는 말에 내가 지리적으로 해당이 되지는 않으나 그 함의에는 동의하지 않을 수 없다. 그렇기에 '당신도 강남좌파' 라는 말이 비수의 칼끝이 내 마음을 찌르는 것처럼 아픔으로 전해 오는 것도 사실이다.

1988년 이후 정기적인 정권 교체의 경험은 한국 민주주의의 성장 지표라 할 수 있다. 그리고 국민의 힘으로 정권을 탄핵했던 경험은 세계 정치사에서 그 사례가 흔치 않은 성숙한 시민의식의 결과물이었다. 그러나 그런 외형적인 변화와 발전 속에서도 민주주의에 대한 시민의식 가운데에는 왕권 시대의 잔재들이 뿌리 깊게 남아 있다는 것도 사실이다. 선출직 대통령은 왕권 시대의 제왕으로 인식되고, 장관을 판서와 같은 이름으로 부르는 것은 그런 잔재물이다. 청와대의 행정실을 정권의 성격에 따라 여민관(與民館)에서 위민관(爲民館)으로 다시 여민관으로 바꾸는 유치한 일이나 일월오봉도(日月五峰圖)를 걸어 놓는 일들도 모두 왕권 시대의 의식이 반영된 것으로 보인다.

나는 개인의 가치 실현을 무엇보다 소중하게 생각하는 개인주의자이며 개인의 자율성을 믿는 자유주의자이다. 그리고 정치적으로 민주주의를 의심할 바 없이 지지하고 신봉한다. 그러나 자유와 평등이 충돌할 때가 있고, 개인의 가치와 공동체의 가치 사이에서 선택해야 할 때가 있으며, 다수결의 결정 방식이 다수의 횡포로 전락할 때 그 사이에서 당황스러울 때도 있다. 최대한의 자유를 확보하기 위해서는 평등의 가치가 손상당하는 일은 불가피하며, 평등한 세상을 만들려는 전투적 이념은 개인의 자유를 희생하거나 유보해야만 가능할 때도 있을 수 있다. 나는 개인의 자유를 유보하는 일이 있더라도 공동체의 가치와 평등한 세상을 위해 기꺼이 그 길을 택하겠다는 생각에는 지금도 변함이 없다.

2. 한국 민주주의의 위기와 도전

한국 민주주의의 미래를 걱정하며 쓴 위의 논문(「자유 민주주의에 대한 철학적 반성」)에서 무엇을 버려야 하고, 또 어떤 것을 남겨야 할 것인가? 이런 글의 생명력은 기대보다 짧다. 빠르게 변하는 현실 정치는 글의 내용을 수정하도록 요구한다. 사회, 정치적 현상에 관한 글의 유효성은 현실이라는 시험을 통해 걸러져서 남아 있는 것으로 평가된다. 1993년 이후 민주주의 투표를 통해 몇 차례 정권 교체의 경험과 촛불혁명을 통해 대통령의 탄핵도 경험해 본 지금의 시점에서 나의 글은 어느 정도 유효한가? 설익은 생선 요리를 식탁에 내놓은 것처럼 걱정스러운 마음으로 다소 감정을 숨기지 않은 이 글에는 생선의 뼈처럼 소화가 안 되고 목에 걸려 성가시게 만드는 것들이 남아 있다. 버려야 할 것들이 많이 있음에도 불구하고 여전히 유의미하게 생각되는 것들도 있다. 민주주의를 넓은 의미에서 하나의 생활양식 또는 사고방식으로 보는 J. 듀이의 지적이 그러하며, 민주주의 수준은 그것을 향유할 줄 아는 국민의 선택 수준에 달려 있다는 말도 여전히 절실하게 사실에 가깝다.

'국민을 위한 정부'라는 말은 군주제 정치에서나 독재 정권, 민주주의 정부, 심지어 공산주의 국가에서도 똑같이 내세울 수 있는 구호이다. 국민을 내세우는 정치적 수사는 고대 그리스 아테네의 광장, 아고라(agora)에서부터 현대 정치의 모든 공론의 장에서 넘쳐나는 말에 불과하다. 진정한 민주주의는 국민을 위한 정부가 아니라 국민에 의한 정부여야 한다. 이 말은 국민이 자유로운 투표권 행사를 통해 대표를 선출하고, 그 선출된 대표는 국민의 대리인이 되어 정치적 행위를 할 때 그것이 정당한 민주주의의 필수조건이 됨을 말한다. 대부분의 민주주의 국가에서는 이런 방식으로 정치가 작동한다. 그러나 문제는 국민의 판단과 선택 행위에 결함이 생겼을 때 그 피해는 주권자 장본인인 국민 자신에게 돌아갈 수밖에 없으며, 책임 또한 대리인보다는 국민에게 더 크다는 사실이다. 그래서 민주주의는 자기 지시적(self-directive)이다. 자기 지시적이란 다른 사람의 판단을 믿기보다는 자신의 판단에 따르는 것이 더 낫다는 신념에 토대를 두고 있으며, 더 나아가 그 판단과 행동에 따른 결과에 대해서도 자신이 책임을 져야 한다는 귀속성(歸屬性)을 전제로 한다.

민주주의 제도가 제대로 작동하기 위해서는 국민의 정치적 식별력과 판단력이 무엇보다 중요한데, 이것을 방해하는 내적, 외적 요소들 역시 공존하고 있다는 것도 사실이다. 그리고 이 양자는 상호 연결되어 있다. 각각의 개인들뿐만 아니라 집단 개념으로서 국민의 정치적 식별력을 방해하는 외적 요소 중 가장 큰 영향력을 가진 것은 미디어의 왜곡이라 할 수 있다. 정보통신 기술의 비약적 발전은 의사소통의 질적, 양적 변화를 가져온 긍정적인 면도 분명 있다. 그러나 탈진실(post truth)의 정치판을 만들어 낸 부정적 측면이 훨씬 크다고 할 수 있다. 참과 거짓, 진실과 허위의 경계는 모호하게 되었으며, 개인이 소유해야 할 민주적인 의사 결정력은 급격하게 약화되었다.

유튜브 세계에서는 거대한 기존 언론 기업도 위협할 만한 새로운 환경이 만들어지고 있다. 1인 미디어 시대가 가능한 현실에서 수없이 많은 유튜버는 막강했던 언론 집단도 무서워하지 않을 만큼 파괴력을 키워가고 있다. SNS를 통한 여론 형성은 기존의 정치 질서를 무너뜨릴 수 있을 만큼 영향력이 막강해졌다. 이런 상황에서 개인의 정치적 의사 결정력은 약화될 수밖에 없고 소위 인플루언서라는 여론 조종자들의 손에 자기 결정권이 맡겨지고 있다. 전통적인 의미에서 우리는 언론의 힘을 입법, 사법, 행정이라는 삼권을 견제하는 제4부의 권력이라고 말해 왔다. 그리고 그 권력은 언론이 견제와 비판의 기능을 충실히 할 때 붙여진 명예로운 이름이었다. 그러나 새롭고 다양한 미디어의 출현은 정보와 메시지의 홍수 속에서 민주적 사고방식과 정치적 판단력을 무력하게 만드는 데 결정적 요소가 되고 있다. 그런 의미에서 제4부의 권력 집단인 언론은 그 순기능을 잃어버렸고 악화가 양화를 밀어내듯 언론의 역기능은 통제 불가능한 지경에 이르렀다.

정보통신 사회로 진입한 이후 소통을 돕는 기술적 변화는 과거와는 비교할 수 없을 정도로 사람들 간의 소통을 양적으로나 질적으로 증대시켰다. 그러나 역설적으로 소위 디지털 문맹률(digital illiteracy)은 증가했다. 디지털 기기를 다루는 데 필요한 역량은 연령에 따라 반비례한다고 할 수 있다. 어떻게 보면 자연스러운 현상이라 할 수 있다. 나이 든 사람이 굼뜨고 지적 역량도 퇴화가 되면 새로운 디지털 기기가 등장할 때마다 공포감과 소외감을 가지지 않을 수 없다. 그러나 더 심각한 문제는 디지털 문맹인의 증가가 아니다. 미디어 문맹(media illiteracy)이 초래하는 정치적 문제가 더 심각하다. 디지털 문맹률이 연령에 따라 높아진다면 미디어 문맹률은 나이에 상관없이 전 연령층에서 발견된다. 미디어들이 전하는 온갖 정보들을 주체적으로 분석하고, 취사선택할 수 있는 역량을 미디어 해독력(media literacy)이라 한다면 이 미디어 문맹은 디지털 활용 역량과는 무관하게 비판적 이성이 마비되고 소박한 자기 이익에 함몰되고 내일을 팔아 오늘을 사는 근시안적 사회 안에서 쉽게 발견된다. 전 연령층에서 발견되고 있는 이 미디어 문맹이 사회의 진보와 정치의 개방적 성장을 방해한다는 점에서 더 위험하고 심각하다.

민주화 운동이라는 시대적 이념이 퇴색되어 가는 상황에서 개인들의 정치적 성향을 결정짓는 요소는 이런 외적인 조건들뿐만은 아니다. 우리 내면에 굳건히 뿌리 내리고 있는 물질적 욕망이 정신적 가치나 이념의 힘보다 더 크게 작동하며, 우리의 정치적 판단력을 왜곡시키고 있다. 자본주의 시장경제 체제는 생존을 위한 게임의 장에서 우리가 지키기로 약속한 기본 규칙이다. 이것을 부정할 수는 없다. 그리고 자본주의는 기본적으로 인간의 욕망을 최대한 보장하는 방식으로 작동되는 시스템이다. 욕망 자체는 인간의 본성에 속하는 것이며, 따라서 인간의 본성이 선하다거나 악하다고 평가할 수 없는 것처럼 욕망도 가치중립적이라 보는 것이 옳을 것이다. 그런 점에서 자본주의 사회에서 개인의 욕망을 극대화하는 방향으로 판단하고 선택하고 결정하는 것은 자연스럽다.

또 민주주의가 다수결의 원칙에 근거하고 있다면, 다수의 욕망이 모여 정치적 결정을 하고 그 결과로 권력의 정당성을 확보하는 것도 자연스럽다. 그런데 문제는 그 욕망이 얼마나 합리적인 계산에 근거하고 있는가 하는 자기 점검이 결핍되어 있을 때의 심각성에 있다. 여기서 말하는 합리적 계산과 자기 점검은 모두 이성적 사고를 의미한다. 인간의 행위를 결정하는 일차적인 요소는 욕망과 감정의 힘이라 할 수 있다. 그러나 욕망과 감정이 행동으로 나타나기 전에 이성의 활동인 합리적 계산이 수반되어야 한다. 이때 계산 방식의 잘잘못에 따라 행위의 결과가 결정되는 경우가 많다. 투표라고 하는 정치적 행위 역시 소위 바람이라고 하는 선동성 감정 자극이 일차적으로 사람들의 정치적 선택을 좌우하는 경우가 많다. 그렇지만 그것도 각자의 이익과 욕망을 최대한 확보할 수 있기 위해서 어떤 선택을 하는 것이 좋은가 하는 계산은 누구나 한다.

나는 강단에서 학생들에게 욕망 추구의 무죄성(無罪性)을 넘어 정당성을 강조하는 이야기를 항상 해 왔다. 그러나 거기에 그치지 않고 언제나 욕망의 지속적인 유지를 넘어 극대화를 위해서는 쾌락 계산을 잘 하도록 강조해 왔다. 그리고 그 계산법의 전형은 공리주의자들에게서 배울 수 있다. 단기적인 자기 이익보다는 장기적인 자기 이익이 더 우선하고 중요하다는 것을 볼 수 있는 눈을 가질 것을 강조해 왔다. 장기적인 자기 이익의 추구 속에는 희생, 배려, 관용, 정의 등 사회적 가치들과 자기를 뛰어넘는 공공성의 이익이 자리 잡을 수 있는 공간이 확보된다.

품위 있고 국민의 자존심을 지킬 줄 아는 정치인을 기대하는 나의 시각에서 본다면, 2007년과 2022년 대통령 선거는 정치적 판단에서 잘못된 욕망의 계산이 얼마나 비극적이었는가를 보여 주는 사례가 되기에 충분하다. 여기서 말하는 잘못된 욕망이란 정제되지 않은 용어로 표현하면 '빈 내 주머니에 돈이 조금이라도 채워질 수 있지 않을까 하는 기대 심리'라고 할 수 있다. 자유와 평등 그리고 정의와 복지 실현 같은 사회적 공통분모는 사라지고 지나치게 사적인 이익 추구에 함몰된 채 투표권을 행사한 선거였다. 국민이 선택한 그 정권은 집권 초기에 곧바로 미국산 소고기 수입 개방 반대와 4대강 개발 사업에 반대하는 국민적 저항에 직면했다. 그 정권이 어떤 결과를 낳았는지는 역사가 증언하고 있다. 마찬가지로 2022년의 대선 결과는 단기적인 자기 이익 추구가 만들어 낸 비정상적인 선택이었다. 그리고 미디어 문맹인들은 치명적으로 가장 정치 문외한인 사람을 가장 복잡한 한국 정치의 정점에 앉혀 놓는 실수를 저질렀다. 다수결 원리라는 민주주의 이름으로 잘못된 선택을 한 국민은 자신의 선택에 대해 자문해 보았을 것이다. 섣부른 예단이라 할 수 있겠지만 5년 뒤에 다시 한번 우리는 전임 대통령의 비극적 종말을 보게 될지도 모른다. 그리고 그 부담은 사실상 모두가 짊어져야 할 부담으로 남게 될 것이다.

3. 민주주의의 자기 수정 역량

민주주의라는 제도가 가지고 있는 가장 좋은 강점 중 하나는 자기 복원력이 있다는 점일 것이다. 때때로 잘못된 리더십을 선택하고 정상적인 궤도에서 이탈했다고 하더라도 민주주의 제도는 그것을 더 늦기 전에 수정할 수 있기 때문이다. 그러나 그것도 과거의 잘못된 선택에 대해 반성할 줄 아는 판단력을 다수가 가지고 있을 때만 가능하다. 나는 위의 논문 결론에서 세 가지 희망 사항을 말했다. (1) 혁신 세력의 등장과 개혁 정치에 대한 희망, (2) 보수주의 정권의 개방성 그리고

(3) 어느 진영의 집권이라도 국민의 민주적 사고방식의 지속적인 성장에 대한 희망이 그것이었다. 앞의 두 가지 희망 사항에 대한 평가는 사람마다 자신들의 정치적 이념 성향에 따라 다를 수 있다. 따라서 이 점에 대해서는 평가하고 싶지 않다. 그러나 세 번째 희망 사항은 민주주의의 자기 복원력과 직접적인 관련이 있으며, 비록 많은 시간이 지났으나 여전히 유의미하기에 재검토해 볼 만하다.

1993년 문민정부로의 회복 이후 정기적인 선거와 정권의 교체로 외형적인 면에서 민주주의 제도가 작동되었다고 말할 수 있다. 이 말은 곧 민주주의가 최선의 통치 형태로 남기 위해서는 자기 수정의 기능이 살아 있어야 한다는 것을 의미한다. 여기서 말하는 민주주의 제도의 자기 수정의 기능이란 잘못 선택된 정부를 다음 선거에서 수정할 수 있는 역량을 말한다. 이는 단순한 정권 교체 수준의 수정 역량을 의미하는 것은 아니다. 그보다는 민주주의적 사고방식과 생활양식이 시민들의 삶의 토대를 이루도록 하는 의식 내부의 지속적인 진화를 의미한다. 법과 제도의 지속적인 수정과 더불어 우리 의식 내부에서 민주적인 사고로 변화가 일어나는 것을 의미한다.

본문(「자유 민주주의에 대한 철학적 반성」)에서 나는 민주주의 사고방식 5가지와 민주주의 행동 양식 6가지를 언급한 바 있다. 이것들 모두가 민주주의를 설명할 때 꼭 필요한 요소들이지만 나는 그 가운데 '이상은 언제나 부분적으로만 이루어진다는 것'을 늘 강조해 왔다. 이것은 모든 종류의 협상에서 당사자들이 지켜야 할 태도 중에 기본에 속하는 것이기 때문이다. all or nothing처럼 타협과 절충은 없다는 태도야말로 극단적이고 비민주적인 사고이다. 상대방이 백기를 들기를 원하는 한 협상과 타협은 불가능하다. 그것은 정복 전쟁의 논리이며 게임의 세계에서나 통하는 전술이다. 소위 '벼랑 끝 전술'이라는 말은 타협과 협상 테이블에서는 피해야만 하는 태도이다. 사람 사는 세상은 바둑판의 세계처럼 흑과 백의 돌로만 이루어진 곳은 아니다.

갈등과 대립이 있는 곳에는 언제나 협상과 타협 그리고 절충이 필요하다. 여기서는 all or nothing도 존재하지 않으며, 상대방이 백기를 들어야만 끝이 나는 곳도 아니다. 왜냐하면 갈등과 대립은 한 번으로 끝나는 일이 아니며, 한시적 해결일 뿐 언제나 함께 공존해야만 하는 삶의 존재 양식이기 때문이다. 따라서 여기에 민주적 사고방식의 하나를 사족처럼 덧붙인다면 그것은 갈등에 대한 긍정적 이해이다. 즉 민주주의 사회에서는 갈등 관계를 피할 수 없는 사태로 인식하고 이것을 긍정적인 관점에서 바라보는 태도가 필요하다는 점이다. 갈등을 파괴의 기폭제로 삼을 것인지 아니면 변화와 발전의 원동력으로 삼을 것인지는 갈등 관계에 놓인 당사자들의 지적, 실천적 수준에 달려 있다고 본다. 가족 내에서 갈등이 생겼을 때 이를 누가 어떻게 해결할 것인가를 보라. 부모 중 어느 한 사람이 일방적으로 가족 내 갈등을 조정한다면 그것은 파국으로 갈 위험이 크다. 가족 구성원 모두가 참여하는 회의와 토론을 통해 민주적 방식으로 갈등 문제를 해결해야 하며, 그것의 성패 여부는 구성원들의 수준에 달려 있다.

'아이들은 싸우면서 큰다.' 또는 '진 사람이 이긴 것이다.' 라는 말을 어릴 적에 자주 들었던 기억이 있다. 아이들 간에 다툼이 있을 때 부모는 갈등의 조정자로서 또는 위로자로서 이런 말을 한다. 이 말 속에는 자기 자식의 친구 관계가 단절로 가지 않고 더 나은 관계로 성장하기 위해 자기 자식만 편들지 않았던 어른들의 현명함이 깃들어 있었다. 동시에 이 말 속에는 진 사람에게 패배 의식을 가지지 않도록 위로와 보호도 함께 했던 어른들의 지혜가 담겨 있기도 했다.

사회도 마찬가지로 갈등을 겪으면서 진화하고 발전한다는 생각을 가져야 한다. 사회는 다양한 종류의 갈등이 항상 시한폭탄처럼 곳곳에 숨겨져 있다. 이것들을 찾아내고 제거하는 일이 곧 정치이고 민주적 정부가 해야 하는 일이다. 정치를 가능성의 예술이라고 말하는 것도 결국은 사회, 정치적 갈등을 해결하는 것이 어려울지라도 가능성을 보고 만들어 내야 함을 의미한다. 갈등이 해결되었다고 하더라도 결과가 모두 만족스러울 수는 없다. 이상은 부분적으로만 이루어진다는 생각을 갈등의 당사자들은 각오해야 한다. 윈윈(win-win)하는 경우도 있지만 대부분 어느 일방은 손해를 보는 약자가 될 수도 있다. 약자에 대한 배려와 보상 그리고 위로가 수반되어야 갈등은 또 다른 갈등으로 재생산되지 않는다.

해방 이후 여전히 진행되고 있고 향후 오랜 시간 기다려야 할 남북 갈등은 한쪽이 어느 한쪽을 완전 제거함으로써 해결되지 않는다는 생각이다. 남북 갈등을 부정적으로만 보는 것은 냉전적 사고이다. 그 남북 간의 갈등 관계는 동북아의 지정학적 역학 관계에서 레버리지(지렛대)의 역할로 활용할 수 있어야 한다. 또 이미 다문화 사회로 진입한 우리 사회는 향후 더 많은 낯선 이방인과 이질적인 문화와 공존하도록 요구받게 될 것이다. 그 과정에서 갈등과 충돌은 피할 수 없을 것이고, 우리의 민주적 의식 수준이 어느 정도인가에 따라 해법과 결과는 달라질 것이다. 이미 경험한 바 있듯이 정치인들은 선거 공학적 관점에서 남녀 간의 갈등, 세대 간의 갈등을 부추긴다. 또 기업, 학교, 군대, 정부 조직같이 수직적 조직 문화 내에서도 갈등은 언제나 존재해 왔다. 이런 갈등들을 어떻게 민주적으로 해결할 것인가는 우리가 얼마나 민주주의적인 사고방식과 생활양식을 실제 삶의 현장 안에서 실현하고 있는가에 달려 있다. 집에서 민주적인 사고를 갖도록 훈련되지 않은 부모가 사회나 직장에서 개방적이고 토론과 비판에 익숙한 사람이 되기 어렵다. 반대와 갈등을 못 견디게 싫어하는 사람은 인내가 필요한 최고의 타협과 조정의 기술이 요구되는 한국 정치의 장에서 살아남을 수 없을 것이다.

수십 년을 이어 온 민족 간의 이념 갈등, 다문화 사회로 진입한 이후 문화 충돌과 이방인들과의 갈등, 정치적으로 이용하는 세대 간, 남녀 간의 갈등, 상명하복과 장유유서의 수직적 조직 문화가 낳은 갈등 등은 우리 세대뿐만 아니라 다음 세대도 해결해야 할 과제이다. 이런 사회적 갈등을 얼마나 품위가 있고 민주적인 방식으로 해결하는가에 따라 우리의 미래가 달려 있다.

2
Phronesis와 Praxis

"관조하는 삶만으로는 행동주의자들의 비난을 견뎌 내기가 쉽지 않으며, 덕(arete)에 대한 직관 없이 실천과 행동을 우선으로 생각하는 삶은 과격해지기 쉽고 그만큼 배타적인 경향을 띠기 쉽다."

1. 실천 없는 지식인은 사회의 암적 존재인가?

홉스는 Leviathan 46장에서 "여가(leisure)는 철학의 어머니요, (안정된) 국가는 평화와 여가의 어머니다."라고 말하고 있다. 만약 이 말에 동의한다면, 오늘의 한국 사회는 철학하기에 좋은 여건이 아니라고 말해야 할 것 같다. 왜냐하면 우리 사회는 창조적인 철학을 가능케 하는 (정신적) 여유와 여가가 없으며, 그런 여가와 평화를 제공해 주는 (안정된) 국가나 정부를 우리는 아직 가지지 못했기 때문이다. 일반적으로 말해서 문학과 예술의 대가들 배후에는 소위 후견인(patron)들이 있었던 것처럼 철학자들도 대부분 그 자신이 귀족이었거나 아니면 후견인들의 재정적 도움을 받아 어느 정도 여가를 가질 수 있었을 때 그들의 독창성이 잘 발휘될 수 있었다. 그러나 오늘 한국에서 철학을 하는 일에 가장 큰 걸림돌이 되는 것은 경제적 궁핍은 분명 아닌 것 같다. 오히려 경제 제일주의에 밀려 철학의 중요성을 인식하지 못하는 일반인들의 몰이해와 지행합일론(知行合一論)의 우세 속에 행동하는 철학인(지식인)을 기대하는 편견이 더 큰 장애가 되고 있다고 보여진다. 마치 철학적 이론의 성공 여부는 그것이 실천의 장에서 얼마만큼의 효율성을 가지느냐에 달려 있는 듯이 보는 사시적(斜視的) 편견들이 그것이다. 철학에 대한 일반인들의 몰이해를 설득하기란 결코 쉬운 일이 아니며, 어쩌면 철학자들만의 노력으로 해결할 수 있는 일이라 생각되지 않는다. 그러나 행동이 이론보다 가치 서열에서 우선하는 그런 시대적 상황에 살고 있다 하더라도 행동하는 철학인(지식인)을 기대하는 편견에 대해서는 비판적 검토가 가능하며 몇 가지 반론도 가능한 것으로 보인다. 이런 검토와 비판은 철학을 하는 사람 자신에게는 이 땅에서 철학을 하는 일이 어떤 의미가 있는지를 스스로 확인할 수 있는 계기가 되며, 다소 막연하게 행동하는 지식인(철학인)이 되기를 기대하는 일반인들에게는 편견을 수정하는 계기가 될 것이다.

수년 전부터 아니면 그 이전부터 한국의 대학은 많은 행동주의자의 실천적 이념이 심사숙고하고 사려 깊은 판단과 결정을 선호하는 사람들을 압도해 왔다고 보여진다. 결단성, 행동력, 그리고 포퍼(K.R. Popper)가 비난하는 의미에서의 역사주의적 추진력은 이 행동주의자들의 강점으로 간주되어 왔다. 이와 상대적으로 실천하지 않는 지식인들을 향한 비난의 목소리는 사회가 보수화하면 할수록, 그리고 그에 맞서 싸우는 세력이 극단화하면 할수록 커져 왔다. 최근 어느 신문에 실린 시사만화의 내용은 상징적으로 이 시대 지식인들에 대한 행동주의자들의 시각을 극단적으로 대변하고 있다. 그 내용은 다음과 같다:

> "소수 지식(앎)만을 추구하는 행동할 줄 모르는 지식인은 사회의 앎(암)적 존재이다."

여기서 두 가지 점이 지적되어야 한다. 하나는 사회의 암(癌)적 존재인 지식인이 소수가 아니라 생각보다는 많은 다수라는 점이며, 다른 하나는 지식인의 행동 양식이 과연 무엇인가 하는 물음에 먼저 대답한 후에야 그와 같은 비난이 가능하다는 점이다.

첫 번째 지적에 대해서는 논의할 필요가 없다. 숫자의 과(寡), 다(多)가 의미하는 정도의 차이는 별로 중요하지 않기 때문이다. 보다 중요한 물음은 철학인에 합당한 행동이 어떠해야 하며 어떤 양태의 실천이 바람직하고 또 가능한가 하는 물음이다. 이 물음에 대한 대답은 윤리적 행동론 또는 인간을 정치적 동물로 볼 때와 같은 사회 실천론에서 얻어질 수 있다.

아리스토텔레스는 도덕과 정치, 이론(theoria)과 실천(praxis), 지식(episteme)과 지혜(sophia) 사이의 관계에 대해 상당한 관심을 보였다. 특히 실천적 지혜(phronesis)에 관해 상세하게 다루고 있는 『니코마코스 윤리학』[1] 제6권은 위에서 제기한 물음, 즉 철학인(지식인)에게 적절한 행동 양식은 어떠해야 하는가 하는 물음에 대해 해답의 실마리를 제공해 주고 있다.

이 글의 목적은 먼저 아리스토텔레스의 'phronesis' 라는 개념이 함축하고 있는 뜻을 충실히 재해석하는 일이며, 이 개념이 praxis와 어떤 관계가 있는가를 살펴봄으로써 아리스토텔레스가 생각한 철학하는 사람의 적절한 행동 양식을 다시 복원해 보려는 데 있다. 물론 시간적으로 많은 차이가 있지만 고대 그리스 시대의 지식인들의 행동방식과 오늘의 그것 사이에 많은 유사성이 역시 존재하리라 본다. 왜냐하면 철학하는 일의 본령은 시대를 초월해서 공통적이라고 믿기 때문이다. 많은 도덕적 개념 중에서 'phronesis' 를 선택한 것은 이 개념을 통해 지식인, 특히 철학하는 사람들에게 요구되는 바람직하고 가능한 행동 양식 중의 하나를 찾아 낼 수 있다고 보기 때문이다.

2. phronimos는 누구인가?

아리스토텔레스는 『니코마코스 윤리학』 제6권에서 지적인 덕(intellectual virtues)에 대해 논의하고 있다. 다섯 가지 지적인 덕들—기술(techne), 과학적 지식(episteme), 실천적 지혜(phronesis), 지혜(sophia), 이성(nous)—중 실천적 지혜에 가장 많은 부분을 할애하고 있는 이유는 행동의 문제를 다루는 윤리학의 주제에 가장 가깝기 때문이라 여겨진다. 그리고 phronesis를 우리말로 번역할 때 '실천적 지혜' 로 하는 통상의 예를 그대로 따르려고 한다. 이 번역은 『니코마코스 윤리학』에서의 phronesis를 D. Ross가 practical wisdom으로 옮기고 있으며, H. Rackham은 prudence로 번역하고 있는 것을 그대로 따른 결과이다. 원래 의미의 완전 재생은 불가능하지만 phronesis의 온전한 이해를 위해서는 이 말이 라틴어의 prudentia나 영어의 prudence로 옮겨질 때 함축되어 있던 '사려 깊음', '신중함', '분별력', '이해타산' 등의 의미도 함께 '실천적 지혜' 속에 담지되어 있음을 간과해서는 안 된다.

아리스토텔레스는 phronesis의 뜻을 드러내기 위해 먼저 실천적 지혜를 소유한 사람(phronimos)이 어떤 사람들인가를 말하고 있다.[2]

(1) 실천적 지혜를 소유한 사람은 일반적으로 선한 삶이 무엇이며, 이를 위한 수단이 무엇인지 잘 심사숙고할 줄 아는 사람이다. 그리고 어떤 특정한 가치를 획득하기 위해 잘 계산할 줄 아는 이해타산에 밝은 사람을 의미하기도 한다.

(2) 실천적 지혜는 나머지 네 가지 지적인 덕들과의 비교를 통해 그 본질이 드러난다. 과학적 지식이 주로 불변의 보편적 대상과 필연적 법칙이 적용되는 대상을 다루는 이성의 기능이라면, 실천적 지혜는 가변의 개별적 대상과 우연적인 것을 대상으로 한다. 그리고 기술(techne)이 사물을 존재하게 하는 제작성(making)과 관련이 있다면, 실천적 지혜는 행동성(doing)과 관련되어 있다. 또 이성(nous)은 논증적 지식이나 과학적 지식을 가능하게 하는 제1 원리를 파악하는 기능이며, 지혜(sophia)는 예술적 탁월함과 모든 지식 중에서 가장 완전한 형태의 것을 의미한다. 이렇게 비교해 볼 때 phronesis는 poiesis, techne, theoria가 아니라 praxis(행동)와 깊은 관련이 있으며, 이때의 행동은 인간의 선한 삶(good life)과 관련된 윤리적 행동 또는 공정한 삶(just life)과 관련된 정치적 행동을 의미한다. 즉 phronesis는 실천적 규범의 형태로 남으며, 절대적 선의 실재를 가정하는 플라톤적인 윤리학의 범주에서도 벗어난다.

(3) 실천적 지혜는 경험으로부터 나온다.[3] 그리고 경험은 긴 연륜

의 열매이기 때문에 젊은이들은 소유하기 어렵다. 최소한 아리스토텔레스 철학에서 윤리학과 정치학은 모두 개인이거나 전체의 선(eudaimonia)을 주제로 하는데, 이런 학문을 하기 위해서는 삶에서 일어나는 여러 가지 풍부한 경험과 행동에 관한 지혜가 요청된다. 따라서 젊은이들은 분별력(phronesis)이 있어야 윤리학과 정치학을 배울 조건을 갖추게 된다.

(4) 실천적 지혜는 오류의 가능성을 지니고 있다.[4] 왜냐하면 실천적 지혜는 지각(perception)에 의해서만 파악되는 개별적 사물들과 관계하며 지각은 상식(common sense)에 기초하고 있기 때문이다.[5] 또 실천적 지혜라는 도덕적 가치는 윤리학과 정치학의 모든 분야에 요청되는 바 이 두 학문은 모두 엄밀한 학문이 될 수 없기 때문이다. 선, 행복, 그리고 행동의 문제와 관련될수록 그 해답은 경험과 관습 그리고 축적된 교육의 결과에 따라 달라질 수 있기 때문이다.

3. 실천적 지혜의 예비조건들

정치적 안정이 나라의 이익에 도움이 된다는 것만 알고 그 안정을 위해서 통치자 자신이 스스로 물러날 때를 모르거나 잘못 판단할 때, 우리는 그를 phronimos(실천적 지혜의 소유자)라고 부르지 않는다. 실천적 지혜는 단순히 윤리적, 도덕적 덕이 아니다. 그것은 지적인 덕의 하나이며, 아는 덕이다. 그리고 phronimos가 소유한 앎은 플라톤의 이데아 같은 초월적이고 보편적인 대상에 대한 지식이 아니라 특수한 상황과 일에 대한 탁월한 판단력과 실천 가능성에 대한 고려이다. 목적과 수단을 이어 주는 연결고리로서의 실천적 지혜는 이론과 실천을 분리하지 않으며, 보편과 특수의 대립에 얽매이지도 않는다. 개인과 국가의 선(善)인 eudaimonia를 보편적 목적으로 삼고, 이에 대한 이론(지식)은 phronimos가 갖추고 있어야 할 자격 조건이다. 그러나 보편적 목적을 성취하기 위해서는 개별적 상황과 특수한 수단에 대한 고려가 성패의 열쇠라는 것도 알아야 한다.

실천적 지혜는 선천적으로 주어진 절대적 선을 전제하지도 않으며, 윤리적 판단의 이상적 모델을 지칭하는 말도 아니다. 오히려 그것은 어떤 특수한 상황에서 가장 적절한 덕이 무엇인지를 아는 지식이며, 그 지식에 근거해서 행동할 줄 아는 능력이다. 그리고 실천적 지혜는 이미 확정된 일련의 도덕적 원리에 의존함이 없이 우리의 특수한 도덕적 어려움을 해결하려는 태도이며, 특수한 상황을 고려할 때는 언제나 선한 개인 또는 선한 시민(good citizen)의 보편적 성질이 무엇인가에 대한 물음과 관련지어서 보려는 태도이다. 이런 의미에서 실천적 지혜는 지식과 행동 어느 편에 기울어짐이 없는 중용적 태도이며, 보편과 특수 사이를 넘나드는 전반적인 도덕적 역량이기도 하다. 그렇기 때문에 실천적 지혜는 복합개념이다. 이 개념은 몇 가지 중요한 요소들로 구성되어 있는데, 『니코마코스 윤리학』의 6권 9장에서 11장 사이에서 다루고 있다. 이 장을 시작하면서 D. Ross는 "행위와 관련된 부차적인 지적인 덕들"이란 소제목을 붙였고, H. Rackham은 "실천적 지혜의 다양성"이란 제목을 달았다. 그러나 이들이 붙인 소제목은 실제로 아리스토텔레스가 말하고자 하는 뜻을 더 분명하게 드러내기에는 미흡하게 보인다. 오히려 "지혜로운 행동을 위한 예비 조건들"이란 표현이 더 적절하리라 생각된다. 왜냐하면 아리스토텔레스는 이 세 개의 장에서 인간 행동의 심리학적 분석을 통해 phronesis 속에 함축된 '심사숙고', '이해', '판단'이란 세 가지 단계를 드러내고 설명하고 있기 때문이다. 약간 도식적으로 설명한다면, 먼저 우리에게 선택하도록 도덕적, 정치적 문제들이 주어진다. 그러면 심사숙고, 이해, 판단의 과정을 통해 행동으로 옮겨진다. 문제로부터 행동에 이르는 내면적 과정을 아리스토텔레스는 심사숙고, 이해, 판단이란 과정으로 설명하고 있으며, 이런 전 과정을 적절하게 수행할 줄 아는 것이 곧 실천적 지혜라고 보고 있다.

3.1 심사숙고의 탁월함(euboulia) 또는 토론

D. Ross와 H. Rackham은 모두 아리스토텔레스가 사용한 'euboulia' 라는 말을 "심사숙고의 탁월함(Deliberative Excellence)"으로 번역하고 있다. 아리스토텔레스의 설명에 의하면 심사숙고(bouleusis)는 행동의 문제에 관한 의식적인 계산을 의미한다.[6] 그리고 어떤 사물에 관해 긍정이나 부정의 판단을 내리기 이전 단계를 지칭한다. 따라서 심사숙고는 추측이나 억견과 혼동되어서는 안 된다. 이런 심사숙고의 탁월함은 phronimos가 소유해야 하고 또 지혜로운 행동을 하기 전에 거쳐야 하는 첫 번째 단계이다. 그 탁월함의 기준은 사고나 숙고에서의 정확성(correctness)에 달려 있으며, 절대적 선이 아니라 '어떤 선' 에 도달하려는 심사숙고의 정확성에 달려 있다. 선 또는 목적과 관련된 심사숙고의 정확성이 탁월함의 준거가 되며 무엇이 정확해야 하는가 하는 구체적 내용은, 첫째 마땅히 해야 하는 일이 무엇인지를 알기 위해 추론의 출발점이 옳은 근거(right grounds)여야 하며, 둘째 숙고하는 시기의 적절함(kairos; right time)이어야 한다. 이 두 가지 옳음이 합쳐져서 옳은 결론에 도달할 때만이 비로소 심사숙고의 탁월함은 보장받게 된다.[7]

여기서 주목해야 할 점은 두 가지인데, 첫째 시기의 적절함이다. 이것이 중요한 이유는 동양적 개념인 천시(天時)나 진퇴지시(進退之時)의 파악이 군왕을 비롯하여 소위 사대부 지식인들에게 중요한 덕목으로 간주된 것과 유사하게 아리스토텔레스가 생각한 지혜로운 사람도 역시 옳은 판단과 행동을 위해서는 게으름과 성급함이 없는 시기의 적절함을 볼 줄 알아야 하기 때문이다. 알맞은 때에 숙고하고 적절한 시기에 판단하여 행동할 줄 아는 것이 곧 실천적 지혜가 아닐까?

둘째, 심사숙고의 과정—옳은 근거에서 옳은 결론으로 유도되는 과정—이 토론에 의해 보장이 되어야 한다는 점을 주목해야 한다. 왜냐하면 심사숙고의 탁월함은 토론의 성공과 실패에 달려 있기 때문이다. 심사숙고(bouleusis)라는 말은 원래 "호메로스에서 원로원을 지칭하는 정치적 제도 장치 또는 체제를 일컫는 부울레(boule)에 준거" 할 뿐만 아니라 의회에서 토의하여 결정한 것(bouleuetai)이라는 말과도 어원이 같다.[8] 또 이 말을 영어로 번역할 때 'deliberation' 이란 단어 역시 라틴어의 de-librare에서 왔는데, 그 뜻은 de(끝까지, 철저하게, 계속적으로) librare(저울질, 비교하고 토론에 부치는) 것을 의미한다. 따라서 심사숙고(deliberation)라는 말 속에는 결정을 내리기 위해 마음속으로 철저하게 토론하는 행위를 함축하고 있다. 이런 의미에서 "자신과의 토론과 대화가 심사숙고"이며, "의논을 거치는 민주주의가 지혜로운 개인행동의 모델이 된다"고 하는 박전규의 언급은 타당하다.[9]

그러나 여기에 두 가지 점을 덧붙여 말할 필요가 있는데, 그 하나는 자신과의 민주주의적인 토론과 대화가 가능하기 위해서는 민주주의적 사고방식이 먼저 갖추어져야 한다는 점이다. 아리스토텔레스가 말하는 황금률로서의 '중용' 도 결국은 과도와 결핍이란 극단을 피하는 민주주의적 해결 방식의 다른 이름일 뿐이다. 이런 의식의 내적 질서를 후에 근대인들은 합리성이라 불렀다. 그리고 둘째로 민주주의적 사고방식은 결코 개인적으로 습득되는 것이 아니라는 점이다. 윤리적 행동은 정치적 의미를 함축하고 있다고 보는 것이 아리스토텔레스의 기본 생각이다. 따라서 개인적 차원에서 심사숙고와 토론의 민주화가 가능하기 위해서는 사회체제 자체가 그런 것을 가능하도록 보장해 주어야 한다.[10] 오늘 우리 사회에서 행동하기에 앞서 심사숙고하며 토론을 거쳐 무엇을 어떻게 할 것인가에 대해 결정하는 일이 얼마나 어려운가?

3.2 이해(synesis)

synesis라는 그리스어는 본래 '다른 사람의 말을 이해하다' 라는 의미이다. 구체적이고 실천적인 문제를 다루는 데는 그런 문제 상황을 공유하는 다른 사람과의 의사소통이 무엇보다도 중요하기 때문에 다른 사람의 말을 이해한다는 것은 필수적이다. 따라서 이해의 대상은 과학적 설명의 대상과 같지 않다. 설명의 대상은 영원하고 불변하는 현상들이나, 이해의 대상은 보다 우연적이고 가변적인 현상들이다. 또 이해는 이미 기술(techne)에 의해 만들어진 제작물에 대해서가 아니라 아직 불확실하기 때문에 심사숙고의 대상이 되는 것과 관계한다. 즉 phronesis와 마찬가지로 행동과 관련된 것들을 이해의 대상으로 삼는다. 그러나 이해가 실천적 지혜와 동일한 것은 아니다. 왜냐하면 실천적 지혜는 우리에게 어떤 일은 해야 되고 어떤 일은 해서는 안 된다고 명령하는 단계이나, 이해는 단지 최종적 판단을 가능하게 하는 역할만을 하기 때문이다.[11]

실제로 아리스토텔레스는 이해와 판단 사이의 밀접한 관련에 대해 인식하고 있다. 그는 말하기를, 우리가 실천적 지혜와 관련된 문제에 대해 다른 사람이 어떻게 말하고 있는가를 '판단' 하기 위해 '의견의 기능(faculty of opinion)' 을 사용하는 것이 곧 '이해' 라고 한다. 좋은 이해와 올바른 판단을 같은 것으로 간주하기도 한다.

3.3 고려와 판단(gnome)

아리스토텔레스에 의하면, 어떤 사람을 고려하거나 용서하는 일은 결국 무엇이 공정한가를 정확하게 '판단' 하는 것과 같다고 한다.[12] 즉 공정한 것을 올바르게 분별, 구별하는 것이 판단이다. 따라서 이 판단 개념 속에는 타자에 대한 이해와 용서, 동감하는 판단의 의미가 함축되어 있다. 아리스토텔레스는 그리스어의 gnome(판단, 양식)과 suggnome(용서, 공감적 이해) 그리고 eugnomon(고려하는 자질) 사이의 상관관계에 대해 주목하고 있다. 일반적으로 말해서 우리가 공감하거나 용서한다고 말할 때, 그것은 다른 사람에 대해서나 또는 그와 더불어 판단하는 것을 의미한다. 아리스토텔레스가 염두에 두고 있는 판단과 고려 역시 다른 사람을 공정하게 다루어야 한다는 정의의 정신에 기초하고 있다.

모든 사람은 판단할 줄 알고 또 고려할 줄도 안다. 그렇기 때문에 판단과 고려 자체가 실천적 지혜는 아니다. 좋은 판단은 지혜로운 사람이 되기 위한 필수조건은 되나 충분조건은 아니다. 만약 어떤 사람이 특정한 상황에서 어떤 행동(action)을 해야 하는가를 심사숙고하고 또 이해는 하고 있으나 그에 맞는 적합한 행동을 하지 않을 때, 우리는 그가 판단(judgment)을 하고 있지만 phronesis를 소유하고 있다고 말하지는 않는다. 왜냐하면 실천적 지혜는 행동을 통해 구체화된 판단이거나 좋은 실천(eupraxis)의 효과를 통해 완성된 판단이기 때문이다.

4. phronimos의 선택과 실천

이제 실천적 지혜를 소유한 사람(철학자)이 적합한 행동을 하기 위해서 고려해야 할 문제는 목적을 성취하기 위한 수단의 선택(proairesis)과 직접적 행동 즉 실천(praxis)의 문제뿐이다. 아리스토텔레스가 의미하는 사고는 논리적 명제의 긍정과 부정이라는 두 방향 중의 어느 하나를 선택하는 기능을 하며, 실천적 지혜가 관여하는 도덕적 또는 정치적 행동은 욕망의 추구(pursuit)와 회피(avoidance)라는 두 방향 중의 어느 하나를 선택한다. 이 행동의 두 방향은 언제나 선택의 문제로 우리에게 다가오며 우리의 결정을 기다린다. 따라서 도덕은 선택의 문제이며, 선택의 대상은 심사숙고된 욕망 즉 옳은 욕망을 추구하는 일과 목적에 이르기 위한 수단의 선택이다. 이런 선택이 곧 행동(praxis)의 기원이 된다.[13]

이미 앞에서 언급했듯이 실천적 지혜는 행동의 옳음이란 무엇인가에 대해서가 아니라 어떻게 행동해야 지혜롭다고 할 것인가에 대해 관심을 가진다. 그리고 실천적 지혜는 목적에 대한 관심보다는 수단에 관심을 가진다. 목적은 그것이 세워졌기 때문에 선한 것이 아니라 그 속에 덕(virtue)이 내재되어 있기 때문에 선한 목적이 된다. 마찬가지로 수단은 그것이 목적을 성취하기에 유용하고 효과적이기 때문에 선한 것이 아니라 그것이 실천적 지혜를 소유한 사람에 의해 선택되었기 때문에 선한 수단이 되는 것이다. 그리고 수단의 선택(proairesis)은 목적에 대한 욕구가 선행적으로 존재해야 하나 선택된 수단의 정당화는 목적에 의해서가 아니라 실천적 지혜에 의해서 이루어진다. 아리스토텔레스의 경우 지혜로운 행동의 목적은 개인적 또는 전체적 eudaimonia(기능의 충분한 발휘, 또는 자기실현의 획득)이다. 따라서 이 eudaimonia를 얻기 위해 적절한 수단을 강구해야 하는데, 여기에는 다음과 같은 두 가지 특징이 내재되어 있다. 첫째, 선택된 수단은 이미 앞에서 심사숙고와 토론, 이해와 판단이라는 과정을 거치면서 실천 가능한 것 중에서 선택되어야 한다는 점이며, 둘째, 수단의 선택은 비결정적인 채로 개방되어 있다는 점이다. 그 이유는 인간의 행위를 다루는 윤리학과 정치학은 개별적이고 특수한 경우에 어떻게 행동할 것인가를 결정하는 데 충분하지 못하며 보편적인 행동의 원칙을 결정할 수는 더더욱 없기 때문이다. 따라서 아리스토텔레스는 수단의 선택에서 지혜로운 사람에게 통찰(insight)과 식견을 지니도록 요구하고 있는 것이다.

아리스토텔레스가 사람을 그리스인과 비그리스인(barbaros), 자유인과 노예, 남자와 여자 등으로 구별하는 것에 대해 시대적 한계라고 지나치게 비난할 필요는 없다. 왜냐하면 그 당시에는 이런 차별이 자연스럽고 당연했기 때문이다. 그가 "삶은 결코 제작성(poiesis)에 있는 것이 아니라 행동(praxis)하는 데 있다."[14]라고 말할 때, 그런 삶을 영위할 만한 자격이 주어진 사람은 먼저 아테네 남자로서 정치적 자유인이어야 한다. 그리고 철학을 하거나 정치를 하는 사람이어야 한다. 아리스토텔레스가 노예와 여자들의 삶을 실천적 삶(life of praxis)에서 배제시킨 데에는 계급적 시각 이외에 이들의 삶이 주로 poiesis를 위해 바쳐진 삶이며, 자유인들이 누리고 있는 물질적 독립성을 유지시키는 데 희생을 치르도록 강요된 삶이었기 때문이다. 이와는 대조적으로 자유인들의 실천적 삶이란 국가 내에서 목적 지향적이고 자발적인 행동을 하는 삶이다.

때때로 아리스토텔레스가 praxis라는 개념을 넓은 의미로 사용해서 인간이 삶을 영위하는 데 필요한 모든 활동을 지시하기도 했지만, 그는 주로 좁은 의미의 praxis를 사용하고 있다. 협의의 praxis는 "국가(polis) 내에서 자유인이 도덕적, 정치적 행동을 하기 위해 선택하는 것"을 의미한다. 그리고 어떤 행동은 다른 행동보다 더 선할 수 있기 때문에 이 praxis의 개념은 규범적일 수밖에 없으며, 좋은 행동(eupraxis)이 되기 위해서는 phronesis(실천적 지혜)와 일치하는 행동이어야만 한다.

아리스토텔레스는 피타고라스의 전통에 따라 인간의 삶을 세 가지 형태로 구분하고 있다.[15] 첫째 향락을 추구하는 삶(life of enjoyment), 둘째, 정치적 행동을 하는 삶(political life), 셋째, 관조적인 삶(contemplative life), 즉 철학자에게 적합한 삶의 형태가 그것이다. 그런데 여기서 두 가지 점에 주목할 필요가 있다. 하나는 이 세 가지 형태의 삶이 모두 물질적으로는 독립되어 있다는 것이며, 다른 하나는 적어도 아리스토텔레스에서 정치적 삶과 철학적 삶이 실제로 구분이 불가능하다는 점이다. 사유와 관조만을 하는 사변적 삶은 아무것도 변화시킬 수 없으며, 목적에 대한 정확한 인식이나 지혜를 구비하지 않고서 행동만을 하는 것은 도덕적으로 정당화할 수 없기 때문에 이 두 가지 형태의 삶은 실제로 상보적이어야 한다.[16] 그리고 이것을 가능하게 만드는 것이 바로 실천적 지혜(phronesis)이다. 왜냐하면 실천적 지혜 속에는 이미 '좋은 행동'을 하기 위한 필요충분조건들이 모두 갖추어져 있기 때문이다.

아리스토텔레스에 의하면, '좋은 행동'을 하도록 요구되는 계급은 당시의 시민권(citizenship)을 소유한 사람들이었다. 또 그들에게만 실천적 지혜가 요구되었다. 우리 시대에는 누구에게 이 덕목이 요구

될까? 한 국가에 속해 있는 모든 시민에게 요구되는 실천적 지혜는 구체적으로 무엇을 의미하는가?

아리스토텔레스의 실천적 지혜가 가르쳐 주는 교훈에서 그 의미를 찾을 수 있으리라 본다. 실천적 지혜는 도덕과 정치적인 문제들에 늘 직면하면서 살 수밖에 없는 우리에게 심사숙고하고 토론을 통해 문제의 본질을 파악하도록 해 준다. 토론은 늘 대화의 형식을 띠고 있으며, 이미 소크라테스는 모범적인 대화의 태도를 보여 주고 있다. 소크라테스의 대화법이 보여 주듯이 대화는 우리들의 사유를 완결된 세계가 아니라 비결정적인 열린 세계로 이끌어 준다. 또 토론 없이는 온전한 이해가 불가능하다. 만약 그런 것이 있다면, 그것은 강요된 수용일 뿐이다. 바른 이해는 정확한 판단을 가능케 만든다. 판단하는 일은 인간의 경험 세계에 늘 상존하며, 판단 없이 경험이 있을 수 없다. 안다는 것 자체가 판단하는 행위이다. 아리스토텔레스의 시각에서 본다면, phronesis는 정확한 판단과 행동(praxis)으로 이루어져 있다. 그리고 판단의 구체적 내용은 주로 정치적 판단이었다.

현대의 정치적 구조나 사회 통제 수단의 발달은 개인들에게 건전한 정치적 판단의 기회를 차단시킨다. 감정에 의해 지배되는 상황에서 정치적 활동의 영역에 자율적으로 참여하기란 불가능하게 보인다. 아리스토텔레스의 지적대로 실천적 지혜를 가진 phronimos는 분별력이 없는 젊은 사람에게만 어려운 것이 아니라 나이와 상관없이 정념이 이끄는 대로 살아가는 성인에게도 역시 어려운 일이다.[17]

오늘 우리 시대에 요구되는 실천적 지혜는 정치적 판단의 주체자가 되는 일이며, 다른 사람이 우리를 위해 대신 판단해 주는 것을 거부하고 자신의 판단 능력에 대한 확신을 가지고 거기에 맞는 행동(praxis)을 하는 일이라고 보아야 하지 않을까?

회고와 재검토

1. 이론과 실천의 균형

통행금지가 시행되던 시절이 있었다. 자정이 지나면 길거리에 다닐 수 없어서 집이나 숙박 시설로 들어가야만 했다. 혈기 왕성한 내 또래 젊은이들에게 통행금지는 참으로 불편했던 장애물이었다. 내가 기억하는 한, 통행금지 위반으로 한차례 동네 파출소에서 새벽 4시까지 지냈던 적이 있다. 그때 경찰 근무자에게 지나가는 말로 들었던 말은 이러하다. '배울 만큼 배운 대학생들이 이러면 쓰나.' 통행금지를 위반한 우리를 보고 한심하다는 듯이 내뱉은 말이었다. 이 말을 오랜 세월이 지나도 기억하고 있는 것은 그 말이 주는 무게감 때문이다. 배운 사람은 거기에 맞는 행동을 해야 한다는 압박성 요구였다. 배운 사람은 배운 사람답게 행동해야 한다는 말은 파출소에서뿐만 아니라 평생 지식인이면서 지식인답게 살지 못했다는 자괴감이 들게 해 주었다.

돌이켜 보면 대학에서 학생으로 살아가던 1970년대에는 '배운 사람은 배운 사람답게 행동해야 한다'는 사회적 압력이 쉽게 통용되었고 또 받아들이는 쪽에서도 저항감이 별로 없었다. 그런 이유 가운데 하나는 당시의 대학생 숫자가 지금보다 훨씬 적었기 때문에 선택받은 소수라는 자부심 같은 것이 있었기 때문이다. 대학생에게도 학교마다 거의 비슷한 감청색 교복이 있었지만 잘 입고 다니지는 않았다. 그러나 학교를 명백하게 드러내는 표식인 배지는 달고 다녔다. 교복과 배지가 만들어 내는 구별은 스스로 지성인임을 드러내는 긍지의 표시이기도 했겠으나 동시에 우월감의 표시이기도 했다. 다행히도 1980년대에 들어서서 이런 구태는 모두 사라졌다. 그러나 배운 사람에게 부과되던 '지행합일'의 도덕적 요구는 여전히 변함이 없었다.

영국 유학에서 돌아온 1980년대 후반기 역시 독재 정권은 계속되었으며, 그런 만큼 현실 정치에 저항해야 한다는 사회적 압력이 지식인들에게는 더더욱 무겁게 요구되었다. 이런 당시의 사회적 분위기를 압축해서 보여 주는 네 컷의 시사만화가 심장을 찌르듯 아프게 다가왔다. "소수의 지식(앎)만을 추구하는 행동할 줄 모르는 지식인은 사회의 암적 존재이다." 이 시사만평은 내가 'Phronesis와 Praxis'라는 제목의 글을 쓰게 된 자극제가 되었다. 그리고 이 논문의 서두에 쓴 "관조하는 삶만으로는 행동주의자들의 비난을 견뎌 내기가 쉽지 않으며, 덕(arete)에 대한 직관 없이 실천과 행동을 우선으로 생각하는 삶은 과격해지기 쉽고 그만큼 배타적인 경향을 띠기 쉽다"는 말은 당시의 나의 마음을 대변하는 말이기도 했다.

1987년 6월 항쟁 전후에는 강의실과 교문 앞 시위 현장 사이에 늘 긴장감이 감돌았다. 시위하는 시간에 학생들이 강의실에서 수업을 들어야 했고, 교수는 최루탄 터지는 소리를 들으며 강의를 해야 했다. 때로는 시위하던 학생들이 강의실로 들어와 수업을 듣던 학생들에게 시위 참여를 선동했고, 강의하는 교수에게는 '비겁한 지식인'이라고 비난하는 듯한 표정을 보였다. 그런 상황에서 나는 강의를 계속해야 했고, 그것이 옳은 일이라고 믿었다.

이론과 실천, 앎과 행동 사이에 어떻게 균형을 이루며 살 것인가? 소위 지식인이라 불리는 대학교수에게 요구되는 실천적 삶의 모범은 어떤 모습이어야만 하는가? 군군(君君) 신신(臣臣) 부부(父父) 자자(子子)의 외연을 넓힌다면 지식인도 지식인다워야 지식인이라 할 수 있다. 그렇다면 지식인답다는 것은 무엇을 의미하는가? 유가의 전통에서 보면 지행합일(知行合一)을 실천하는 사람이라 할 수 있다. 위에서 말한 어느 경찰관의 지나가는 말도, 그리고 시사만화가 말하고자 하는 의중도 근본에서는 지행합일을 말한다 할 수 있다. 지식인을 이런 지행합일의 시각에서만 보면 실천할 줄 모르는 지식인의 앎은 그야말로 그를 사회의 암적 존재로 만들어 버릴 수도 있다. 배워서 아는 것과 행동하고 실천하는 것이 일치되어야 한다는 지행합일론은 얼마나 정당한 요구인가?

2. 지행합일론과 지행공집론

전통적인 지행합일론의 위험에 대해 처음으로 반성해 보게 된 기회는 대학원 시절에 들었던 박동환 교수의 강의 시간이었다. 학문이 발전하는 데 이 지행합일론이 장애가 될 수 있다는 그의 평가는 새롭게 들렸다. 행동이나 실천과는 거리가 먼 학문이 얼마나 많은가? 과학자에게 그의 지적 수준에 상응하는 도덕적 실천을 요구하는 것은 불필요해 보인다. 최고의 과학자가 최상의 도덕군자는 아니기 때문이다. 그런 요구는 오히려 학문의 연구에 장애가 될 수 있다. 실험실과 연구실이 최대한 독립적인 공간으로 보장될 때 학문의 진보는 이루어진다고 믿는다. 캠퍼스 밖에서는 최루탄과 화염병이 난무해도 실험실과 연구실을 지키고 있는 지식인들이 있어야 한다고 나는 믿는다. 그래야 지행합일론이 연구자에게 심리적 장애물이 되지 않을 수 있다. 1970년 초반의 기억 한 조각이 지금도 남아 있다. 군사독재 정권에 저항하기 위해 교문 앞에서 시위하며 최루탄 가스에 눈물을 흘리던 같은 시간과 공간에 공대생들이 잔디에 둘러앉아 포커 게임을 하던 장면이다. 독재 정치에 대한 이들의 공감력 부족을 원망했던 것 같지는 않다. 청년의 뜨거운 가슴이 없다고 비난했을지언정 배운 만큼 행동해야 한다는 지행합일을 이들에게 강요하지는 않았다.

그렇다면 지행합일론은 폐기되어야 하는가? 그렇지는 않다. 연구실과 실험실이 진공 상태가 아닌 한, 연구자가 무인도에 고립된 사람이 아닌 한 그리고 사회적 존재인 한 그에게 최소한으로 요구되는 실천적 삶은 피할 수 없다. 그리고 그의 삶은 그가 배운 앎(지식)의 뿌리로부터 제공되는 혜택과 무관할 수 없다. 비유적으로 말하면 '음수사원(飮水思源) 굴정지인(掘井之人)' 이라는 말처럼 오늘 내가 배운 지식은 과거의 누군가로부터 얻은 혜택의 산물인데, 그것이 어떤 특정한 사람일 수도 있고, 사회일 수도 있고, 역사일 수도 있다. 따라서 한 개인의 앎과 삶은 타자에게 빚진 결과물이다. 따라서 지식인에게는 타자에게 갚아야 할 채무를 피할 수 없으며, 그것은 곧 앎과 실천적 삶 사이에 불가분의 연결고리가 있다는 것을 의미한다.

나는 지행합일론에서 합일의 감당할 수 없는 무게를 덜어내기 위해 지행공집론(知行共集論)을 대안으로 제안해 보고자 한다. 지행공집론은 지식(이론)과 행동(실천)의 공통집합론이라 할 수 있다.

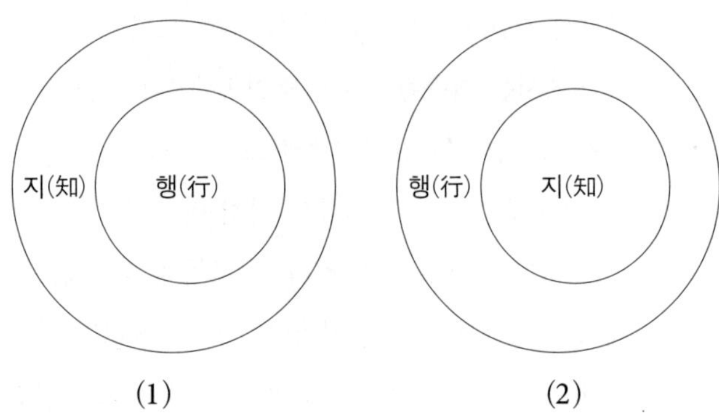

기하학의 집합론에서 사용하는 도형을 빌려 설명해 보면 이러하다. 지식과 행동은 집합을 표시하는 두 개의 원으로 표시할 수 있다. 이 두 개의 원은 하나의 원이 다른 원 안에 온전히 들어 있는 모형이다. (1) 큰 원을 지식이라면 행동의 집합은 작은 원으로 그 안에 들어 있게 되며, (2) 반대로 큰 원이 행동이라면 지식은 작은 원이 되어 그 안에 들어 있게 된다.

이 두 개의 원이 하나로 합쳐지는 지행합일은 불가능하다. 물론 지행합일이 도형 그대로 완전한 일치를 의미하지는 않는다. 다만 앎(지식)이 행동(실천)으로 실현되거나(2의 경우), 앎을 통해 정당화될 수 있는 만큼만 행동한다면(1의 경우) 그 정도가 획득 가능한 최대한의 공통집합이 아닐까 생각된다. 그런 경우라면 지식인들에게 그리 큰 문제는 없어 보인다. 지행병진(知行竝進), 정혜쌍수(定慧雙修) 같은 말이 지행합일보다 실천의 중압감은 작아질 수 있을 것이다. 그러나 (1)의 경우 행동의 원이 작아지면 작아질수록, 그리고 (2)의 경우 지식의 원이 작아지면 작아질수록 지행공집의 원은 작아진다. 이럴 때가 문제인데 그것은 무엇일까? 논어의 위정편(爲政篇) 15장에 있는 글에서 문제의 이유를 찾아볼 수 있다. 학이불사즉망(學而不思則罔), 사이불

학즉태(思而不學則殆)이다. 이 문장에 대한 해석이 사람마다 조금씩 다를 수 있지만 나는 이렇게 해석하고자 한다. '배움(지식)은 있되 행동하지 않으면 그 배움에서 건질 것이 없고, 행동하면서도 배움이 없으면 그 행동은 위태롭다.' 앞의 문장은 위의 지행공집에서 (1)번의 작은 원이 작아진 경우이고, 뒤의 문장은 (2)번의 작은 원이 작아진 경우라 할 수 있다.

생각 사(思)를 행(行)으로 바꿔 해석하는 것이 낯설어 보이지만 이 둘 사이에는 밀접한 연결고리가 놓여 있다. 왜냐하면 생각(사유)은 행동으로 나가기 위한 전제 조건이며, 행동이 전제되지 않은 생각은 공상이나 상상에 불과하기 때문이다. 생각은 내면에서 일어나는 행동이며, 몸을 움직이는 것은 생각이 외적으로 나타난 행동이다. 지식이 뒷받침된 실천은 위태롭지 않으며, 실천을 통해 지식과 이론이 공리공담(空理空談)에서 벗어날 수 있다면 그 지식으로부터는 건질 것이 있다. 바로 이 지점에서 나는 지행공집의 한 전형을 아리스토텔레스의 phronesis(실천적 지혜)에서 찾게 되었다. 배우는 일에 있어서 건질 것이 있고, 행동하는 일에 있어서는 위태롭지 않을 수 있는 사람이 곧 실천적 지혜를 소유한 사람, 프로니모스(phronimos)이다.

아리스토텔레스의 phronesis(실천적 지혜)에는 '심사숙고', '이해', 그리고 '판단'이라는 세 가지 요소가 포함되어 있다. 위에서 말한 생각 사(思)를 행동(실천)으로 해석할 수 있는 근거를 나는 아리스토텔레스의 심사숙고(深思熟考)에서 찾았다. 심사숙고는 옳은 행동을 하기 위해서 반드시 거쳐야 할 실천의 단계이다. 그리고 탁월한 심사숙고가 되기 위해서는 '끝까지 철저한 토론'이 있어야만 한다는 것이 아리스토텔레스의 생각이었다. 토론과 대화는 소크라테스의 대화법에서 모범을 찾을 수 있듯이 숨겨진 진리를 찾아가는 과정이며, 이를 통해 사물에 대한 바른 이해와 판단도 가능해진다. 갈등과 대립이 있는 모든 영역에서 문제 해결의 첫걸음은 심사숙고와 토론을 진지하게 진행하는 것이다. 하물며 가장 첨예한 대립의 현장인 정치의 영역에서 심사숙고와 토론은 상대방에 대한 이해와 고려 그리고 구체적인 실천(praxis)을 위한 필수조건이다. 건강한 민주주의 제도는 심사숙고와 토론 그리고 상대방에 대한 이해와 고려 그리고 그런 판단에 따라 정치적 실천이 이루어질 때 가능해진다.

3. 나의 작은 실천

나의 전 삶을 통해 내가 얼마나 이런 실천적 지혜를 추구하며 살아왔는가를 돌이켜 보면 아쉬움이 남는 것을 고백하지 않을 수 없다. 그렇지만 1973년과 1974년은 아마도 배운 만큼 치열하게 실천하며 살았던 시기였다고 생각한다. 유신독재 정권에 대한 저항의 몸짓을 적극적으로 했던 때였다. 나는 한복에 흰 고무신을 즐겨 입고 다녔다. 흰 고무신 앞 코빼기에 있는 여백에는 'what is truth(진리란 무엇인가?)' 라고 쓰고, 다른 한쪽에는 'Freiheit, wo bist du(자유, 너 어디에 있는가?)' 라는 글을 적고 다녔다. 앞의 물음은 지식(앎)의 문제이고, 뒤의 물음은 실천에 관계된 물음이다. 이런 물음을 묻고 진지하게 자문하는 것이 당시에 내가 할 수 있는 실천의 한 방식이었다. 이념서클에 참여하고 또 1년간 이 모임을 이끌며 독서토론 활동과 시위에 활발하게 참여했다. 주로 사회과학 서적을 읽으며 나의 삶이 얼마나 사회적 구조와 얽혀 있는지를 인식할 수 있었다. 집단 시위 외에 내가 할 수 있는 실천이 무엇이 있을까 고민하기도 했다. 1974년 봄 학기가 시작된 얼마 후에 나는 저항을 독려하는 유인물을 강의실에 돌리기로 작정하고 그 실행 방법을 찾았다. 당시 인쇄할 수 있는 가장 흔한 방법은 소위 '가리방' 이라고 알려진 도구를 사용하는 것이다. 등사판 위에 등사 원지를 대고 철필로 쓴 다음 잉크를 묻힌 롤러를 사용해서 한 장씩 인쇄하는 방법이다. 이런 인쇄 도구는 주로 교회에서 많이 사용했었다. 나는 평소 알고 지내던 미국인 선교사 목사님에게 이 등사 도구를 빌렸다. 물론 시위 유인물을 만들 계획을 말하지는 않았다. 인쇄한 유인물을 아침 일찍 등교하여 빈 강의실에 뿌리고 다녔다. 나는 다른 누구도 이 일에 개입시키지 않았다. 혹시라도 이 일이 후에 드러나면 책임은 나 혼자 지는 것이 마땅하다고 생각했다. 이 일로 인해 그해 5월에 나는 서대문 경찰서에서 견딜 만한 고문과 함께 조사를 받았고, 부모님은 세무조사의 위협을 당하셨고, 가택 수색을 당해 나의 일기장 모두는 경찰의 손으로 넘어가 다시는 내게 돌아오지 않았다. 이런 일이 있었음에도 나는 알 수 없는 여러 사람의 도움으로 R.O.T.C. 후보생의 지위를 유지할 수 있었고, 무사히 졸업하고 대한민국 육군 소위로 임관할 수 있었다.

이론과 실천의 긴장 관계에서 충돌이 생길 때마다 '나는 이론가이다' 라는 말로 그 상황을 모면해 왔다. 대학교수라는 직업적 안정성을 버릴 만큼 적극적 불복종은 할 수 없었다. 내가 할 수 있는 실천의 범위는 역사적 순간과 그 현장에 참여하는 정도가 전부였다. 6월 항쟁 때는 시청 앞 광장에 서 있는 것으로, 이한열의 장례식에서는 문익환 목사의 절규를 들으며 눈물을 훔치는 정도의 행동이 전부였다. '민주화를 위한 전국 교수협의회' 가 설립된 이후에는 회원으로서의 후원금을 내는 것으로 실천의 한 자락을 놓치지 않고 있었다. 총장 직선제를 둘러싼 대학 민주화 운동이 한창일 때는 말과 글로 참여하였다. 대통령 탄핵을 이끌어 낸 촛불혁명의 현장에는 떨리는 가슴으로 몇 달을 군중 속에 있었다. 이 정도의 일이 내가 해 왔던 실천적 삶의 전부라는 사실이 부끄럽다.

4. 통일 운동과 생태적 실천

사실 실천적 지혜는 지식인에게만 요구되는 실천 덕목은 아니다. 그리스 시대에는 제한된 사람들에게만 실천적 지혜를 소유할 수 있다고 했으나 현대에는 누구라도 자유인이며, 자유 민주주의 사회의 시민이라면 실천적 지혜를 소유하도록 요구될 수 있다. 위의 지행공집론에서 작은 원의 집합이 지나치게 작아지는 것을 경계해야만 한다. (1)의 경우보다는 (2)의 경우를 먼저 경계해야 할 것이다. 다시 말해 행동하되 배움(지식)의 영역이 좁아지지 않도록 노력해야 할 것이다. 배움의 집합이 작아지면 작아질수록 행동은 위태롭게 되기 때문이다. 토론과 논쟁이 없이는 앎의 집합이 결코 확대될 수 없다. 그런 경우 행동은 위태롭게 될 수밖에 없다. 천박하고 왜곡된 지식이 얼마나 위험한 일인가는 이미 경험적으로 알 수 있었다. 행동할 줄 모르는 지식인은 사회의 암적 존재로 전락할 위험이 있으며, 공직을 수행하기에 적합한 지식과 경륜이 준비되어 있지 않은 사람의 무모한 행동은 얼마나 위태로운 결과를 초래하는지 이미 역사적 경험을 통해 배운 바 있다. 대통령을 탄핵하고 감옥에 보낸 한국 정치가 민주주의의 승리이자 자랑이라고 평가할 수만은 없다. 그런 대통령을 우리 손으로 뽑았기 때문에 책임의 일단은 우리 모두에게 있음을 반성하지 않으면 안 되기 때문이다. 그리고 이런 실수를 다시 범하지 않기 위해서는 공적 영역에서 실천적 지혜를 소유한 프로니모스가 다수를 차지해야만 한다.

우리의 삶은 끊임없는 선택과 결단의 연속 과정이다. 그리고 매 순간 심사숙고를 하기도 하고 그렇지 않기도 한다. 사적인 영역에서 지혜로운 선택과 결단을 강조하는 일은 더 언급할 필요도 없다. 잘못된 선택과 결단에 따른 책임은 그 사인(私人)에게 돌아가기 때문이다. 그러나 공적인 영역에서 한 개인이거나 집단이 행하는 선택과 결정은 그 책임의 범위가 훨씬 광범위할 수 있다. 그리고 그 영향력은 현재뿐만 아니라 미래에도 큰 영향을 미칠 수 있다. 따라서 심사숙고와 이해, 고려와 판단이라는 실천적 지혜의 필수 요소들이 더더욱 중요하다. 우리가 실천적 지혜를 가지고 어떤 선택을 하는가에 따라 우리의 현재뿐만 아니라 미래 세대에까지 심각한 영향을 미칠 수 있다. 그 영향력의 크기로만 따진다면 대통령 선거와 총선이 대표적인 집단 결정(group decision)이라 할 수 있다. 정치, 경제, 사회, 문화 등 공적인 영역에서 다수가 집단 지성의 이름으로 결정하는 과정이 공정하다면 우리는 그것에 대해 신뢰할 수 있을 것이다. 나는 여기서 실천적 지혜가 그 어느 때보다 요청되는 두 가지 영역에 대해서만 간략하게 언급하고자 한다. 하나는 우리 민족의 문제이고 다른 하나는 글로벌 이슈이다. 앞의 문제는 분단의 극복과 통일의 문제이고, 뒤의 문제는 인류의 운명을 결정할 전 지구적 환경문제이다. 이들 문제는 민족과 인류의 생존이 걸려 있는 가장 시급한 문제이다.

내가 살아온 지난 70여 년은 그 어느 세대보다 질풍노도와 같은 변화를 겪으며 지나온 시간이다. 6.25 전쟁 이후 남북 분단 상황이라는 어려운 조건에서도 독재를 극복하며 자유 민주주의를 향한 진보의 노력은 비록 수많은 희생과 대가를 치르면서도 이어져 왔다. 그렇지만 여전히 우리는 남과 북이 분단된 채 유, 무형의 많은 희생을 감수하고 있으며, 미숙한 정치는 한국 정치사를 왜곡, 조롱, 모욕하고 있기도 하다. 이제 남북 분단을 극복하고 평화로운 통일을 이끌어 낼 미래의 정치 세력들을 잘 키워 내고 성장하도록 돕는 일은 지금 우리가 선택할 중요한 과제이며 실천이 요구되는 일이다. 냉전적 사고에 물들지 않고 친미, 친중, 친일 등 강자의 논리에 경도되어 있지 않은 정치 세력들이 자랄 수 있는 환경을 만들고 길을 열어 주는 일은 우리 민족의 미래를 위한 생존 전략이다.

나는 『관용과 열린사회』(1997)에서 이데올로기 극복과 동질성 회복을 위해 관용 교육이 필요하다는 점을 피력한 바 있다. 그리고 「통일로 가는 다섯 가지 길」이란 글에서 지금 우리가 실행해야 할 통일을 위한 구체적인 실천 방향을 제안한 바 있다.[18] 첫째, 실패한 통일론에 대한 반성이 먼저 이루어져야 한다. 남과 북이 동상이몽으로 견지하고 있는 기존의 통일론으로는 분단 고착만 더욱 강화될 뿐이다. 둘째, 민족 동질성 회복을 위한 관용 교육이 절실하다. 아마도 분단의 시간보다 통일 이후 겪게 될 갈등의 시간이 훨씬 더 길어질 수 있다. 독일 통일의 사례를 반면교사로 삼아야 하며, 이를 극복하기 위한 가장 효과적인 방법이 관용 교육이라 나는 믿는다. 셋째, 우리 내부에 있는 극우주의자와 반공주의자들, 그리고 북한에 있을 극단적인 공산주의나 군사 강경주의자들을 합리적인 방식으로 설득하는 일이 필요하다. 넷째, 군비축소와 통일 비용의 준비가 필요하다. 군비축소는 남과 북이 상호 호혜적으로 접근해야만 하는 문제이기에 간단하지는 않으나 같은 민족끼리 서로 겨냥하고 있는 총부리를 거두는 일에는 변명의 여지를 두지 않아야만 한다. 다섯째, 자주적 외교 노선을 확립하는 일이 필요하다. 남북 분단이 강대국들의 정치적 계산 때문에 이루어졌듯이 통일도 주변 강대국들의 이해타산이 개입될 소지는 분명하다. 이들을 설득하고 간섭을 최소화하기 위한 외교적 역량을 키우고 축적하는 일은 무엇보다 중요하다.

통일 운동은 직업적으로 실천하는 사람들만의 몫이 아니다. 미래에 자신들이 부담해야 할 통일 비용이 두려워 통일의 당위성보다는 분단 현실을 더 선호하는 젊은 세대들을 설득하는 일은 기성세대 모두의 몫이다. 반대로 레드 콤플렉스(red complex)에 아직도 사로잡혀 있는 장, 노년 세대는 젊은 세대들의 유연한 사고를 배워야 한다. 분단을 정치적으로 이용하거나 전쟁을 부추기는 사람들을 식별해 내고 이들의 영향력을 최소한으로 줄이는 일은 우리 사회의 분열을 막기 위해서라도 행동으로 옮겨야 할 실천 과제이다.

인류의 생존과 직결된 전 지구적 과제이며, 즉각적인 우리의 실천이 요구되는 것은 환경문제이다. 우리가 직면한 여러 가지 환경문제는 주저할 시간의 여유가 없이 즉각 행동으로 옮겨야만 하는 절박한 문제이다. 내가 기억하는 한 생태학이라는 용어를 처음 듣게 된 것은 1971년경이다. 서남동 교수의 강의를 통해 생태계의 파괴가 얼마나 심각한 문제인지를 자각하게 되었으며, 그해 미국의 리차드 닉슨 대통령의 연두교서에서도 환경문제의 시급성이 언급된 것을 알았다. 반세기 전의 일이다. 당시에는 환경문제가 지금처럼 절박한 문제로 대두되지 않았던 시기에 환경문제의 심각성을 경고했던 리차드 닉슨의 제안은 선구적이었다. 1975년에 발표된 로마 클럽 보고서, "성장의 한계"는 향후 인류가 직면할 여러 가지 위기 요인들을 분석하는 획기적인 자료였다. 그 안에는 자원 고갈, 화석연료의 종말, 인구 증가 등 여러 가지 문제들과 더불어 환경문제가 해결되지 않으면 지구의 지속적인 생존이 어려울 것이라는 예측 모델이 포함되어 있다. 미국의 부통령을 지낸 앨 고어(Al Goer)는 아마도 닉슨 이후 미국 최고위 정치인 중 환경운동에 가장 헌신했던 사람으로 기억될 것이다. 그가 만든 영화, '불편한 진실'은 많은 비판과 비과학적인 주장에도 불구하고 지구온난화 등 기후 변화가 초래할 위기에 대해 대중적 관심을 촉구했다는 점에서는 긍정적 평가가 가능하다.

가까운 미래에 돌이킬 수 없는 심각한 상황을 맞이하지 않으려면 지금 여기서 전 지구적 환경문제 해결을 위한 구체적 실천이 요구된다. 환경운동을 하는 NGO 단체나 개인은 전 세계적으로 수없이 많다. 세계적인 명성을 가진 앨 고어나 그레타 툰베리 같은 개인이나 그린피스 같은 단체들도 적지 않게 있다. 그리고 공기, 물, 쓰레기, 에너지, 자원 고갈, 핵에너지, 해양 오염, 산림 훼손과 난개발 등 지구의 환경을 위협하는 대상과 주체에 따라 환경문제의 해법 역시 수없이 다양하다. 환경운동 단체들이 다양할 수밖에 없는 이유도 여기에 있다. 그렇지만 환경문제는 난세에 소수의 영웅이 세상을 구하는 것처럼 그렇게 해결될 수 있는 일이 아니다. 전 지구적 환경문제에 가장 큰 책임을 져야 할 주체는 바로 우리이다. 지난 100년 동안 인류는 가장 많은 화석연료를 사용했고, 물질적 풍요로움을 유지하기 위해 자원을 거의 무분별하게 사용했다. 따라서 환경문제는 우리 모두의 실천 없이는 결코 해결될 수 없다는 것은 분명하다.

2015년 프란치스코 교황이 발표한 회칙 "찬미 받으소서(Laudato Si)"는 환경문제에 관한 통합 생태론을 제안하며 인류에게 '생태적 회개'를 요청하고 있다. '생태적 위기 앞에서 깊은 내적 회개는 개인뿐만 아니라 인류 공동체 전체에게 요구된다. 인간 중심주의와 집착적 소비주의에 붙잡힌 포로 상태에서 인류 스스로 해방이 되어야 한다.'[19] 이런 환경문제 앞에서 정치적 이념이나 각국의 경제적 계산은 무의미하다. 또 실천이 요구되는 대상은 인류 모두이다. 정치인, 지식인, 경제인, 근로자, 선진국의 국민, 개발도상국 국민 등 누구도 예외일 수 없다. 각자가 자기 역량에 맞는 만큼의 실천이 요구되겠지만 적어도 환경문제의 심각성에 대한 앎이 있어야 하고, 그 앎에 맞는 실천적 지혜를 가지고 행동해야만 한다.

분단된 채 70년 시간이 지난 만큼 또 미래의 70년이란 시간이 지나갔을 때 우리는 어떤 상황에 놓이게 될까? 평화통일이라는 목표에 다다를 수 있을까? 지구온난화를 비롯한 생태적 위기를 어느 정도 극복할 수 있을까? 지구 온도는 조금이라도 내려갔을까? 아직 오지 않은 세대들에게 비난을 받지 않을 만큼 건강한 지구를 넘겨주었을까? 생태적 실천의 시간을 낭비하지는 않았을까? 인간의 탐욕이 끝이 없다고 하더라도 나는 이성의 비판과 반성 기능을 믿기에 희망의 끈을 놓지 않는다.

3
아리스토텔레스와 마르크스가 이해한 삶과 실천

"음미되지 않은 삶은 살 만한 가치가 없다." ―플라톤

"인간의 삶은 고독하고, 비참하고, 고약하고, 잔인하며 그리고 짧다."

―홉스

1. 서론

우리는 우리의 삶이 가치 있다고 믿는가? 또 살 만한 이유와 의미가 분명히 있다고 믿는가? 만약 그렇다면 어떤 근거 위에서 그런 믿음을 가지게 되었는가? 또 어떻게 사는 것이 훌륭한 삶이라고 말할 수 있을 것인가? 이런 종류의 물음은 진부해 보이며 또 대답하기도 어려운 문제인 것은 틀림없다. 아마도 사람은 누구라도 성장하면서 어느 나이가 되면 스스로 던지는 물음이 바로 '인생이란 무엇인가?' '삶에는

어떤 의미가 있는가?' 하는 것들일 것이다. 소위 감상주의적 인생철학을 누구나 한 번쯤은 가져 보며 사춘기를 넘겼을 것이다. 그러나 사람들 대부분은 이런 물음을 (1) 그 후 다시 반복적으로 묻지 않고 덮어 두고 사는 이유는 어디에 있으며, (2) 심각하게 문제 삼으면서도 그 해답에 대한 탐구의 자세를 진지하게 유지할 수 없는 이유는 어디에 있을까? 첫째 질문에 대해서는 다음과 같은 대답이 가능해 보인다. 곧 "인생 별것 있나? 다 그런 것이지."하고 자조적인 평가로 모든 것을 넘겨 버리기 때문이다. 경험이 풍부한 사람이 내리는 자기 삶에 대한 평가는 그 경험의 직접성 때문에 다른 사람의 삶에 대한 평가보다도 훨씬 설득력이 있어 보인다. 따라서 누구라도 삶에 대해 한마디씩 할 수 있는 능력이 있는 한, 심각하게 그런 물음을 던질 필요성을 느끼지 않게 된다.

둘째 물음에 대한 이유는, 이런 문제가 너무 복잡하고 고려해야 할 점들이 너무 많기 때문에 결코 확정적이거나 하나의 해답을 얻을 수 없다는 성급한 회의주의적 태도를 들 수 있다. 고르기아스의 세 가지 명제를 빌어서 이들의 입장을 말한다면 다음과 같을 것이다. 첫째 명제, "도대체 삶의 보편적 의미나 본질이 개별적 삶의 차이를 뛰어넘어 어딘가에 있을 것이라는 생각은 착각이다." 둘째 명제, "설령 그런 것들이 있다고 하더라도 문화, 사회제도, 관습, 이데올로기, 역사적 환경 그리고 교육의 결과 등이 나라마다 또는 사람마다 다르다는 사실은 그런 것들을 인식할 수 없도록 만든다." 셋째 명제, "만약 그런 것을 파악할 수 있다고 하더라도 우리 삶의 다양성은 결코 몇 마디의 말로 다 담아낼 수 없으며 전할 수도 없다."

그렇다면 삶의 의미나 가치가 무엇인가 하는 물음은 묻지도 말아야 하며, 대답할 수도 없는 것인가? 삶에 대해 철학자가 할 수 있는 말은 얼마만큼 될까? 어떤 것이든 이론화가 가능한 것은 모두 이론으로 만들고 설명하려고 하는 것이 철학자의 생리라고는 하지만 수없이 많은 종류의 삶과 그 여러 모습을 전부 그려 낼 수 있는 도구가 철학자에게는 주어져 있지 않다. 보편적 삶의 형태나 객관적인 삶의 가치와 의미를 창출해 내는 일에도 철학자는 별로 능숙하지 못하다. 차라리 소설가가 훨씬 다양한 종류의 삶의 모습을 무수히 많은 성격의 주인공들을 통해 그려 내고 있으며, 혁명가나 종교적 정열에 빠진 열광주의자들이 확신에 찬 삶의 가치와 의미를 훨씬 잘 찾아낼 수 있다고 보여진다.

삶에 대해 철학자가 할 수 있는 말이 별로 없다는 것을 암시하면서 노직(R. Nozick)은 『음미된 삶』이란 단편 모음집에서 새겨 볼 만한 말을 하고 있다. "어떤 면에서 보면 삶에 대한 철학(philosophy of life)은 무수한 삶의 현상들(the phenomenon of life) 앞에서는 무의미하게 보일 수 있다. 왜냐하면 삶 자체라는 사실이 어떤 특정한 방식의 삶보다 더 중요하게 보이기 때문이다."[1] 이 말에는 삶에 대한 어떤 철학적 이론이나 규범적인 삶의 형태(forms of life)에 대한 정당화보다는 구체적이고 생동적인 삶이 더 중요하다는 의미가 들어 있다. 노직에 의하면, 한 사람의 존재를 구성하는 요소들에다 점수를 준다고 가정했을 때, 생물학적으로 존재하는 모든 사람에게 50점을 주며, 자연법이 보장한 평등한 가치를 소유한 모든 사람에게 30점이 돌아가며, 능력과 기능에 따라 나머지 10점이 주어진다. 그리고 마지막 남은 10점은 우리의 행동에 따라 그 점수가 결정되는 자유 재량권이 주어진 영역이다. 만약 이런 방식으로 인간의 가치를 배분한다면 누구나 공통적으로 90점은 얻고 있으며, 단지 전체의 10%에만 차별적 가치를 인정하게 된다. 그리고 그는 이 10%는 이미 얻은 90%에 비하면 아무런 가치가 없다고 말하고 있다. 단지 살아 있고 선택할 수 있다는 사실만큼 중요하고 가치 있는 것은 없다. 모든 형태의 삶은 존중되어야 할 가치가 있다. 노직의 이런 진술들은 결국 생명에 대한 사랑을 강조하기 위한 것이지만 삶에 대한 철학적 논의를 차단하고 삶의 문제를 단순화하는 경향이 있어 보인다. 그리고 자유 재량권이 보장된 행동의 영역을 삶의 가치 영역 가운데 단지 10%만 할애한 것도 문제가 있어 보인다.

노직의 산술에만 따른다면 재개발 지역의 철거민의 삶과 철거를 결정할 수 있는 힘을 가진 고급 행정 관리의 삶에는 단지 인간적 가치(human value)의 10-20% 차이밖에 없다. 그러나 실제로 삶의 질적 차이는 전체의 10% 안에서 이루어지는 결과가 아니다. 그보다는 많은 영역에서 개인의 행동과 실천 그리고 삶의 행태와 질을 결정하는 그 밖의 다른 조건들—사회적 조건들—에 따라 더 많은 삶의 차이가 초래된다. 삶의 문제에 대해 사회철학적으로 접근할 필요성도 여기에 있다. 이제 삶은 개인적인 결단이나 선택에 의해서뿐만 아니라 사회적인 여러 가지 조건들에 의해 결정된다. 그리고 삶의 문제를 철학적으로 접근하는 것은 결코 철학적 이론을 통해 삶의 의미나 보편적 가치의 본질을 밝힐 수 있다는 확신 때문이 아니다. 단지 과거의 몇몇 철학자들이 삶에 대해 이야기한 것을 다시 검토해 봄으로써 오늘을 사는 우리에게 최소한 두 가지 정도의 반성을 가능하게 만들 수 있다는 믿음 때문에 시도해 보는 것이다.

하나는 '인생은 다 그런 거야' 하는 도사 같은 진술이 인생의 산전수전을 다 겪고 난 후에나 할 수 있는 마지막 말일 뿐이며, 이런 자조적인 포기는 심지어 부도덕한 행위에 가깝다는 것을 자각하도록 해 준다. 삶에 대해 진지하게 묻는 사람들에게는 그 진지한 만큼 다른 삶이 가능하다는 믿음을 보여 준다. 그리고 다른 하나는 결국은 '인생은 너무 복잡해서 우리는 알 수 없으며, 내 인생도 모르는데 다른 사람의 삶에 대해 무슨 관심을 가질 것인가?' 하는 무책임한 냉소주의적 태도를 반성하도록 해 준다. 이런 반성은 우리의 의지와 행동에 따라 개인의 삶뿐만 아니라 공동체적 삶의 모습이 바뀔 수 있다는 것을 보여 준다. 삶은 결코 우연의 연속도 아니며 보이지 않는 운명의 손에 달려 있는 것이 아니기 때문이다.

목적론적 세계관이 지배적일 때, 삶 또는 인생을 바라보는 시각도 목적주의적 관점이 주류를 이루기 쉽다. 플라톤과 아리스토텔레스로 대표되는 그리스인들의 삶의 이해 방식과 유대교와 기독교의 인간관과 세계관은 모두 목적주의적이다. 소위 이데아 세계의 인식과 관조적 삶의 성취, 그리고 철인군주(philosopher King)가 지배하는 이상사회에서의 정의 실현이거나 아니면 구원의 성취와 하느님 계획의 실현을 위한 봉사가 목적의 자리에 놓여 있을 수 있다. 또 헤겔이나 마르크스처럼 개인의 삶이 사회나 국가라는 전체 속에서 그 의미가 실현된다고 보는 입장도 삶을 목적주의 또는 기능주의적 관점에서 보려는 경향이 있다.

삶에는 주어진 의미가 있다는 가정과 성취되어야 할 목적이 부여되어 있다는 전제는 개인들의 삶을 전체적 목적을 위한 수단으로 보게 만든다. 즉 주어진 목적에 따라 삶의 의미와 가치가 결정되며 개별적인 삶은 이런 주어진 목적을 성취하기 위한 수단으로 간주되기 쉽다. 대부분의 상식적인 사람들이 기대하는 가치들—건강, 경제적 성공, 사회적 출세, 가족 중심주의 등—을 삶의 목적을 이루는 것이라고 믿는 '소박한 목적론자' 로부터 시작해서 역사의 완성이나 이데올로기의 성취를 삶의 지향점으로 두고 있는 '교조적 목적론자', 또는 구원과 해탈을 위한 고난의 도정으로 삶을 이해하려는 '초월적 목적론자'

에 이르기까지 대부분의 사람들은 삶에 어떤 목적과 가치가 있다는 것을 인정하려는 태도를 가지고 있다. 그런데도 자신의 삶에 대해 진지하게 반성하는 사람은 자신이 알고 있는 삶의 가치나 의미와 실제적으로 드러나는 자신의 삶의 모습 사이에 엄청난 간격이 있음을 발견하게 된다. 이는 아는 것(knowing)과 행동하는 것(acting) 사이에 큰 간격이 있음을 의미하며, 삶은 결코 아는 것에서 완성되는 것이 아니라 행동하고 실천함으로써 완성된다는 것을 암시하고 있다. 간단하게 말해서 어떻게 살아야 훌륭하고 좋은 삶이 될 것인가 하는 문제를 이론적으로 천착하는 이유도 결국은 어떻게 '비본래적 삶'을 '본래적 삶'으로, 억압적 삶에서 자유로운 삶으로 전환할 것인가 하는 실천(praxis)의 문제를 규명하려는 데 있다.

여러 종교들이 말해 주는 삶의 가치, 의미 그리고 목적 등을 빌지 않고서도 삶이 가치 있다는 것을 철학적으로 어떻게 정당화할 것이며, 무엇을 삶의 새로운 가치로 삼고 그것을 성취하기 위해서 우리는 어떻게 할 것인가가 이 글에서 시도해 보고자 하는 문제이다. 그리고 우리는 이런 문제에 대한 전형적인 해답을 아리스토텔레스와 마르크스에게서 얻을 수 있다. 시, 공간적으로 아무런 관련이 없어 보이는 이 두 철학자를 삶과 실천이라는 동일한 주제를 가지고 서로 관련지어 보려는 것은 일종의 모험적 시도이다. 그러나 이 두 철학자는 모두 '바람직한 삶'과 '실천(praxis)' 사이에 긴밀한 상관관계가 있음을 보았고, 삶을 통해 만들어 낼 새로운 가치가 있다면 그것은 실천이라는 매개를 통해서만 가능하다는 것을 본 철학자들이다. 따라서 이 두 철학자가 각각 삶을 어떻게 이해하고 있으며, 또 바람직한 삶을 설명하기 위해 실천의 개념을 어떻게 활용하고 있는가를 살펴보는 일은 위에서 지적한 삶에 대한 두 가지 반성을 가능하게 만들어 주리라 본다.

2. 본론

1) 아리스토텔레스의 행복한 삶과 실천

『니코마코스 윤리학』 1권에서는 세 가지 종류의 삶의 형태를 구분하고 있다. 향락적인 삶(the life of enjoyment), 정치적 삶(the life of politics), 그리고 관조적 삶(the life of contemplation)이 그것이다. 이런 그의 구분은 경기장에 모인 사람들을 세 부류로 구분한 피타고라스의 전형을 그대로 따르고 있다. 돈과 사치를 추구하는 장사꾼, 힘을 자랑하고 명예를 탐하는 운동선수, 그리고 높은 데서 경기를 보고 즐길 줄 아는 관망자로서의 철학자가 영위하는 삶의 모습은 아리스토텔레스가 구별한 세 종류의 삶과 그대로 대칭이 된다. 이 두 철학자가 모두 관망자로서의 철학자가 추구하는 관조적 삶을 가장 아름답고 가치 있는 삶이라고 평가하고 있다는 점에서는 동일하나 피타고라스와 달리 아리스토텔레스는 관조적 삶과 정치적 삶 사이에 양립 불가능한 간격이 있다는 점을 부인하고 있다. 즉 철학자의 관조적 삶과 정치가의 실천적 삶이 결코 별개의 것이 아니며 오히려 상호 보완적이라는 점을 강하게 암시하고 있다. 관조적 삶이란 영원하고 신적인 대상에로 눈을 돌리며 폴리스(polis, 도시국가)로부터 독립해서 개별적으로 수행 가능한 형태의 삶이고, 정치적 삶은 국가의 경영이나 관리에 참여하는 정치가들의 행동적 삶이다. 비록 이 두 가지 형태의 삶이 서로 이렇듯 구분된다 해도 실질적으로는 서로 맞물려 있음을 아리스토텔레스는 인정하고 있다. 이는 소크라테스와 플라톤의 전통에 따른 결과로 보인다.[2]

여기서 두 종류의 삶이 서로 상호 보완적이라는 말에는 다음과 같은 두 가지 의미가 함축되어 있다. 첫째, 관조적 삶을 가장 잘 수행할 수 있는 사람은 철학자이나 그도 역시 사회의 한 구성원으로서 정치적 존재이기 때문에 정치적 삶과 무관할 수 없다는 의미가 내포되어 있다. 그리고 관조적 삶을 가능하게 만들어 주고 국민이 선한 인간이 되고 고귀한 행동을 할 수 있도록 만들어 주는 것은 국가(정치가)의 의무인데, 이 의무를 수행하는 데는 국가 경영에 관한 풍부한 지식이 필요하고 그 지식은 철학자의 관조적 삶을 통해서만 획득되어지는 것이다.

둘째, 철학자가 관조적 삶을 통해 추구하는 가치는 행복(eudaimonia)이며, 정치가가 실천적 삶을 통해 추구하는 가치도 역시 행복인데 개인의 행복은 국가 공동체 구성원 전부의 행복과 불가분의 관계에 있으며, 상호 의존적이다. 아리스토텔레스 이후 스토아학파나 에피쿠로스학파에서 추구하는 행복이 개인적이며 비물질적인 정신적 상태로서의 행복(apatheia, autarkeia)에 보다 치중한 것이었다면 적어도 아리스토텔레스의 행복은 이보다 확장된 개념의 행복이다. 적어도 아리스토텔레스가 사용하고 있는 행복의 개념을 정확하게 포착하는 일과 그가 사용하고 있는 실천이라는 개념이 어떻게 행복한 삶과 연결되어 있는지 드러내는 일은 이 글의 목적상 중요하다.

행복에 대해 아리스토텔레스는 『니코마코스 윤리학』의 1권 7장에서 13장, 10권 6장에서 10장에 이르기까지 비교적 많은 부분을 할애해서 논의하고 있다. 그에 의하면 구체적으로 행복이 무엇이냐에 대해서는 사람마다 각기 다른 의견이 많으나 최고선으로서 가장 추구할 만한 가치가 행복이라는 것에 대해서는 대부분 동의하고 있다고 한다.[3] 따라서 아리스토텔레스가 『니코마코스 윤리학』과 『정치학』에서 말하고자 했던 숨은 의도는 정치학의 목표이자 윤리학의 목표인 행복이 무엇이며 어떻게 실현할 것인가에 대해 이론화함으로써 그리스인들의 삶의 세계에 일정한 의미와 가치를 부여하고 그리스적 삶의 형태를 결정지으려는 데 있었다. 그가 이해하고 있는 '행복'의 개념은 '에우다이모니아(eudaimonia)'라는 개념을 정확하게 해석하는 데서 결정된다. '에우다이모니아'를 단순히 '행복(happiness)'으로 번역하는 데 문제가 있다는 것은 이미 잘 알려진 사실이다. 그럼에도 불구하고 피할 수 없이 행복이라 옮기되 원래적 의미를 복원하기 위해 여러 가지 성격을 새롭게 부여해야만 한다. 그에 의하면 행복은 결코 어떤 심리적 상태가 아니라 정신적 활동으로 행사하는 것이기 때문에 '좋은 행위(eupraxia)'라고도 불린다. 또 행복이 활동인 한 그 활동의 무대는 삶이며 그것도 토막 난 순간순간의 삶이 아니라 전 생애를 통해서 이루어지는 활동이다. 따라서 "한 마리의 제비가 날아온다고 봄이 오는 것이 아니요, 하루아침에 여름이 되는 것도 아닌 것처럼 인간이 행복하게 되는 것도 하루나 짧은 시일에 되는 것이 아니다."[4] 행복은 지속성이 있어야만 하는 에네르게이아(energeia, 이성적 활동)이다. 또 행복은 덕(arete)에 따르는 관조적 활동에 있다.[5] 그런데 관조적 활동은 가장 자족성이 많은 활동이어야 하는데, 그것은 철학자의 삶에서 가장 많이 확보된다. 관조적이며 자족적인 삶이 아리스토텔레스가 제안한 행복한 삶이라고 할 때 그것이 결코 철학자 개인의 심리적인 차원에서의 행복이 아니라는 것은 주목되어야 할 중요한 점이다. 오히려 행복은 여러 가지 요소들이 수반되어야 한다는 것을 인정하며 그 요소들 가운데는 '덕', '실천적 지혜(phronesis)', '철학적 지혜(sophia)' 그리고 '쾌락' 등이 있으며 이 밖에 외부적인 여러 가지 선들, 즉 물질적 조건이 수단으로 함께 수반되어야 한다고 말한다. 이때 앞의 세 가지와 같은 정신적 가치는 그 추구와 실현을 위해 국가라는 조직체를 요구하며, 쾌락을 위한 외부적 선(물질적 조건)도 국가나 사회 공동체가 제공하게 된다. 철학자의 관조적 삶이 결코 정치적 삶과 유리될 수 없는 이유도 여기에 있음이 분명해지리라 본다.

누구나 행복한 삶을 살 권리와 자유가 있다.[6] 그러면 가능성으로서의 행복한 삶을 현실적인 것으로 전환시키는 힘은 어디에 있는가? "지식이 힘이다."라는 베이컨(F. Bacon)의 격언은 여기서도 그대로 유효하다. 행복한 삶은 행동을 통해 얻어지는 것이고 '선한 사람(good man)'이 되기 위해서나 행복을 얻기 위한 행동의 중요한 방식은 실천적 지식(phronesis)을 통해서 제공받는다는 것이 아리스토텔레스의 생각이었으며 이는 소크라테스와 플라톤에 따른 것이었다. 플라톤이 지식의 세계를 참된 인식(episteme)과 편견(doxa)의 세계로 나누었듯이 아리스토텔레스는 지식을 세 가지로 구분하고 있다.[7] 그리고 행복한 삶과 직접적으로 관련 있는 지식은 윤리학이나 정치학과 같은 실천적 지식이라고 본다. 그가 사용하고 있는 실천의 개념은 단순한 신체적 행동이 아니라 그것은 폴리스 내에서 정치적으로 자유로운 그리스의 성인 남자들이 소위 '실천적 지혜(phronesis)'라는 것을 소유하고 행위하는 모든 도덕적, 정치적 행동을 의미한다. 그래서 그는 "삶은 결코 제작성(poiesis)에 있는 것이 아니라 행동(praxis)하는데 있다"[8] 라고 말하고 있다.

이 실천 개념 속에 내포된 몇 가지 의미를 드러낸다면 다음과 같다. 첫째, 실천은 실천적 지혜의 소유자만이 할 수 있는 행동이다. 실천적 지혜는 개별적 상황에서 어떻게 행동하는 것이 가장 덕에 가까운 것인가를 아는 지식이며, 실천은 이에 따라 행동할 줄 아는 능력이다. 아리스토텔레스는 인간 행동에 관한 심리학적 분석을 통해 '실천적 지혜' 속에 함축된 '심사숙고의 탁월함(euboulia)', '이해(synesis)' 그리고 '고려와 판단(gnome)'이라는 세 단계가 있음을 드러내고 있다.[9] 이 세 단계를 거친 후 덕에 일치하는 행동을 하기 위해서는 목적—그것은 개인적으로나 국가적으로 모두 행복한 삶이다—을 성취하기 위한 적절한 수단의 선택(proairesis)과 행동(praxis)만이 남아 있다. 따라서 실천은 반드시 실천적 지혜가 앞서서 충족되어야 가능하다.

둘째, 실천은 규범적(normative)인 행동이다. 참과 거짓, 긍정과 부정 사이의 선택이 아니라 행복과 불행, 자유와 부자유 그리고 선과 악에 대한 선택이며 이에 따른 책임이 수반되는 선택인 것이다. 셋째, 실천은 폴리스 내에서 '선한 사람(good man)'이 되거나 '행복'한 삶을 지향하는 자발적이며 목적 지향적 행위이다. 그리고 자발적인 한 그것은 동물이나 노예나 여자의 행위와 구별된다. 이들의 행위는 수단적 가치만을 지닌 부자유스럽고 비정치적인 행위이기 때문이다. 반면 실천적인 사람의 삶은 '선한 삶' 내지는 행복한 삶을 지향하고 이런 삶의 성취는 구체적으로는 폴리스 내에서 이루어지는 도덕적, 정치적 행위를 통해서 얻을 수 있다.

넷째, 실천은 제작성(poiesis)처럼 '수단적 선(instrumentally good)'도 아니며, 이론처럼 '본질적 선(intrinsically good)'도 아니다. 제작성이 신체적으로나 '단순한 삶(mere life)'의 유지를 위해 수단적으로 선한 것은 사실이나 그것 자체가 목적은 아니다. 그리고 이론이 불변하고 신적인 것들을 설명하고 예측하는 힘을 가진 지식이라면 실천은 "인간의 목적(telos)을 실현하는 사회 안에서 선한 삶과 행복을 추구하도록 해 주는 원리에 따라 구체적이고 역사적인 상황 안에서 행동하는 것"을 의미한다.[10] 따라서 실천은 행복한 삶을 성취하기 위한 '규범적 선(normative good)'이다. 그리고 실천인 한, '좋은 행동(good praxis, eupraxia)' 그 자체는 목적이기도 하다.

다섯째, 실천은 다른 사람의 삶에 의존되어 있다. 왜냐하면 실천은 도덕적, 정치적 행위를 의미하는데 그것은 다른 사람과 공통으로 만들어 내는 사회, 정치적 환경, 즉 국가와 긴밀한 의존 관계가 있기 때문이다. 플라톤의 전통에 따라 아리스토텔레스도 개인이 도덕적이어야 하는 것처럼 국가도 역시 도덕적이어야 하고 개인이 추구하는 최고의 가치가 행복이듯이 국가도 그러해야 한다고 주장한다. 이런 주장은 결국 "인간이 정치적 동물이다"라는 말과 더불어 인간은 누구나 혼자서 행복할 수 없다는 의식이 그 밑바탕에 놓여 있음을 보여 준다. 플라톤의 '이상 국가론'을 비판하면서 수호자(guardian) 계급이 겪는 개인적 불행에 대해 "모두의 아들은 누구의 아들도 아니며," "부분이 행복하지 않으면 전체도 행복할 수 없다"고 하는 아리스토텔레스의 말은 소위 '공동체주의적' 삶의 형태를 연상시키기에 충분하다.

비록 그리스 국가 내에서 제한된 사람들, 즉 시민권(citizenship)을 지닌 사람만이 행복한 삶을 살 만한 자격이 주어져 있으며, 가장 이상적인 삶을 개별 철학자의 관조적 삶(외적 행동으로 나타나지 않고 다른 사람과의 관련도 배제된 활동으로서의 삶)에 두었다는 점에서는 아리스토텔레스의 한계가 분명하게 보인다. 그러나 적어도 그가 행복한 삶과 실천의 중요성을 강조했다는 점은 오늘을 사는 우리에게 여전히 시사하는 바가 크다.

2) 마르크스의 해방된 삶과 실천

'마르크스의 철학은 이제 고전으로 넘어가고 있다.' 이렇게 말하는 것은 성급한 평가일까? 그의 철학을 고전으로 다루어야 한다는 말에는 다음과 같은 의미가 포함되어 있다. 첫째, 그의 사상은 시대적 한계를 뛰어넘어 현대와 미래의 세계에까지 일정한 영향력을 지니게 되었다는 의미이다. 둘째, 그의 이론은 더 이상 교조적이거나 혁명을 촉발시키는 현실적 힘으로서가 아니라 인간의 불완전한 모습과 왜곡된 사회구조에 대한 철저한 반성의 거울로서 그 기능이 더 잘 발휘될 수 있다는 것을 의미한다. 150여 년 전 그가 경험했던 서구 자본주의 사회와 그 속에서 살았던 사람들의 삶의 모습을 가장 정직하게 이론으로 담아 보려 했던 그의 진지함이 여전히 오늘에도 액면 그대로 용납될 수는 없을 것이다. 그러나 그가 남긴 철학적 가르침, 특히 존재론(해방된 삶)과 실천론은 여전히 다시 새겨 볼 만한 가치를 지니고 있다. 삶의 문제에 대해 마르크스가 보인 관심은 사실상 그의 전 생애와 전 작품을 통해 밑바탕에 흐르는 주제라고 말해도 지나친 말은 아닐 것이다. 삶에 대해 마르크스는 추상적인 접근을 한 것이 아니라 철저한 경험적 인식에 바탕을 두고 있다. 즉 자본주의 체제에서는 인간다운 삶, 즉 마르크스의 개념으로 말해서 '유적 존재(species-being)' 로서의 삶이 불가능하다는 것을 그는 관찰하고 있다. 사실 그의 모든 논의는 바로 인간다운 삶이 가능한 사회적 조건을 만들기 위해서 어떻게 할 것인가 하는 데서 출발하고 있다.

여기서 삶의 문제에 마르크스가 어떻게 접근하고 있는가를 살펴보기 위해 여러 갈래로 나누어진 그의 방대한 사상적 배경과 수없이 많은 양의 다양한 해석들을 전부 고려할 필요는 없다. 왜냐하면 마르크스는 『1844년 경제학-철학 수고』와 『포이에르바흐에 관한 테제』로 절정에 이르는 그의 초기 작품을 통해 삶의 문제에 대한 철학적 관심, 즉 소외와 실천의 문제를 가장 잘 보여 주고 있기 때문이다. 『자본론』으로 종합되는 그의 후기 사상은 사실상 억압적 삶의 현실을 드러내고 '해방된 삶' 의 구현을 위한 구체적인 전략에 지나지 않는다. 심리학과 철학에 대한 관심에서 자본주의 체제와 국민경제학(정치경제학) 비판이라는 경제학에 관심을 돌릴 수밖에 없었던 것은 전략상의 문제 때문이었지 결코 그의 사상적 체계 내에서 통일성이나 일관성을 상실했기 때문은 아니었다. 여기서는 소위 '인간주의(humanism)' 의 얼굴을 한 '젊은 마르크스' 가 주로 분석의 대상으로 삼았던 '인간의 소외', '국민경제학(정치경제학) 비판' 그리고 '실천(praxis)' 개념들을 살펴봄으로써 마르크스가 이해한 삶을 복원해 보려고 한다.

극적인 대비의 효과를 위해 이분법은 적절하게 이용되어 왔다. 마르크스의 설명을 보다 극명하게 드러내기 위해 임의적으로 삶의 형태를 '낯선 삶' 과 '해방된 삶' 으로 구분해 보고자 한다. 그는 19세기 중엽 유럽 사회의 현실을 지배하는 자본주의적 삶의 방식을 정확하게 진단하는 일로부터 논의를 시작하고 있다. 실재의 세계를 지배하는 현실적 힘은 소위 '자본주의 체제' 와 그 체제를 유지하는 데 필요한 '돈' 이라고 그는 보았다. 마르크스가 보기에 자본주의 체제 아래서의 인간의 삶은 더 이상 자신의 삶을 스스로 통제하고 지배할 수 있는 대상이 아니라 착취와 억압의 결과로 노예 상태와 다를 바 없고 '가장 질 낮은 상품' 으로서의 삶이었다. 그리고 이런 삶의 양식은 시민사회가 존재하는 한, 필연적으로 초래되는 현실이었다. 왜냐하면 시민사회는 시장경제 체제의 '경쟁의 원리' 와 '사적 소유' 의 인정을 그 기본 골격으로 하고 있는데 이 두 가지 원리로부터 삶의 질적 저하가 불가피하게 발생하기 때문이다.[11]

『1844년 경제학-철학 수고』의 첫 번째 초고 '소외된 노동' 장에서 마르크스는 국민경제학을 떠받치고 있는 자본주의 사회를 "소유욕과 소유욕을 가진 사람들 사이의 전쟁(경쟁)" 사회로 묘사하고 있다.[12] 그리고 이런 사회에서는 노동의 소외가 자연 발생적으로 나타난다. 마르크스가 설명하고 있는 소외된 노동의 현실은 인간을 (노동의 생산물이 나오는) 자연으로부터, 자기 자신으로부터 그리고 자신이 '유적 존재'라는 의식으로부터 소외시키며 결국에는 '인간에 대한 인간의 소외'를 낳는다. 그리고 이런 소외된 노동은 '사적 소유'라는 매개를 통해 '낯선(외화된) 삶'의 모습을 구체적인 현실 속에서 드러낸다. 다시 말하면 자본주의 체제 아래에서 가장 잘 발생하는 노동의 상품화 현상은 소외된 노동이 원인이 되어 그 결과로 산출되는 것이며, 사적 소유에 대한 유혹이 그 매개 역할을 한다.[13] 즉 노동의 대가로 받는 임금은 소외된 노동의 한 현상에 불과하며 임금 노동자는 사적 소유를 피동적으로 정당화하는 데 동참하게 된다.

자본주의 체제에서 노동자가 경험하게 되는 삶의 조건과 현실을 마르크스는 다음과 같은 말로 표현하고 있다. 자본주의 경제학의 법칙이 지배하는 곳에서 노동자는 "많이 생산하면 할수록 적게 소비할 수밖에 없으며, 많은 가치를 창조할수록 자신은 더욱 무가치하게 되며, 자신의 생산물이 더 좋게 될수록 자신의 삶은 더 비뚤어지며, 노동자의 대상이 더 문명화될수록 노동자 자신은 더 야만스러워지며, 정신의 상실과 자연의 노예가 되어 버린다."[14]

노동자의 이런 삶은 '낯선 삶'일 수밖에 없다. 왜냐하면 인간의 가장 원초적인 존재 방식은 자유로운 의식과 노동을 통해 '유적 존재'로 남아 있는 것인데 소외된 노동은 이런 존재 방식들을 왜곡시키거나 탈취해 가기 때문이다. 따라서 낯선 삶에서 해방된 삶으로의 이행은 소외의 극복, 유적 존재로의 회복이라는 과정을 거치지 않으면 안 된다. 마르크스가 소외의 문제를 그렇게 심각하게 다루게 된 숨은 의도도 사실은 '해방된 삶' 또는 유적 존재로서의 삶을 드러내기 위한 분석의 도구로 삼으려는 데 있었다. 그가 이해하고 있는 소외는 결코 인간의 존재론적 결핍을 의미하지 않으며 오히려 사회적 실재로서 정치, 경제적 제도와 관습의 산물로 이해된다. 즉 노동과 생산이라는 객관적 조건에서 발생하는 파행적이고 왜곡된 사회적 관계로 이해하고 있다. 따라서 소외에 대한 진단과 분석은 마르크스로 하여금 결국 소외 극복의 구체적 방법까지 제시하도록 유도하고 있다.

소외는 그것의 반명제(antitheses)로서 '해방된 삶' 또는 '유적 존재'라는 이상적 규범을 가정한다. 즉 낯선 삶과 대비되는 해방된 삶은 유적 존재로서의 삶이며, 이런 삶은 고립된 개인이 누릴 수 있는 것이 아니라 다른 사람과 또는 자연과의 관계가 낯설지 않게 된 사람만이 누릴 수 있는 삶이다. 또 그런 삶이 가능하기 위해서는 일정한 사회적 조건이 충족되어야 하고 또 실천적으로 그런 삶을 만들겠다는 의지와 행동이 수반되어야 한다. 여기서 규범적이고 당위적인 '실천론'이 개입될 여지가 생기게 된다.

마르크스가 규정하고 있는 '유적 삶(the life of species)'이란 자유로운 의식적 존재로 살아가는 것이며, 인간의 가장 이상적인 본성과 창조적 가능성이 자유롭고 충분하게 계발되는 삶이며, 개체로서의 자기의식뿐만 아니라 인류로서 가져야 할 '종적 연대의식'을 지닌 삶이다.[15] 마르크스가 생각하는 이런 '유적 삶'은 인간의 본질에 대해 그가 어떻게 이해하고 있는가를 통해서 파악된다. 『포이에르바흐에 관한 테제』의 여섯 번째 테제에서 마르크스는 인간의 본질에 대해 포이에르바흐가 내리고 있는 추상적이고 아직은 개체주의적인 해석을 비판하면서, "인간 본질의 현실성(actuality)은 사회적 관계들의 총체성(ensemble) 안에 있다"고 말한다. 개체적이고 고립적인 존재 방식에 대해 비판하면서 마르크스는 『1844년 경제학-철학 수고』에서 인간을 '유적 존재'로 규정하고 있다.[16] "인간은 유적 존재(Gattungswesen)이다. 왜냐하면 이론적으로나 실천적으로 인간은 다른 사물들뿐만 아니라 자기 자신의 유(타자들)를 대상으로 삼기 때문이며, 또한 인간은 자기 자신을 현실적이고 살아 있는 유로서 간주하고 또 보편적이고 자유로운 존재로 간주하기 때문이다."[17] 그런데 불행하게도 노동의 소외는 '유적 존재'로서의 삶을 불가능하게 만들 뿐만 아니라 노예 상태와 같은 삶으로 전락시켜 버린다. 그래서 마르크스는 삶의 질적인 전환을 위해 해방을 이야기할 수밖에 없었다. 그가 전략적으로 노동자의 해방을 먼저 이야기하지만 사실 노동자의 해방은 먼저 노동자의 '낯선 삶'을 조작해 내는 사회구조적 변화를 통해서만 가능하므로 사회 해방이 선행되어야 한다. 그리고 노동자의 해방은 좁은 계급적 의미의 노동자들만의 해방을 말하는 것이 아니라 사실은 인간 전체의 해방을 함축하고 있다.[18] 이것은 마치 여성해방을 말하는 사람들이 곧잘 '여성의 해방은 여성만의 해방이 아니라 남성과 더불어 하는 인간 해방을 목적으로 하고 있다'라는 주장과 같은 논리이다. 아무튼 마르크스가 『1844년 경제학-철학 수고』와 『포이에르바흐에 관한 테제』에서 다루고 있는 점은 소외된 노동과 낯선 삶 사이의 불가피성을 드러내고 인간의 본질이 사회성 안에서 완성된다는 전제 아래 해방된 삶을 위한 사회적 실천의 필요성을 강조하는 데 있었다. 마르크스에 의하면, "모든 사회적 삶은 본질적으로 실천적이며 이론을 신비주의로 유도하는 모든 난해한 것들은 실천과 이런 실천에 대한 포괄적 이해를 통해서만이 합리적인 해결점을 찾게 된다."[19]

사람은 누구나 사람다운 삶(해방된 삶)을 누릴 자유와 권리가 있다. 그렇다면 어떻게 그런 삶을 가능한 것으로 만들 수 있는가? 또 사람은 누구나 행복한 삶을 누릴 수 있는 자유와 권리가 있다는 자연법적 선언과 실제로 그와 같은 삶을 향유할 수 있는 경험적 가능성 사이에는 커다란 차이가 있는데 그렇다면 무엇으로 이와 같은 차이를 메울 수 있는가? 이 두 가지 질문은 모두 마르크스의 실천 개념을 통해서 대답될 수 있을 것이다. 마르크스에게 있어서 이 실천의 개념이 얼마나 중요한가 하는 것은 이미 여러 해석가들에 의해 강조되어 왔다. 특히 마르크스의 초기 작품들 속에 중심적 개념으로 자리 잡고 있는 이 개념은 "젊은 마르크스의 철학적 사변과 후기에 자본주의 구조에 대한 상세한 분석을 이해하는 데 열쇠가 되며, 마르크스의 인간관을 파악하는 데도 한 전망을 제공한다."[20] 뿐만 아니라 위에서 설명한 '낯선 삶' 의 극복과 '해방된 삶' 의 구현도 결국은 실천을 통해서 가능하게 된다고 본다.

마르크스가 이해하고 있는 실천은 크게 두 가지 의미로 나누어질 수 있다. 그리고 이런 구분은 청년 헤겔주의자로서의 이해와 『1844년 경제학-철학 수고』 이후의 이해를 기준으로 해서 나눈 것이다. 앞의 시기에 마르크스가 이해하고 있는 실천을 특징적으로 말한다면 그것은 '모순의 지양(止揚)', '정치철학적 비판' 또는 '끊임없는 비판(relentless criticism)' 이라 부를 수 있으며, 뒤의 시기는 '노동을 통한 유적 존재의 확인', '인간 활동으로서의 노동', 그리고 '혁명적 실천' 이라 말할 수 있을 것이다.[21] 모순의 지양과 극복은 헤겔이나 마르크스가 모두 공통적으로 지녔던 철학적 관심사였다. 헤겔은 실천을 정신(Geist)의 실재적 활동이라 보고 의식의 세계에서 일어나는 모순과 갈등이 극복되고 이론이 실천화되며 실천이 이론적 근거를 확보함으로써 이론과 실천이 조화된다고 파악하고 있다. 그러나 마르크스는 이론과 실천이 서로 조화를 이루어야 하고 정신의 활동 안에서 통일이 되어야 한다는 헤겔의 생각은 받아들이면서도 의식의 세계에서보다는 구체적인 현실 세계 속에 끊임없이 존재하는 모순과 갈등을 어떻게 해소하고 지양하느냐에 대해 더 많은 관심을 가졌다.

지울 수 없는 헤겔의 영향을 안고서 마르크스는 헤겔의 실천 개념을 확대하고 있다. 『정신현상학』과 『법철학』에 대해 치밀한 독서를 거친 마르크스는 헤겔이 현존하는 정치 체제나 제도의 본질과 속성에 대한 충분한 이해에 실패하고 오히려 실재하는 근본적 모순을 기존의 정치 체제 속에 은폐시키고 있음을 비판하고 있다. 따라서 헤겔의 『정신현상학』은 오히려 인간을 이해하기 위한 현상학으로, 의식의 소외는 사회제도로부터 오는 소외로 이해되어야 한다고 마르크스는 주장한다. 모든 철학적 비판은 정치 비판이어야 하고 정치철학적 비판은 현존하는 사회나 정치제도 속에 내재하고 있는 모든 종류의 모순과 갈등에 대한 분석에 집중되어야 한다고 주장하고 있다. 그렇게 함으로써 아직까지 관념적이던 헤겔의 정치철학은 실천성을 확보할 수 있으리라 보았다. 물론 실천의 구체적 표현 방식으로서의 정치 비판은 그 자체로 이론적이다. 그러나 이 이론은 관념적이거나 이상적인 허구로서가 아니라 구체적 현실에 대한 정확한 이해와 지식이며, 사회, 정치적 행동의 준거가 되는 '실천적 지혜'와 유사한 것이다.[22]

정치적 비판 활동으로서의 실천은 실천의 장 안에서 정당화되고 발전하며, 현실적 힘으로 전환된다. 철학이 계몽적 기능과 물적 토대를 가져야 한다면 그 대상은 현실적 삶의 질곡에서 몸부림치는 프롤레타리아일 것이다. 그래서 "철학이 프롤레타리아 안에서 물리적 무기(material weapon)를 발견할 수 있는 것처럼, 프롤레타리아는 철학 안에서 지적인 무기(intellectual weapon)를 찾을 수 있다."[23] 마르크스가 처음 관심을 가진 실천은 맹목적인 행동주의자들에 대한 경고이자 철학이 사회 변화와 개혁에 어떤 역할을 할 수 있었는가에 대한 응답이었다. 그리고 마르크스는 현존하는 사회 정치적 제도에 대한 끊임없는 비판을 통해 삶의 환경을 변화시킬 수 있다는 믿음을 지니고 있었다.

그렇다면 그런 제도들을 정확하게 비판적으로 이해했다고 해서 그런 이해가 얼마나 사회제도들을 개선하는 데 효과적인 결과를 가져올 수 있으며, 또 실질적인 변화를 불러일으킬 수 있는가 하는 질문이 제기된다. 베른스타인의 설명에 의하면, 마르크스는 대중적 정념들(passions)에 직접적으로 호소함으로써 이론적으로 수행되는 정치 비판이 현실적 힘으로 전환된다고 믿었다. 그러나 마르크스는 실천에 대한 자신의 이런 해석이 다분히 추상적이라는 반성을 하게 된다. 즉 시민사회를 전제로 한 "정치적 비판과 그로 인한 정치적 해방은 진실한 인간 해방이 되지 못한다."고 말하고 있기 때문이다.[24] 대신 『1844년 경제학-철학 수고』와 『포이에르바흐에 관한 테제』에서 설명하고 있는 실천은 인간이 제도와 체제 때문에 당하는 비인간화의 현상(노동의 소외, 낯선 삶)을 드러내고 그것을 극복하는 수단으로 해석하고 있다. 마르크스에 의하면 인간은 의식, 특히 '자기의식'을 지님으로써 다른 동물과 구별된다. 그리고 의식이란 '감각적 인간 활동(sensuous human activity)'과 다를 바 없다. 따라서 인간의 본질은 활동에 있으며, 그 활동이란 실천으로써 인간의 가장 기본적이고 특수한 본성을 드러내고 실현시키는 활동이다. 그런데 이미 앞에서 설명했듯이 자본주의 체제 아래서 대부분의 사람이 누릴 수 있는 삶의 양식은 유적 존재로서의 삶이 아니라 '낯선 삶'이며 자신의 본질을 가장 잘 드러내고 계발할 수 있는 활동으로서의 노동이 되어야 하는데도 불구하고 정치, 경제적인 구조와 제도는 그것을 불가능하게 만들 뿐만 아니라 소외된 노동으로 전락하게 만든다.

이제 이런 상황에서 벗어나고 사람다운 삶을 살기 위해 할 수 있는 보다 적극적인 전략적 대안은 무엇인가? 정치적 비판으로서의 실천이 충분치 않다는 것은 이미 말했다. 그리고 대중의 분노에 호소하는 일도 무책임하거나 폭력으로 흐르기 쉽다. 마르크스가 실제로 선택한 전략은 사람들로 하여금 자신들이 지금 겪고 있는 고통의 근원을 정확하게 인지하도록 유도하는 일이며, 그런 인식을 통해 자신이 소외된 노동의 희생자이며, 유적 존재로서의 삶이 현재의 제도나 체제 때문에 차단되어 있다는 사실을 깨닫도록 하는 데 있었다. 이런 전략을 수행하는 데 필요한 가장 효과적인 무기가 바로 실천이었다. 이제 실천은 인간이 '해방된 삶'을 누릴 수 있는 힘으로서의 노동력의 다른 이름이며, 유적 존재의 본질을 완성시키는 활동의 다른 이름이며, 낯선 삶에서 해방된 삶으로의 전환을 가능하게 만드는 혁명적 실천의 다른 이름이다.

마르크스는 평생을 통해 삶의 질적인 상승을 가로막는 일체의 제도나 관습, 이데올로기를 배격하는 데 관대하지 않았다. 마르크스의 젊은 시절부터 성숙된 시기에 이르기까지 일관해서 유지했던 철학적 관심은 '인간 해방'이었으며 그런 관심이 지속될 수 있었던 에너지의 원천은 곧 누구나 사람이라면 사람답게 살 수 있어야 한다는 인간주의(humanism)적 정열이었다.

3. 결론

비교적 현대에 오면서 실증주의는 학문의 세계에서뿐만 아니라 일반인들의 의식 세계에까지 지배적인 이데올로기로 영향력을 미치고 있다. 사실과 가치, 존재와 당위, 이론과 실천, 이상과 현실의 세계를 비교적 엄격히 구분해야 한다고 주장하는 이 입장은 삶의 문제에 있어서도 냉소적 태도를 취하고 있다. 소위 가치중립성(value-neutral, value-free)이라는 이름으로 행동과 실천의 영역에 발 담그기를 주저하며 순수 이론의 영역에서 정신적 추상성에만 만족하는 이런 실증주의적 태도는 현실에 대해 비교적 보수적 경향을 지닐 수밖에 없다. 그리고 그 보수성은 있는 그대로의 세계(사실의 세계)에 대해서만 말할 뿐 가능한 최선의 세계(당위의 세계)에 대해서는 침묵을 지키려는 태도로 나타난다. 그리고 '검증 가능성의 원리' 같은 신념은 이론의 세계에서는 명료함과 정확성을 보장해 줄지 모르나 예측 불가능한 인간의 삶에 대해서는 아무런 대답을 해 주지 못한다. 뿐만 아니라 경험적 사실에만 의존함으로써 삶의 피상적 이해에 머물 위험을 언제나 내포하고 있다. '산다는 것은 다 그렇고 그런 거야' 라는 선부른 냉소적 태도도 사실은 삶을 피상적으로만 이해하기 때문에 나온 말이다. 실증주의적 태도가 삶의 문제에 대해서 보여 주고 있는 무책임성, 냉소주의, 피상적 이해는 근본적으로 사실과 가치, 존재와 당위 그리고 이론과 실천을 구분하려는 이분법적 사고의 결과물들이다.

여기서 실증주의에 대해 이렇게 말하는 것은 결코 실증주의를 비하하려는 데 목적이 있는 것이 아니다. 그보다는 이런 실증주의적 태도가 삶의 본질적 이해를 외면할 위험이 있거나, 우리의 삶을 단순히 경험과학의 힘만으로 이해할 수 있다는 과학주의적 태도를 경계하려는 데 있다. 삶은 사실의 세계와 가치의 세계가 서로 복잡하게 얽혀 있으며, 삶에 대한 적절한 이해는 사실과 가치, 존재와 당위 그리고 이론과 실천의 공정한 고려를 통해서만 가능하다. 만약 실증주의자가 위에서 말한 이분법적 사고를 포기하지 않고 끝까지 고집하는 한 삶에 대한 총체적 이해는 불가능할 것이다. 삶에 대한 바른 이해는 이런 이분법적 구분을 극복함으로써 가능하다.

아리스토텔레스와 마르크스는 공통적으로 위에서 말하는 이분법적 사고에 철저했던 사람들이 아니다. 오히려 사실과 가치, 이론과 실천이 서로 맞물려 있음을 보았고 인간이 추구하는 삶의 가치가 무엇이든—행복이거나 해방된 삶이거나—실천을 통해서만 성취될 수 있다고 보았다. 그리고 이 실천은 아리스토텔레스나 마르크스의 경우 모두 잠재적 능력(potentiality) 또는 본질을 현실적인 것으로 드러나게 하는 구체적 원동력(actuality)이다. 이 실천 없이는 가능성과 현실성 사이를 이어 줄 만한 아무런 매개자가 없다. 그리고 이 실천 없이는 인간의 본질을 왜곡하거나 소외된 삶을 유도하는 일체의 장애물들을 제거할 수가 없게 된다. 한 개인이 누릴 수 있는 질 높은 삶의 형태가 무엇이든지 가장 기본적이라 생각되는 행복한 삶의 조건은 자신이 가지고 있다고 생각되는 모든 잠재적 능력을 최대한으로 발휘할 수 있는 경우이다. 잠재적 가능성이 현실적 힘으로 실현되는 것을 우리는 '자기실현' 이라 말하며 이것을 가능하게 만드는 매개자가 곧 실천이다. 그런데 이 '자기실현' 은 결코 혼자의 노력만으로 성취될 수 있는 것이 아니다. '정치적 동물(zoon politikon)' 로서 그리고 '유적 존재' 로서 인간의 삶은 다른 사람, 문제, 제도 등에 의해 심각하게 영향을 받음과 동시에 영향을 주기 때문이다. 이것은 인간의 삶이 결코 고립적인 것이 아니라 다른 사람과의 지속적인 관계 맺음을 통해서만 형성된다는 것을 의미한다.

아리스토텔레스와 마르크스가 이해한 삶은 모두 공동체적 삶이었다. 철학자의 관조적 삶과 정치적 삶을 엄격하게 구분하고 있지 않은 아리스토텔레스나, 인간을 '유적 존재' 로 규정하고 소외된 노동의 원인을 사회구조에서 찾고 있는 마르크스는 공통적으로 국가 사회의 여러 조건들이 개인의 삶에 직접적으로 영향을 미친다는 사실과 공동체적 삶의 실현을 위한 전략으로 실천의 역할이 중요하다는 것을 강조하고 있다.

만약 아리스토텔레스나 마르크스가 이해한 것처럼 실천이 이상적인 삶 또는 선한 삶을 가능하게 만드는 행위의 기준이 된다면, 한국인으로서, 갈라진 민족의 일원으로서 굴절되고 파행적으로 전개된 현대사의 한 부분을 책임져야 할 지식인으로서 그리고 전통문화와 외래문화의 틈바구니에서 방황하는 문화적 미아(迷兒)로서 우리는 어떻게 살 것인가? 이런 물음은 삶에 대한 보편적 가치를 찾아냄으로써가 아니라 특수하고 개별적인 삶의 상황에 대한 올바른 이해와 적절한 실천을 통해서만 대답되어질 수 있다. 결국 우리는 시대적 환경과 역사적 상황 안에서 한계 지어진 채 살 수밖에 없는 존재이기 때문이다. 따라서 어떻게 살 것인가 하는 문제는 주어진 삶의 상황 안에서 어떻게 행동할 것인가 하는 물음으로 대신할 수 있다. 한 개인이 맺고 있는 사회적 관계가 복잡하고 다양한 것처럼 지향하는 삶의 가치와 그 실천 방식도 다양할 수밖에 없다. 다시 말해 실천의 방식은 한 개인이 처한 사회적 위치와 상황에 따라 달라질 수밖에 없다. 넓은 의미에서 실천은 인간의 삶의 환경을 개선하고 이상적인 삶을 가능하게 만들려는 모든 노력에 붙일 수 있는 이름이다.

우리에게 남는 문제는 이제 한국인으로서, 분단국가의 아픔을 안고 사는 사람으로서, 침묵함에 의해 부정과 불의에 일정한 부분 동의한 이 시대의 나약한 지식인으로서, 그리고 학문과 문화의 영역에서 자기 정체성을 찾으려는 우리에게 어떤 방식의 실천이 요구되는가 하는 것이다. 여기 우리가 우리의 질 높은 삶을 위해 할 수 있는 실천의 몇 가지 예들을 들어 본다.

첫째, 한반도라는 말이 함축하고 있는 부정적이고 패배주의적인 의식에서 벗어나 한국인으로서의 자기 정체성을 찾는 일이 가장 구체적이고 실천적인 행위의 하나이다. 아직도 우리의 운명이 우리 스스로의 손에 있는 것이 아니라 남의 나라에 달려 있다고 믿는 사람이 있다면 그것은 아마도 조작된 피해의식의 희생물이거나 자기소외의 반영일 뿐이다. 한국인으로서의 자기 정체성을 확보하는 일과 관련된 실천의 구체적 방식은 수없이 많을 수 있다. 그것이 어떤 방식의 실천이거나 항상 잊지 않아야 할 점은 두 가지가 있다. 하나는 한국인 자신의 참된 모습이 어떤 것인가에 대해 지속적으로 묻는 것이며, 다른 하나는 문화적 보편성으로 위장한 소위 세계주의(cosmopolitanism)—그러나 그 중심은 여전히 서양이며 우리는 주변부에 머물 수밖에 없다—의 유혹과 우리 자신도 모르는 사이 서양적 가치에 익숙해져 있는 우리 내부의 적을 거부하는 일이다. 자신의 삶을 스스로 결정할 수 있는 자발적이고 자유로운 의식은 천부적으로 주어지는 것이 아니라 아리스토텔레스가 설명하고 있는 실천적 지혜(phronesis)와 이에 따른 실천(praxis) 그리고 마르크스가 보여 준 해방된 삶을 통해서 얻어지는 것이다.

둘째, 바른 정치적 판단을 내리는 일은 누구에게나 부여된 가장 구체적인 권리 행위이다. 복종하는 일에 길들여지고 기존의 권위에 대해 순종하는 것이 미덕이라고 배워 온 사람들에게는 보수적인 의식이 강하게 자리 잡고 있고 이런 보수성은 편향된 정치적 판단을 내리도록 유도하는 경향이 있다. 동시에 언제나 피해를 입고 있다고 믿거나 낭만적 혁명론에 붙들려 있는 사람들도 여전히 왜곡되고 배타적인 정치적 판단을 내리기 쉽다. 정치적 냉소주의와 도덕적 허무주의 그리고 비인간화 현상에 대한 무감각은 현대 한국인의 의식의 밑바탕에 숨어 있는 또 다른 내부의 적임을 직시해야만 한다. 그리고 이 일그러진 우리의 의식은 그것이 문제임을 놓치지 않고 지속적으로 문제 삼을 때만 교정될 가능성을 지닌다. 지혜로운 사람(phronimos)이 소유해야 할 덕목으로 심사숙고와 바른 판단력 그리고 실천을 말한 아리스토텔레스의 지적이나 낯선 삶에서 해방된 삶에로의 이행과 그 매개 수단으로 실천을 말한 마르크스의 지적은 여전히 우리들에게 균형 잡힌 정치적 판단을 내릴 수 있게 하는 유효한 충고로 받아들일 만하다.

셋째, 현재 우리 민족에게 주어진 가장 큰 과제가 통일이라고 볼 때, 이 통일을 가로막고 있는 세력이 누구이며, 어떻게 극복할 것인가에 대해 진지하게 토론해 보는 일은 화염병을 던지고 판문점을 넘나드는 것 못지않은 실천의 한 방식이다. 우리의 삶에 결정적으로 영향을 미치고 있는 분단 상황의 극복은 4.19혁명 직후의 낭만적인 통일론으로도, 남쪽의 승공 통일론으로도 그리고 북쪽의 적화 통일론으로도 결코 가능하지 않다는 것을 인식하는 일은 진정한 통일 운동의 첫걸음이 될 것이다. 지난 40여 년간 우리 민족 전체의 삶을 질곡 속으로 몰아넣었던 비극적 분단은 남과 북의 두 진영에 내부의 모순을 잉태하도록 만들었다. 모순을 지양하고 극복하는 구체적 행동을 마르크스가 실천이라고 불렀듯이 현실을 지배하는 잘못된 제도나 이념들에 대해 끊임없이 비판하는 일도 또한 계몽된 지식인들이 선택해야 할 행동의 한 전형이 된다.

아리스토텔레스가 규정하고 또 정당화하려고 한 그리스인의 삶이나 마르크스가 꿈꾸던 해방된 삶이 얼마만큼 실현 가능성을 지니고 있는지는 미지수이다. 왜냐하면 그들이 이미 말했듯이 삶은 실천의 힘에 의해 결정되는 가소성을 지닌 존재이기 때문이다. 그리고 삶의 형식과 내용이 결코 물질적 토대(돈) 위에서만 결정되는 것도 아니다. 왜냐하면 위의 두 철학자가 말한 행복한 삶과 해방된 삶은 물질적 가치 이상의 것을 지향하고 있기 때문이다. 미지수로 남아 있는 우리의 삶은 어떤 가능성을 배태하고 있으며, 어떤 가치를 지향하고 있는가? 이런 물음을 진지하게 지속적으로 묻는 일은 가장 강한 실천력을 소유한 사람만이 행할 수 있는 철학적 작업이다.

회고와 재검토

1. 삶은 계란이다.

삶이란 무엇인가? 인생의 목적은 무엇이며 그런 것이 있기나 할까? 어떻게 살았어야 잘 살았다고 할 것인가? 등의 물음은 누구라도 살면서 여러 번 스스로 묻는 물음 중의 하나이다. 그 해답을 얻었거나 그렇지 않거나 간에 질문은 반복되었고 그 답은 수도 없이 많이 주어져 있다. 철학자들을 포함해서 전문가들의 해답은 수많은 책 안에 기록되어 있고, 일상을 살아가는 사람들의 해답은 평범한 상식으로부터 촌철살인의 예리한 답변까지 천차만별로 다양하다. 중학교 다닐 때 여느 사춘기 학생처럼 나 역시 이런 문제에 대해 나름 진지한 질문을 했고, 그런 나의 자문자답에 대해 주위의 친구들은 '개똥철학' 이나 한다고 놀렸다. 그 시절 나는 삶이란 글자에다 물음표를 달아서 '삶? 삶? 삶?' 이렇게 여러 번 노트에 쓰다가 자연스럽게 삶이라는 글자를 해체 또는 해자(解字)를 하게 되었다. 그래서 발견하게 된 것이 'ㅏ' 를 두 번 사용하면 '삶은 사+ㄹ+ㅏ+ㅁ' 이 되었다. 삶은 사람에게

만 부를 수 있는 글자처럼 생각되었다. 다른 동물들에게도 그들의 생명 현상과 살아 있는 기간을 통칭하여 ○○ 동물의 삶이라고 부른다고 해서 틀린 말은 아니지만 어쩐지 삶이라는 단어는 사람만이 가지는 고유한 내용을 담을 수 있는 이름 같았다. 지금 돌이켜 보면 유치한 말장난에 지나지 않지만, 당시에는 꽤 그럴듯한 발견처럼 느꼈다.

철학도로 살아온 세월이 오래 지난 지금 삶이란 무엇인가? 하는 원초적 물음을 다시 물어본다. 그러면서 40년 전에 내놓았던 한시적 답변을 다시 소환해 본다. 고 조우현 교수의 고희 기념 논문집에 실린 「아리스토텔레스와 마르크스가 이해한 삶과 실천」은 불혹의 나이라고 하는 40대의 눈으로 70세를 살아오신 선생님의 삶을 염두에 두면서 쓴 글이다. 40년 전에 바라본 아리스토텔레스의 관조적 삶의 모습을 나 스스로 70세가 넘은 지금에 와서 다시 생각해 본다는 것은 마치 음식의 깊은 맛을 제대로 음미하는 일과도 같다. 또한 이 글은 40대의 나이에 인생을 달관한 것처럼 '인생 별것 있어? 다 그런 것이지' 라는 식의 자조적이며 냉소적인 대답들에 대한 반론이며, 오랜 군부 독재의 통치 아래에서 민주화 운동의 피로감이 극도로 쌓였고, 구소련의 붕괴와 독일 통일의 여파로 찾아온 마르크스 철학의 쇠퇴를 목격하며 이에 대한 반성의 관점에서 작성한 글이다.

고 김수환 추기경의 아주 오래된 농담 가운데 유명한 것이 있다. '삶은 계란이다.' 이 유머가 어떻게 시작되었는지는 잘 알려진 일화이기에 여기서는 생략한다. 그렇지만 그분의 뜻과는 상관없이 이 유머에 또 하나의 의미를 나는 부여하고 싶다. 닭이 낳은 알을 식용으로 사용하기 위해 삶으면 삶은 계란이 되지만 병아리가 되기 위해 어미 품에서 부화되어 알을 깨고 나오는 유정란은 생명을 잉태한 계란이다. 삶은 계란이라는 농담 속에 숨어 있는 의미를 통해 삶을 생각해 본다면 추기경님의 농담은 그 너머의 의미를 보게 만든다. 병아리가 알을 깨고 세상에 나올 때까지 어떤 노력을 하는지를 상상해 보라. 그 치열함이 경이(驚異)롭지 않은가? 그래서 사람들은 혼자의 힘만이 아니라 밖에서 기다리는 어미의 노력을 빗대어 '줄탁동시(啐琢同時)' 라는 말을 만들어 내어 교훈으로 삼고 있다. "새는 알을 깨고 나온다. 알은 곧 세계이다. 태어나려고 하는 자는 하나의 세계를 파괴하지 않으면 안 된다. 그 새는 신을 향해 날아간다." 헤르만 헤세의 『데미안』에서 가장 유명한 이 구절과 '삶은 계란' 이라는 농담 사이에 깊은 연결고리가 있음을 보게 된다.

인생이 별것 없다거나 다 그런 것이라는 자조적인 평가는 삶에 대한 무례한 태도이다. 이런 냉소적이고 무례하고 무책임한 태도는 특히 노년에 이른 사람들에게서 쉽게 발견된다. 이제 막 70이 넘은 나이에 다시 한번 삶의 의미에 대해 숙고해 보는 일은 10대 때부터 40대를 거쳐 묻고 대답했던 것과 달라야 하지 않을까? 삶이란 무엇인가? 하는 물음에 대해 많은 세월을 거쳐 살아온 노년에게 묻는다면 길고도 다양한 이야기들이 가능할 것이다. 100사람의 100가지 이야기도 가능하다. 그렇지만 이런 노변한담(爐邊閑談) 수준의 이야기들로는 삶이란 무엇인가에 대한 답을 찾아낼 수 없다. 그렇다면 어떻게 해야 삶의 의미를 찾는 일이 가능할 것인가? 나는 아리스토텔레스의 『니코마코스 윤리학』에서 그 해답의 하나를 찾았다. 그의 행복론이 그것이다.

행복이라는 가치는 사람이 궁극적으로 도달하고자 하는 최고의 가치 가운데 하나라는 점은 틀림없다. 모든 사람의 삶은 그 자체로 숭고하다고 믿는다. 그것은 한 사람의 인격에 대한 차별 없는 존중심과도 같다. 삶을 평가할 수 있는 절대적 기준은 있을 것 같지 않지만 적어도 행복이라는 가치는 최고의 자리에서 모든 삶을 비춰 볼 수 있는 거울이라고 할 수는 있다. 노년에 이른 사람에게 '당신의 삶은 어떠했습니까?' 하고 묻는다면 돈이나 권력, 명예, 자녀, 건강 등 소유의 유(有), 무(無)와 과(寡), 다(多)를 통해 스스로 행복하다거나 불행한 삶이었다고 평가할 수 있을 것이다. 그러나 이런 것들이 행복한 삶의 필요조건도 충분조건도 아니라는 점은 분명하다. 만일 이런 물질적인 것들이 행복의 조건에 속하는 것이라면 최고의 행복한 삶에는 결코 이를 수 없을 것이기 때문이다. 돈이 얼마나 있어야 행복한 삶이 가능한가? 명예가 행복한 삶을 언제까지 어떻게 보장해 줄 것인가? 자녀손(子女孫)이 나의 행복을 보장해 주는가? 자녀가 없다면 불행한 삶인가? 아프지 않고 건강해야 행복할 수는 있지만, 이 세상에 노년에 이르러 아프지 않은 사람은 거의 없다. 그렇다면 노년은 모두 석양의 햇빛이 만들어 내는 긴 그림자처럼 아름다우면서도 쓸쓸하고 행복하기 어려운 삶의 마지막 단계인가? 결코 그렇지는 않을 것이다. 이런 물질적인 것들은 정도의 문제일 뿐 행복한 삶의 궁극적 조건이 될 수 없다.

어릴 적 꿈을 실현한 사람은 행복한 삶을 살았다고 말할 수 있을까? 그런 꿈을 실현한 사람이 과연 얼마나 될까? 꿈은 이루어진다라는 신화 같은 이야기도 행복을 보장해 주지는 않는다. 아리스토텔레스의 에우다이모니아(eudaimonia)를 행복(happiness)으로 영역했지만 정확한 번역이 아니라는 것은 이미 잘 알려진 사실이다. 에우다이모니아는 그 자체로 목적인 선이며, 사람이 가지고 있는 최고의 기능인 이성(영혼)의 활동, 즉 자신의 기능과 역량 발휘를 통해 도달할 수 있는 목적을 의미한다. 그리고 어떤 상태에 이르기보다는 영혼의 지속적인 활동을 함축하고 있다. 그렇다면 이런 영혼의 활동이 최적, 최고의 단계로 가기 위해서는 어떻게 해야 할까?

2. 관조적 삶과 종교적 실존

삶의 양태 또는 방식을 세 가지로 구분한 피타고라스나 아리스토텔레스의 분류법에 동의하기에는 현대인들의 삶은 너무도 다양하고 다층적이다. 10대의 소년에게 노년의 삶에서 추구할 만한 행복을 요구하는 것이 우스꽝스러운 일이듯, 청, 장년의 나이에 매력이 끌리는 삶의 양태를 80세 이상의 노인한테 권유하는 일도 가당치 않다. 세대에 따라 행복이라는 가치가 달라지는 것은 아니라 하더라도 그 가치를 추구하는 수단과 방법은 분명 다를 수밖에 없을 것이다. 향락적 삶, 정치적 삶 그리고 관조적 삶을 나이나 세대에 따라 구분할 수는 없다. 성인이라면 누구라도 이 세 종류의 삶 가운데 적어도 한 가지는 선택할 수 있다. 그리고 선택할 수 있다는 것은 우리에게 자유 의지가 있고, 어떤 선택이 더 훌륭한지를 판단할 수 있는 역량이 있다는 것을 의미한다. 아리스토텔레스는 이런 역량을 실천적 지혜(phronesis)라고 했고 삶의 목적인 행복을 획득하기 위한 최선의 수단 선택 능력을 phroairesis라고 했다.

아리스토텔레스의 삶의 3분법은 키에르케고르의 실존의 3분법을 그대로 연상시킨다. 이를 풀어서 말하면, 모든 사람은 각각 주체적인 존재이고 자신의 결단에 따라 세 가지 실존의 단계에 머물며 삶을 살아가는 존재이다. 쾌락을 추구하는 삶으로 점철되는 미적 실존의 단계, 사회적 주체로서 양심에 따라 도덕적 규범을 잘 지키며 모범 시민으로 살아가는 윤리적 실존, 그리고 절대자 신 앞에 홀로 서서 신앙을 역설의 진리로 승화시키며 살아가는 종교적 실존의 삶이 그것들이다. 이 두 쌍의 3분법적 삶의 양태는 최종적으로 가치 있는, 즉 행복한 삶의 단계로 관조적 삶과 종교적 실존의 삶을 제안하고 있다. 이 두 쌍을 서로 치환하기에는 두 철학자의 시, 공간적 간격이 너무 크다. 그러나 그 유사성에는 주목할 만한 가치가 충분하다.

관조적 삶이나 종교적 실존의 삶은 사람이 다다를 수 있는 최고의 행복한 상태를 말하는 것은 아니다. 상태(state)란 정적이고 일시적이다. 최고의 삶이 추구하는 가치가 이렇게 정적(靜的)이고 일시적이라면 이는 그만한 가치가 없는 것일 수 있다. 적어도 관조적 삶이 최고의 삶이 되기 위해서는 특정하고 일시적인 상태여서는 안 된다. 관조적, 종교적 삶은 모두 활동 자체라고 이 두 철학자는 공통으로 말하고 있다. 그래서 아리스토텔레스는 관조적 삶의 특징을 활동이라 규정하고 여러 종류의 활동을 통해 설명하고 있다. 관조하는 활동은 사람이 할 수 있는 최상의 활동이며, 그 자체로 목적인 자족적인 활동이다. 『니코마코스 윤리학』 마지막 장(10장)에서 열거하고 있는 관조적 활동의 특징 중에 나의 이목을 끈 것은 이 활동이 지속성을 갖고 있다는 것과 우리 안에는 신적인 또는 신성한 활동(divine activity)이 있어서 인간적인 수준을 넘어서서 더 높은 곳으로 지향할 수 있다는 점이다.

키에르케고르의 종교적 실존 역시 마찬가지로 내적 활동과 결단을 통해 신 앞에서 단독자로 살아가는 삶의 최고 형태이다. 종교적 실존 역시 한 번 다다르면 머무를 수 있는 어떤 특정한 상태의 삶이 아니다. 종교적 실존은 우리 안에 있는 신적인 또는 신성한 활동을 통해 생성과 변화의 과정을 계속해야만 하며, 역설(paradox)과 모순적 진리인 신앙을 겸손히 받아들이는 삶이어야 한다. 그리고 신앙은 살아 움직이는 영혼에 생기를 불어넣어 주는 것이다.

관조적 삶이나 종교적 실존의 삶은 시시비비를 가르고 선과 악을 잘 분별하도록 요구받고 있는 젊은이들에게는 먼 이야기처럼 들릴 것이다. 노년에 이른 사람, 즉 이순(耳順)이나 종심소욕불유구(從心所欲不踰矩)의 나이인 60-70대에 이르면 관조하는 삶이나 종교적 삶에 훨씬 가까이 다가갈 수 있다. 혹자는 인생 후반기에서 황금기를 65세에서 75세 사이라고 말하고 있다. 한편으로는 맞는 말이지만 이는 돈과 건강 그리고 같이 놀아 줄 친구가 있어야만 가능한 일이다. 이런 조건에 맞는 사람이 얼마나 될까? 75세 이후가 황금기가 아닐 수 있으나 행복한 삶을 누릴 가능성이 줄어드는 것은 아닐 것이다. 돈과 건강과 친구가 없는 삶은 불행한가? 몸이 아프고, 자기를 보살필 만큼의 돈이 부족하고, 친구들이 없어도 행복한 삶이 가능하다고 나는 믿는다. 우리 안에 있는 신적인 또는 신성한 정신 활동을 지속하는 한 자족적인 관조의 삶과 신에게로 다가가는 종교적 실존의 삶은 더욱더 가능하다고 본다.

마사 누스바움은 『사려 깊게 나이 들기(Aging thoughtfully)』에서 셰익스피어의 리어왕(King Lear) 이야기로부터 노화에 관한 대화를 시작하고 있다. 리어왕의 비극은 자신의 왕국을 탐욕스러운 두 딸에게만 나누어주고 자신을 가장 사랑하는 셋째 딸 코르델리아(Cordelia)를 내치는 잘못된 결정에서 비롯된 것처럼 보인다. 노년기에 이른 리어왕의 잘못된 판단을 알츠하이머 같은 치매 현상으로 해석하는 것은 현대인들의 노인 문제와 연결 지어 그럴듯해 보인다. 그러나 누스바움에 따르면, 그의 비극은 노화와 노화에 따른 통제력의 상실 그리고 누군가의 도움이 필요하다는 것을 이해하지 못한 데서 시작되었다고 본다. 그리고 이런 몰이해는 노년에 이르렀거나 그리로 가고 있는 우리 모두에게 해당이 된다는 사실을 일깨워 주고 있다. 리어왕에게

재력과 권력은 통제력의 상징이었으나 딸들에게 양도한 후에는 그 통제력을 상실하고 만다. 그리고 노구(老軀)를 의탁할 수 있을 것으로 기대했던 두 딸과 사위로부터 돌봄의 조건으로 치욕적인 제안을 받는다. 이런 비극적 상황은 세습 군주나 재벌 기업의 주인 같은 사람만이 아니라 아주 평범한 노인들에게도 일어날 수 있다.

나는 부모가 자기 재산을 가지고 자녀들을 통제하려는 사람을 많이 보아 왔다. 그리고 리어왕처럼 자식을 너무 믿은 나머지 일찍 상속하고 통제력을 상실한 채 비루하게 노년을 자식에 대한 배신감으로 살아가는 노인들 이야기를 자주 들었다. 노년의 삶에서 통제력은 리어왕처럼 외부로 향한 힘의 행사가 되어서는 안 된다. 노년에 이르러 쇠약한 몸으로 젊은 자식들을 자기 통제권 아래 두는 일이 불가능하다는 것은 쉽게 알 수 있다. 그래서 재산 상속을 빌미로 자식들에 대한 통제력을 잃지 않으려고 한다. 비극은 여기서 시작된다. 노년의 삶에서 필요한 통제력은 자기 내부로 향한 통제력이어야 한다. 관조적 삶이나 종교적 실존의 삶을 방해하는 것들로부터 휘둘리지 않을 수 있도록 자기 통제력이 노년의 삶에서 행복에 이르는 인도자 역할을 할 것이다.

3. 나의 삶과 타인의 삶

1989년 11월 베를린 장벽의 붕괴와 1990년 10월의 독일 통일 그리고 1년 뒤인 1991년 12월 구소련연방의 해체는 2차 세계대전 이후 시작된 냉전의 종식을 알리는 세계사적 사건들이었다. 이후 우리나라는 냉전 시대의 산물로 남겨진 유일한 분단국가가 되었다. 이 무렵 민주화 운동권 내에서 사회주의 계열의 영향력은 쇠퇴하게 되었고, 마르크스를 공부하던 어떤 후배는 정신적 공허감을 토로하며 마르크스 공부를 접어야겠다고 고백하는 것을 들었던 기억이 있다. 사회주의 실험은 역사 안에서 실패했고, 베를린 장벽의 붕괴는 마르크스 연구자들의 정신적 붕괴를 초래했다. 내가 그 후배에게 해 주었던 말을 나는 지금도 생생히 기억하고 있다. '오히려 지금부터 마르크스를 공부하기에 더 좋은 때가 아닌가?' 이 말은 마르크스를 혁명적 실천가가 아닌 철학자로 재해석할 수 있어야 한다는 뜻이었다. 마르크스 철학의 생존 가능성은 그의 초기 철학으로 돌아가는 길에서 찾을 수 있다고 나는 보았다. 소외된 노동과 낯선 삶에 대한 마르크스의 분석과 비판 그리고 사회적 실천(praxis)이라는 대안 모색은 그의 얼굴에서 휴머니즘의 온기를 느낄 수 있게 해 주었기 때문이다.

21세기의 4분의 1이 지나가는 시점을 살아가는 우리의 삶은 어떠한가? 180여 년 전 마르크스가 목격하던 노동자들의 소외된 삶의 환경에서 우리는 얼마나 멀리 벗어나 있는지 확신할 수가 없다. 한국전쟁 중에 태어난 우리 세대나 그 직후 베이비 부머 세대들은 대부분 어린 시절에 가난을 일상처럼 보면서 자랐다. 세계 최빈곤 국가 중의 하나였던 대한민국의 50년대와 60년대는 가난했으나 전통적인 가족공동체의 결속력과 교육열은 가난하지 않았다. 동네에서 부자라고 할 수 있는 가정은 한두 가정에 지나지 않았고, 대부분은 그만저만하거나 빈곤했다. 서로 서로가 가난으로부터 오는 상대적 박탈감은 거의 없거나 별로 크지 않았다. 그러나 우리나라는 세계에서 드문 빠른 경제성장을 이루어 냈고, 후진국에서 개발도상국을 거쳐 중진국 대열로 유례없이 단시간에 진입할 수 있었다. 그리고 2020년대 한국 사회는 선진국에 진입했다고 자타가 공인하고 있다. 지난 반세기 동안 한국 사회는 산업화와 민주화를 이루어 냈다. 글로벌 자본주의 시장에서 세계 10위권의 경제 역량을 갖추게 되었다.

이런 자본주의 시장경제의 틀 안에서 성장해 온 한국 사회의 이면에는 어둡고 우울한 삶의 왜곡된 현실이 긴 그림자처럼 드리워 있다. 노동의 착취, 피로가 누적된 삶, 소외된 노동, 낯선 삶, 혐오사회, 내일을 팔아서 오늘을 사는 미래 없는 삶 등은 21세기 한국 사회를 살아가는 우리 삶의 단면들이다. 마르크스가 분석한 자본주의의 내적 모순은 21세기 한국 안에서도 여전히 발견되고 있다. 1, 2차 세계대전 이후 이성의 합리성에 대한 신뢰를 상실한 유럽의 지식인들이 통렬하게 들추어낸 공허하고 소외된 삶의 모습들이 지금 우리의 삶의 양태까지 이어지고 있다 해도 과언이 아니다.

내게 대학 시절 소외된 삶, 낯선 삶에 대해 생생한 이미지를 준 것은 까뮈의 "이방인", 사르트르의 "구토" 등 실존주의 작가들의 작품이었다. 그러나 군 생활을 마치고 제대한 이후 대학원 시절에 읽은 볼프강 보르헤르트의 "문밖에서"는 그 어느 작품보다 내게 강한 인상을 주었다. 그것은 아마도 주인공 베크만이 퇴역 군인이었던 것처럼, 전역한 군인이면서 대학원 학생이라는 어정쩡한 신분이 주는 기시감(旣視感) 같은 것 때문이었다. 군대 생활 중에 가끔 서울로 외출을 나오면 전에 익숙했던 서울 거리가 아주 낯설게 느껴졌고, 군복 차림의 내가 속한 곳은 여기가 아니라는 강한 느낌 때문에 서둘러서 부대로 복귀하곤 했다. 제대 후에 시간 간격도 없이 대학원 학생으로 변신을 했으나 삶의 이질감과 낯설음은 여전했다. 남들처럼 좋은 기업에 취직하고 부모의 고생을 덜어 주어야 할 장남으로서의 의무감과 철학 공부를 하고 싶다는 오랜 욕망은 양립하기 어려운 부조화로 삐걱거렸다. 공부를 그만두고 취직을 할 것인가를 두고 갈등도 많이 해 보았다. 철학과 출신에게 열려 있는 대기업은 거의 없었다. 그곳은 나 같은 스펙을 가진 사람에게는 낯선 세계였다. 딱 한 번 대기업의 신입사원 모집 공고를 보고 지원서를 낼 생각으로 찾아갔다가 돌아선 적이 있었다. 그곳 역시 내가 있어야 할 곳이 아니라는 생각에 지원서를 찢고 나왔다. 그 순간에 철학 공부에 대한 나의 확신은 더 강해질 수 있었다.

아리스토텔레스가 보여 준 행복한 삶이 나의 개인적인 삶에 초점이 있었다면, 마르크스의 해방된 삶은 타인의 삶에 초점이 맞추어져 있다. 그러나 이 두 차원의 삶이 결코 분리되어 있지 않다는 것은 자명하다. 나의 행복이 타인의 행복과 어느 지점에서 접점이 있으며, 타인의 행복이 나의 행복의 일정한 조건이 된다는 생각은 나의 청년기가 한참 지난 후에야 깨닫게 된 것이다. 1970년대 후반, 아마도 1978-79년 사이 나는 구로공단에서 야학(야간학교)을 열어 친구, 후배들과 함께 2년 정도 교사로 일한 경험이 있다. 학생은 대부분 하루 노동을 마치고 배움의 열정 하나로 지친 몸으로 등교하는 여성 노동자들이었다. 지금 돌이켜 보면 이때에도 그 노동자들의 삶은 나에게 낯선 이방인의 삶처럼 느껴졌고, 그들이 사는 세상은 나와 한참 거리가 있는 무관한 세계였다. 나는 문이 닫힌 구로공단의 세계 밖에 서서 문 안을 들여다보는 이방인이었다. 도시산업선교회의 활동가들이나 1980년대의 위장취업 활동가들이 타인의 삶과 자기 삶의 간격을 좁혀 보려는 치열한 노력을 한 것에 비하면 나는 그럴 만한 용기가 여전히 없었다.

전쟁을 일으키고 철권을 휘두르는 독재자가 국민의 삶에 미치는 영향은 전면적이다. 그런 상황에서 개인의 삶과 타인의 삶은 분리할 수 없는 일체성을 갖게 된다. 6.25 전쟁과 30년 가까운 군사독재를 경험한 우리의 삶이 이와 같을 것이다. 그리고 그 후 이와 유사한 경험을 우리는 국내, 외의 여러 사건을 통해 겪게 된다. 1997년 12월에 시작된 외환위기 사태, 3,000여 명의 생명을 앗아간 2001년의 9.11 테러 사건, 2014년 4월 16일 아침에 일어난 세월호 침몰 사건, 그리고 2022년 2월 러시아의 침공으로 시작된 우크라이나 전쟁 등이다. 이 가운데 국내의 경우만을 생각해 보자. 달러화의 부족으로 국가 부도 위기를 맞게 되고, 국제통화기금(IMF)에 구제금융 지원을 요청함으로써 우리나라의 경제 주권은 IMF의 통제 아래 들어가게 되었다. 우리의 기억 속에 이 국가 부도 사태는 온 국민의 삶에 무거운 그림자와 상처를 남기면서 3년 8개월을 끌었다. 이 시기에 수많은 기업의 파산과 부도 그리고 대량 해고 및 실직을 겪어내야 했고, 그로 인해 수많은 가정의 붕괴와 가족의 해체는 불가피했다. 사회적 안전망이 제대로 갖춰지지 않은 상태에서 국가의 부도 사태는 사회 전체의 삶을 근본부터 흔들어 놓았다. 평범한 사람들이 소박하게 추구하던 행복한 삶은 외부로부터 주어진 충격을 견디지 못하고 무너져 내렸다. 상아탑이라는 대학교 교문 안에 있었던 내가 직접 목격한 무너져 내린 타인의 삶은 학생들이 말없이 자퇴하거나 더 많은 시간 아르바이트로 피곤해진 그들의 얼굴을 통해서였다. 오랜 독재 정치를 끝내고 문민정부로 새롭게 출발한 지 채 5년도 끝나기 전에 국가 관리의 책임이 있던 정부의 무능으로 국가는 파산에 이르렀고, 이는 버틸 힘조차 없던 많은 소시민의 삶뿐만 아니라 사회 전체에 큰 파장을 남겼다. 그래도 희망은 있었다. 온 국민이 너나 할 것 없이 참여한 금 모으기 운동은 사회적 결속력을 가져왔고 공동체적 삶의 중요성을 자각하는 계기가 되었다. 정책 실패에 대한 비판과 반성은 있었어도 원인과 책임을 두고 서로에 대한 비난과 혐오는 찾아보기 어려웠다.

그러나 2014년 4월 16일 발생한 세월호 침몰 사고는 여느 대형 재난 사고와는 그 결이 다른 사고였다. 사망자의 대부분이 수학여행 가던 고등학교 2학년 학생들이었다는 사실에 우리는 모두 너나 할 것 없이 안타까운 마음과 슬픔을 공유할 수 있었다. 그러나 딱 거기까지였다. 이후 사고를 조사하고 인양하고 책임을 묻는 재판 과정을 지켜보면서 우리 사회의 저급함, 강퍅함, 잔인한 분열을 목격해야 했다. 이 참사를 바라보는 우리 사회 구성원들의 분열된 시각은 형언하기 어려운 참담함이었다. 자식을 잃은 부모들의 슬픔에 공감하는 이들도 많았지만 반대로 이들의 아픔을 희화하거나 모욕하는 일들도 많았다. 이 분열은 우리가 얼마나 생명에 대한 존엄성이라는 보편적 가치에 둔감하고 타인의 삶을 모욕하고 있는가를 여실히 보여 주었다. 300명이 넘는 생명을 앗아간 엄청난 사건이라면 마땅히 그 진실을 알고자 하는 것은 상식이다. 누군가의 잘못으로 타인의 삶을 송두리째 앗아갔다면 그 책임을 묻는 것 역시 가장 상식적인 요구이다. 그러나 세월호 사건은 처음부터 진실을 은폐하려는 세력들이 집요하게 방해했다. 정치적 쟁점이 될 수 없는 생명의 존엄이라는 가치 앞에서 사실조차 왜곡하거나 축소 은폐하려는 정치권과 이에 동조하는 극우 세력들을 보면서 분노를 느끼지 않을 수 없었다.

자식을 잃은 유가족들의 슬픔과 그들의 망가진 삶에 같이 공감하는 수많은 사람이 한편에 있었다면 소수라고 보기에는 많은 사람이 숨기지 않고 드러낸 노란 리본에 대한 혐오감은 우리의 평범한 공감의 정서를 무너뜨리는 데 충분한 파괴력을 지니고 있었다. 진실을 요구하는 유가족들의 단식투쟁에 맞서서 피자 폭식 투쟁을 한 극단적인 혐오주의는 존중받아야 할 타인의 삶을 부정하는 파괴 행위에 가깝다. 타인의 고통에 대해 외면하는 것은 인간에 대한 인간의 소외이며 자기소외이기도 하다. 2014년 여름에 한국을 방문한 프란치스코 교황은 세월호 유가족들의 슬픔과 고통에 연대하기 위해 노란 리본을 달았고, 그것을 떼라는 권유에 대해 '고통에 중립은 없다'며 거부했다고 후일담을 통해 밝혔다. 교황이 정치적 중립을 지켜야 할 의무가 있다는 요구보다는 고통받고 있는 타인의 삶에 연민과 공감의 표시를 하는 것이 중립성 요구 그 이상의 도덕적 의무라는 점에 나는 동의한다.

타인의 삶과 나의 삶이 어떻게 연결되어 있는가를 설명하기 위해 나는 학생들에게 종종 그물(net)의 비유를 들었다. 촘촘히 짜인 그물은 수많은 작은 격자 모양의 씨줄과 날줄이 서로 연결되어 있다. 이 작은 씨줄과 날줄이 만나는 곳에 내가 존재하고 그런 수많은 나와 같은 개인들이 서로 얽혀 있을 때 상호 의존성은 나의 존재 의미를 더 분명하게 만들어 준다. 나의 삶이 타인의 삶과 분리될 수 없다는 것은 우리가 서로에 대해 상호 의존하며 살아간다는 것을 의미한다. 철도 파업이 불편을 주지만 만약 내가 그들의 권리를 존중한다면, 내가 나의 직종에서 파업할 때 나의 권리 역시 존중받을 수 있다. 농부와 어부의 수고와 땀은 내가 돈을 주고 사는 쌀과 생선의 값 그 이상이라는 의식은 우리가 서로에 대해 서로 빚지고 살 수밖에 없는 사회적 동물임을 다시 각인시켜 준다. 빚진 자의 채무 의식은 서로가 서로에 대해 가져야 하는 감정이다. 빚을 갚는 방식은 각자가 각자의 방식으로 찾아내야 한다. 그 방식은 수없이 많다. 찢어진 그물로는 물고기를 잡을 수 없듯이 상호 의존 감정이 무뎌진 사회에서 건강하고 행복한 삶의 터전은 생명력을 잃게 된다. 2020년대 한국 사회는 사회 안전망(social safety network)이 제대로 작동하는 사회인가?

4
'세계화'에 얽힌 문제들과 그에 대한 철학적 반성

1. 문제 제기: 고양이 목에 방울 달기

'누가 고양이 목에 방울을 달 것인가?' 말 그대로 고양이의 목에 방울을 달기 위해 머리를 짜고 있는 생쥐들의 모습을 연상해 보자. 힘이 강하고 위협적인 고양이에게 힘없고 늘 죽음의 공포에 싸인 생쥐들이 자기 보호를 위해 찾아낸 묘책이 결국은 고양이 목에 방울을 다는 것이었지만 그 위험스럽고 어려운 일을 누가 할 것인가? 하는 문제에 부딪히게 되자 아무런 대책 없이 탁상공론에 그치는 모습이 연상된다. 강자와 약자는 불가피하게 충돌할 수밖에 없으며, 이 양자 사이의 관계는 전쟁 상태와 다를 바 없다. 문제의 심각성은 한 마리의 고양이가 다수의 생쥐 모두의 생명을 위협하고 있는 절박한 대치 상태가 지속적이라는 데 있다. 일시적 위협이라면 그렇게 심각하게 논의할 필요조차 없을 것이다. 더 나가서 방울을 다는 일에 있어서 한 번의 실수는 영원히 회복 불가능한 죽음이 그 대가로 주어진다는 데 그 심각성의 정도는 커진다. 그렇기 때문에 문제는 어떻게 고양이의 목에 방울을 달 것인가 하는 방법론의 문제가 아니라 누가 고양이의 목에 방울을 달 것인가 하는 실천하는 행위 주체자와 그의 용기가 문제이다.

사람들의 관계에서도 늘 이런 종류의 물음이 되물어지는 이유는 어디에 있는가? 그것은 한 사회나 국가 그리고 더 나가서 인류의 운명을 뒤바꾸어 놓을지도 모르는 심각한 문제 앞에서 많은 논의와 토론이 탁상공론으로 그치지 않기 위해서는 실천적 행위가 요청된다는 사실에 있다. 소크라테스의 철학적 순교는 아테네라는 잠자는 순한 짐승을 귀찮게 구는 등에(gadfly)의 역할을 자임한 결과 때문이 아니라 타락해 가는 아테네의 과두(oligarch)들에게 우직하리만치 순진한 충고를 한 용기의 대가로 주어진 죽음이었다. 예수의 십자가 처형에 대한 이해는 종교적 해석을 제외하더라도 남는 것이 있다. 그것은 수천 년을 내려온 유대교 전통 자체에 대한 도전이라기보다는 이미 경직되고 강자의 이익만을 대변하는 전통적 율법에 대한 용기 있는 도전과 충고의 대가로 해석될 수 있다. 코페르니쿠스의 용기는 가톨릭주의의 세계관에 대해 도전하도록 했으며, 히틀러 암살의 주동자들은 모두 고양이의 목에 방울을 달려는 무모한 시도를 했다는 이유로 처형을 당해야 했던 사람들이었다.

안중근과 윤봉길, 이봉창과 강학규의 행동은 일본 제국주의라는 강자의 목에 방울을 단 용기 있는 실천들이었다. 전태일의 분신은 엄청난 노동자들의 질곡과 고통에 저항하는 몸짓이었다. 개발 독재자의 목에 방울을 달기 위해 달려든 그의 용기는 1980년대 노동 운동의 밑거름이 되었다. 한국의 80년대를 투쟁으로 지새운 수많은 운동권 학생들은 무모하고 철없던 낭만주의자들이었던가? 군사독재자라는 가시적인 강자 앞에서 맨주먹과 화염병과 돌로 맞서기만 했던가? 그들은 비록 시행착오를 범하기는 했지만 행동을 위한 지침을 만들기 위해 내부적으로 치열한 이론적 논쟁과 토론을 거쳤다. 비록 순진하리만치 운동의 논리에 침잠해 갔지만 잘못 얽힌 한국 현대사의 실타래를 풀려는 몸짓을 그들은 이론적으로나 실천적으로 보여 주었다.

1993년 2월 민간인 정부가 들어선 이후 우리는 지난 30년의 군사정권과는 또 다른 의미에서 새로운 강자를 맞이하게 되었다. 과거의 군사독재자가 물리적인 힘에 기반을 둔 강자였다면 새로 등장한 민간인 정부는 신보수주의와 비도덕적이기조차 한 경쟁의 논리라는 이데올로기에 바탕을 둔 강자이다. 과거의 강자가 지배할 때는 재야와 운동권이라는 비판 세력과 도전적 집단이 있어서 사회적 건강성의 유지라는 측면에서 오히려 다행이었다면, 오늘의 새로운 강자에게는 그만한 행운도 주어지지 않은 것처럼 보인다. 과거의 독재 정권이 한국을 둘러싼 주변국들과의 정치적 역학 관계나 남, 북한의 군사적 대결을 이용하여 우리 국민을 군사적인 위기감에 빠지게 만들고 그것을 통치의 수단으로 이용했던 것에 비하면, 새로이 등장한 이 강자는 종류가 다른 새로운 위협으로 우리를 위기감에 휩싸이게 만들고 있다. 이런 위기감과 위협이 우리의 의지와 상관없이 외부 세계에서 왔다는 왜곡된 선전이 곧 이 정부가 떠맡아야 할 '나라 관리의 책임'을 일정한 부분 면제시켜 주는 것은 아니다. 오히려 이런 문제를 앞에 놓고서 보이고 있는 이 정부의 대응 방식에 심각한 결함이 있다는 사실만이 더 극명하게 드러날 뿐이다. 그리고 소수의 (지배적) 강자와 다수의 (피지배적) 약자라는 대결 구도는 과거 군사정권에서나 지금이나 전혀 달라지지 않고 있다. 국민의 정치적 희망과 유리된 정부는 그것이 아무리 순수한 민간인 정부라고 하더라도 별 의미가 없게 된다. 우리는 여전히 국민으로부터 유리된 소수의 강자가 지배하는 사회 속에 남아 있다. 고양이 목에 누가 방울을 달 것인가 하는 물음은 세상이 바뀌었다고 하더라도 여전히 풀리지 않는 문제인가? 오늘은 누가 이 새로운 강자의 목에 경보를 울려주는 방울을 달 것인가?

지금은 분명 모든 면에서 위기 상황이며 문제가 심각하다. 그러나 사실 문제는 이런 위기감이나 문제를 심각하게 인식하는 것만으로는 충분하지 않다는 데 있다. 과거의 독재 정권이 문제의 심각성마저 은폐시키려고 했던 것에 비하면 이 정부는 문제를 노출시키고 있다는 점에서 긍정적일지 모른다. 그러나 과거에는 운동권이라는 저항 세력과 비판 세력이 있어서 은폐하려는 문제를 드러내는 역할을 담당했던 것에 비하면 이제 무모한 도전 세력이 거세된 이후 낭만적인 정열조차 식어버린 젊은이들의 잿빛 의식은 토론과 논쟁이라는 합리적인 논의의 열의마저 무력화시켜 버렸다. 과거 군사독재의 전체주의적 통치는 자유로운 토론과 논쟁을 상당 부분 제약했으며 합리적인 문제 해결의 접근을 원천적으로 봉쇄했다. 그리고 그 반작용은 물리적인 충돌을 피할 수 없게 만들었다. 그러나 과거 정부와의 차이성을 강변하며 출발한 이 정부는 또 다른 의미에서 논의와 토론을 불가능하게 만들고 있다. 문제를 솔직하게 노출시키고 있는 것처럼 보이려는 이 정부의 전략이 노리고 있는 것도 사실은 역설적이게도 활발한 논의와 토론을 봉쇄하려는 데 있는 것처럼 보인다. 이러저러한 문제가 우리 앞에 놓여 있다는 것을 다 보여 주면서도 그 문제들에 대한 해결책을 찾아가려는 국민적 노력에는 귀 기울이지 않고 있다는 자가당착을 우리는 이 정부에게서 이미 보고 있다. 지금 우리 사회의 여러 분야에서 활발한 토론과 논쟁, 그리고 건전한 비판이 이루어지고 있다는 인상을 갖기가 어렵다는 사실은 무엇을 의미하는가? 걱정을 하게 만들고 위기감을 조성시켜 놓고서는 문제 해결 방법에 대해 적극적으로 제안할 수 있는 분위기가 되지 못하다는 데 문제의 심각성이 놓여 있다.

2. 언론의 세 가지 의식 조작

흔히 민간인 정부가 들어선 이후 한국의 언로가 열려 있다고들 말한다. 그러나 불행하게도 이 정부를 탄생시키는 데 절대적으로 기여한 다수 언론의 교묘한 조정 기술은 한국인의 의식 조작을 통해 마치 개인의 욕구 충족이 최대한 보장되며 자유로운 나라에 살고 있다는 거짓 믿음을 갖게 만들고 있다. (여기서 말하는 언론의 범위에는 신문, 방송, TV뿐만 아니라 홍수처럼 범람하는 온갖 종류의 잡지와 광고 문화까지를 포함한다) 넓은 의미로 사용되는 언론의 조작 기능은 우선 정보의 유통에서 거의 일방적이며 아주 철저하게 계산된 방식으로 정보의 흐름을 통제하고 있다. 거대한 행정 조직을 가진 관료주의 체제와 정보 전달의 헤게모니를 쥐고 있는 언론, 특히 TV의 상징 조작력의 결합은 개인들에게 강한 무력감을 불러일으키고 있다.

2.1 감각주의 문화

일반적으로 말해서 정치권력과 언론의 결탁은 많은 문제를 일으킨다는 사실은 누구나 알고 있으며, 과거 수십 년 동안 우리가 경험한 것만으로도 충분히 입증된 사실이다. 이 정부와 언론의 강한 유착 관계가 초래하는 부정적 기능 가운데 다음 세 가지 점은 모두 왜곡된 의식을 가지도록 유도하고 있다는 점에서 심각하다. 첫째는 감각주의 문화가 현대 한국 사회를 주도해 가도록 방치 내지는 유도함으로써 청소년층을 중심으로 교육받는 대부분 학생의 의식을 표피적인 사고에 머물도록 만들고 있다는 점이다. 이미 학교교육이 입시교육의 전문 학원으로 전락함으로써 고전문학 작품을 읽고 전통문화를 익히고 배우며, 음악과 예술의 세계가 제공하는 상상의 멋을 알 수 없게 된 이들에게는 즉각적이고 충동적이며 일회적인 행동 방식만이 최선의 자기표현 수단이 되어 버렸다.

표피적인 자극과 일시적인 만족도를 극대화하려는 데 목표가 있는 대중문화의 중심권이 10대 중반에서 20대 전반에 걸친 연령층으로 하향했다는 사실과 단세포적인 사고방식이 만연되어 가고 있다는 현상과는 깊은 상관관계가 있어 보인다. 과거 대중문화의 중심적인 향유 계층이 오히려 소외당하는 현상이 두드러지고 있다. 기성세대의 문화가 소비 향락적인 행태로 전락했다고 비판한다면 청소년층의 감각주의적이고 물질주의적 문화 행태도 결국은 기성의 것을 그대로 반영하고 있다고 보아야 한다. (물론 소위 신세대라 불리는 이들의 문화의식을 동정적으로 볼 수 있는 여지는 있다. 누구나 절감하고 있는 한국 교육의 문제점, 즉 입시교육의 지나친 경쟁이 파생시키는 승자와 패자의 갈림에서 다수의 패자에게 정신적인 도피처로서 이런 감각적인 대중문화가 유일한 위안이 되고 있다는 현실론에 근거해서 그런 평가가 가능하다.)

오늘 한국의 대중문화를 선도하는 언론의 상업주의는 건전한 전통적 가치를 계발하거나 고급문화를 향유할 수 있도록 기회를 제공하거나 정치적 비판과 충고의 목소리를 담아내기에는 역부족이다. 자율성의 확대라는 그럴듯한 이름 아래 문화와 교육을 적자생존의 법칙이

지배하는 시장 기능에만 맡긴 채 수수방관하는 이 정부의 숨은 의도는 진정 무엇인가? 건전한 비판 정신을 훈련하고 의미 있는 삶을 추구하도록 유도하는 교육은 포기되고 있는 것은 아닌가?

2.2 개인의 무력감: 패배주의

둘째, 대세나 주류라고 말해지는 것들 앞에서 느끼는 개인의 무력감을 증폭시킴으로써 패배주의 또는 허무주의를 낳고 있다는 점이다. 여기서 말하는 대세나 주류라는 말의 외연은 대중의 여론, 정치적 실질 세력, 지배 이데올로기, 국운, 강자로부터 강요된 논리 그리고 역사의 필연 법칙 등을 의미하며, 이런 대세나 주류에 의해 한 사회나 국가가 운영되고 관리되어야 한다고 믿는 다수의 신념도 포함된다. 이런 대세나 주류 앞에 선 개인의 모습은 초라하며 무기력해 보인다. 이미 포퍼(Karl Popper)가 법칙적 역사주의의 위험을 그 신화성과 폐쇄 사회의 어두운 비극성을 통해 경고하고 있지만, 그 무엇보다도 이런 신념들이 문제 해결을 위한 자유로운 토론과 논쟁 그리고 개인의 자율적인 도전 의식을 방해하거나 불가능하게 만든다는 사실에 그 심각성의 무게가 실려 있다.

30여 년에 걸친 전체주의적 통치가 한국인들의 심성을 암울하게 만들며 상처를 입혔다는 사실은 쉽게 잊혀지거나 치유될 것 같지 않다. 왜냐하면 최소한 그 기간 동안에 일어났던 일들을 생생하게 기억하는 세대들에게는 경제적으로나 다른 사회적 신분의 차이에도 불구하고 공통적으로 패배주의라는 정서가 강하게 마음 깊은 곳에 잡고 있기 때문이다. 지금(1996년)의 40, 50, 60대는 경제적인 발전과 변화를 일어나게 만든 세대들이고 또 그런 것들을 가능하게 만든 저력을 지니고 있다는 자부심도 가질 수 있었던 세대였다. 이들에게 패배주의란 없는 것처럼 보일지 모른다. 그러나 결국은 나라의 경제적 발전과 개인의 부의 축적이라는 물질적 보상을 위해 다른 모든 분야, 즉 정치, 문화, 교육, 사상, 언론 등의 분야에서 확보했어야 할 자유를 굴종과 맞바꿀 수밖에 없었던 이들 세대에게 주어진 마지막 대가는 패배주의 증후군뿐이다. 제3 공화국과 유신정권 아래에서 '우리는 할 수 있고, 하면 된다' 라는 이데올로기를 그토록 세뇌당했으면서도 우리의 의식 내부에서는 언제나 '우리는 안 돼', '뛰어 봤자 거기서 거기야.' 라는 절망감이 지배적이었던 것을 기억하고 있다. 80년 봄에 가졌던 민주주의의 꿈도 잠시뿐 우리는 또다시 군사독재 정권의 등장을 대세로 인정할 수밖에 없었고 그 대세 앞에 무력한 자기의 모습을 확인하면서 패배주의의 어두운 긴 그림자를 안을 수밖에 없었다. 그 후 광주항쟁을 시작으로 해서 절대 권력이 씌워 놓은 패배 의식의 족쇄를 끊어 버리려는 운동은 93년 3월 소위 문민정부의 출범에 이르러 절정에 다다른다.

그러나 불행하게도 문민정부라는 말이 가지는 허위성이 드러나는 데는 그리 오랜 시간이 걸리지 않았다. 우선 문민정부라는 말의 애매성과 작위적 성격부터가 문제였다. 문민정부란 무단적인 군인 통치와 구별하기 위해 문(文)의 가치를 숭상하는 민간인의 통치라는 것을 나타내기 위해 만들어진 일종의 조어이다. 이것이 설령 만들어진 말에 불과하더라도 좋다. 그러나 문제는 이런 문민정부에 걸맞는 통치 행위가 어떤 것이어야 하는지에 대해 진지하게 논의하지 않았으며, 그 정체성을 확보하는 일에 소홀했거나 아니면 애초부터 관심조차 없었다는 데 있다. 집권 초기에 보여 준 개혁의 의지와 몇 가지 실례들을 온 국민은 흥분하며 지켜보았다. 그러나 그 개혁의 바람은 단순한 상징성에 그치고 말았으며, 무엇인가 본질적으로 변화가 오기를 기대했던 국민은 또다시 깊은 절망감만 맛보았다. 만들어진 말의 장난에 속아 넘어갔으며, 본질적으로 과거의 군사정권과 달라진 것이 하나도 없다는 느낌을 가지게 된 사람들은 또다시 패배주의와 허무주의에 빠지게 되었다. 그러나 언론의 대세와 주류는 이런 현실을 드러내기보다는 은폐시키고 왜곡함으로써 다수의 국민에게 우리는 지금 변화하고 있으며, 그 변화의 방향은 옳다는 믿음을 갖게 만들고 있다. 그리고 그 변화의 중심축과 추진 주체 세력은 정부에 있으며, 이 정부는 그 역할을 다해 가고 있다는 점을 강변하고 있다. 이런 논리는 개인의 도전과 비판을 원천적으로 불가능하게 만들며 개인의 삶은 국가 전체의 생명 유지를 위한 소모품에 지나지 않는다는 허무주의적 자아의식을 확대시켰다. 그리고 이것은 세 번째로 지적하고자 하는 비뚤어진 의식 현상, 즉 정치적 자유를 자발적으로 포기하도록 만드는 일과 관련되어 있다.

2.3 정치적 자유의 상실

'정치적 자유의 상실'은 과거 공산주의 사회 또는 군사독재 체제에서나 가능했던 낡고 진부한 수사학적 진술이 아니다. 이미 지나간 과거에나 있었던 정치적 현상이 아니다. 오히려 고도로 발달된 산업 기술 사회에서 특징적으로 드러나는 부정적인 정치 현상을 지칭하는 개념이다. 강화된 관료주의 체제와 이에 동조하는 대중 언론 매체의 결탁은 상징적으로 민주주의 정치를 가능하게 만들면서도 교묘하게 '유연한 전제정치(soft despotism)'를 유지시킨다. 이런 과정에서 개인들은 자신의 정치적 자유를 자발적으로 또는 무의식적으로 국가권력에 양도하거나 상실하게 된다. 찰스 테일러의 설명에 따르면, 근대의 원자적 개인주의는 현대에 와서 '자기도취(narcissism)' 또는 자기 흡수적 개인주의로 변질되었다.[1] 이런 개인들은 정치적 참여에 대한 관심이 소극적이거나 무관심을 보일 뿐이다. 이렇게 된 데에는 두 가지 이유가 있다. 하나는 내부적 원인으로서 자기중심적 삶에다 가치를 두기 때문에 다른 사람과 사회 일반에 대해 관심을 가질 여유가 없기 때문이며, 다른 하나는 외부적 원인으로서 거대한 관료주의 국가체제 아래에서 자신의 위치가 얼마나 무력한가를 확인함으로써 시민으로서 행동해야 할 동기를 상실했기 때문이다.

국가의 조직 규모가 크거나 관료주의가 지배적인 나라에서 개인들은 자신의 운명과 관련된 중요한 결정을 스스로 내리기보다는 '큰형(big brother)' 이 대신하도록 내버려 둠으로써 스스로 정치적 소외를 가져오고 있다. 권력은 그 속성상 다수가 힘을 분유하는 것보다는 소수가 독점하는 것이 언제나 효율적이라는 점에 대중은 동의한다. 정치권력과 현대사회에서 언론이 행사하고 있는 힘도 역시 그 속성상 기득권을 가진 소수가 지속적으로 점유하려는 본능을 가지고 있다. 이를 위해 개인들에게는 단지 투표권의 행사라는 (상징적) 제도적 권리 행사에 만족하도록 유도하고 있으며, 집단적 거부권 행사에 대해서는 '집단이기주의' 라는 이름으로 매도하려는 경향이 강하다.

3. 세계화: 새로운 강자의 출현

앞에서 우리는 지금이 위기의 시대라는 사실을 인정했다. 그렇다면 그 위기는 어디에서 온 것일까? 90년대에 들어서면서 동유럽 공산주의 국가들의 몰락과 옛 소련의 와해는 미국이라는 강자에 맞설 도전 세력을 제거시켰고 적어도 사회주의의 이상은 실현될 수 없는 꿈이었다는 냉혹한 판단을 서슴없이 하게 만들었다. 실패로 그친 공산주의 혁명의 이념은 그대로 역사 속으로 소멸되어 버릴 것처럼 보이고, 미국이라는 강자가 내세우는 논리가 유일한 대안이라는 불길한 예감이 위기감을 더해 주고 있다. 그러나 미국을 비롯한 선진국들의 여러 종류 압력이 우리가 직면한 위기의 전부는 아니다. 오히려 힘의 논리를 가지고 요구해 오는 외부로부터의 압력에 대해 대응하는 우리의 방식에 더 큰 결함이 있고 여기에 위기의 핵심이 있다고 본다.

그렇다면 어떤 이유로 문제 해결 방식에 결함이 있다고 말하는가? 지금 우리 사회의 현실은 문제 해결 방식 자체에 대한 심각하고 진지한 논의는 생략한 채 이미 주어졌다고 믿는 해답—세계화와 무한 경쟁에서의 승리—을 이데올로기화하고 있다. '세계화'[2], '개방화', '경쟁력 강화'라는 말들은 이미 어떤 종류의 이야기에서도 등장하는 수식어가 되어 버렸다. 이런 말들이 담고 있는 함정과 위험에 대해서는 논의조차 하지 않은 채 이 정부가 등장하면서 언론을 통해 조성하고 있는 교조적 선전 구호를 그대로 수용하고 있다는 데 문제의 심각성은 놓여 있다. 정말 세계화와 경쟁력 강화의 논리는 우리가 선택할 수밖에 없는 유일한 대안이며 문제 해결의 바른길인가?

1979년 영국의 보수당 집권과 1981년 미국 공화당의 집권은 소위 신보수주의의 등장을 알리는 신호탄으로 평가된다. 2차 세계대전 이후 한국과 일본을 중심으로 한 아시아의 많은 국가도 이미 보수주의 정당이 통치하고 있으며 1980년대 중반 이후 유럽 대부분의 국가에서도 보수주의 계열의 정당이 집권하고 있다. 신보수주의적 노선의 정치, 경제 운용은 이제 세계적 추세로 보여진다. 신보수주의는 이념적으로는 자유 민주주의와 시장경제 체제의 확대를 지지하고 있으며,

구체적인 실천 방향으로는 국가 기간산업의 민영화를 통해 국가 재정 적자의 규모를 축소하는 쪽을 선택하고 있다. 소련의 와해와 동구 공산주의 국가의 몰락을 보면서 신보수주의자들은 자유 민주주의의 완전한 승리를 확신했으며, 시장경제 체제를 보다 확대하고자 하는 이들의 의도는 가트(G.A.T.T.) 체제 대신에 세계무역기구(W.T.O.)를 출범시켰다. (세계화와 개방화를 말하고 있는 이 정부의 보수주의적 성격은 세계적 추세인 신보수주의적 경향과 맥을 같이할 뿐만 아니라 서구 선진 자본주의 국가들의 논리에 종속될 위험을 안고 있다.)

또한 신보수주의자들이 선택한 실천 방식인 국가 기간산업의 민영화는 두 가지 전략적 효과를 기대하고 있다. 하나는 국가가 부담해 온 국가 산업의 재정 적자를 해소할 수 있다는 것이며, 다른 하나는 민영화를 통해 게으른 노동자들에게 경쟁력을 고취시킴으로써 노동 생산성을 높일 수 있다는 기대이다. 소위 고질적인 영국병을 고칠 수 있었던 묘책도 사실은 이런 경쟁을 통해 살아남아야 한다는 적자생존의 기본 원리를 산업 현장에 적용하는 데 있었다. 대부분의 유럽 국가들이 민영화 과정을 통해 어느 정도 누적된 국가 재정 적자의 규모를 축소하는 데는 성공했으나 그 성공의 대가로 그동안 유지해 온 사회복지정책이 질적으로 붕괴되는 것을 감수해야만 했다. 경쟁에서 패배한 낙오자들에게는 실업자로 남거나 마약과 범죄의 유혹에 노출되거나 신나치주의와 같은 극우주의자가 되는 길밖에 없었다.

자유의 확대와 평등 이념의 실현이라는 두 가지 상충되는 가치 가운데 평등의 가치를 부분적으로 희생함으로써 그동안 국가나 사회가 책임져 왔던 최소한의 생존에 필요한 욕구 충족의 의무(실업수당, 의료보장, 공공주택의 제공 등)를 개인의 차원으로 넘겨 버리게 되었다. (무한경쟁의 시대에 돌입했다고 말하면서 57개의 공기업을 민영화하겠다고 말하는 이 정부의 숨은 전략은 기업과 노동자들을 살벌한 경쟁의 전쟁터로 내몰려는 데 있다.)

이와 같은 신보수주의의 경제정책은 지금 우리 사회가 안고 있는 문제 해결의 방법으로 적절한가? 그리고 서양 선진국들이 요구하는 시장 개방화 원칙에 따르는 것이 한국 사회의 미래를 위한 적절한 대안인가? 제국주의 침략 이래 세계경제의 주도권을 쥐어 온 서구 선진국들이 동등한 경쟁을 명분으로 시장 개방을 요구하는 것은 액면 그대로 불가피한 현대적 추세라고 인정하고 우리도 그에 편승할 것인가?

지난 100여 년의 역사를 통해 서양의 강자들은 아시아나 아프리카 민족들의 생존을 보장해 주지 않았으며 걱정도 해 주지 않았다. 이것은 단순히 불신의 문제가 아니라 문명의 속성상 강자는 약자의 희생을 담보로 해서 그 생명력을 유지할 수 있다는 일반 원리일 뿐이다. 여전히 서양 선진국들은 세계경제의 주도권을 유지하려는 욕심을 버리지 않고 있으며 그것의 유지를 위해 새로운 전략들을 모색하고 있다. 세계무역기구의 창설, 유럽 통합, 북미자유무역협정, 우루과이라운드 등은 모두 선진 자본주의 국가들의 주도권 행사의 유지를 근본 목적으로 하고 있다고 보여진다. 이런 여러 전략은 모두 서양 중심적으로 세계를 경영하려는 강한 의도를 담고 있다. 그리고 개도국들의 급성장, 후진국들의 민족적 자각 등은 서양 선진국들에게 상당한 위협으로 인지되고 있으며, 이에 대한 두려움에서 자기방어적 전략들이 나오고 있다고 할 수 있다. 그리고 인류가 공유하고 있는 물질적 자원, 문명의 혜택, 기술의 기여 등을 후진국과 모두 분유하겠다는 각오가 없는 선진국들의 이기성과 기득권을 잃을지 모른다는 상실에 대한 두려움이 집단 방어 체계를 만들고 있다.

4. 세계화 파장의 두 영역

100여 년 전 서세동점(西勢東漸)이라는 국제적 환경에 직면한 중국과 일본은 중체서용(中體西用)과 동도서기론(東道西器論)으로 맞대응했다. 같은 시기에 대한제국은 쇄국이냐 아니면 개방이냐를 놓고 정치적 갈등을 겪기까지 했다. 이제 다시 한번 외부 세계는 우리에게 새로운 환경 변화에 적응할 것을 요구하고 있으며, 이에 우리 정부는 세계화라는 이름으로 대응하고 있다. 이 말이 본격적으로 사용된 시기는 이 정부가 U.R. 협상 과정에서 일차적으로는 농민들의 동의를 얻을 수 없었고, 이차적으로는 국민의 정서면에서도 인정받기 어려운 기초 농산물의 수입 개방을 허용하고 난 후부터이다. 기초 농산물 수입 개방의 불가피성을 설득하기 위한 방편으로 그리고 통치 철학의 빈곤을 채우기 위한 화두로 내세운 것이 세계화 논리였다. 그리고 그 내용도 단순했다. 먼저 우리는 지구촌 시대에 더 이상 고립될 수 없으며 보호무역주의를 지지할 수 없기 때문에 국제무역 질서에 편승해야 하고 또 당당히 경쟁해서 이겨야 살아남는다는 논지가 전부이다.

세계화라는 말을 사용하면서 우리는 다른 두 가지 종류의 세계화를 동일한 것으로 착각하는 잘못을 범하고 있다. 일반적으로 말해서 현대인은 누구나 국제적인 감각이나 시각을 가지고 살아야 한다는 주장의 정당성과, 철저하게 검토하지 않고 사용하고 있는 지금의 세계화 놀음의 정당성을 너무 쉽게 혼용하고 있다는 점이다. 앞 주장의 정당성에는 이론의 여지가 별로 없다. 정치가, 외교관, 기업 경영자, 수, 출입 업자 등에게는 요청되는 덕목이 틀림없다. 그러나 온 국민을 상대로 해서 이데올로기화하고 있는 반성 없는 세계화 놀음에 대해서는 몇 가지 문제점을 지적하지 않을 수 없다. 대중과 언론이 부추기는 세계화는 겨우 영어 조기교육의 열기만 들뜨게 만들었을 뿐 세계화 논리의 함정에 대해서는 아무도 말하고 있지 않다. 두 가지 영역으로 나누어서 검토되어야 한다. 하나는 정치, 경제 영역에서의 세계화 문제이며, 다른 하나는 문화, 예술, 교육의 영역에서의 세계화 문제이다.

4.1 경제적 세계화

정치 경제의 영역에서 세계화는 어제, 오늘의 이야기는 아니다. 이미 지난 세기 서구 선진국들의 제국주의 논리 자체가 세계화 이념을 그 근거로 삼고 있으며, 식민지 침략과 수탈을 정당화하기 위한 국민정신 운동의 일환으로 교육된 것이 세계화 이념이었다. 아시아와 아프리카를 경영하는 데 필요한 철학으로 영국이 이미 17세기에 중상주의와 자유방임주의를 표방한 것은 고전적인 세계화 전략이었다. 일본의 제국주의가 표방한 세계화 전략은 대동아 공영권의 건설과 아시아 민족들의 식민지화였다는 것은 역사가 말해 주고 있다.

오늘날 서구 선진 자본주의 국가들이 말하는 세계화의 진실은 무엇인가? 시장의 완전 개방과 자본의 세계화로 압축될 수 있다. 자본이 종래의 국가라는 장벽을 뛰어넘어 자유롭게 이동할 수 있는 여건을 만드는 것이 세계화의 가장 두드러진 특징으로 간주된다. 국적 없는 자본의 이동이 가능한 시장 상황을 만들자는 것이 선진 자본주의 국가들의 요구 사항인 것이다. 그리고 이런 요구를 할 만한 여건이 만들어진 것은 소위 계획경제나 통제경제를 그 근간으로 하는 사회주의 국가의 몰락과 일치한다. 이제 국가라는 장애물이 제거된 상황에서 자본의 세계화는 피할 수 없는 대세일 뿐이다. 그리고 이런 국제시장의 단일화를 주장하는 근거에는 국가 간 또는 산업 사이에 상호 의존적 관계가 성립할 수 있다는 전제가 놓여 있다. 그러나 이런 전제는 지나치게 낙관적인 기대에 불과할 뿐이다. 개도국이나 제3 세계 약소국들의 희망 사항에 지나지 않을 공산이 크다. 과거에 서구 선진 자본주의와 아시아와 아프리카 후진국 사이에 있었던 지배와 종속의 틀이 완전히 제거되지 않은 상태에서, 그리고 기술 지배의 우위성과 대규모의 자본력을 바탕으로 후진국들을 향한 공격적인 경제 운영을 선진국들이 포기하지 않는 상태에서, 그리고 서구의 자기중심적 세계관에 근본적인 변화가 없는 상태에서 동양과 서양, 남반구와 북반구, 농업과 공업, 고급 기술과 단순 노동 사이의 상호의존적 관계를 기대하는 것은 위험하다고 보여진다. 자본은 속성상 이윤 추구를 멈출 수 없으며 지배와 종속이라는 기본 틀에서 벗어날 수 없기 때문에 자본의 세계화는 새로운 형태의 지배와 종속 관계를 고착화할 위험을 내포하고 있다.

우리나라가 어느 부분에서 최고 수준의 기술을 축적하고 있으며, 자본의 경쟁력에서도 국제적인 규모를 갖추고 있음은 사실이다. 선진국들과 대등한 관계에서 자본시장에 참여할 수 있고 다국적 기업의 한 파트너로 세계 경영에 참여할 수 있다는 것도 인정한다. 그러나 선진국 주도의 자본시장 개방과 세계화 논리는 비록 우리가 그 대열에 편승할 수 있다고 하더라도 결국 우리보다 못한 후진국들의 희생을 강요하는 강자의 야수성을 드러낼 수밖에 없을 것이다. 그리고 언제나 강자의 대열에서 살아남을 수 있다는 보장이 없는 한 우리에게는 언제라도 더 큰 강자에 의해 희생을 강요당할 수 있다는 위협이 상존하고 있다. 서구 선진 자본주의 국가들이 세계 경영의 주도권을 놓지 않으려는 의도에서 출발한 세계화 놀음은 또 다른 형태의 제국주의 또는 패권주의의 다른 모습일 뿐이며, 강자의 편에서 보면 '착취할 수 있는 자유의 그럴듯한 정당화'이며, 약자의 시각에서 보면 '착취당할 자유의 확대' 일 뿐이다.

4.2 문화 예술 교육의 세계화

문화, 예술 그리고 교육의 분야에서 이야기되고 있는 세계화의 놀음은 더 위험하다. 왜냐하면 이들 분야가 세계화되어야 한다고 말하는 속뜻은 상품으로서 경쟁력을 갖추어야 한다는 것인데 그것이 엄청나게 위험스러운 사고방식을 내포하고 있기 때문이다. 세 가지 점에서 그 위험성이 지적될 수 있다. 첫째, 근본적으로 문화나 예술적 가치를 상품화할 수 있다고 보는 시각은 물신주의의 극단적인 표출이라고 볼 수 있다. 물신주의는 모든 정신적 가치를 계량화할 수 있고 그렇게 할 수 있는 한 동일한 기준으로 경쟁이 가능하다고 믿게 만든다. 그리고 이런 종류의 경쟁이 가능한 곳에서 자본의 힘은 경쟁력의 최고 무기가 될 것은 뻔한 이치이다. 물신주의는 또한 자본을 가지고 문화의 질이나 예술적 가치 그리고 교육의 내용까지도 통제, 조정할 수 있다는 믿음을 가지고 있다. 막대한 자본이 모든 종류의 시장을 점유, 석권하고 싶은 욕망을 가진 것은 의문의 여지가 없다. 그리고 최후로 자본이 공략하고 싶은 대상이 바로 정신적 가치의 영역일 것이다.

대세를 빌미로 그리고 세계화라는 구호 아래 문화나 예술, 교육을 상품화하고 시장경제의 교환 품목으로 간주하려는 사고방식은 낙관적이고 강자 편의의 '문화전파론'에 기초되어 있다. 문화나 예술 그리고 교육은 상호 교류를 통해 발전한다는 입장이다. 그러나 여기에 함정이 있음을 잊어서는 안 된다. 자본을 무기로 싸우는 문화의 전쟁터에서 약자가 강자에게 먹히는 것은 정한 이치인 것처럼 처음부터 상품화하고 계량화되고 자본을 바탕으로 생산된 문화 가치는 교류가 불가능하고 단지 일방적인 전달과 흡수에 그칠 가능성이 높다. 특히 우리처럼 오랫동안 전통문화로부터 단절되었거나 서양 문화, 특히 미국문화에 상당 부분 익숙해져 있는 상황에서 대등한 문화 교류는 불가능하다. 민족문화에 대한 자부심만으로는 이런 상품화된 외래문화들의 유혹을 극복하기가 어렵다고 본다.

둘째, 문화, 예술, 교육의 세계화 논리는 왜곡된 다양성을 조작할 위험이 있다. 흔히 문화 시장, 교육 시장의 개방을 이야기하는 사람들이 내세우는 논변 가운데 하나가 다양성의 추구이다. 다양한 문화와의 접촉과 향유는 민족문화의 발전에 도움이 되며, 국내의 교육 시장을 개방하면 열악한 교육 환경을 개선하는 데 자극제가 되며 또 교육의 수혜자들에게 보다 낫고 다양한 교육을 받을 수 있는 자유를 제공할 수 있다는 것이 이들의 주장이다. 이런 원론적인 주장은 설득력이 약할 뿐만 아니라 정신적 가치를 자본주의의 공략으로부터 사수하려는 최후의 마지노선을 스스로 포기하는 결과를 낳기 쉽다. 입지를 잃어가는 고급문화의 소외 현상을 더 이상 걱정할 필요는 없는가? 상업주의화된 예술의 경향을 비판하는 일이나 전통적 가치를 교육하기보다는 상품성이 뛰어나고 경쟁력이 있는 예술품을 만들고 새로운 국제 환경에 적응 잘하는 기능인을 길러 내는 일에 더 관심을 기울여야만 하는가?

정보산업의 발달, 통신 기술의 진보 그리고 다양한 지적 소프트웨어의 개발은 전 세계를 하나의 문화 시장으로 묶어 놓았다. 누구도 이런 사실을 부인하지 않는다. 그리고 동일한 수신 방식과 조작력으로 누구나 다양한 문화 상품을 기호에 따라 선택할 수 있게 되었다는 것도 인정한다. 그런 면에서 세계화의 논리를 펴면서 전면에 내세우는 다양성의 추구라는 목표는 성취 가능한 것으로 보인다. 그러나 그 다양한 문화 상품들이 제공되는 문화 산업의 통로는 막대한 자본력을 가진 선진 자본 국가들의 대기업 중심으로 그 통로가 제한될 수밖에 없다. 상품적 가치를 창출하기 위해서는 문화의 여러 특성을 여과하여 재구성하며 흥미와 쾌락을 끌어내기 위한 전략에 따라 문화나 예술적 가치의 고유성을 일그러뜨리는 일도 서슴지 않는다. 다시 한번 '얼굴 없고', '인격 없고', '국적 없는' 자본의 힘이 문화 전파의 주체자가 되어 버린다. '얼굴 없는 자본'은 문화와 예술 그리고 교육에서 자기 동일성(self-identity)의 추구를 무력화시켜 버린다. '인격 없는 자본'은 문화, 예술, 교육의 현장에서 도덕성의 추구를 희화화시켜 버린다. 더 이상 문화나 예술적 행위가 도덕적일 필요가 없게 만든다. '국적 없는 자본'은 문화나 예술 그리고 교육의 내용에서 역사성과 개별 민족의 고유성을 배제시켜 버린다. 이렇게 제한된 통로를 통해서만 제공된 문화 상품들과 교육 시장에서 우리는 양적인 다양성에도 불구하고 질 높고 진정한 의미에서의 다양함을 접촉할 수 없다.

셋째, 문화, 예술, 교육의 분야에서도 추진되어야 한다고 말하는 세계화 정책은 정부나 사회가 담당해야 할 공공 분야에 대한 책임을 방기하고 대신 문화, 예술, 교육이 사기업의 이윤 추구 수단으로 전락하는 것을 방치하는 위험을 초래한다. 이들 분야에서 세계화란 다름 아니라 시장경제 원리에 따라 경쟁력이 있는 것만 살아남고 그렇지 못한 것은 자연도태되도록 하겠다는 전략이다. 그리고 그 경쟁을 직접적으로 치러 내야 할 담당자는 개인이나 소규모의 집단 그리고 대기업이지 국가 기관이나 정부는 아니다. 이제까지 교육의 주도권을 쥐고 있었고 문화와 예술과 관련된 제도적 힘을 행사해 온 정부가 이 모든 권한과 책임을 포기한 근본적인 이유는 무엇인가? 우선은 미국의 문화 시장, 교육 시장 개방 압력에 굴복했기 때문이며, 다른 하나는 이제 국가나 정부가 문화, 예술, 교육의 분야에서 간섭할 시기는 지났다는 판단 때문으로 보인다. 그리고 무엇보다도 문화나 교육도 다른 것과 마찬가지로 시장의 원리에 맡기겠다는 이 정부의 세계화, 경쟁력 강화 정책에서 비롯된 것으로 판단된다. 기업의 제1 목표가 이윤추구에 있다면, 문화, 예술, 교육을 상품화해 내는 기업 역시 이윤 추구를 목표로 할 것이다. 그렇게 되면 상업주의 문화, 예술, 교육이라는 악화(惡貨)가 민족문화 고급 예술, 한국적 교육이라는 양화(良貨)를 밀어낼 것은 분명하다. 정말 이런 방식의 세계화가 정당한 것이며, 이런 분야에서의 경쟁력 강화라는 요구가 원론적으로 적절한 것인가?

국가나 사회가 공공 분야에 대한 투자를 결정할 때 그 효율성이나 공리성에 대한 고려는 기초적이다. 그렇다고 해서 모든 공공 분야에 이 원리가 적용되는 것은 아니다. 특히 문화, 예술, 교육 같은 정신적 가치를 유지하고 계승하는 일과 관련된 분야는 비효율적인 투자가 필요하며 다수의 이익만이 아니라 배제된 소수의 이익이 먼저 고려되어야 할 필요가 있으며, 경쟁에서 패배한 이들에게도 기회가 다시 주어지도록 배려해야 한다. 상품으로서의 가치가 없어 대중적으로 흥행하지는 않으나 예술성이 높고 독창성이 있는 연극이나 영화 작품에 대해 정부가 재정적으로 지원하는 것은 지극히 반시장경제적이지만 강한 도덕적 의무감에서 나오는 행위일 것이다.

5. 위험한 경쟁력 강화 이데올로기

세계화와 더불어 우리 사회를 이념화하는 또 하나의 담론 체계는 '경쟁력 강화'라는 이데올로기이다. 세계화 담론이 비교적 최근의 산물이라면 경쟁력 강화의 논리는 적어도 한국인들에게는 이미 오래전부터 익숙해 있던 삶의 태도였다. 우리만큼 경쟁이 심한 사회가 없다는 것은 누구나 동의할 것이다. 제3공화국 이후 국가의 모든 정책이 국민을 경쟁의 전쟁터로 내모는 데에 집중되었기 때문이었다. 정부는 조상으로부터 물려받은 가난을 극복하기 위해서, 생산성을 높이기 위해서 경쟁을 부추겼고, 사회제도가 아직 확립되지 않은 상황에서 개인들은 필요 이상의 부를 축적할 수 있다는 유혹 때문에 수단과 방법을 가리지 않고 경쟁에 뛰어들었으며, 거기서 승리하는 것만이 목표로 주어졌었다. 다른 사람을 언제나 경쟁의 상대로 보게 만들었고, 그 타자의 제거가 곧 나의 승리라는 믿음이 일반적인 삶의 태도가 되어버렸다. 이런 한국인들에게 경쟁력의 강화는 굳이 새로운 것이 아니며 아무런 저항감 없이 받아들여지고 있다. 오히려 지루한 삶의 전쟁터에서 느슨해진 전투 의식을 더욱 강화하는 데 기여하고 있다. 달라진 것이 있다면, 과거보다 경쟁력을 강화해야 할 주체자들과 대상들이 확대되었다는 점일 것이다. 즉 개인, 기업, 국가가 모두 경쟁력을 갖춘 주체들이어야 하고, 기술, 산업, 상품, 노동의 질뿐만 아니라 문화, 예술, 교육 등 전 분야가 경쟁력을 강화해야 할 대상들이 되었다는 점이다.

여기서 문제 삼고자 하는 것은 기업이나 국가가 산업이나 기술, 상품의 분야에서 경쟁력을 갖추어야 한다는 주장들에 대해서가 아니다. 경쟁의 불가피성을 원천적으로 부정하는 것도 아니다. 문제는 기업이나 기술의 영역에서 통하는 경쟁의 논리를 모든 분야로 확대 재생산하고 있는 그 이데올로기에 있다. 그동안 얼마나 많은 사람이 이런 무모한 경쟁에서 상처를 입었으며, 그것이 얼마나 많은 후유증과 부정적 기능을 가지고 있는가에 대해 이야기해 왔던가. 그럼에도 불구하고 왜 우리는 아직도 그 시행착오로부터 아무런 교훈도 얻지 못하고 있으며 경쟁을 개인적 삶의 존재 방식으로 여전히 신뢰하고 있는가? 이것이 대세이고 주류이기 때문에 경쟁을 거부하는 것 자체가 경쟁에서 패배를 의미하기 때문인가? 아니면 경쟁에서 진 패자의 고통보다는 승자에게 주어지는 환희와 물질적 보상이 더 매력적이기 때문인가?

경쟁력 강화라는 담론이 은폐하고 있는 비도덕성을 지적하는 일은 최소한 이 시대를 지배하는 왜곡된 허위의식으로부터 벗어나 다른 대안을 모색하는 첫걸음이 될 것이다. '무한 경쟁 시대', '경쟁력 강화'라는 현실 인식이 개인의 생존 방식으로 강요되었을 때 발생하는 세 가지 도덕적 결함은 다음과 같다. 첫째 무한 경쟁 또는 경쟁력 강화의 논리는 최소한의 생존이나 타자와 함께 공존하겠다는 방책이 아니라 '죽기 살기 경쟁'이며 강자가 약자 위에 군림하겠다는 이기심과 탐욕을 그 바탕에 감추고 있는 전술이다. 경쟁하는 개인은 자기 보호를 위해 힘을 길러야 하고 수없이 많은 가상의 적들과 끊임없이 전투할 준비를 하고 있어야 한다. 홉스는 이미 이런 경쟁적 개인들이 존재하는 사태를 '자연 상태'라 불렀고, '만인에 대한 만인의 투쟁 상태'가 발생하는 제1 원인을 '경쟁(competition)'이라 지적하고 있다. 그리고 이 경쟁은 (물질적) 소유를 위해 사람들을 공격적으로 만들며, 다른 사람을 지배하기 위해 폭력을 사용한다고 설명하고 있다. 굳이 구체적인 국가를 적시할 필요도 없이 경쟁이 심한 현대의 시장경제 체제를 자본의 힘과 제도적 폭력이 지배하는 사회로 규정하는 데 주저하지 않는 것이 이를 증명해 준다. 사적 이윤 추구와 무한에 가까운 욕구 충족이 가능하다는 자본주의 체제를 포기하지 않는 대신에 우리는 늘 경쟁의 긴장감과 패자가 될지도 모른다는 위기감을 감내해야만 한다. 개인을 경쟁의 도구로 만드는 이 시대의 왜곡된 담론들은 철학적 비판을 통해 여과될 필요가 있다.

둘째, 경쟁이라는 결정 방식 자체에 결함이 있다. 즉 경쟁은 불공정하기 쉽다는 점에서 비도덕적이다. 처음부터 경쟁은 공정한 게임이 되기 어려운 경우가 많다. 왜냐하면 공정한 경쟁을 위한 게임의 규칙이란 존재하기 어려우며, 설령 그런 것이 있다고 하더라도 대부분 강자의 이익을 반영하는 경우가 많으며 그것마저 지켜지기가 어렵기 때문이다. 그것은 경쟁의 규칙을 지켜야 하는 개인들이 윤리적으로 허약하기 때문만은 아니다. 강자가 규칙을 어겼을 때 제재하기 어렵다는 현실적 제약 때문이기도 하다. 또 개인의 차원에서 이루어지는 경쟁의 경우 그 게임의 규칙은 경쟁자 개인들의 차이점과 개별성을 대부분 무시한다는 점에서 비도덕적이라 비판될 수 있다. 순위를 매기기 위한 모든 종류의 시험이 개인들의 독특함과 차이점을 간과하고 있는 것은 이 제도의 극복하기 어려운 한계임은 말할 나위도 없다. 기업이나 국가의 차원에서 이루어지는 경쟁의 경우도 마찬가지로 공정하지 못하다는 점에서 비도덕적이다. 세계화와 관련해서 누가 먼저 경쟁하자고 제안을 했는가를 보라. 무한 경쟁의 시대로 돌입했다거나 경쟁력을 강화해야 한다고 말하는 것도 모두 외부로부터의 도전이 있던 후가 아닌가. 싸움을 누가 먼저 걸어왔는가를 보면 경쟁의 논리가 결코 약자의 웅변이 아니라 강자의 요구 사항이라는 것은 자명해진다. 세계무역 질서를 재편하여 공정한 경쟁을 하자는 U.R. 협정이나 세계무역기구의 창설에 약소국들의 의견이 거의 반영되지 않았다는 것을 보면 이것들이 결국은 강자의 이익 보호에 더 기울어져 있다는 불공정성을 확인할 수 있을 것이다.

셋째, 현실은 무한 경쟁의 시대이며 경쟁력이 강한 자만이 살아남는다는 냉혹한 적자생존의 법칙은 평등한 분배의 원칙 또는 분배적 정의 실현의 당위성을 희석시킬 위험이 있다는 점에서 도덕적 결함을 가진다. 이는 한 국가가 경제정책의 기본 방향을 설정할 때 성장과 분배 어느 쪽에 더 비중을 둘 것인가 하는 문제와 동일선상에 있다. 성장 우선론자들은 비록 경쟁이 불평등한 사회를 일시적으로 초래하더라도 성장을 위해서는 경쟁의 논리에 의존하는 것이 최선의 선택이라고 주장할 것이며, 분배론자들은 이상적이지만 경쟁에서의 승, 패를 떠나 누구라도 최소한의 인간다운 삶을 살 수 있는 권리가 있는 한 국가, 사회는 이를 보장해 주어야 한다고 말할 것이다. 우리처럼 후진국에서 개도국으로 그리고 중진국으로 이행하는 사회일수록 '선 성장, 후 분배' 라는 정책이 훨씬 설득력이 있어 보인다. 우리 자신의 세대보다는 다음 세대를 위해 고통을 참아야 하고 더 많은 분배를 위해 자신의 몫 챙기기를 유보해야 한다는 논리에 설득당해 왔다. 그리고 성장 우선론에는 언제나 경쟁심을 부추기고 그 경쟁에서 승리하는 것이 최선의 가치라는 목적론적 태도가 지배적이다. 경쟁에서 승리한 자들만의 정의가 아니라 패배한 다수들을 위해서도 평등한 분배 원칙은 지켜져야 한다고 본다. 그럴 때라야 자연스러운 사회 통합의 구심점이 생기게 된다. 경쟁력 강화를 통해서는 결코 건강한 사회 통합이 이루어지지 않는다는 것을 우리는 지난 30여 년의 시행착오를 통해 배웠어야만 했다. 국가나 정부가 안고 있는 정의 실현의 의무는 그 어떤 것에 의해서도 희석될 수 없는 당위적 가치이다.

경쟁자인 이웃들에게 패배감을 안겨 주고 상처를 입히며 지탱해 온 지난 30여 년의 경쟁 시대로 부족하다면 언제까지 더 인내하고 기다려야 하는가. 경쟁 시대를 거치며 입은 가장 큰 상처 가운데 하나는 사회 구성원들을 원자적 개인들로 분해했으며, 승자에게 보이는 찬사와 패자에게 보내는 비난 사이에 엄청난 차이가 있다는 것을 보여 줌으로써 승, 패에 너무 집착하도록 만들었다는 데 있다. 이런 태도의 경쟁에서는 승자와 패자를 엄격하게 갈라놓으며, 승자가 모든 것을 취할 수 있는(Winner takes it all) 권리를 인정하게 한다. 패자에 대한 관심과 고려가 없는 경쟁은 비도덕적이다. "다른 사람을 위하여 공유물로서 충분하게 그리고 여전히 풍부하게 남겨져 있어야 한다."는 로크의 단서 조항(Lockean Proviso)이 우리 사회의 경쟁을 규제하는 원리로 받아들여질 수는 없을까?

교육의 현장은 경쟁을 가르치는 실험실이 아니다. 친구와의 경쟁에서 이기는 법과 도구를 가르치는 곳도 아니다. 영재교육을 위해 다수의 상식인이 희생되어야 하는 것도 바른 교육목표가 아니다. 학문적 수월성을 추구하는 것만이 교육의 목적은 아니다. 학교는 개인들에게 자기를 발견하고 실현할 수 있는 여러 가지 가능한 대안들을 제공하는 곳이다.

교육의 세계화는 강자의 논리를 배우고 따르는 것이 아니라 약자를 이해하는 데 있다. 한국에 들어와 있는 많은 아시아 노동자들을 몇 년 전의 우리의 자화상으로 보아야 하고 그들을 인격적으로 대우하도록 가르쳐야 한다. 베트남에서 저지른 우리의 잘못을 시인하고 이제라도 그 책임을 질 줄 아는 것이 세계화된 민족이 취할 태도가 아닌가. 베트남에 진출한 우리의 기업들이 경제적인 점령군의 태도를 보이지 않는 것이 진정한 세계화가 아닌가. 교육의 세계화는 다른 사람, 다른 민족과 더불어 공존할 수 있는 기술을 가르치는 것이다.

부당하거나 불공정한 경쟁은 승자나 패자 모두에게 상실에 대한 두려움을 안겨 주며 이런 두려움과 공포는 상대방에게 불관용하게 만드는 강한 경향을 보인다. 만약 교육 프로그램을 통해 이런 공포와 두려움의 감정을 완화시키거나 제거하려고 한다면 일차적으로 교육의 현장에서 불필요한 경쟁을 감소시켜야만 한다. 그리고 개인이나 집단 사이에는 차이성(difference)이 필수적인 요소로 존재하며, 이 점이 오히려 교육을 통해 강조될 필요가 있다. 그리고 기업의 생존 방식과 교육 현장에서의 생존 방식이 결코 동일하지 않다는 것도 지적되어야 한다.

또 열광주의의 위험성을 지적하는 일은 세계화와 경쟁력 강화 이데올로기의 상징 조작성을 극복하는 첫걸음이다. 열광주의는 옳고 그름, 선과 악, 그리고 참과 거짓의 구분이 분명하게 그어질 수 있다고 믿는 경직된 이분법적 사고에 빠지기 쉽다. 그리고 예외자의 도전을 위험한 것으로 간주한다. 국가에 의해 조작된 교육은 때때로 국민을 열광주의자로 만들고 예외자를 공동의 적으로 간주하도록 유도한다. 그리고 이들이 보이는 공통적 태도 가운데 하나는 자기와 다른 것에 대해 배타적이고 불관용적이라는 점이다. 대부분 이들이 보이는 배타성과 불관용성은 자기 충족적 확신에 근거할 뿐만 아니라 배제하고 불관용하는 것에 대한 무지에서 비롯된다. 문제가 무엇인지를 정확하게 인식하거나 무엇이 사실인지를 보다 명확하게 판단하려는 능력이 결여되어 있는 경우에 그 불관용성과 배타성은 강화된다. 따라서 이와 같은 맹목적 열광주의를 공략하는 가장 적절한 무기는 이들에게 정확한 정보와 지식 그리고 객관적 사태 인지의 능력을 제공해 주는 길이다. 세계화와 경쟁의 논리에 대한 허구성을 드러내려는 이 글의 시도도 바로 여기에 있었다.

"자유주의는 강한 다수가 하는 대로 생각하거나 느끼지 않는 방식으로 살 수 있는 사람들을 위한 규칙이다. … 자유주의는 적과의 공존, 더욱이 약한 적과의 공존을 공유하겠다는 결정을 선언한다."

—Jose Ortega y Gasset

회고와 재검토

"우리 디나가 여기에 있었으면 좋았을 걸. 그러면 생쥐를 재빨리 잡아 올 텐데." "그런데 디나가 누구지? 하고 잉꼬가 물었다. (중략) 디나는 우리 고양이야. 쥐를 정말 잘 잡아. 너도 디나가 새를 잡는 걸 봐야 하는데. 새를 보면 순식간에 잡아먹는다니까. (중략) 이 이야기에 모여 있던 동물들은 혼비백산했다." — 『이상한 나라의 엘리스』 중에서

1. Risk game과 세계지도

내가 리스크(Risk)라는 이름의 게임을 처음 접한 때는 1981년 영국 유학 시절의 겨울이었다. 대륙 게임(continental game), 세계 지배 게임(game of global domination)이라는 이름으로 불리기도 하는 이 게임은 여러 명이 주사위와 군대를 표시하는 여러 장의 카드를 가지고 할 수 있는 보드게임이었다. 전 세계 6대 주의 지리적 영토를 42개의 영역(territories)으로 나누어 게임을 통해 영역을 확보해 나가며

상대방을 제거하는 게임이다. 군대 운영 전략이 필요하고 동맹을 맺어 적군을 제압하는 외교적인 전략도 동원되는 복잡하고 시간도 많이 소모되는 게임이다. 이 게임을 처음 접하는 순간 제국주의 국가들의 땅따먹기 게임이라는 인상이 강렬했다. 전 세계를 상대로 영토를 확장하고 식민지를 건설하던 영국 제국주의의 그림자가 큰 보드판 위에서 아른거렸다. 세계지도를 펼쳐 놓고 이런 게임을 하면서 영국의 어린이들이 세계적인 안목을 키우고 세계 경영의 꿈을 키웠을 것이라 믿는 것은 순진한 생각이다. 군대를 보내고, 철수하고 동맹을 맺고 전쟁을 통해서 최대한의 영토 확장을 목표로 하는 이 게임은 말 그대로 전쟁놀이(war game)이다.

나는 세계지도를 벽에 걸어 놓고 들여다보는 취미를 가진 적이 있다. 각 나라의 수도 이름을 많이 외우는 것은 어릴 적 친구들 사이에서 경쟁력을 갖는 일이기도 했다. 몇몇 강대국의 수도 이름은 누구나 알고 있지만 아프리카나 아시아 작은 나라들의 수도 이름을 기억하는 일은 흔치 않았다. 나의 연구실에도 세계지도는 늘 걸려 있었다. 학생들에게는 세계지도를 보며 서양철학사가 어디에서 출발해서 어디로 발전해 갔는지를 설명했다. 나는 철학사에 등장하는 철학자들이 살았던 나라들과 그들 문화의 지정학적 영향 등에 관해 설명해 주었다. 해외여행이 자유롭지 못하던 시절에는 세계여행의 꿈도 그 지도 위에다 꽃처럼 피워 보았다. 홉스의 자서전에 따르면 그는 옥스퍼드대학 시절 지루한 학교 수업에 흥미를 갖기보다는 책방에 가서 천체 지도와 세계지도를 보는 일에 마음을 빼앗겼다고 한다. 홉스와 내가 지도 보는 일에 관심을 같이 가졌다는 것은 우연의 일치일 뿐이다. 홉스가 어떤 마음으로 세계지도를 보았는지 알 수는 없으나 적어도 유럽의 지도를 보며 당대의 과학자들이 살고 있던 이탈리아나 프랑스, 독일 등을 방문하는 꿈을 꾸었을지도 모른다. 자기가 가르치던 귀족 가문의 제자와 함께 한 세 차례의 그랜드 투어(grand tour)는 홉스 자신에게도 세상의 견문을 넓히고 다른 나라의 지식인들과 교류하는 일을 가능하게 해 주었다. 내가 세계지도를 보면서 가졌던 생각은 이러했다. 비록 공간적으로는 서로 멀리 떨어져 있지만 철학적 사유는 전 세계의 철학자들과 책을 통해 교류하고 있다는 생각이었다. 나에게 세계지도는 상상 속에서 세계 철학자들과의 만남을 가능하게 해 주는 장소였고, 그들이 살았거나 살고 있는 땅의 모습이었다.

전쟁터로 변한 Risk 게임에서의 세계지도와 내가 바라본 세계지도는 비슷한 모양이나 하늘과 땅만큼의 질적인 차이가 있다. 정복과 지배의 대상으로 보는 세계지도와 철학적 사유의 공유를 위한 교류의 공간으로 보는 지도는 너무도 다를 수밖에 없다. 세계화(globalization)가 지향하는 세계지도의 모습은 홉스와 내가 기대하던 세계 모습은 아니다. 오히려 리스크 게임처럼 이웃 영토를 침공하고 지배권을 최대한 확장하던 그런 세계 모습에 더 가까울 것이다. 19세기의 제국주의가 군대와 무기를 통해 영토를 확장했다면 20세기 후반 미국과 서유럽 그리고 21세기 중국의 세계화 전략은 자본과 기술을 무기로 지배 영토를 확장해 나가려고 한다. 덩샤오핑(鄧小平)은 개혁 개방정책을 추진하며 이념에 발목을 잡히지 않기 위해 흑묘백묘론(黑猫白描論)을 말했다. 흰 고양이거나 검은 고양이거나 쥐만 잘 잡으면 좋은 고양이라는 말이다. 많은 시간이 지난 지금 중국은 이제 일대일로론(一帶一路論)이라는 이름으로 대체하고 있다. 흑묘백묘론이나 일대일로론이나 강대국들의 세계화 전략은 모두 이름과 형태는 다르나 그 속내는 거의 같다 할 수 있다. 미국과 중국은 여전히 덩치 큰 고양이고 세계는 그 고양이 목에 방울을 달려고 애를 쓰고 있는 모습이다.

2. 1993년에서 1995년

쥐를 잘 잡고 새도 잡는 고양이는 이런 동물에게는 위협적인 존재이다. 아무도 고양이 목에 위험 신호를 알리는 방울을 달 수 없었다. 국제정치의 세계에서 고양이는 미국, 중국, 러시아, 서유럽의 나라들일 수 있다. 국제정치와 세계경제를 지배하는 이들의 요구에 '아니오!'라고 말할 수 있는 작은 나라는 없다. 「세계화에 얽힌 문제들과 그에 대한 철학적 반성」이란 제목의 글은 1993년에서 1995년 사이의 한국 사회를 바라보며 쓴 글이다. 1993년 2월 나는 새로 출범하는 문민정부를 걱정하면서 영국 에든버러대학 철학과에 연구교수(Research Fellow)로 연구년을 떠났다. 이런 연구년의 기회를 얻는다는 것은 대학교수라는 직업에서 누릴 수 있는 가장 큰 호사였다. 군사독재가 종식되었다는 기쁨보다는 (3당 합당으로) 독재정권과 뿌리를 같이하는 보수적인 우파 정권이 집권했다는 불안과 걱정이 더 컸다.

그 후 1년에 걸친 체류 기간에 나는 매일 B.B.C.의 뉴스 보도를 통해 W.T.O. 체제의 출범을 준비하는 각 나라 대표들의 논의 과정을 지켜볼 수 있었다. 국내에 있었으면 결코 경험하지 못했을 세계사적 전환의 분위기를 가까이서 확인할 수 있었다. 미국과 유럽의 강자들은 아시아와 아프리카 그리고 남아메리카 약소국들의 대표들에게 새 체제와 시장 개방이 결국 이들 약소국이나 개발도상국에도 도움이 된다는 설득을 했지만 그들의 확신할 수 없는 모습이 뉴스 화면을 통해서도 전달되었다. 이 글을 쓰게 만든 원동력은 당시 강대국들의 세계화 전략이 우리의 삶에 미칠 파장과 영향력에 대한 현실적인 두려움이었다. 막연한 두려움이 아니라 더 넓은 영역에서의 시장 개방을 요구받고 있는 상황에서 기업, 산업, 농축수산업계에 닥칠 위험에 대한 구체적 공포였다. 그러나 에든버러 James Thin 서점에서 만난 찰스 테일러(Charles Taylor)의 『진정성의 윤리(The Ethics of Authenticity)』라는 책은 그 두려움을 극복하는 데 필요했던 통찰력과 현대사회의 질병들을 이해하는 데 필요한 도움을 제공했다.

지금이 2024년 4월이니 거의 30년 전에 쓴 세계화에 관한 글과 생각을 다시 소환해서 회고하며 검토해 보고자 한다. 그때는 맞고 지금은 틀린 것도 있으며, 그때는 틀리고 지금은 맞는 것도 있을 것이기 때문이다. 글과 생각은 이렇게 시간과 공간에 따라 달라질 수밖에 없지 않은가. 틀릴 수 있는 이야기를 주저하지 않고 말할 수 있는 것은 만용에 가깝지만, 틀린 것에 대해 인정하고 수정할 수 있는 것은 학자적 용기이다. 신자유주의와 세계화라는 거인 앞에서 비판의 글을 쓰는 내 모습은 당랑거철(螳螂拒轍)과도 같은 형세라고 할 수 있다. 사마귀가 거대한 마차 앞에서 무모한 도발을 하는 것처럼, 세계화라고 하는 거대한 파도 앞에서 백면서생의 좁은 소견으로 사회, 정치, 경제 현상들이 복잡하게 얽혀 있는 세계화 담론을 분석하고 평가하며 '안 돼! 위험해!' 라고 말을 하는 것은 지나친 만용이다. 그러나 이 글을 쓰는 데 만용과 객기만 필요했던 것은 아니다. 이 글을 쓸 당시에 내가 고양이 목에 방울을 달아 세계화의 위험성에 대해 경고하겠다는 용기도 필요했다.

1994년 1월 말 영국에서 귀국했을 때 내 눈에 비친 정부는 머리가 없고 힘만 센 새로운 강자처럼 보였다. 그리고 미국이라는 더 힘이 센 강자로부터 시장 개방 압력을 받고 있었다. 토크빌의 말처럼 '부드러운 독재(soft despotism)' 는 현실이 되어 있었고, 날카로운 토론과 논쟁의 힘은 잃고 있었고, 언론과 권력의 유착 관계는 위험을 경고하는 고양이 목에 방울이 필요하다는 것조차 느끼지 못하게 만들었다. 이런 사회적 분위기를 민감하게 느끼는 사람이라면 다가올 위기에 대한 경고등이 이미 켜졌다는 사실을 눈치챌 수 있었다. 그러나 그 위기가 그렇게 빨리 닥쳐올 것으로 예상하지 못했다. 이 글이 발표된 후 2년이 되지 않아 국가는 부도 사태를 맞이하게 되었다. 우리는 너무 많은 수업료를 지불하면서 세계화와 신자유주의 시장경제 체제에 적응할 수 있는 역량을 키워야 했다. 당시 서민들이 감내해 낸 고통을 글로 표현하며 회고하는 일조차 미안하고 가슴 아플 뿐이다. 1993년부터 1995년까지 내가 목격한 한국 정부의 무력함을 보면서 느꼈던 불안감과 이 글을 통해 말하고자 했던 세계화의 위기의식은 세 종류였다. 야만의 얼굴을 한 세계화, 공정하지 못한 경쟁력 강화의 논리, 그리고 비판력을 상실한 일차원적 개인주의 성향이었다.

3. 세계화 놀음(게임)이 초래한 세 가지 위기

3.1 신자유주의의 위협

세계화는 거스를 수 없는 대세였다. 1980년대부터 미국과 영국을 중심으로 신자유주의 운동은 보수주의자들이 주도하고, 작은 정부를 지향하고, 시장에서의 자유로운 경쟁을 지지하고, 국가 기간산업의 민영화를 통해 정부의 재정 적자를 줄이려는 일련의 세계사적 흐름이었다. 이런 신자유주의와 세계화는 화학적 융합이 잘 이루어지고 시너지 효과를 내는 이념 공동체 같았다. 국제무역 질서를 재편하려는 서방 선진국들은 1995년 1월 G.A.T.T. 체제를 W.T.O. 체제로 변경했고, 우리나라도 3월에 모든 분야에서의 개방 정책을 표방하며 '세계화' 를 지지하였다. 그리고 공식어를 영어로 표기할 때 우리말의 세계화를 'segyewha' 로 하기로 공식 발표까지 했다. 이런 난센스는 그리 오래 가지 않았고, globalization을 공식 용어로 사용하며 모든 분야에서 들불처럼 일어나는 세계사의 흐름에 편승하지 않을 수 없었다.

내가 이해했던 당시의 세계화는 직접적인 표현을 하지 않았으나 악마와 손잡은 모습이었고 솔직히 무서웠다. 나는 '세계화 놀음' 이라는 표현을 사용했다. 세계화는 국가 간에 벌이는 일종의 게임과도 같다는 생각에서 그런 이름을 붙인 것이다. 대부분 게임에서는 승자와 패자가 결정되기 마련이다. 세계화라는 국제적인 게임에는 이런 승자와 패자가 더 선명하게 드러난다. 이런 큰 게임에서 대세에 휩쓸린 약자 또는 패배자들의 고통이 너무도 분명해 보였기 때문에 두려웠다. 공정한 경쟁을 보장하겠다는 미끼로 시장, 특히 자본시장의 개방을 요구하는 강대국들의 유혹은 마치 우리도 선진국에 편입할 준비가 되어 있다는 착시 현상을 일으켰다. 그리고 1996년 12월에 우리나라도 O.E.C.D.에 가입하였다. 그 후 1년도 채 되지 않아 우리나라는 I.M.F.로부터 구제금융 지원을 받으며 국가 부도의 위기를 넘겼다. 그러나 그 대가로 경제적 주권의 상실과 혹독한 굴종의 길로 들어서게 된다. 이런 일련의 과정에 얽혀 있는 복잡다단한 국내외의 정치 역학 관계를 언급하는 것은 무모한 일이다. 다만 이미 1993년 문민정부의 출범부터 위기를 경고하는 목소리는 있었으며, 나의 이 글 역시 그런 절박함에서 나온 것이었다. 내가 경제학이나 사회학적 지식을 갖고 있지 않았으나 영국 유학 중이던 1980년 상반기 동안 마가렛 대처 영국 총리가 신자유주의 정책을 추진하는 과정에서 불거진 영국 사회의 갈등과 충격을 현장에서 보았다. 그리고 연구년 기간에 체험한 W.T.O. 체제의 출범 과정을 보면서 일련의 신자유주의와 세계화 전략에 대한 감각적인 위기감은 그 어떤 이론적 정당화보다 더 강렬했다.

세계화로 가는 과정에서 우리나라는 과도한 수업료를 지불해야만 했고, 강자의 논리가 통하는 국제 질서의 냉혹한 현실을 교훈으로 얻었다. 내가 여기서 과도한 수업료라고 말하는 이유는 1997년 12월에 시작된 소위 I.M.F. 사태라고 말하는 금융 위기가 미국 재무부와 I.M.F.의 한국 경제체제에 대한 과도한 간섭에서 비롯된 부분이 상당하기 때문이다. 1997년 당시에도 국민 사이에서는 금융 위기가 한국에 대한 미국과 I.M.F.의 길들이기라는 해석이 있었다. 1999년 1월 스위스 다보스에서 열린 세계경제포럼(WEF)에서도 I.M.F.가 주도하는 세계화의 부작용에 대한 비판이 제기되었다. 야만의 얼굴을 한 세계화는 한국을 비롯한 아시아 국가에 큰 희생을 강요하였다. 1999년에 노암 촘스키의 책 『그들에게 국민은 없다』가 번역 출판되었는데 이 책의 원제목은 "profit over people"이다. 국민보다는 이익을 우선하는 그들에게 국민은 안중에도 없었다. 이 책에서 촘스키는 W.T.O.를 '미국의 가치를 수출하는 첨병(Exportation of American Value)'이라고 했다. 미국의 기준(American Standard)이 곧 세계의 기준이 될 것을 요구하는 강자의 논리 앞에서 약소국들은 무력했다.

2008년 조셉 스티글리츠(Joseph Stiglitz)의 『인간의 얼굴을 한 세계화』(2006)라는 책이 번역되었을 때, 우리는 소위 워싱턴 컨센서스(Washington Consensus)를 주도했던 I.M.F.와 세계은행, 그리고 미국 재무부의 무책임한 계획이 금융 위기 사태의 배후에 있었다는 사실을 더 명확히 알게 되었다. 1990년대 중반에 내가 가졌던 강대국 중심의 세계화 전략에 대한 부정적 견해는 이제 돌이켜 보면 '절반은 맞고 절반은 틀렸다'라는 평가를 하지 않을 수 없다. 세계화 전략을 통해 우리는 장기적으로 혜택을 입은 나라 중의 하나가 되었다. 이 점은 세계화에 대해 비관적이었던 내 생각이 틀렸다. 그러나 1997년의 금융 위기를 겪으며 소시민들의 삶이 피폐해지고 고통을 겪었다는 사실과 특정 기업과 정부 그리고 금융 감독 기관의 부적절한 권리 행사가 만들어 낸 론스타 사태로 대변되는 금융시장의 혼란은 '누가 고양이 목에 방울을 달 것인가?' 하는 다가올 위기를 경고하는 위의 내 글이 절반은 맞았다는 것을 증명해 준다.

3.2 승자 독식의 논리

두 번째 위기감은 공정하지 못한 경쟁력 강화의 논리였다. 자본주의 시장경제 체제와 경쟁사회에서 살아가는 현대인들에게 경쟁력 강화라는 말 자체는 거부감이 큰 개념은 아니다. 적자생존의 진화 법칙도 경쟁력 강화의 논리와 표현만 다를 뿐 그 내용은 같다. 나는 이 글을 쓸 1994-5년 당시 문화, 예술 그리고 교육의 분야에서 추진되고 있는 경쟁력 강화의 논리가 위험하다고 생각했다. 그 이유는 기업, 기술 산업, 무역 등 경제, 경영 분야에서 요구되는 경쟁력 강화의 논리가 적어도 이 세 분야에서만은 적용하기 어렵거나 요구해서는 안 되는 것으로 생각했기 때문이다. 거대 자본의 힘이 문화나 예술, 그리고 교육의 세계를 지배할 때 거기에는 공정한 경쟁이 불가능하다고 생각했다. 경쟁력의 강약을 계량화하기 어려운 이 세 분야는 공정한 경쟁을 한다는 것이 어렵다고 생각했다. 따라서 이들 세 분야에서 약자를 위한 보호 장치가 필요하다고 생각했다. 예를 들면 영화 산업의 경우 1990년대 당시의 자본과 기술에서 한국 영화는 미국 영화와 경쟁할 수 없는 상황이었다. 스크린쿼터제는 이 불균형을 막기 위한 최후의 보루처럼 인식되었다. 1995년 한국 헌법재판소는 이 스크린쿼터제도의 합헌성을 인정하는 판결을 내렸다. 이것이 문화, 예술의 개방에 대한 당시의 일반적인 정서였다. 그러나 30년이 지난 지금 영화, 음악 등 다양한 문화, 예술의 영역에서 세계화와 경쟁력 강화의 논리는 나의 예상과는 달리 한류(Korean Wave)라는 새로운 흐름을 만들어 냈다. 영화, 음악, 드라마 등 우리가 만들어 낸 문화 상품들이 경쟁력을 갖추고 세계시장에서 가치를 인정받고 있다는 지금의 상황을 1994-5년 당시에는 상상조차 할 수 없었다. 문화의 세계화와 문화 개방에 따른 경쟁력 강화 요구를 걱정했던 30여 년 전의 나의 우려는 그때는 맞았고 지금은 틀린 경우가 되었다.

경쟁력 강화의 논리는 다른 말로 바꾸어 말하면 '승자독식(winner takes it all)의 논리'이다. 경쟁은 승자와 패자를 나누고 승자에게는 보상이 주어지고 패자는 대가를 치러야 한다. 모든 게임에서 승자와 패자가 나뉘는 것은 피할 수 없는 본질적 조건과도 같다. 비록 승자독식의 결과라고 하더라도 그것을 수용할 수 있는 것은 그 게임이 공정했을 경우이다. 아름다운 패배라는 것도 그럴 때만 붙일 수 있는 위로이다. 한국 교육의 현장에서 개인이나 학교 집단에 부과되는 경쟁력 강화의 요구는 너무도 자연스러운 현상이다. 그렇지만 그 요구의 강도가 상상한 것보다 높아 질식할 것 같았던 것은 2000년대 들어서서 한국 대학 사회를 휘몰아간 대학 간 경쟁이었다. 대학 평가를 통해 대학의 서열화를 가속화했고, 국민의 세금으로 충당되는 재정 지원의 불균형은 점차 심각한 수준까지 이르렀다. 대학 평가 제도의 가장 심각한 결함 가운데 하나는 그 평가 기준의 불공정함에 있었다. 대학 평가에서 국립대학의 프리미엄은 넘을 수 없는 장벽과도 같았고, 서울 소재의 몇몇 대형 대학에 집중된 재정 지원의 과점 현상은 경쟁 자체를 무력화하기도 했다. '기울어진 운동장'에서 벌이는 게임처럼 대학

간의 편차를 고려하지 않은 게임의 규칙은 애초부터 공정성을 담보하기 어려웠다. 나는 실질 소유주가 없는 지역의 사립대학에 근무하면서 많은 대학 평가를 준비했고, 경쟁력 제고를 위한 학내 구조조정(학과 통폐합)도 경험해 보았다. 이런 일들이 질 높은 고등교육과는 별로 상관이 없는 일이며, 교육부의 여러 가지 사업에서 재정 지원을 더 많이 받아 내기 위한 고육지책이었던 기억들이 있다. 이 글을 쓰는 지금 시점에 돌이켜 보아도 공정성이 없는 경쟁력 강화의 논리가 교육 현장에서는 위험하다는 나의 경고는 여전히 유효했다고 본다.

3.3 상업주의의 팽창

세계화에 얽힌 문제들에서 내가 가장 염려했던 위기감은 상업주의에 함몰된 일차원적 인간들이 21세기 한국 사회의 새로운 주류로 등장하는 것을 보면서 갖게 되는 두려움이었다. 20세기의 말에 우리는 경제 위기를 겪으면서 동시에 새로운 천년을 맞이해야 했다. 20세기 100년에 대한 반성, 회고 그리고 평가가 각 분야에서 일어났고, 21세기 예측들도 소위 전문가들을 통해 회자되었다. 나는 20세기를 가장 특징적으로 드러내는 개념어로 두 가지를 생각했고 강의실에서 자주 이야기했다. 상업주의와 무신론의 확장이 그것이었다. 그리고 이 두 이데올로기는 그대로 21세기에 전달되었다고 확신한다. 언제까지 지속될지는 예상할 수 없지만 적어도 상업주의와 무신론의 지배력은 전 지구적 현상으로 그 위력을 한동안 유지할 것으로 예측해 본다.

상업주의(commercialism)는 모든 것을 교환 가능한 상품으로 간주하며, 그 상품을 통해 이윤 추구를 극대화하려는 목적을 가지며, 사람을 포함한 모든 대상을 그 수단으로 보려는 태도를 말한다. 사람은 누구나 자기 이익을 최대한으로 확장하려는 본성을 가지고 있다는 심리적 이기주의 견해에 나는 동의한다. 그런 점에서 상업주의를 전적으로 부인하는 것은 아니다. 내가 걱정하는 상업주의는 무분별하게 확대된 형태의 상업주의이다. 결코 상품화하거나 교환가치로만 평가될 수 없는 것을 물질적 가치로 환원해서 보려는 태도는 상품 물신주의(commodity fetishism) 또는 유물론적 태도와 맞닿아 있다. 에릭 프롬의 용어대로 우리는 인격 시장(personality market)에 나온 상품들로서 존재하게 되고, 인간과 인간의 교류는 상품거래와 비슷한 수준에서 이루어지고 있다. 시장에서 거래되는 상품들은 값이 매겨지고 비슷한 가격의 상품들 사이에서 거래가 이루어지듯 사람 사이의 관계 맺음도 이런 상업주의 계산법에 따라 이루어지는 것이 현실이다. 사람들이 만나서 관계를 맺는 곳이라면 어느 곳이나 이런 상업주의 논리가 지배적인 것을 목격하게 된다. 결혼 시장, 학교나 직장에서의 끼리끼리 문화 등 그 예는 수도 없이 많다. 그리고 이런 상업주의 계산법에서 가장 효과적인 것은 비용편익 분석(cost benefit analysis) 방식이다. 가성비를 따져보는 태도가 바로 이것이다. 상업주의, 비용편익 분석, 유물론, 물신주의 등은 20세기로부터 물려받은 황폐한 정신적 유산들이다. 에릭 프롬의 『소유냐 존재냐』라는 책이 우리나라에서 많이 읽힌 밀리언셀러가 된 배후에는 이런 소유 지향의 상업주의 흐름에 대한 반성이 있었을 것으로 보인다. 누구나 소유욕에 사로잡힌 개인이 되기보다는 확실한 존재의 의미를 추구하는 사람으로 남고 싶다는 생각에는 동의할 것이다.

4. 찰스 테일러의 혜안

삶, 사람, 행복, 의미와 가치 등을 바라보는 상업주의적 태도가 초래할 위기감은 21세기 한국 사회와 그 안에서 살아가고 있는 사람들의 마음 안에 유령처럼 배회할 것 같다. 세계화에 얽힌 문제들을 진단하면서 그 해법을 찾는 중에 나는 찰스 테일러의 작품에서 혜안을 찾게 되었다. 『진정성의 윤리』 1장에서 그가 제시한 근대성이 낳은 세 가지 불편함 또는 병폐는 흙 속에서 진주를 찾은 것처럼 희열에 가까운 기쁨을 주었다. 아직도 그 기억은 생생하다. '자기밖에 모르고 자기애 경향이 강한' 편협한 개인주의는 70년대와 80년대에 걸쳐 한국의 대학 사회를 달구었던 거대 담론들과 실천을 무력하게 만들었다. 삶의 의미를 소소한 일상에서 찾는 일에 만족하는 새로운 세대들에게 사회정의나 공동체적 가치나 평등성의 확대 같은 사회적 실천이 요구되는 일은 수용하기에 버거운 요구였다. YOLO족, DINK족, '내일을 팔아 오늘을 사는 세대' 등으로 이름 붙여진 밀레니엄 세대들에게 삶의 의미는 왜소하게 작아지고 평면적이 되었으며 아예 상실하기도 했다.

삶에서 의미를 잃게 된 현상은 진지한 삶의 목적을 잃는 일과 깊은 연관이 있다. 그리고 삶의 목적을 상실하게 만드는 일은 삶을 둘러싼 모든 것들을 수단적 가치로만 보는 데서 나온다. '너 자신과 다른 사람의 인격을 수단으로서만 대우하지 말고 동시에 목적 자체로 대우하도록 행위하라'는 칸트의 명제는 이제 정언명령이 아니라 구두선(口頭禪)에 그치고 있다. 우리는 다른 사람을 그 자체가 목적인 독립된 인격체로 간주하는 것이 아니라 '나의 이익 실현을 위한' 수단으로 간주하는 일이 합리적 선택이라고 믿으려는 경향이 크다. 테일러는 이 목적의 상실이 도구적 이성의 우위성(primacy of instrumental reason)과 관련되어 있다고 보고 있다. 이성에는 계산하는 기능이 들어 있다. 합리성이라는 말도 달리 말하면 정확한 계산과 이를 통해 최대한의 효율성을 찾아내는 능력이다. 이성의 도구적 기능 자체가 문제는 아니다. 이성의 도구적 기능이 강화되는 만큼 이성의 본래 기능 중 하나인 비판 기능이 약화된다는 점이 문제이다. 이성의 비판적 기능이란, 문제를 문제로 인식하며 그 문제에 대해 해법을 찾는 일이며, 제시된 해법들에 대해 다시 비판적으로 회의를 해 보는 기능이다. 이는 철학의 정신과도 같다. 나는 철학을 공부하는 초심자들에게 늘 철학의 정신을 두 가지로 이야기해 왔다. 하나가 문제를 사랑하고 끊임없이 질문을 던지는 정신이고 다른 하나는 비판 정신이라고 했다. 그리고 비판 정신이란 어떤 사태에 대해 부정하거나 거부하는 태도가 아니라 확실한 것을 찾고자 하는 고도의 지적 활동이라 할 수 있다.

철학이 빈곤한 시대에 이런 비판 정신은 사람들의 마음에서 점차 사라지고 있으며, 맹목적 수용이나 적응에는 더 익숙해지고 있다. 60여 년 전 마르쿠제는 '일차원적 인간' 이라는 개념으로 현대 자본주의 사회에서 변화에 대한 무력감을 느끼고 '위대한 거부(great refusal)'를 포기한 사람들을 지칭하는 데 사용했다. 오랜 세월이 지났음에도 불구하고 이 개념은 21세기 문맥(context) 안에서도 거부감 없이 사용될 수 있다는 사실이 놀랍다. 사회가 복잡해질수록, 정보와 지식의 양이 폭발적으로 증가할수록 사람의 생각하는 힘과 노력은 반비례적으로 축소되는 것처럼 보인다. 지식과 정보가 데이터로 바뀌고 그것의 저장 기술로 집대성한 빅데이터의 이용은 이제 한 개인의 사고 역량을 한참 뛰어넘었으며, 우리 자신의 감정이나 욕구까지 조정할 수 있게 되었다. 인식과 판단 활동의 주체자로서 개인의 독자성은 기계와 기술 의존적인 존재로 그 위상이 약화되었으며, 그 결과 전통적으로 인간만이 지닌 탁월한 역량이라고 간주되어 온 사고의 힘과 판단력 그리고 문학적 상상력은 무디어지게 되었다.

일차원적 사고의 특징은 평면적 사고이며, 평면적 사고는 단선적 사고이다. 그리고 사고의 단순성은 대상 세계를 주체적으로 그리고 구성적으로 보려는 태도가 아니라 주어진 것만을 보고 그것을 무비판적으로 추종하는 태도이다. 가짜 뉴스(fake news)가 진실을 가린 채 현실을 왜곡 호도하고 있으며, 그 영향력은 통제가 어려운 수준으로 확대되고 있다. 그리고 가짜 뉴스는 현실 정치의 가장 막강한 여론 조작의 기제로 활용되기 시작했다. 2016년 옥스퍼드 사전이 post-truth(탈진실)를 그해의 단어(word of the year)로 선정할 정도로 객관적 사실에 바탕을 둔 진리와 진실보다는 진실 너머에 있는 왜곡된 진실이 더 강한 여론 형성의 힘으로 작동하고 있다. 비판 정신의 실종, 비판력의 약화는 일차원적 사고의 강화라는 역효과를 낳는다. 그리고 그런 사회는 총체적으로 침체기로 진입하고 사회적 활동성은 무기력에 빠지게 될 위험이 증대되기 쉽다.

5. 2022년에 대한 반성

2022년 3월 대통령 선거의 결과를 보면서 나는 그 5년 전인 2016년 11월의 촛불혁명과 2017년 3월의 대통령 탄핵 그리고 5월의 선거 결과를 만들어 낸 그 사람들과 같은 사람들의 선택인가 하는 의문을 가지지 않을 수 없었다. 정치권력은 언제나 바뀔 수 있어야 한다. 그것이 민주주의의 생명력을 잃지 않게 해 주는 원동력이기 때문이다. 그러나 나에게 2022년 3월의 선거 결과는 통상적이고 납득이 가능한 결과는 아니었다. 결과는 절망 그 자체였고 역사의 퇴행을 다시 한번 목격하도록 만들었다. 나에게 이 선거 결과는 2008년도에 이어 두 번째로 속임수에 당하고 모욕당하는 비참한 것이었다. 무엇이 그런 결과를 낳았을까? 우리가 그런 선택을 한 배후에는 무엇이 있을까? 오염된 감정이 모든 합리적인 판단을 뒤엎을 정도로 강력했던 왜곡된 언론에 그 한 원인이 있다고 본다. 보통 선거는 바람이라고들 한다. 바람을 잘 타면 승리하고 역풍을 맞으면 패배하는 것이 선거판이라고 한다. 이런 바람은 감정의 소용돌이이다. 이런 감정은 정상적인 순풍이 아니라 주변의 모든 것을 집어서 삼키는 회오리와 같다. 2008년과 2022년에 있었던 선거는 막스 셸러(Max Scheler; 1874-1928)의 용어대로 '감정전염(Gefühlsansteckung)', 즉 오염된 감정이 선거판을 뒤집어 놓은 광기의 현장과도 같았다.

2022년의 대선에서 결과로 나타난 투표 성향 분석은 20대의 젊은층에서 보수표가 많이 나온 것을 보여 주고 있다. 이는 전례가 없는 선택이었다. 왜 그들은 그런 선택을 했을까? 거기에 나는 그들의 내면에 자기애적 감정으로서의 공포감이 자리 잡고 있다고 본다. 가짜뉴스와 저급한 미디어들 그리고 그것을 정파적 이익에 활용한 정치인들의 호도(糊塗)는 젊은이들에게 미래에 대한 불안을 증폭시켰고 그 공포감은 판단을 흔들어 놓기에 충분했다. 신분 상승의 기회가 박탈당했다는 불안감, 자존감이 유지될 만한 취업과 결혼의 기회가 거의 불가능하다는 두려움은 20대의 청년들에게 미래에 대한 비전을 팔아 현실을 사는 게 더 낫다는 생각을 가지도록 만들었다. 단기적인 자기 이익의 관점에서 사태를 보게 만들었다.

공포를 자기애적 감정(narcissistic emotion)[3]이라고 하는 누스바움의 표현은 홉스의 공포 감정 이해와 맞닿아 있다. 자기 존재에 대한 가장 비극적인 부정은 죽음이며, 이 죽음에 대한 공포는 생존을 위한 가장 현실적인 전략을 세우도록 인간의 행위를 유발하는 가장 직접적 원인이기도 하다. 그렇다면 이런 공포의 감정에 지배되는 경우 어떤 행위가 따라 나오는가? 부화뇌동을 의미하는 누스바움의 캐스케이드(cascade)나[4] 레밍 증후군처럼 맹목적 추종이 낳는 자멸 현상과도 연결되어 있다. 군중심리도 이와 유사하다 할 수 있다. 군중 안에서 개인의 주체성과 자기 판단력은 상실되기 쉽다. 부화뇌동에는 명성의 부화뇌동(reputational cascade)과 정보의 부화뇌동(informational cascade)이 있다. 이 중 정보의 부화뇌동은 수동적으로 주어지는 엄청난 양의 정보 제공에 개인이 함몰되거나 자기 확신을 통해 편향적으로 수집된 정보에 스스로 함정에 빠지는 현상을 말한다. 이 두 가지 경우 모두 이성의 비판적 기능은 제대로 작동되지 않았을 수 있다.

2022년 3월의 대선에서 20대뿐만 아니라 평소 같으면 진보적이거나 중도좌파적인 성향의 사람들까지도 보수당에 표를 던진 행위는 정보의 캐스케이드에 그 한 원인이 있었다고 판단된다. 홍수처럼 쏟아지는 정보의 양을 제대로 분류하거나 가짜와 진실을 식별할 수 있는 역량을 초과했을 때 정보의 캐스케이드 현상은 일어난다. 나는 이것을 미디어 문맹(media illiteracy)이라고 불렀다. 문자 해독력을 가지지 못한 것을 문맹이라고 할 때 미디어 문맹은 정보의 양과 질을 분류하고 분석할 줄 모르는 상태를 말한다. 이념적 편향성이 현실 인식을 왜곡시키는 것과 같이 미디어 문맹인은 사시(斜視)이거나 외눈박이와 같다. 미디어 문맹은 전 연령대에 걸쳐 나타날 수 있으며, 이성의 비판적 기능이 약화될 때 증가할 위험이 있다.

5
John Locke의 인간론과 정치론에 대한 한 해석

1. 서론

존 로크(John Locke; 1632-1704)가 웨스트민스터학교(Westminster school)에서 찰스 1세(Charles I)의 처형에 환호하는 군중들의 외침 소리를 들으며 왕당파 교장의 감시 아래 학교에 머물러 있었던 때는 그가 17세 되는 해인 1649년 1월 30일이었다. 7년을 끌었던 시민전쟁이 의회파의 승리로 막을 내리던 날 아마도 로크 자신은 정치적 변혁에 따르는 파괴적이고 부정적 현상보다는 진취적이고 희망적인 전망에 감동하고 있었을 것이다. 더욱이 청교도 집안의 중산층 출신으로서 귀족학교인 웨스트민스터학교에 다닐 수 있었던 것도 의회파 군대의 장교로 일했던 아버지가 그의 후원자였으며 영향력 있는 의회 지도자였던 알렉산더 폽햄스(Alexander Pophams) 가족의 주선 때문임을 상기할 때 시민전쟁의 승리는 곧 로크 자신의 승리로 받아들여겼을 것이다. 후에 로크가 일생을 통해 자유주의를 이념의 푯대로 삼고 의회주의자가 된 것도 이와 같은 인간관계로부터 받은 영향 때문이었으리라 생각된다. 그리고 보다 성숙한 사회로 나아가기 위해 겪어야 했던 17세기 영국 정치의 혼란은 홉스와 그 밖의 다른 사상가들과 마찬가지로 로크가 사회, 정치적 문제들에 대해 깊은 관심을 가지도록 자극했음은 틀림없다.

홉스가 그랬던 것처럼 로크 역시 아리스토텔레스적인 스콜라 철학이 주류를 이루었던 옥스퍼드에서의 교육이 불만스러웠으며 이는 그가 철학에 대해 흥미보다는 혐오감을 느끼게 했다. 오히려 그는 화학자 로버트 보일(Robert Boyle)을 만나 과학에 눈을 뜨게 되고 생물학과 의학을 공부하기도 했다. 그러나 로크가 심각하게 지녔던 최초의 학문적 관심은 주로 정치적인 문제들이었다. 출판되지는 않았으나 편지, 연설문, 소논문 등으로 나타난 그의 사상적 편린(片鱗)들은 그가 주로 국가의 권위, 자연법, 시민사회에서의 자유 등에 관해 관심을 집중시키고 있음을 잘 보여 주고 있다. 이를 바탕으로 씌어지고 1690년에 출판된 *Two Treatises of Government*(『정부에 관한 두 논고』)는 그의 정치철학의 대표작으로서 플라톤의 *Republic*(『국가론』)과 홉스의 *Leviathan*(『리바이어던』) 그리고 헤겔의 *Grundlinien der Philosophie des Rechts*(『법철학 강요』)와 더불어 서양 정치사상사에 주요한 영향을 끼친 4대 작품 중의 하나이다.

한편 인식론을 중심으로 하는 전통 철학에 대해 로크가 관심을 가지기 시작한 것은 1665년 데카르트의 작품을 읽기 시작한 이후부터이다. 지식의 성격과 한계, 오성이 탐구하는 대상, 그리고 인식의 근거 및 확실성에 대해 주로 사색했던 로크는 1671년 이후부터 이미 *An Essay Concerning Human Understanding*(『인간 오성론』)의 저술을 준비하고 있었다. 1675년 프랑스로 건너가 유물론자인 가상디(Gassendi)의 후계자들과 교류하며 데카르트의 비판에 관해 공부하기도 했다. 이런 일련의 탐구과정을 거쳐 로크는 『정부에 관한 두 논고』와 같은 해에 『인간 오성론』을 세상에 내놓게 되었다. 1689년에 출판된 *Epistola de Tolerantia*(『관용에 관한 편지』)와 더불어 로크 철학 전체 체계를 구성하는 세 작품은 언제나 그의 철학을 논의하는 데 근간이 되고 있다. 홉스에서도 그랬듯이 한 철학자의 사상 체계 내에 일관성이 있느냐 하는 문제는 언제나 주목되어 왔으며, 로크에게도 마찬가지 질문이 제기된다. 즉 『인간 오성론』과 『정부에 관한 두 논고』 그리고 『관용에 관한 편지』 사이에 어떤 관련이 있느냐를 검토해 보는 일은 로크가 인간론과 정치론, 이론과 실천, 그리고 사회 정치적 문제들에 대한 진단과 처방에 있어서 상호 보완적이라는 점을 드러내는 데 필수 불가결하다. 이 글에서 보여 주고자 하는 것은 가능한 한 로크의 연구자들에 의존하지 않고 그의 철학에 대해 시험적 해석을 해 보는 일이다.

2. 로크의 철학 체계

일반적으로 말해서 로크의 연구가 중 인식론과 정치철학을 연결해서 보려고 시도한 사람은 많지 않다. 언뜻 보아 이 두 분야 사이에 어떤 접합점이 있어 보이지 않는 것도 또한 사실이다. 로크 자신도 이 양자 사이에 어떤 논리적 연관성이 있다는 것을 명백하게 밝히고 있지 않다. 따라서 그가 인식론자이면서 동시에 정치 이론가이며 또 종교적 관용론자이기도 했다는 지금까지의 평가 속에는 이들 각각의 분야가 서로 궤를 달리하는 독립적인 것으로 보려는 경향이 강하게 내포되어 있다. 그러나 로크의 세 작품을 총체적으로 관찰하면 이들 가운데 몇 가지 공통점과 연계점이 있음을 찾아낼 수 있다.

첫째 로크는 '인간이 태어날 때부터 자유롭고 평등하다.'[1]라는 대전제로부터 그의 모든 논의를 출발시키고 있다. 『정부에 관한 두 논고』는 개인의 정치적 자유의 필요성과 당위성에 대해 역설하고 있다. 1권에서는 로버트 필머(Robert Filmer)의 절대 왕권신수설을 반박함으로써 정부 구성의 근거를 세속화시켰고, 2권에서는 정부 선택의 권리가 개인에게 있으며 정치적 결정의 근거가 바로 자유로운 개인의 의지에 있음을 보여 주고 있다. 이런 점으로 해서 로크의 『정부에 관한 두 논고』는 정치적 자유를 가르쳐 주는 최고의 교과서임을 인정받게 되었다. 그리고 『관용에 관한 편지』는 정치와 종교를 분리함으로써 국가의 권리 행사에 대해 교회의 간섭이 부당하고 근거 없음을 보여 줌과 동시에 신앙은 강요가 아니라 설득의 방법에 따라 얻어지는 것이라 보고 철저한 종교의 자유를 강변하고 있다.

그러면 『인간 오성론』은 어떠한가? 앞의 두 작품이 정치적 또는 종교적 자유를 옹호하는 데 그 의도가 있었다면 『인간 오성론』은 지식의 본질, 한계 그리고 영역 등에 관한 물음에 답변하고 있다. 그러나 그의 모든 인식론적 논의가 인간의 의식 또는 정신의 자유로움을 전제로 삼아 출발하고 있음은 주목되어야 한다. 『인간 오성론』 1권을 데카르트의 본유관념(innate idea)에 대한 비판으로부터 시작하는 것은 로크가 단지 합리주의적 인식론을 거부하는 데 의미가 있는 것은 아니다. 오히려 탐구의 주체인 인간의 의식, 정신 또는 오성을 그 어느 것에 얽매이지 않고 자유롭게 만들기 위해 장애물을 제거했다는 데서 더 큰 의미를 찾아야 할 것이다. 참되고 확실한 지식을 찾아 철학적 탐험을 떠나는 로크는 애초부터 본유관념 같은 불가사의한 세계를 상정하지 않았다. 베이컨(F. Bacon)이 우상들(잘못된 편견, 선입견)을 마음으로부터 제거함으로써 귀납적 방식에 의한 확실성의 탐구를 시작했듯이 로크는 마음을 '빈방 또는 백지'를 의미하는 tabula rasa로 만듦으로써 낡은 지도 같은 과거의 이론에 의존함이 없이 오직 새로운 경험이 이끄는 대로 '오성'의 힘이 닿는 데까지 자유롭게 확실한 지식을 찾아 나갔다. 피터 라스렛(Peter Laslett)의 지적처럼, "tabula rasa의 이론은 사람들에게 온 세상은 누구에게나 새로우며 우리 모두는 지나간 것들로부터 완전히 자유롭다는 느낌을 갖게 만든다."[2] 『인간 오성론』에서의 이런 철학적 자유는 『정부에 관한 두 논고』에서의 정치적 자유와 『관용에 관한 편지』에서의 종교적 자유와 동 근원적이라고 해석하는 일이 가능하지 않은가?

둘째, 불완전성의 원리(principle of imperfectability)[3]는 인식론, 정치론 그리고 종교적 관용론에 관통해서 흐르는 공통적 특징이라는 점이다. 『인간 오성론』에서 로크는 지식의 불완전성을 체험하게 되는데 이는 비단 로크뿐만 아니라 경험주의, 상대주의 또는 회의주의 입장에 선 지식론자의 대부분이 동의하게 될 공통적 특징이다. 로크가 '지식이란 불완전하다.'라는 사실을 깨닫게 된 데에는 두 가지 요소가 작용한 것으로 보인다. 하나는 단순 관념들을 결합해서 복합 관념으로 만드는 정신 또는 오성의 자유는 이미 그 속에 잘못을 범하기 쉬운 경향이 내포되어 있다는 사실이다. 즉 자유는 본질적으로 완벽하고 완전한 신의 세계 속에 있기보다는 실수를 저지르기 쉬운 인간 세계에 속해 있는 것이기 때문에 인간은 존재론적으로 자유로운 동시에 불완전할 수밖에 없다. "우리를 오도(誤導)하고 나쁜 쪽으로 돌리게 하는 잘못된 판단은 다른 사람의 결정에 대한 지칭도 아니며, 극복할 수 없는 잘못의 결과 같은 실수에 대한 지칭이 아니라 모든 사람이 자신에 대해 고백해야만 하는 그런 것이다."[4]라고 말함으로써 로크는 인간의 불완전한 조건을 분명히 하고 있다.

지식의 불완전성을 깨닫게 되는 또 하나의 요소는 경험주의의 교훈 때문이리라 생각된다. 비록 로크가 자신에 대해 경험주의자라고 부르는 것을 생전에 듣지는 못했으나[5] 우리는 그를 제한된 의미에서 경험주의자라고 부른다. 왜냐하면 그는 자신의 실존에 관한 '직관적 지식'과 신의 존재, 수학적 언명 같은 논증적 지식을 제외한 대부분의 유한한 개별적 사물에 대한 지식은 '감각적 지식'이라 하고 이는 감각과 반성이라는 경험을 통해서 얻어지는 것이라 보기 때문이다. 그리고 지식의 출처를 경험에 두거나 기준을 관념들의 일치나 불일치로 보는 한 지식의 내용에 있어서 불완전한 요소는 언제나 남아 있게 된다. 로크가 『정부에 관한 두 논고』에서 왕권 절대주의를 혐오하고 정치권력의 완전주의를 부정하고 권위의 근거를 피지배자의 자유로운 동의(consents)에 둔 것은 사회적, 정치적 동물로서의 인간은 결코 완전한 정치 질서를 유지할 수 없다는 기본적 시각에서 비롯된다. 그리고 정치 이론은 아리스토텔레스가 구분한 것처럼 테오리아(theoria)와 같은 정도의 정확성은 기대하지 못하고 다만 프락시스(praxis)로서 학문과 경험 선상에 놓여 있다는 주장에 그대로 따름으로써 자신의 정치 이론이 인식론에 있어서의 감각적 지식처럼 개연적이라는 점을 인정하고 있다.

로크의 철학을 관통하는 세 번째 축은 동의(consent)개념이다. 이 개념은 앞에서 언급된 인간의 두 가지 존재 방식, 즉 자유롭고 평등한 존재라는 사실과 인간이 인식에 있어서나 존재론적으로 불완전하다는 사실로부터 추론된 것으로서 로크의 철학 체계 중 가장 중요한 부분을 이룬다. 그러나 여기서 말하고 있는 동의개념은 반드시 사회 구성 원리로서의 동의론 같은 좁은 의미의 개념일 필요는 없다. 오히려 『인간 오성론』에서 언급되고 있듯이 지식의 구성요건을 관념들의 일치(agreement)와 불일치로 보는 것이나, 『관용에 관한 편지』에서 영혼 구원의 요건을 개인적 양심의 자유와 자발적 동의로 보는 것은 넓은 의미의 동의로 확대 해석될 수 있다. 동의개념을 로크의 정치철학뿐만 아니라 인식론과 종교론 영역까지 확대 적용할 수 있는 근거는 다음과 같다.

『인간 오성론』 제4권 1장에서 로크는 지식은 단지 관념들의 일치와 불일치에 대한 지각일 뿐이라고 보고, 이 일치와 불일치는 관념들에 대한 정신의 지각(perception)에 달려 있다고 한다.[6] 관념을 떠난 지식이란 불가능하며 관념 또한 감각적 지각과 반성적 지각이라는 경험으로부터 생긴다고 본다. 지식의 등급을 세 가지 종류로 나누고 그런 지식의 한계를 5가지 기준으로 그어 놓았던[7] 로크는 결국 모든 지식이 불완전하고 불확실하다는 사실을 확인하고 있다. 비록 직관적 지식이나 논증적 지식이 감각적 지식보다 확실하다고는 하나 그 확실성조차 정도의 차이일 뿐 앞의 두 지식이 보편적 지식이 될 수는 없다. 그리고 확실성의 정도의 차이도 사실은 관념들의 일치와 불일치의 난이도에 달려 있을 뿐이다. "원은 삼각형이 아니다." "흰색은 검은색이 아니다."와 같은 명제나 수학, 기하학적 명제 등은 관념들의 일치와 불일치가 비교적 용이하다. 그리고 이와 같은 지식을 얻기 위해서는 논증과 추론에서 따라야 하는 규칙들(rules)과 원리들(principles)이 선재(先在)해야 하는데 이것 역시 본유적인 것은 아니고 보편적 동의(universal assent)의 결과일 뿐이다.[8] 처음부터 본유관념의 실재성을 부인했던 로크는 모든 지식이 결국은 자유로운 정신의 활동을 통해 경험으로부터 얻어 낸 보편적 동의의 결과일 뿐이라는 결론에 다다른다.

종교적 문제와 관련해서 로크가 역시 '동의' 개념을 중요하게 간주한 이유는 종교가 결국은 개인적 선택과 결단에 달려 있다는 시각 때문이다. 국가와 교회, 정치와 종교를 엄격히 구분 지은 로크는 각각의 체제나 이데올로기를 유지시키는 방식에서도 분명히 달라야 한다고 본다. 즉 국가와 정치는 법률의 구속력과 처벌이라는 강제력에 의존하지만, 교회와 종교는 "덕과 경건함(piety)의 규칙에 따라 인간의 삶을 규제하기 위한 것"[9]이기 때문에 명령이나 처벌 그리고 강제력보다는 설득과 자발적 동의를 통해 유지된다. 교회는 영혼의 구원을 목표로 자유롭고 자발적으로 구성된 신앙공동체이기 때문에 특정한 교리나 교회에 대해 국가권력의 강요나 강압은 있을 수 없으며 오직 양심의 자유와 믿는 사람의 자발적 동의만이 교회와 종교의 필요충분조건이 된다. 종교에 대한 이와 같은 시각에서 종교적 관용론도 그 논리적 근거를 갖게 된다. 이렇게 볼 때 자유와—그것이 정신적이건 정치적이건 간에—그것에 따르는 오류 가능성(불완전성) 그리고 동의는—그것이 인식론적이거나 심리적이거나 정치적이거나 간에—로크 철학의 축을 이루는 세 개의 주요 개념인 것은 틀림없다.

로크의 세 작품 사이에 놓여 있는 네 번째 연계점은 이론과 실천이라는 관점에서 찾을 수 있다. 여기서 말하는 이론과 실천의 관계란 '아는 일'과 '행동하는 일'이 서로 불가분의 관계에 있으며, 개념들을 엄밀하게 분석하는 일과 실천적 이념들을 구성하는 일이 상보적 관계에 있다는 것을 의미한다. 로크의 전체 철학 체계는 바로 이런 의미의 이론과 실천의 관점에서 해석될 수 있다. 즉 그의 『인간 오성론』이 '우리는 어떻게 아는가?' '관념들이나 개념들의 엄밀한 정의는 무엇인가?' 라고 하는 이론적 관심에서 쓰인 것이라면 『정부에 관한 두 논고』와 『관용에 관한 편지』는 실천적 물음에 대한 응답으로서 쓰인 것이다. 그리고 로크에게 있어서 이 양자 사이의 관계는 그의 해석가들이 생각했던 것보다 더 밀접한 관련이 있다. 이에 대한 적절한 증거로서 두 가지를 지적할 수 있는데, 하나는 『인간 오성론』의 저술 동기이며, 다른 하나는 그것의 내용이다. 『인간 오성론』 제1권 1장에서 탐구의 목적을 "모든 사물에 대해 아는 것이 아니라 우리들의 '행위' 와 관련된 일들에 대해 아는 데 있다."[10]라고 말함으로써 로크는 앎이 그 자체로 목적이 아니라는 점을 명백히 밝히고 있다. 다시 말해 『인간 오성론』에서의 탐구는 '어떻게 사람들이 사물들에 대해 아느냐' 라는 물음보다는 '무엇을 해야 할지 어떻게 아느냐' 하는 물음에 대한 대답인 것이다.

또 내용에서도 로크는 이상하게 보일 만큼 『정부에 관한 두 논고』와 『관용에 관한 편지』에서 쓰이고 있는 개념들에 대해서 대부분 『인간 오성론』에서 먼저 정의 내리고 있다. 이 말은 로크의 주요 세 작품 사이에 연계성이 있음을 확연히 드러내 준다. 특히 『인간 오성론』 제2권 20장(쾌락과 고통의 양태들에 관해서)과 21장(『인간 오성론』 전체에서 가장 긴 장으로 힘[power]에 관해 다룸), 그리고 제3권 9장에서 11장(언어의 정치적 함축들에 대해 다룸)을 통해 로크는 마치 홉스가 『리바이어던』 1부에서 분석한 것과 유사한 내용을 다루고 있다. 이렇게 볼 때 『인간 오성론』은 단지 인식론이나 형이상학을 위한 서술이 아니다. 오히려 정치론이나 종교론에서 사용될 중요 개념들에 대한 세밀한 분석을 통해 인식론적 탐구가 정치 이론, 윤리학, 그리고 종교적 관용론과도 밀접히 연결되어 있음을 보여 준다.

3. 로크의 인간 이해 - 정치론을 위한 전제

인간에 대한 이해는 그 자체로 목적과 의미가 있지는 않다. 동, 서양 철학자들은 인간에 관한 연구 결과를 다른 문제를 풀기 위한 예비적 작업으로 진행시켜 왔다. 이 말의 의미는 인간의 본성 또는 본질에 대한 탐구가 독립적인 주제가 못 된다고 말하는 것이 아니라, 인간이 개인으로나 집단으로 만들어 내는 온갖 현상들을 제대로 파악하기 위해서는 먼저 행위의 주체자인 인간 자신에 관한 연구가 선행되어야 한다는 뜻이다. 즉 인간이란 무엇인가 하는 물음이 대답된 후에 윤리, 정치, 사회, 종교적인 문제들에 대한 답변도 가능하다. 또 이 말을 바꾸어 해석하면 인간에 대한 이해는 탐구 대상으로서의 인간을 철저하게 고립적으로 객체화함으로써 가능한 것이 아니라 사회, 문화, 정치적인 문맥 안에서 해석될 때만 보다 포괄적인 이해가 가능하다는 뜻도 된다.

로크의 인간관도 위와 같은 시각에서 보아야 할 것이며 그의 인간론과 정치론을 함께 다루어야 할 이유도 여기에 있다. 인간의 본성에 대한 논의는 시민 정부의 적합성 여부를 판정하기 위해서도 필요하다. 로크가 『정부에 관한 두 논고』에서 보여 주고자 했던 것은 당시 현실적 국가에 대한 설명이 아니라 기초가 잘 세워진 국가를 구성하기 위해 인간들이 어떻게 상호 협력해야 하는가를 제시하려는 데 있었다.

3.1 힘(power)의 행사자로서의 인간

인간의 본질에 관한 연구에 있어서 로크는 홉스와 동일하게 현상론적 설명을 하고 있다. '누구라도 자신이 생각하고 추리하고 느끼는 것에 대해 생각한다면 그는 그것으로 미루어 다른 사람들의 생각과 감정을 읽고 알게 될 것이다.' 라고 홉스는 『리바이어던』 서문에서 말하고 있다. 거의 같은 의미의 말을 로크는 『인간 오성론』 서문에서 하고 있는데, 그는 자신의 생각이 다른 사람들에게도 적절할 뿐만 아니라 이 책이 자신에게처럼 다른 사람에게도 유용하다는 기대를 갖고 출판했다고 한다.[11] 홉스나 로크는 모두 다음과 같은 논리적 근거를 가지고 인간론을 피력하고 있다. 즉 자기 시대의 사회적, 정치적 현상을 설명하기 위해서는 사회의 가장 기본적인 구성단위인 개인에 관한 연구가 필요하고, 개인 즉 보편적 인간에 대한 탐구는 곧바로 자기 자신에 관한 연구의 유추를 통해서 가능하다고 믿었다. 감각과 반성이라는 경험을 통해서 얻어 낸 단순 관념들—증명이나 정의가 필요 없는 것—중 로크에게 있어서 인간을 이해하는 데 가장 중요한 관념은 고통(pain)과 쾌락(pleasure)이었다. 홉스가 찾아낸 '운동' 개념보다는 좀 더 구체적이기는 하나 모두 유물론적 성격의 개념들이며 현상에 대한 직접적 관찰로부터 얻어진 것들이다. 이 쾌락과 고통의 관념을 근거로 해서 소위 오늘날 심리학이라 불릴 만한 감정(passion)에 관한 이론과 도덕 이론을 전개시키고 있다.

로크가 정의하고 있는 선이란 '쾌락을 발생시키거나 증가시키는 것, 또는 고통을 감소시키는 것이며, 악이란 고통을 만들어 내거나 증가시키는 것, 또는 어떤 선도 우리에게서 빼앗아 가는 것'[12]이라고 한다. 그렇다고 해서 선이 곧 쾌락이라고 주장하는 쾌락주의와 혼동해서는 안 된다. 로크가 말하는 쾌락과 고통은 그 자체로 선이나 악이 아니다. 마치 태양처럼 물리적인 힘으로 밀랍을 녹이는 열이나 정신적인 힘(mental power)으로 단순 개념들에 변화를 일으키는 힘이 그 자체로 윤리성이 없고 그 힘을 통해 작용된 것들만이 선과 악의 가치를 가지게 되는 것처럼, 쾌락과 고통도 선과 악 자체는 아니며 다만 그것을 축으로 해서 다른 감정들, 예를 들면 기쁨, 슬픔, 희망, 절망 등이 좌우되는 힘일 뿐이다. 그리고 선과 악이란 우리의 육체나 정신 안에 여러 가지 다른 정도로 쾌락과 고통을 생기게 하는 대상들에 붙여진 이름일 뿐이다. 따라서 어떤 사물이 선한가 또는 악한가 하는 것은 그 사물이 우리 안에서 쾌락과 고통 어느 것을 만들어 내느냐는 결과에 따라 좌우된다. 동기론이 아니라 결과주의가 로크의 윤리관의 한 특징이며, 도덕에 있어서 본유관념이나 우리가 추구해야 할 최고의 선(summum bonum)을 부정함으로써 상대주의 윤리관이 또 하나의 특성을 이루고 있다.

여기서 우리는 로크의 '힘'의 개념에 주목해야 한다. 왜냐하면 이 힘 개념을 통해 로크는 도덕 이론과 정치 이론을 설명해 내고 있으며, 인간을 이 힘의 행사자로서 파악하고 있기 때문이다. 이는 마치 홉스가 운동(motion) 개념을 통해 자연, 인간, 사회를 설명하는 것과 유사하다. 로크에 의하면, 모든 힘은 변화를 일으키는 능동적 힘(active power)과 변화를 수용하는 수동적 힘(passive power)으로 나누어 볼 수 있으며, 그 힘은 활동(action)이나 변화(change)를 포함하고 있다. 그리고 활동에는 두 종류가 있는데 하나는 오직 반성으로부터 오는 사고(thinking)라는 정신적 활동이며, 다른 하나는 운동(motion)이다. 이 운동은 좁은 의미로는 신체적 운동을 의미하며, 넓은 의미로는 신체적 자극을 통해 생기는 감정들(passions)까지도 포함된다. 결국 정신과 신체 모두 '힘'에 의해 운동하고 변화하는 것으로 보고 있다. 신체의 운동에 관한 한, 로크는 역시 홉스처럼 기계적인 설명으로 대신하고 있다. 이는 17세기의 철학자나 과학자가 공통으로 가지고 있었던 인간관으로서 적어도 생물학적 존재인 한, 인간은 자동 기계

(automata)였다. 로크도 이런 시각에서만 보면 "인간은 자유로운 존재가 아니다."[13]라고 말한다. 그러나 정신에 관한 한 로크는 두 가지 기능으로 그것을 구분하는데, 하나는 '오성(understanding)'이요 다른 하나는 '의지(will)'이다. 오성이 지각하는 힘(power of perception)을 의미한다면,[14] 의지는 정신이 가지고 있는 힘으로서[15] 하거나 하지 않을 수 있는 선택의 자유를 의미한다. 따라서 자유는 곧 힘이 미치는 데까지이며, "자유의 관념은 어떤 특정한 행동을 하거나 하지 않을 수 있는 힘의 관념으로부터 나온다."[16] 위에서 언급한 종류의 활동, 즉 사고와 운동의 힘을 가지고 있는 한 인간은 다른 한편 자유로운 존재이기도 하다.[17]

로크는 힘으로서의 의지를 정신이 결정하고, 정신을 움직이게 하는 것은 동기(motive)라고 설명한다. 그리고 행동이나 변화의 동기는 일종의 '정신적인 거북함(uneaseness of mind)', 또는 '욕망(desire)'이라고 보고 있다. 로크는 때때로 욕망과 의지가 혼합되어 있기도 하지만 이 양자는 분명히 구분되어야 한다고 보며, 욕망을 움직이게 하는 것은 오직 행복(happiness)이라고 주장한다.[18] 쾌락과 고통이라는 기준으로 행복과 불행, 선과 악을 결정해야 한다고 말하는 로크는 결국 인간의 의지는 자유로워야 하며, 욕구를 움직이게 하는 것은 행복이며, 이 행복은 인간이 추구할 수 있는 최고의 쾌락이라는 도덕론의 결론에 이르게 된다. 그리고 그 추론의 과정에서 힘의 개념이 중추적 역할을 하고 있음을 보여 준다.

로크가 자신의 정치 이론을 전개시키는 데 있어서도 '힘'의 개념을 얼마나 중요시했나 하는 것은 다음과 같은 사실로부터 분명해진다. 로크가 『정부에 관한 두 논고』의 1권을 '가부장적 힘과 법률적 힘'에 대한 논의로부터 시작하며, 2권도 정치적 힘에 대한 정의로부터 출발하는 것은 단순한 우연이 아니라는 사실이다. 로크는 『정부에 관한 두 논고』 전체를 통해 힘의 개념으로 자연법, 사회의 기원, 정부 구성의 원리, 재산권, 삼권분립론 등의 정치 이론을 설명하고 있다. 이에 대한 상세한 논의는 이 글의 4절에서 이루어질 것이나 여기서 지적하고자 하는 것은 로크의 인간 이해와 관련해서 힘의 개념을 고찰할 때 인간은 도덕적으로뿐 아니라 정치적으로도 힘을 행사하는 주체자라는 점이다. "모든 사람은 다른 사람의 권리를 침해하는 것을 삼가야 하고 서로 해롭게 하는 것을 피하고 평화와 모든 인류의 보호를 바라는 자연법을 준수해야만 하고 자연 상태하에서 자연법의 집행력(executive power)은 개인들에게 있다."[19] 라고 말함으로써 로크는 힘의 행사가 근본적으로 자연권(natural right)에 속하는 것으로 보고 있다. 자연으로부터 부여받은 권리는 개별적이고 근본적이며, 힘이 뒷받침되어 있다. 행사력이 없는 권리는 무의미하며, 권리 없는 힘의 행사는 정당화될 수 없다는 것을 로크는 자연법에 기초해서 그 근거를 마련하고 있다. 그리고 자연법의 집행력은 두 가지 종류의 힘으로 대표되는데, 하나는 자기 보호(self-preservation)라는 개인의 궁극적 목적을 성취하기 위해서 필요하다고 생각되는 것은 무엇이나 할 수 있는 힘이며, 다른 하나는 자연법을 어기는 다른 사람에 대해 개별적으로 처벌(私刑)할 수 있는 힘과 권리이다.[20] 비록 시민사회로 넘어오면 자연 상태 아래서의 이런 힘의 행사가 제한되며 자연권의 상당 부분이 양도(讓渡)되지만 개인은 여전히 힘을 행사하는 정치적 주체자로서 그의 위상에는 변함이 없다.

3.2 소유적 개인주의자로서의 인간

'소유적 개인주의(possessive individualism)' 라는 개념은 맥퍼슨

(C.B. Macpherson)이 17세기 자유 민주주의 이론의 근저에 놓여 있는 개인주의에 대해 독특한 성격을 부여함으로써 그 의미가 분명해진 개념이다. 맥퍼슨은 7개의 명제로 이 개념을 설명하고 있는데 그것은 다음과 같다. (1) 인간을 인간으로 만드는 것은 다른 사람의 의지로부터 독립이 되어 있는 자유이다. (2) 이때의 자유는 자기 이익을 위해 스스로 다른 사람과 관계를 맺는 것을 제외하고는 어떤 관계에도 얽매이지 않는다는 의미이다. (3) 개인은 본질적으로 자기 자신의 인격과 능력의 소유자(proprietor)이며 따라서 사회로부터 빚을 지고 있지 않다. (4) 개인은 자신의 인격을 소유하고 있다는 것에 소외(疏外)를 당하지 않으나 노동의 능력에 대해서는 소외당하기 쉽다. (5) 인간 사회는 시장 관계의 연속이다. (6) 각 개인의 자유는 단지 다른 사람의 동등한 자유를 보호하는 데 필요한 의무와 규칙들에 의해서만 정당하게 제한될 수 있다. (7) 정치 사회는 개인의 재산을 보호하기 위한 고안물이다.[21]

맥퍼슨이 이와 같은 전제를 가지고 홉스와 평등주의자들(Levellers) 그리고 로크를 분석하고 있는 것에 대해 지나치게 마르크스적 해석이라는 비판을 받는다고 하더라도 개인주의에다 '소유적' 이라는 성격을 부여한 것은 참신하게 보인다. 그것은 적어도 로크를 포함한 근대 사회계약론자들의 인간 이해가 이 시대로부터 형성되기 시작한 초기 자본주의 경제체제로부터 암시받은 바가 크다는 사실 때문이다. 자본주의의 가장 큰 강점이 사적(私的) 소유에 대한 정당화라고 한다면 17세기의 초기 자본주의를 경험하고 있던 로크는 자본주의 경제 질서에 적합한 새로운 인간관을 제공하고자 했던 정치 질서 역시 거기에 맞추어 정비하고자 했다. 일반적으로 말해서 인간의 본능과 사회제도 사이에는 늘 갈등과 대립이 계속되어 왔는데, 그 이유는 인간은 본능에 충실하려고 하고 사회제도는 그것을 억제하려는 데 목적이 있기 때문이다. 따라서 본능과 제도의 공통집합이 확대되면 될수록 바람직한 사회가 되리라 보여진다. 로크가 이해한 인간관에 의하면 본능이란 '자기 보호'와 이를 위해 필요한 물질적 조건에 대한 사적 소유 욕구였다. 그리고 이런 본능을 적절하게 계발, 보장해 주며 합법화하기 위해 새로운 사회제도가 요청되고 로크는 이를 정치 이론으로 제공하고 있다.

『정부에 관한 두 논고』에서 전개하고 있는 로크의 이론 중 가장 독창성이 있는 부분은 제2권 5장에서 다루고 있는 재산(property)에 관한 부분인데, 이에 대한 적절한 이해를 위해서는 로크가 개인을 본질적으로 소유적 존재로 보고 있는 점에 주목해야 한다. 로크가 물질적 소유를 자연적인 것으로 보는 근거는, 첫째 그것이 '자기 보호'라는 자연권으로부터 나온 것이기 때문이며, 둘째는 신(神)으로부터 부여받은 권리이기 때문이다. 후자의 경우는 신이 제공한 자연을 인간이 공통적으로 소유하는 것을 의미하며, 이때의 소유가 공적 소유(公的所有)를 의미한다면 전자의 경우는 독점적이고 배타적인 성격의 사적 소유(私的 所有)를 의미한다. 자기 보호라는 궁극적 목적이 의미가 있기 위해서는 두 가지 조건이 만족되어야 하는데, 하나는 보호의 주체인 개별적 존재가 보호의 대상인 '그 자신의 신체(his own person)'를 소유해야만 하고, 다른 하나는 보호의 실질적 능력(힘)인 노동력(labour)을 소유해야만 한다. 이 두 가지 종류의 소유는 자연적인 것이며, 이로 인해 사적인 소유(appropriation)가 정당화된다.

공동소유에 대한 정당화가 성서적이고 계시적으로 알려지며 신으로부터의 수혜의 결과라고 한다면, 사적 소유의 정당화는 자연법적이고 이성적으로 알려지며 자신의 노동력을 부여함으로써 가능하다. 그리고 공동소유는 사실상 아무도 어떤 것을 소유하지 못하고 있는 것과 마찬가지이므로 무소유와 다를 바 없다. 따라서 엄밀한 의미의 소유는 사적인 소유만을 의미하며, 자신의 몸과 노동력을 제외한 그 밖의 사적 소유의 발생 근거는 계약과 동의의 결과라는 것이 로크의 시각이었다. 그의 정치 이론은 결국 개인들의 소유 본능을 어떻게 정치 질서나 제도가 적절하게 통제하느냐 하는 문제에 대한 대답일 뿐이며, 그 해답도 결국은 인간이 모두 소유적 개인주의자라는 관점에서 비롯된다.

4. 로크의 정치론 –사회적 안정을 위한 시론(試論)

1688년에 일어난 '명예혁명'의 성공은 의회주의자와 국교도들의 공로였으며, 이 혁명이 오늘날까지 유지되고 있는 영국 입헌군주제의 시발점이었다는 데서 그 의미가 크다. 그러나 더 중요한 점은 체제 전쟁에서 승리한 의회주의자들이 군주제를 완전히 부정하지 않고 혼합된 정부 형태 내의 한 부분으로 남겨 둠으로써 혁명에 뒤따르기 쉬운 혼란을 피하고 내부적인 사회적 안정을 얻을 수 있었다는 점과 가톨릭주의자들과 결탁하여 영국을 종교적 또는 정신적으로 로마의 지배권 아래 두려고 했던 James II세를 제거함으로써 적어도 외부적 간섭을 배제하여 또 다른 사회적 안정을 얻을 수 있었다는 점이다.

의회주의자였으며 청교도 신봉자였던 로크가 이 명예혁명에 직접 참여했다는 사실과 『정부에 관한 두 논고』 서문에서[22] 명예혁명으로 왕에 추대된 William III세의 왕권 확립을 옹호하고 있다는 사실 그리고 이 책이 '명예혁명' 그다음 해에 출판되었다는 사실로 비추어 보아 종종 로크의 『정부에 관한 두 논고』는 명예혁명을 정당화하기 위해 저술된 것이라는 해석이 있어 왔다. 그러나 피터 라스렛(Peter Laslett)과 존 플라메나츠(John Plamenatz)는 『정부에 관한 두 논고』와 명예혁명과의 관계를 가능한 한 최소화하려는 입장에 서 있다. 피터 라스렛에 의하면,[23] 비록 『정부에 관한 두 논고』의 일부분이 혁명 이후에 첨가된 것은 사실이나 대부분의 생각은 이미 그 전부터 구상되어 집필되고 있었기 때문에 『정부에 관한 두 논고』는 혁명을 옹호할 필요가 있어서 합리화했다기보다는 혁명을 요구하는 작품으로 보아야 한다. 그리고 존 플라메나츠도 『정부에 관한 두 논고』는 한 특정한 형태의 정부나 사회를 위한 변론이 아니며 그러기 위해서라면 이 작품은 너무 추상적이라고 평가하고 있다.[24] 명예혁명이나 그 밖의 당시 영국 정치 상황과 『정부에 관한 두 논고』가 어떤 관련이 있든 그것은 로크의 정치 이론을 이해하는 데 결정적 요소는 못 된다. 다만 자신의 시대적 상황을 혼란기로 보고 그 원인을 분석, 진단함으로써 사회적 안정을 위한 시론(試論)이었으며, 그는 개인의 권리와 자유의 확대 그리고 정치적 권위의 합법적 확립이라는 두 가지 방식을 통해 이를 성취하고자 했다.

4.1 개인의 권리와 자유의 형식적 근거로서의 자연법

로크가 가진 최초의 관심은 정치적인 것들이었으며 특히 자연법에 관해서였다. 초고들로 남아 있던 것을 1914년 폰 레이든(von Leyden)이 편집 출판한 *Essays on the Law of Nature*(1660)는 우리에게 로크의 자연법사상을 이해하는 데 결정적 도움을 주고 있다. 리처드 후커(Richard Hooker), 그로티우스(H. Grotius), 그리고 푸펜도르프(Samuel Pufendorf) 등의 자연법 이론가들에게서 직접 영향을 받은 로크는 이들의 견해로부터 벗어나지 못하고 있다. 본래 자연적(natural)이라는 말에는 보편성(universality)과 합리적 원리들과의 일치성(conformity)이라는 의미가 내포되어 있는데 자연법 역시 그러하다. 로크의 정의에 의하면 자연법은 '자연의 빛(lumen naturale)' 으로 식별할 수 있는 신의 의지가 담긴 명령이며, 합리적 자연과 무엇이 일치하며 무엇이 일치하지 않는가를 지시하는 것이다. 또 자연법의 구속력은 영속적이고 보편적이며, 인간의 행동을 위한 지침은 제공하나 구체적 규칙의 형태로서가 아니라 선언적 의미가 있는 윤리적 원리로서이다. 따라서 자연법은 도덕률이자 본유관념처럼 처음부터 인간의 마음 안에 새겨진 어떤 것이 아니라 인간이 모두 부여받은 자연적 기능으로서의 이성을 활용해서 찾을 수 있는 '이성의 법률(law of reason)' 이다. 여기서 우리는 로크의 용어인 '자연의 빛' 또는 '이성의 법률' 에 주목할 필요가 있다.[25] 왜냐하면 자연법의 원리에 대한 지식을 얻는 데 있어서 이성에만 의존하고 있지 않으며, '자연의 빛' 도 문자 그대로 선천적인 '이성의 기능' 만을 의미하지 않기 때문이다. 로크에 의하면 자연법은 전통—계시 또는 교회의 가르침—에 의해서가 아니라 감각경험 또는 감각적 지각(sense-perception)의 증거 위에서 이성을 사용함으로써 알려진다고 한다. 이렇게 말함으로써 그는 모든 지식의 출처를 경험으로 본 자신의 기본 입장을 포기하지 않은 채 자연법 이론을 자신의 철학 체계 내로 끌어들일 수 있었다.

로크의 자연법 이론은 그의 정치론과 밀접히 연결되어 있다. 특히 개인의 권리와 자유의 확대를 위한 형이상학적 근거로서 자연법을 이용하고 있다. 로크를 포함한 사회계약론자들은 계약의 필요성 내지는 당위성을 보장하기 위해 공통적으로 몇 가지 전제를 가정하고 있는데 자연 상태(state of nature), 자연권, 자연법 등이 그것이다. 자연법에 관한 한 로크는 '전통적 견해'를 따르며, 『정부에 관한 두 논고』에서는 이를 정치 이론을 위한 근거로 원용하고 있다. 로크의 자연법 이론과 정치 이론이 관련되는 점은 두 가지로 요약된다.

첫째, 자연법은 정치적 평등과 완전한 자유의 근거를 보장해 준다. 자연법은 하느님의 명령이며, 인간은 하느님의 피조물이라 보고 확실성, 합리성 그리고 이성의 실재 등도 결국은 '하느님에 대한 믿음'이라는 대전제 위에서만 가능하다고 고백함으로써 로크는 기독교적 인간관을 받아들이고 있다. 그러나 로크는 하느님과 인간, 왕과 백성과의 수직적 관계보다는 하느님 아래에서 모든 인간의 수평적 관계에 더 강조점을 두고 있다. 인간은 모두 자신의 행동, 소유물 그리고 인격의 행사에 있어서 완전히 자유롭다는 가정과 (정치적) 힘 또는 재판권에 있어서 호혜(reciprocal), 평등(equal)하다는 주장은 모두 자연법의 한계 내에서 그러하다.[26] 이와 같은 자유, 권리, 평등의 관념들은 모두 정치론을 추론해 나가기 위한 전제들이 되며 이 관념들의 근거를 로크는 자연법에서 찾고 있다. 이는 17세기의 변모하는 사회사상, 즉 개인과 사회, 지배자와 피지배자 사이에 관계가 재정립되어 가고 있는 당시의 분위기를 적절히 수용한 결과로 보인다. 그럼으로써 로크에게 있어서 자연법은 하느님의 섭리권 아래에 놓여 있는 우주적 질서 또는 자연 속에 있는 내재적 합리성을 의미한다고 하기보다는 개인의 권리와 정치적 평등의 권리를 보장해 주는 작업 가설(working hypothesis)로서의 의미가 더 강했다. 잘 질서 잡힌 자연을 사회의 이상적 모델로 삼기보다는 합리적이고 평등한 개인들이 구성할 수 있는 자율적 사회를 기대하고 있다. 로크의 이런 기대는 기존의 사회체제, 즉 계급 질서를 정당화하거나 왕권신수설 같은 카리스마적 지배의 방식을 거부하는 근거로 발전하고 있다.

둘째, 도덕적 원리의 이상인 자연법은 정치적인 권리와 의무의 관념을 우리에게 갖도록 해 준다. 현대의 법 이론가들처럼 가능한 한 법의 정신적 뿌리를 자연법에 두지 않으려는 것과는 반대로 17세기의 법 이론가들은 상대적이고 제한적인 구속력을 지닌 실정법의 모델을 자연법에 두려는 경향이 강했다. 왜냐하면 자연법의 구속력은 보편적이고 영속적이라고 믿었기 때문이다. 따라서 자연법도 법인 한, 그 체계 안에는 권리 조항과 의무 조항이 반드시 들어 있는데 자연권(natural right)으로 대표되는 권리의 내용과 자연 상태에서 시민사회로 넘어가는 데 필요하고 또 시민사회의 유지를 위해 요구되는 의무의 내용은 실정법의 모범이 되었다. 로크도 자연법을 실정법의 상위법으로 간주했고 자연권과 자연적 의무를 모두 수반하고 있는 것으로 보았다. 자연권은 인간이 인간으로서 존재하는 데 반드시 필요한 권리이며, 인간의 본성에 그 뿌리를 두고 있다. 다시 말해 인간은 그 본성에 있어서 모두가 동일하다는 사실에 근거해서 어느 누구라도 똑같이 지니고 있는 권리를 곧 자연권이라 불렀다. 완전한 자유, 신 앞에서의 평등, 개인들의 상호 독립성 등은 천부적 권리 중의 하나이다. 이것 없이는 인간으로서 존재할 수 없으며 자연법을 거슬리지 않고 다른 사람의 이런 권리들을 빼앗을 수 없다.

4.2 권리와 자유의 확대를 위한 실질적 내용들

홉스는 개인들의 무한정적인 이기적 욕구와 '자기 보호'라는 자연 상태에서의 지상명령은 사회적 안정의 항구적 보장을 불가능하게 만들기 때문에 '리바이어던' 같은 완전한 통치자의 관리가 필요하다고 본다. 1인에 집중된 통치권의 합법적 구성 절차를 상세히 논의하고 있는 이유도 여기에 있다. 반면 로크는 사회의 안정을 위한 조건을 홉스처럼 통치권의 완전한 확립에 있다고 보지 않고 오히려 개인들의 기본적 욕구, 즉 소유에 대한 권리와 정치적 힘을 행사할 수 있는 자유의 확대에 있다고 본다.

이 두 철학자가 사회적 안정이라는 공통 목표를 두고 그 실현 방법에 있어 큰 차이를 보이고 있는 것은 인간에 대한 이해의 차이에서 비롯되었다기보다는 결국 그들이 경험한 각자의 정치적 상황의 차이 때문이라고 여겨진다. 홉스는 통치권의 부재(interregnum) 내지는 시민전쟁의 와중에서 무엇보다도 합법적 통치권의 확립을 선결 과제로 간주했을 것이다. 그러나 로크는 통치권의 정당성 여부보다는 잘못 사용되고 있는 군주의 통치권에 대해 견제할 수 있는 제도적 장치와 시민 계급의 정치의식 고양에 사회적 안정의 관건이 달려 있다고 보고 있다. 전자를 위해서는 『정부에 관한 두 논고』를 그리고 후자를 위해서는 『교육론』(*Some Thoughts Concerning Education*, 1693)을 쓰고 있다. 이 『교육론』이 개인주의의 바탕 위에서 자유와 평등 그리고 동의(consent)라는 가치들을 어떻게 교육할 것인가 하는 정치교육의 구체적 모델을 제공하고 있다면,[27] 『정부에 관한 두 논고』는 권리와 자유의 실질적 내용을 다루고 있다.

로크의 정치론은 홉스처럼 '자기 보호'라는 절체절명의 과제로부터 출발한다. 그러나 로크의 '자기 보호'는 이보다 넓은 의미로 사용되고 있다. 그는 종종 자기 보호라는 말과 생명, 소유물 등 넓은 의미의 '재산의 보호'라는 개념을 혼용하고 있다. 로크에 따르면, 자연 상태에서 평등하고 독립적인 개인들은 자기 보호의 실질적 내용으로서 '생명, 건강, 자유 그리고 소유물' 등 재산을 보호할 '권리'가 있다. 그리고 자신의 '자기 보호'가 위태롭지 않은 한, 다른 모든 사람의

'자기 보호'를 지켜 주어야 할 '의무'도 있다.[28] 이때 권리와 의무의 근거가 모두 자연 상태를 지배하는 자연법에 있음은 물론이다. 그리고 이 권리와 의무를 충실히 이행하기 위해서는 반드시 힘(power)이 있어야 하는데, 권리 행사를 위해서는 "자연법이 허용하는 한에서 자신과 다른 사람의 보호를 위해 적합하다고 생각하는 것은 무엇이나 할 수 있는" 힘이 필요하며, 의무의 수행을 위해서도 "자연법을 위반하는 사람에 대해 처벌할 수 있는 힘"이 필요하다. 그러나 개인들이 소유하고 있는 이와 같은 '힘'의 행사는 자연권에 의해 무제한적으로 가능하기 때문에 자연 상태에서 소유할 수 있었던 완전한 자유와 권리 그리고 재산의 향유는 "매우 불확실하며 끊임없이 다른 사람의 공격으로부터 노출되어 있어 불완전하다."[29] 자연상태에서 통제되지 않는 힘의 행사는 결국 홉스가 말한 그리고 로크 자신이 말한 '전쟁 상태'로 전락하고 만다.

그런데 여기서 주목할 것은 위에서 말한 두 종류의 힘이 자연법에 기초한 것으로 명목적인 '힘'에 불과하다는 점이다. 왜냐하면 로크는 홉스와 마찬가지로 자연 상태라는 개념을 실제 상황으로 보기보다는 설명을 위해 고안(考案)된, 즉 가설적 상황으로 이해하고 있기 때문이다. 따라서 자연 상태 내에서 행사할 수 있는 힘도 실제로 개인들이 구체적 상황에서 사용할 수 있는 힘은 아니다. 로크가 생각했던 실질적 힘은 '정치적 힘'으로서, "재산의 규제와 보존을 위해 사형제도를 포함한 모든 처벌을 수반하는 법률 제정권과 그런 법을 집행할 때나 외침으로부터 국가를 방어하기 위해 국가가 힘을 사용할 수 있는 권리였다."[30] 이 정치적 힘이 집단적으로 행사되는 것이라 하더라도 그 힘의 근거는 결국 개인들이 자연으로부터 부여받은 권리와 자유를 양도함으로써 발생한다는 것이 로크의 기본 생각이었다. 다시 말해 국가는 국민의 자발적인 '권리 양도'에 의해서만 진정한 정치적 힘을 가지게 되며, 개인들은 자신의 인격(person)과 노동력(labor power)의 소유로부터 진정한 '힘'을 가지게 된다.[31] 좁은 의미의 재산, 즉 물질적 소유의 발생 근거를 노동의 결과로 보는 로크의 생각을 '노동가치설'을 말하는 Marx의 생각과 동일선상에 놓으려는 시도도 있었다. 그러나 보다 더 중요한 점은 물질적 소유가 정치적 힘으로 전환될 수 있다는 사실을 파악했다는 점이다. 실제로 로크는 시민 계급을 규정할 때 재산의 소유 유무에 따라서 했고 무산자에게는 의회 선거권조차 부여하지 않았다. 이렇게 볼 때 로크가 염두에 두었던 '힘'은 명목적 힘으로서의 자연권, 집단적 힘으로서의 '정치적 힘' 그리고 사적(私的) 소유를 가능케 하는 노동력 이 세 가지였다. 이 힘들의 적절한 통제와 합리적 사용만이 안정된 사회를 가능케 한다고 믿었던 로크는 이후 '어떻게 이 힘들의 적절한 행사를 보장케 할 것인가?' 하는 문제에 그의 정치론을 할애하고 있다. 자연권을 상당 부분 포기하지 않는 한 인간은 전쟁 상태에 빠지게 되고, 통제되지 않은 정치적 힘의 남용은 정부의 와해를 초래하며, 무절제한 사적 소유의 허용은 다른 사람의 '소외된 노동'을 요구하게 된다.

잘 알려진 대로 로크는 사회계약론자이자 동의론자이며, 몽테스키외(Montesquieu)에 앞서 삼권분립(三權分立)을 제창한 철학자였다. 로크에 붙여진 이런 이름들은 위에서 언급한 세 종류의 힘 가운데 노동력을 제외한 두 가지 힘의 적절한 사용을 위해 그가 취한 정치적 태도를 대변하는 개념들이다. 불확실한 자연 상태 또는 전쟁 상태를 벗어나기 위해 개인들은 사형권(私刑權)을 포기하고 공동체 또는 시민사회(civil society)에 기꺼이 맡기게 된다. 사회의 최소 단위인 가족사회를 남자와 여자, 부모와 자녀 사이의 자발적 동의 및 계약에 의해 구성되는 것으로 보고 이를 유추하여 시민사회 역시 계약의 산물로 보고 있다.[32] 이 계약을 '원초적 계약(original compact)'이라고 부른다.[33] 또 일단 사회가 구성되고 나면 어떤 종류의 정부를 구성하는가 하는 문제는 구성원 다수(majority)의 동의에 의해 결정된다. 왜냐하면 시민사회는 다수의 동의에 의해 움직이며, 국가나 정부를 만들기 위해 필요한 모든 계약은 그런 사회에서 협동하고 결합할 수 있는 다수의 자유인의 동의일 뿐이기 때문이다.[34] 만장일치가 실제로 거의 불가능하다는 사실을 인식한 로크는 다수결의 원칙(rule of majority)은 자명한 것으로 판단했다. 비록 그가 다수의 횡포(tyranny of majority)에 대해 미처 자각하지 못했다 하더라도 인간의 불완전한 조건을 감안(勘案)할 때 최대한의 합리적 선택 방법은 다수결밖에 없다는 사실에 대해 확신하고 있었다. 이밖에 재산권의 제약도 오직 동의에 의해서만 가능하며, 정부 구성의 제1차적 목적도 넓은 의미의 재산 보호에 있으며, 정치적 자유의 보장을 위해 삼권분립을 말한 몽테스키외와는 달리 다수의 통치를 가능케 하는 입법부(의회)의 우위성을 강조한 삼권분립론[35] 등은 모두 개인의 자유와 권리의 확대를 가능하게 하면서도 '힘'의 남용을 억제하려는 로크의 깊은 의도가 드러난 이론들이었다.

5. 맺음말 - 로크 철학의 한국적 수용

유럽 사람들이 근대(17-19세기)를 겪으면서 얻어 낸 교훈은 무엇이었을까? 그들에게 있어서 근대 300년은 인간이 어떻게 존재하며 그 조건들은 무엇인가 하는 것에 대한 철저한 반성의 기회였으며, 시행착오를 감수한 새로운 시도들이 다양하게 전개되었던 시기였다. 불행하게도 유럽과는 달리 근대를 겪지 못한 우리 한국은 세계사에 유례없이 긴 왕권주의의 터널을 지나자마자 개화기라는 이름 아래 세계에 노출되었고 동시에 현대 세계 속의 한 부분으로 편입되었다. 그 후 우리는 정신적 전통이나 사회, 경제체제에 대한 심각한 반성의 과정도 없이 서구 문화 사회체제를 흉내 내며 지내 오고 있다. 해방 이후 40여 년간 우리는 현대 기술문명 속에 살면서도 사회 정치의식은 아직도 전근대적인 단계에 머물러 있음을 인정하지 않을 수 없다. 두 가지 점에서 그런 현상을 지적할 수 있는데, 하나는 국민의 '권리' 보다는 '의무' 개념이 보다 강조되고 있다는 점이며, 다른 하나는 통치자의 카리스마적 권위에 대해 아직도 일종의 향수를 가지고 있다는 점이다. 서양에서 목적론적 세계관이 지배하던 고대, 중세에는 국민의 복종이나 의무가 강조되었듯이 목적 지향적인 오늘의 한국 사회에서도 개인의 정치적 권리보다는 의무가 강조되는 경향으로 기울어져 있다. 그리고 정치적 목적의 다양성과 독창성을 반사회적인 가치로 적대시하려는 경향이 강해진다. 또한 계약의 정신이 뿌리내리지 못한 한국 사회에서 통치권의 창출 과정은 폭력을 수반하기 쉽고 카리스마적 권위는 동의에 기초한 합법적 권위보다 우선하는 경향이 있다.

17세기의 중심부에서 살았던 로크가 제시한 인간에 대한 이해와 정치적 전망은 도대체 오늘의 한국 사회에 어떻게 수용될 것인가? 앞에서 지적된 두 가지 사회 정치 의식에 있어서의 전근대성을 극복하기 위해 로크의 자유주의와 의회주의에 호소하는 일이 가능하다고 보여진다. 만약 한국 사회가 집단주의의 위험성, 즉 개인들의 다양성과 창조성이 방해받고 예외자들의 도전을 거부하는 위험을 안고 산다면 이에 대한 적절한 대안은 최소한으로라도 17세기의 자유주의 정신으로 돌아가는 일일 것이다. 왜냐하면 근대 자유주의는 인간이 경험적으로 성취할 수 있는 최대한의 목표이기 때문이다. 비록 그것이 낭만적인 환상일 뿐이라고 여겨진다 하더라도 그리고 만약에 물질적 소유에 관한 한 극단적인 이기주의가 한국 사회를 지배한다 하더라도, 이에 대한 대안 역시 계급 혁명에서 찾기보다는 오히려 로크의 재산 이론에서 교훈을 찾아야 할 것이다. 재산 발생의 근거를 노동력과 계약에서 본 로크는 개인의 과도한 재산 소유를 부도덕한 것으로 보기 때문이다.

끝으로 만약 한국 사회가 성숙한 민주주의를 향유하고자 한다면 1인의 영웅적인 통치에 기대하기보다는 다수의 합의에 의한 통치에 기대를 걸어야만 한다. 왜냐하면 로크는 왜 절대권을 지닌 1인의 통치보다 법률에 의한 통치와 의회주의가 덜 위험한가를 우리에게 가르쳐 주고 있기 때문이다. 비록 로크가 완전한 평등주의자도 아니며 충분히 진보된 민주주의자도 아니었지만 유럽 사람들이 근대를 건너가는 데 중요한 징검다리 역할을 한 것은 틀림없다. 로크를 비롯한 근대 철학자들의 흔적을 살펴봄으로써 한국 역사 속에서 생략된 채 넘어간 유럽의 근대화 과정을 다시 반추해 보는 일은 결코 무의미하거나 시대착오적인 행위는 아닐 것이다.

1. 박정희의 '조국 근대화'와 근대철학

1980년 초는 한국에서 서양철학을 전공하는 사람들에게 해외 유학의 문이 오늘날처럼 그렇게 활짝 열려 있던 때는 아니었다. 대부분 서양철학 전공을 위해서는 미국이나 독일의 대학을 선택하던 것이 상식적이었다. 그런 것에 비하면 영국 대학을 선택한 나의 결심은 다소 무모해 보였다. 학비도 비싸고 아르바이트도 할 수 없는 나라였기 때문이다. 그러나 나는 처음부터 유학의 대상국에서 미국은 배제했다. 그 이유는 서양의 근대를 공부하려는 나의 뜻에 더 적합한 나라는 미국이 아니라 유럽이라고 생각했기 때문이다. 서양철학의 전통은 유럽에 있으며, 특히 근대정신의 진원지는 그곳이기 때문이다.

유럽의 근대정신이 무엇일까? 이는 나에게 아주 오래된 질문이었으며, 그 물음의 시작은 역설적으로 군사독재 정권으로부터 시작되었다. 5.16 군사 쿠데타 정권이 통치의 명분으로 내세운 '조국 근대화'라는 슬로건을 초등학교 시절부터 중, 고등학교를 거치면서 항상 들어야 했고, 뇌리에 각인되었다. 책을 통해서가 아니라 독재자의 음성을 통해 듣게 된 근대화는 마치 내게 던져진 선승(禪僧)의 화두와 같았다. 우리 역사에서 근대라고 말할 수 있는 시기가 있었다면 그때는 언제부터인가? 이런 역사가들의 물음이 나의 탐구 대상 안에 있지는 않았다. 그보다는 서양의 근대는 언제부터이고, 그 정신의 핵심은 무엇인가가 나의 관심 대상이었다. 따라서 서양 근대철학의 문을 연 17세기 철학자들에게 시선을 돌리는 일이 내게는 공부의 시작점이었다.

홉스는 나의 평생에 걸친 지적인 탐험을 출발하게 만든 베이스캠프와 같은 인물이었다. 그로부터 로크와 흄으로 이어지는 영국경험론은 내가 평생 좇았던 학문적 노선이었다. 나는 경험주의자이다. 그러나 내가 경험주의자라고 말하는 것은 좁은 의미에서 인식론의 범위를 넘어서 삶 전체를 관통하는 태도를 말한다. 인간을 바라보는 태도, 사회나 국가의 구성 원리를 해석할 때 나는 경험의 우선성을 강조하려는 태도를 항상 견지해 왔다. 이성이나 이념, 추상적 관념을 전제로 한 설명에는 언제나 한걸음 물러서 있었다. 인간은 이성적 동물이지만 동시에 감성, 감정, 욕망의 에너지가 이성보다 훨씬 더 압도적인 힘을 발휘할 때가 더 많다는 것에 동의한다. 또 사회나 국가도 이념 공동체로 이해하기보다는 자기보존과 욕망의 극대화를 위한 정글과도 같은 전쟁터로 이해하고자 한다. 사회나 국가는 이런 전쟁터 같은 삶의 환경에서 게임의 규칙이 작동되는 곳일 뿐이다. 이런 관점에서 홉스, 로크 그리고 흄에 관한 글은 시작되었다.

「존 로크의 인간론과 정치론에 대한 한 해석」은 근대인이란 어떤 인간인가? 하는 물음을 로크의 관점에 서서 바라보려는 시도이다. 본문 3절에서 밝혔듯이 로크의 인간 이해는 그의 정치론을 전개하기 위한 전제이다. 그리고 4절에서 언급하고 있듯이 로크의 정치론은 17세기 격변하는 영국 사회의 정치적 안정을 위한 시론(試論)이다. 이 글은 「민주주의에 대한 철학적 반성」과 같은 해에 나왔다. 1989년 당시의 정치적 상황에서 민주주의 정치론은 시론의 성격을 지닐 수밖에 없었다. 그것도 17세기 로크의 정치론을 통해 민주주의의 원형을 복원하려는 목적으로 쓴 이 글은 당연히 실험적인 글에 불과하다. 자유민주주의를 토대로 한 사회적 안정은 1989년 당시에는 지금보다 훨씬 절박한 문제였다.

21세기를 살아가고 있는 우리는 스스로 동시대인이자 현대인이라 부른다. 현대인이란 명칭은 시간상 한 세대를 가늠하는 30년이나 두 세대를 아우르는 60년 안에서 삶을 공유하는 이들을 지칭하는 것이 일반적이다. 그러나 너무도 빠르게 변하는 현대 한국 사회에서 한 세대 30년의 기준은 너무도 느슨하다. 세대를 지칭하는 명칭들의 등장을 보면 그 시간 간격은 더 짧아지고 있다. 그러나 이런 세대들의 변천에도 불구하고 현대인은 그 안에 근대인의 유전자를 지니고 있다. 그 유전자 정보를 파악하는 일은 우리가 어디서 왔으며 누구인지를 알아내는 방법이다. 그리고 근대인의 유전자 정보를 알아내는 접근법은 근대철학자들이 어떻게 자신들을 규정했는지를 아는 일이 우선되어야 한다. 로크의 인간론도 그런 시도 중의 하나이다.

한때 포스트모더니즘(post-modernism) 또는 해체주의 논쟁에서 자주 지적되었던 문제 가운데에는 근대와 포스트 근대 사이에 어떤 관계가 있는가 하는 물음이 있었다. 포스트모더니즘이 근대의 연장선 위에 있는 것인가 아니면 근대와는 단절된 새로운 시대의 도래를 말하는 것인가 하는 물음이었다. 그 논쟁의 어느 쪽이든지 후기 근대주의나 해체주의 논점 모두 근대성 또는 근대인의 특징들에 대한 비판적 반성으로부터 시작되었다는 점은 분명하다. 따라서 현대철학자들이 현대인의 특성을 이야기하기 위해서는 근대인에 대한 이해로부터 시작해야만 한다. 「로크의 인간론과 정치론에 대한 한 해석」은 17세기 영국 경험주의 철학자의 시각에서 근대인을 어떻게 파악하고 있는가를 살펴봄으로써 현대인의 정신적 유전자 안에 들어 있는 근대의 특성을 찾아보려는 시도였다.

2. 로크 철학의 세 가지 열쇠 말

로크 철학의 전체를 관통하는 열쇠 말(key words)을 나는 '자유', '불완전성' 그리고 '동의'라는 세 개의 개념으로 보았다. 그리고 이 세 개념은 각각 독립적이라기보다는 상호 연결되어 있다고 보았으며, 인간의 본성을 규정할 때나 정치 사회의 구성 원리를 설명하는 데 동원될 수 있는 개념적 도구로 보았다. 서양의 근대 이전에 인간을 바라보는 여러 시각 중에 가장 영향력이 컸던 것은 그리스도교의 인간관이었을 것이다. 인간의 본성에 대한 그리스도교의 가르침은 원죄설로 압축되어 있다. imago Dei, 즉 신의 이미지로 창조된 인간에게는 자유(의지)가 주어졌고, 그 자유의 활동은 선한 인간의 본성마저 악으로 타락시킬 만큼 위력적이었다. 자유는 신이 인간에게 제공한 선물이었으며, 그 자유에는 실수하고 죄를 저지를 수도 있는 자유도 포함되어 있다. 창조자 신의 관점에서 원죄는 죄의 뿌리이지만 인간의 시각에서 보면 원죄는 온전한 인간의 자유를 확보하는 순간이라 할 수 있다. 그리스도교의 가르침에 따르면, 인간은 신의 은총과 믿음 없이는 결코 원죄로부터 해방될 수 없으며, 영원히 불완전한 존재로 남아 있을 수밖에 없다. 그리고 그 불완전성은 자유로부터 시작되었으며 결코 극복할 수 없는 존재론적 한계의 경계선이 되었다. 그러나 르네상스를 거치면서 근대에 이르러 인간은 은총과 믿음의 자리를 이성과 지식으로 대체하였으며, 교회와 종교로부터 스스로 해방되고자 노력했다. 그러나 근대 이전이나 이후에도 자유와 불완전성이라는 인간의 본질적 특성은 그대로 유지되었다. 단지 변한 것은 유적 존재로서의 인간에 대한 보편적 성질에 대한 철학적 관심이 개인에 집중되기 시작한 것이다.

이런 관심 대상의 변화는 마치 고대 아테네 철학이 보편적 인간의 문제에 집착했다면, 아테네 철학의 몰락 이후 등장한 쾌락주의와 금욕주의 철학이 개인의 행복 문제에 집중하는 것과 같다. 보편적 인간의 문제 해결을 통해 개인의 문제를 그 안에서 파악하려고 했다면, 근대의 개인주의는 개인의 문제 해결을 통해 보편적 인간의 문제를 파악하려는 패러다임의 전환을 시도했다. "나는 생각한다. 그러므로 나는 존재한다(cogito ergo sum)."는 데카르트의 대명제는 이런 태도의 변화를 상징적으로 보여 주고 있다. (보편적) 존재의 순서(ordo essendi)에 따라 철학을 시작하는 것이 아니라, (나의) 인식의 순서(ordo cognosceni)에 따르겠다는 데카르트의 선언은 근대인의 자기규정의 한 모델을 보여 주고 있다.

개인으로서의 나를 통해 타인과 사회, 국가를 이해하려는 태도는 홉스와 로크 그리고 흄에 이르는 영국경험론자들에게도 공통적이었다. 저 밖에 있는 수많은 사람을 내가 알기는 어렵지만 내가 나를 알기는 쉬운 일이다. 그리고 나를 통해 타인을 이해하는 일이 가능한 이유는 사람들 사이에 있는 유사성 때문이다. 홉스가 『리바이어던』 서문에서 말하고 있는 것처럼, '한 사람의 생각과 정념이 다른 사람의 그것과 유사하며, 자기 자신을 들여다보면서 그것을 미루어 다른 사람의 생각과 정념을 읽고 알 수 있다.' 로크가 『인간 오성론』 서문에서 같은 말을 하고 있다는 것도 전혀 이상하지 않다. 흄의 말처럼, '자연이 인간들에게 제공하는 위대한 유사성' 때문에 인간의 마음은 서로에 대해 서로를 비추어 주는 거울과도 같다.

근대인의 유전자 안에 개인주의 성향은 강한 우성 인자로 자리 잡기 시작했다. 근대 초기의 자유주의 운동은 개인의 주체성과 독자성을 전면에 내세우는 개인주의 이념의 성장에 좋은 영양분을 제공했다. 집단, 즉 가정, 사회, 민족 또는 국가와 같은 집단의 한 구성원의 지위를 떠나 개인을 독립적인 주체자로서 보기 시작한 근대적 자아는 자기 정체성을 새롭게 확보해야 할 필요성을 자각할 수밖에 없었다. 홉스가 개인을 자기보존 욕구의 주체자로 본 것처럼 로크는 자기보존 욕구의 실현을 위해 필요한 힘(power)의 행사 주체자로 보고 있다. 힘의 행사자는 홉스가 말하는 물체 운동의 작용자(agent)와 다를 바 없다.

앞에서 나는 로크의 자유, 불완전성 그리고 동의개념이 서로 연결되어 있다고 말한 바 있다. 그리고 그 자유 개념의 특징을 더 분명하게 하기 위해 내가 동원한 개념은 소위 로크의 백지설(tabula rasa)이었다. 내가 백지설을 이용해서 자유 개념을 설명할 때는 솔직하게 말해서 자유의 이념에 너무 함몰되어 있었다는 것을 고백하지 않을 수 없다. 그러나 지금 다시 돌이켜 보면 로크의 백지설은 다시 해석해 볼 만한 여지가 많다. 마치 홉스가 시민사회의 필요성을 설명하기 위한 가설적 전제로 자연 상태라는 개념을 동원했듯이 로크의 백지설은 경험주의자로서 인식에 있어서 경험의 일차성 또는 우선성을 강조하기 위한 전략적 개념으로 보아야 한다. 즉 백지설은 하나의 작업가설(working hypothesis)로 보아야 한다. 또 인식의 자유를 강조하기 위한 하나의 요청으로 보아야 한다. 이는 마치 논어에서 말하는 회사후소(繪事後素), 즉 그림을 그리는 일(경험)은 흰 바탕(백지)이 먼저 있어야 그 후에 가능하다는 뜻과 같은 의미일 것이다.

1989년 당시 내가 자유의 이념에 함몰되어 있었다고 말하는 것은 자유를 너무 이상적이자 선험적이며 반론이 불필요한 완전한 가치로 해석하고 있었다는 의미이다. 인간의 불완전성도 이 자유로부터 뿌리하고 있다는 사실에 주목하지 못했다. 그리고 자유의 한계에 대해서도 심각하게 인식하지 못했다. 그 결과 로크의 백지설을 필요 이상으로 확대해석하게 되었다. 이런 경우 로크의 백지설은 근원적으로 자유와 불완전성의 개념과 충돌이 발생할 수도 있다. 개인들 안에는 백지 또는 빈방 같은 것이 존재하지 않는다. 로크가 경험 이전의 심리상태를 백지와 같다고 했다 하더라도 실제로 백지 같은 상태는 존재하지 않는다. 개인에게 있어서 자기보존 욕구, 즉 욕망은 그 어떤 것에 앞서서 내재되어 있다. 그리고 개인의 인식이나 존재에 있어서 불완전성 역시 백지에 각인된 선험적 조건이라 할 수 있다. 따라서 백지 상태란 제한적으로만 사용될 수 있는 개념이다. 따라서 자유를 강조하기 위해 백지설을 동원한 것은 나의 잘못된 시도로 볼 수밖에 없다.

인간을 어떻게 볼 것인가에 따라 좋은 정치의 형식과 내용이 결정될 수 있다. 그리고 현실 정치에 대한 상황 인식은 정치적 문제 해결의 방법을 결정하기도 한다. 홉스가 경험했던 시민전쟁과 왕권의 불안정성은 절대 권력과 정당한 통치권의 확고한 토대를 마련함으로써 권력의 절대적 안정을 확보할 수 있다고 믿도록 만들었다. 그러나 시민전쟁에서 승리한 의회주의자들이 왕을 단두대에서 처형하는 것을 먼발치서 군중들의 함성으로 경험한 로크는 통치권의 확고한 안정보다는 왕권과 의회 권력의 견제와 균형에 더 주목했을 것이다. 의회 민주주의의 토대를 마련하는 일이 곧 정치 사회의 안정을 확보하는 길이라 믿었다. 그리고 그 이론은 근대인이란 어떤 존재인가 하는 이해와 직접 연결되어 있다. 자유, 자연법, 소유적 개인주의, 불완전성, 동의 등은 모두 인간에 대한 이해이자 정치론을 구성하는 데 필요한 전제 조건들이었다.

한 사람의 통치보다는 다수의 통치가 덜 위험하다는 생각은 로크 자신이 직접 경험한 17세기 영국 정치사의 산물이었다. 왕권의 안정적 유지를 통해 정치적 혼란을 방지하고, 삼권분립을 통한 의회주의의 확립을 통해 권력의 견제와 균형을 이루려고 했던 로크의 꿈은 이후 영국 정치사를 통해 실현되었다. 로크가 직접 경험한 1688년의 명예혁명 이후 영국은 정치적 안정을 확보했으며, 입헌군주제와 의회민주주의의 공존이 가능한 정치를 만들어 냈다. 로크의 정치론은 이를 위한 이론적 토대를 제공했다.

사람은 누구나 자신이 살아가는 사회와 문화의 영향을 받지 않고 자유로울 수는 없다. 로크의 정치론이 홉스의 그것보다 훨씬 온건한 것은 이들이 살았던 시대가 서로 다르기 때문이기도 하다. 전쟁과 헌정 중단의 시대를 살았던 홉스는 정치적 권위의 정당성을 확보함으로써 안정적인 왕권을 구축하는 일이 시급했다. 이를 위해 그가 사회계약론을 들고나왔다면, 로크는 이보다는 의회주의자들의 승리를 등에 업고 절대 왕권이 누렸던 권력을 제한함으로써 의회와 왕권과의 권력 분점을 제안했다. 1689년의 '권리장전(Bill of Rights)'은 의회와 왕과의 동의가 만들어 낸 의회 민주주의의 초석이 되었다. 로크가 인식론에서 진리의 성격 규정을 동의에서 찾았던 것과 같은 연장선 위에서 정치적 동의개념을 들고 나온 것은 자연스러웠다. 계약과 동의를 유사한 개념으로 사용할 수는 있지만, 홉스가 계약론에 그리고 로크가 동의론에 더 무게를 두고 있다는 점을 간과해서는 안 된다. 계약이란 용어가 명목적으로 법적 구속력이 더 강한 것으로 보인다면, 동의라는 말은 관습에 가까운 행위로서 구속력은 느슨해 보이지만 현실적 타당성은 더 높아 보인다. 계약론은 실제 통치자와 신민 간에 계약 행위가 이루어진 것을 말하는 것이 아니라 통치적 권위의 출처를 설명하기 위한 장치에 가깝다. 반면 동의론은 암묵적 계약처럼 사회 구성원들 사이에 형성된 느슨한 연대 의식과 같은 것으로 이해된다.

3. 21세기에서 본 로크 철학

로크의 3대 저작이라 할 수 있는 『인간 오성론』, 『정부에 관한 두 논고』, 그리고 『관용에 관한 편지』가 출판된 1689년과 1690년을 기준으로 볼 때 330여 년이 지난 지금에 와서 로크의 철학은 얼마나 우리에게 유산을 남겼을까? 일반 철학사에 기록된 로크 철학도 3대 저작을 중심으로 기술되어 있고, 그 주제는 인식론, 시민 정부론, 종교적 관용론이 핵심을 이루고 있다. 이 가운데 인식론을 제외하면 모두 현실 세계와 밀접한 관련이 있는 주제들이며, 그 현실은 로크 자신이 살아온 삶으로부터 나온 경험의 기록들이다. 앤서니 애쉴리 쿠퍼 경(후에 제1대 샤프츠베리 백작)과의 친분은 로크에게 현실 정치에 눈을 뜨게 해 주었다. 홉스가 평생에 걸쳐 인연을 맺은 카벤디쉬 가문이 있었던 것처럼 로크에게는 제1대 샤프츠베리 백작과의 인연이 있었다. 참으로 운명을 결정지을 만큼 소중한 만남이라 할 수 있다. 샤프츠베리 백작의 비서로서 식민지 북아메리카의 캐롤라이나 정부를 위한 기본 헌법 초안 작업에도 로크는 참여하였다. 이외에도 네덜란드로 간 정치적 망명, 명예혁명 이후 정부의 여러 기구에 참여함으로써 로크는 현실 정치에 깊게 관여하게 된다. 자유주의와 입헌군주와 의회의 권력 분립은 오늘의 영국과 서양 민주주의의 기초에 로크의 정치론이 남긴 긴 유산이라 할 수 있다.

로크의 종교론, 즉 관용에 관한 견해 역시 그가 직접 겪은 경험으로부터 받은바 영향이 크다 할 수 있다. 당시 네덜란드는 종교적으로 가장 개방적인 나라였고 로크는 그것을 망명 중에 직접 경험할 수 있었다. 1685년 망명 중에 듣게 된 프랑스 루이 14세가 발표한 퐁텐블로 칙령은 (가톨릭과 위그노의 공존을 인정한 앙리 4세의 낭트 칙령을 뒤집는 칙령이었다) 로크에게 종교적 자유가 정치로부터 분리가 되어야 한다는 확신을 하도록 해 주었다. 교회의 목적은 영혼을 구원하는 데 있으며, 국가는 종교를 강요할 권리가 없다는 로크의 생각은 여전히 지금도 유효한 정교분리(政教分離)의 원칙을 천명하고 있다.

그러나 종교적 관용에 대한 로크의 견해에 한계를 보인 점은 옥에 티와 같다. 로크가 영국 국교인 성공회와 다른 여러 개신교 교파들이 상호 공존하도록 관용 정책을 지지했음에도 불구하고 무신론자와 가톨릭교회에 대해서는 예외로 하고 있다는 점이다. 로크는 교황의 무오류설(Papal infallibility)이나 교황의 정치적 권위가 국내 정치에 간섭할 수 없다는 등 교황제에 대해 강한 부정적 견해를 가졌다. 그런 이유로 로크는 종교적 관용의 대상에서 가톨릭을 제외하였으며, 그 점이 자신의 종교적 관용론과 배치된다는 사실을 인식했는지는 확실하지 않다.

지금의 관점에서 로크 철학 전체를 보면 그는 이론과 실천의 균형 감각을 잘 유지했던 철학자로 보인다. 경험주의자답게 그의 철학은 언제나 현실을 토대로 하고 있고, 현실 문제에 대해 철학적 해답을 제공하고자 노력했던 사람으로 보인다. 두 영역이 균형 있게 구성되어 있다는 점이다. 현실 정치의 문제뿐만 아니라 종교적 자유, 교육론 등 삶의 현장에서 제기된 문제들에 대해서도 적극적으로 응답하고 있다.

17세기 중심에 살았던 로크가 민주주의의 이념적 토대로 제시한 정치적 전망을 20세기 후반기의 한국 사회에서 평가하는 일과 다시 30년이 넘게 지난 지금 다시 회고적 재검토를 해 보는 일에는 분명 차이가 있을 것이다. 위 논문의 맺음말(-Locke 철학의 한국적 수용-)에서 나는 우리 사회의 전근대적인 정치의식의 특징을 두 가지로 압축해서 설명했다. 하나는 우리에게 '권리' 개념보다는 '의무' 개념이 아직도 더 강조되고 있다는 것과 카리스마적 권위를 지닌 한 명의 통치자에게 향수(鄕愁)를 느끼고 있다는 것이다. 이 중 첫 번째는 수정이 불가피하다. 밀레니엄 세대부터 MZ 세대의 출현까지 한국 사회의 시민 의식이나 정치의식은 놀라울 정도로 변해 왔다. 집단주의의 위험성을 걱정했던 1989년 당시의 우려는 이제 기우에 불과하며 오히려 반전이 일어났다고 보아야 한다.

지난 30여 년 동안 한국 사회는 그 어느 때보다 견고한 시민사회로 성장해 왔으며, 개인의 자유와 권리가 공동체에 대한 의무보다 더 소중하다는 의식이 널리 확장되었다. 시민으로서 감당해야 할 여러 가지 의무조항이 확장된 것 그 이상으로 권리 보장에 대한 법적 장치들이 훨씬 더 많이 보강되어 왔다. 권리와 의무는 같은 비중으로 강조되어야 하지만 지난 밀레니엄 세대 이후 이들의 의식 안에서는 의무보다 권리가 더 큰 비중을 차지하고 있는 것으로 보인다. 권리보다는 의무에, 개인보다는 자기가 소속된 집단의 이익을 먼저 생각하는 것이 옳은 것으로 교육받아 온 기성세대의 눈으로 보면 이런 변화가 뭔가 잘못된 것으로 보일 수도 있다. 그러나 나는 이런 변화가 자연스럽고도 긍정적인 것으로 판단한다. 이런 점에서 1989년 당시에 한국 사회의 전근대적인 정치의식으로 진단했던 나의 판단은, '그때는 맞고 지금은 틀린 것' 으로 보아야 마땅하다.

그러나 두 번째 진단, 즉 카리스마적 권위를 지닌 일인 통치 방식을 더 선호하고 있다는 것은 여전히 유효한 것으로 보인다. 1950년대와 6-70년대에 반공교육을 받았던 세대들은 독재의 폐해를 경험하면서도 동시에 독재정치에 어느 정도 익숙했던 세대이다. 어느 지점에서는 독재의 필요성을 요청하기도 했다. 지금은 거의 없지만 내가 속한 세대나 선배 세대들 사이에서 '우리 한국 사람은 독재가 필요해' 또는 '조선인(한국인)은 맞아야 말을 듣는다' 라고 말하는 사람들이 주위에 꽤 있었던 것으로 나는 기억하고 있다. 말(토론)이 많고 혼란과 분열로 치닫는 과열된 정치 열풍에 대한 피로감 때문에, 또는 좀 더 카리스마 있는 국가 지도자가 필요하다는 뜻으로 이런 말을 이해해 볼 수는 있어도 이런 말은 노예 의식, 굴종 의식에서 나온 말이다. 한 사람의 영웅이 난세를 구할 수 있을 것 같은 기대는 환상에 불과하다. 그리고 이런 환상은 형태를 달리하면서 지금도 우리들의 정치의식 안에 자리 잡고 있다. 독재의 위험을 그렇게 경험하고서도 여전히 대통령제를 더 선호하고 있는 우리의 의식은 왕권 시대의 잔재와 뿌리를 같이하고 있다.

위 논문의 말미에서 나는 물질적 소유에 대한 우리의 극단적인 이기성에 반성이 필요하다면 로크의 재산권 이론에서 그 대안을 찾아야 한다고 제안했다. 지금 돌이켜 보면 1989년에 한 이 제안은 그 후 한참 동안 잊고 있었다. 그리고 11년이 지난 2004년에 나는 「존 로크의 재산권 이론: 단서 조항과 정의론에 대한 재해석」이라는 제목의 논문으로 대안을 제시했다.

6
존 로크의 재산권 이론: 단서 조항과 정의론에 대한 재해석

1. 서론

A.N. 화이트헤드(Whitehead)는 17세기를 '천재들의 세기(century of genius)' 라고 말하면서 12명의 천재적 철학자와 과학자를 열거하고 있는데 로크는 그중의 한 사람이다. 그는 영국경험론 철학의 한가운데 위치하면서 베이컨과 홉스로부터 경험주의 정신을 이어받아 버클리와 흄에게 전승해 주는 징검다리 역할을 하고 있다. 서양 근대 철학사에서 로크를 평가할 때 그에게 붙여지는 이름은 영국경험론 철학자, 자유 민주주의의 토대를 놓은 정치철학자 그리고 근대 최고의 종교적 관용론자 등이다. 이런 평가는 주로 로크가 저술한 3대 작품이 기준이 되고 있다. 『인간 오성론』(*An Essay concerning Human Understanding*), 『정부에 관한 두 논고』(*Two Treatises of Government*) 그리고 『관용에 관한 편지』(*A Letter concerning Toleration*)가 그것

들이다. 그래서 인식론, 정치철학 그리고 종교철학은 로크 사상의 핵심 주제들로 이해되고 있다.

그러나 로크의 삶과 그의 다른 작품 세계를 조금만 깊게 들여다보면 그가 당대 최고의 경제 전문가라는 칭호가 결코 어색하지 않을 만큼 현실 정치와 경제정책에 해박한 지식을 가지고 있음을 보게 된다. 그를 경제학자로 보는 이는 드물지만 1692년에 출판한 『이자율 하락의 결과와 화폐 가치의 상승에 대한 몇 가지 고찰』과 1695년에 나온 『화폐 가치의 상승에 대한 고찰에 더하여』라는 논문을 통해서 로크는 화폐 가치의 수량 이론을 정확하게 설명하는 선구적 경제학 이론가의 모습을 유감없이 보여 주고 있다.[1]

이 글의 목적은 『정부에 관한 두 논고』, 특히 2권 5장(재산에 관하여)을 중심으로 전개되고 있는 로크의 재산권 이론을 정리하는 데 있다. 로크의 재산권 이론을 다룬 연구 논문들의 대부분이 같은 텍스트에 의존해서 조금씩 다른 해석을 내놓고 있다. 필자가 접한 연구 논문 가운데 1950년 J.W. Gough가 쓴 *John Locke's Political Philosophy-eight studies* 제4장이 가장 오래된 논문이며, 그 이후 몇몇 연구가들에 의해 논의되어 왔다.[2]

로크의 재산권 이론을 재구성하는 데 있어서 필자는 세 가지 방식으로 접근하고자 한다. 첫째, 자유와 동의라는 두 가지 이념과 힘(power)의 행사자이자 소유적 개인주의자인 인간에 대한 이해가 그의 재산권 이론의 밑바탕에 강하게 자리 잡고 있음을 밝히려고 한다. 로크가 고전적 자유주의자(classical liberalist)이자 개인주의자임이 자연스럽게 드러날 것이다. 둘째, 『정부에 관한 두 논고』 5장의 내용을 중심으로 로크의 재산권 이론을 재구성하는데, 주로 로크의 단서조항 분석과 노동 개념 분석이 주가 될 것이다. 이로써 우리는 로크가 자신의 시대에 제 궤도에 오르기 시작한 초기 자본주의를 어떻게 정당화하고 있는가를 보게 될 것이다. 그리고 마지막으로 로크의 재산권 이론 속에 들어 있는 정의(justice)와 자선(charity) 행위가 상호보완적인 관계에 있다는 점을 살펴보려고 한다.

2. 로크 철학의 일이관지(一以貫之): 자유와 동의

로크의 인식론, 정치철학 그리고 종교철학을 관통해서 흐르는 핵심 사상은 무엇이며, 이들 사이에 어떤 연관성이 있는가에 주목한 사람은 많지 않다. 그의 3대 작품이 1689년에 동시에 출판되었다는 점 이외에 이들 사이에는 자유와 동의라는 두 가지 개념이 연결 고리 역할을 하고 있다. 로크는 '인간은 자유롭고 평등한 존재'[3]라는 사실을 대전제로 삼아 그의 모든 논의를 전개시키고 있다. 그리고 그의 동의(consent) 개념은 정치적 행위의 근본 원리로, 진리를 결정하는 기준으로, 그리고 종교적 선택의 조건으로 작용하고 있다는 것을 로크는 우리에게 보여 주고 있다.

2.1. 자유

『정부에 관한 두 논고』에서 로크는 정치적 자유의 당위성을 잘 드러내 주고 있다. 1689년에 출판되었을 때 로크의 이 작품은 홉스의 『리바이어던』을 표절했다는 시비에 휘말리게 된다. 로크는 강력하게 부인하고 있으나 자연법, 사회계약론, 개인주의 이념의 초석을 놓은 홉스의 자유주의 전통을 계승하고 있다는 점은 분명하다. 그리고 로크 연구가들은 대부분 이 작품이 1688년 명예혁명을 정당화하기 위해 저술되었다고 보았으나 피터 라스렛(Peter Laslett)의 연구 이후 이 해석은 비판되고 있다. 라스렛에 의하면 로크가 이 작품을 완성한 것은 1683년경의 일이기 때문에 몇 년 뒤에 있을 명예혁명을 정당화할 수 있는 논거를 제시할 수 없었다는 것이다.[4] 오히려 로크의 이 작품의 내용은 로크의 정치적 후견인인 샤프츠베리 백작을 통해 혁명 전 영국의 현실 정치에 반영되었을 것으로 추정할 수 있다.

『인간 오성론』에서 로크는 진리를 찾아내려는 인간의 지적 능력이나 정신이 자유롭다는 전제에서 출발한다. 이 책을 시작하면서 제일 먼저 다룬 주제가 '본유관념에 관하여'인데, 이는 데카르트의 본유관념을 직접 비판하기 위해서가 아니었다. 인식의 주체자인 인간의 정신이 자유롭기 위해서는 본유관념 같은 정신적 장애물을 제거하는 일이 필요했기 때문이었다. 경험론의 선구자 베이컨이 새로운 학문의 세계를 열기 위해 마음의 우상을 제거할 것을 권고했던 것처럼 로크는 인간의 마음을 빈방이나 백지(tabula rasa)와 같이 만들었다. 기존의 이론이나 권위에 속박되지 않고 오직 인간 정신의 자유를 담보로 할 때 지적인 탐구 활동을 시작할 수 있다고 믿었다. 경험에만 의존하고 인간의 지적 능력이 이끄는 대로 따라간다면 확실한 지식에 도달할 수 있다는 믿음을 가졌다. 이런 믿음의 바탕에는 인간 정신의 자유로움에 대한 신념이 자리 잡고 있었다. 정치적 자유와 마찬가지로 인간의 정신적 자유, 지적 능력의 자유를 로크는 믿었다.

또 도덕적 행위자(moral agent)로서 인간은 자유로운 존재라는 사실을 확신했다는 점에서 로크는 자유의지론자의 대열에 서 있다. 『인간 오성론』 2권 21장 12절에서 로크는 개인의 도덕적 자유를 강조하고 있다. "자유란 마음의 선호에 따라 행동하거나 하지 않을 수 있는 힘이다." 그리고 그 힘을 행위자가 가지고 있을 때 그는 자유롭다. 로크는 욕망을 통제할 수 있는 힘을 소유한 사람을 도덕적 인격체(moral person)로 보았다.

『관용에 관한 편지』에서 로크는 정치적 자유에 상응하는 종교적 자유의 독립성을 강변하고 있다. 종교적 자유는 두 가지 조건이 만족될 때 가능하다. 하나는 국가가 개인의 종교적 선택에 간섭해서는 안 된다는 조건이며, 다른 하나는 인간의 영혼이 자유롭다는 믿음을 인정해야 한다. 정치와 종교의 완전 분리를 통해 국가와 교회가 서로를 인정하고 간섭하지 않는 사회제도의 확립이 종교적 자유의 필수 조건이 된다고 로크는 믿었다.

자유는 이 세 권의 작품 밑에 흐르는 공통의 연결 고리인 것이 틀림없다. 로크를 홉스와 더불어 영국 고전적 자유주의자라 평가하는 것은 지극히 정당하다.

2.2. 동의

동의(consent)개념은 자유와 마찬가지로 로크 철학을 관통해서 흐르는 또 하나의 중심축이다. 존 플라메나츠(John Plamenatz)에 의하면, 로크는 동의개념을 여러 가지 의미로 사용하고 있는데 그 중심 의미는 "자발적인 합의(voluntary agreement)"라고 말할 수 있다.[5] 동의는 인식론적 맥락에서 말하면 어떤 명제나 신념에 찬성(assent)하는 것을 의미한다. 본유관념(innate idea)이나 선험적 원리를 비판하면서 인식론적 논의를 시작하고 있는 로크는 진리와 인식의 정당화 근거를 관념들의 일치(agreement)와 불일치, 명제에 대한 찬성(assent) 여부에서 찾고 있다. 일치와 불일치, 찬성과 반대는 동의 행위와 관련되어 있다. 따라서 동의는 진리와 지식을 결정하는 기본 원리이다. 마찬가지로 정치론의 맥락에서 동의를 말한다면 그것은 모든

정치적 행위의 기본 요소를 의미한다.[6]

가부장적 사회에서 아버지의 권위는 자식들이 그 권위를 인정하고 동의하기 때문에 가능하다는 것을 보여 준 것이 그의 『정부에 관한 두 논고』 1권에서의 주요 내용이다. 로버트 필머(Robert Filmer)가 가부장적 권위의 선천성을 주장한 것에 대해 비판하면서 아버지의 권위와 그에 대한 자식들의 복종도 사실은 자식들의 동의에서 비롯된다는 것이 로크의 생각이었다. 마찬가지로 정부의 권위가 개별 국민의 동의에서 나온다는 것을 보여 주려는 것이 2권에서의 주요 목적이었다. 사회계약도 결국 계약 당사자들인 개인의 동의가 있어야 가능하다. 다시 말해 사회와 정부 구성의 원리는 동의로부터 시작된다. 그런데 로크는 보편적 동의(universal consent)에 대해 부정적이다. 다수의 동의를 얻는 것에 만족해야 하는 것이 현실임을 그는 잘 알고 있었다. 개인의 동의가 다수에 의한 지배의 필수 조건이며, 다수에 의한 지배가 한 사회 전체를 지배해야 한다. 결국은 개별적인 동의로부터 출발해서 사회를 구성하고 정부를 세우는 일은 모두 동의에 근거하고 있다.[7]

『관용에 관한 편지』에서도 로크는 동의야말로 종교적 자유의 핵심이라는 점을 강조하고 있다. 신앙은 개인 영혼의 구원과 관련된 문제이기 때문에 어떤 종교를 선택할 것인가는 개인적 선택과 결단에 달려 있다. 국가와 정치는 처벌과 보상이라는 강제력을 가질 때 유지되지만 교회와 종교는 "덕과 경건함의 규칙에 따라 인간의 삶을 규제하기 위한 것"이기 때문에 강제력보다는 설득과 자발적 동의에 의해 유지된다. 또 교회는 강제적으로 구성된 것이 아니라 개별적인 동의를 전제로 해서 구성된 자발적인 신앙 공동체이다. 양심의 자유와 신앙의 자유는 개인들의 자발적 동의가 필요충분조건이 된다.

이처럼 자유와 동의는 로크의 세 대표작에서 일관되게 관통하는 핵심 주제어들이다. 이 자유와 동의개념이 그의 재산권 이론을 구성하는 데 어떻게 활용되는지는 아래 4절과 5절에서 다시 논의될 것이다.

3. 로크의 인간에 대한 이해

한 철학자가 인간을 어떻게 이해하고 있는가에 따라 그 철학자의 사상적 경향은 대체로 결정된다. 성선설과 성악설에 따라 정치론과 도덕론의 내용이 달라지는 것도 이런 이유이다. 로크가 인간을 어떻게 보고 있는가를 살펴보는 일은 그의 정치론, 특히 재산권 이론을 다루려는 이 글의 목적을 위해서도 필요하다. 두 가지 관점에서 로크의 인간론을 해석할 수 있을 것이다. 하나는 넓은 의미의 '힘(power)'을 소유하고 그것을 행사하는 주체적 존재이며, 다른 하나는 자기 욕망을 극대화하기 위해 물질적 소유를 부끄럽게 생각하지 않는 소유적 개인주의자(possessive individualist)로서의 인간이다.

3.1 힘의 소유자

『인간 오성론』에서 로크가 가장 길게 논의한 주제는 2권 21장에서 다룬 '힘에 대하여(of Power)'이다. 그리고 이 작품 전체를 통해서 마음의 힘에 관해 여러 곳에서 언급하고 있다. 물리적인 세계뿐만 아니라 인간의 내적 세계 역시 인과적 운동으로 이루어져 있고 이 운동은 힘을 전제로 한다는 사실을 말해 주고 있다. 근대 과학혁명의 시대에 살았던 로크가 물질의 세계를 지배하는 운동과 힘의 개념에 주목하지 않을 수 없었을 것이다. 그리고 이 힘의 개념으로 인간의 정신세계와 도덕의 세계 그리고 정치의 세계까지 설명하려고 했던 것은 너무나 자연스러운 일이었다.

인간은 힘의 소유자이다. 사람을 포함하여 모든 존재자의 궁극적 목적은 자기보존(self-preservation)에 있으며, 이를 위해서는 힘(power)이 필수적이다. 그리고 그 힘은 몸을 움직이거나 정지시킬 수 있는 신체적 힘뿐만 아니라 감각과 반성으로부터 오는 관념을 조작하는 정신적 힘까지 포함된다. 힘이 없이는 인간은 존재할 수 없다. 『정부에 관한 두 논고』의 1권은 '가부장적 힘과 법률적 힘'이라는 제목의 장으로부터 시작하고 있으며, 2권은 정치적 힘에 대해 정의를 내리면서 시작하고 있다. 로크 정치철학의 대부분은 힘에 관한 논의라고 해도 과언이 아니다. 자연법이나 자연권도 인간이 가질 수 있는 천부적 힘의 근거를 밝히는 것과 관련되어 있으며, 정부 구성의 원리로서 사회계약론이나 동의론도 결국 통치력의 정당한 근거를 밝히는 일이다. 모두 힘의 개념을 통해 설명되어야 하는 것들이다.

재산(property)은 힘이다. 특히 신흥 부르주아계급이나 젠트리(gentry)라고 불리던 낮은 귀족들—이들은 대부분 의회주의자였다—에게 재산은 자기보존을 위한 수단일 뿐만 아니라 정치적 권력의 토대가 되는 힘이었다. 로크는 이들의 편에 서서 새로운 계급이 소유할 힘을 정당화하는 데 이론적 뒷받침을 하였다.[8] 『정부에 관한 두 논고』의 2권 5장에서 집중적으로 다루고 있는 재산권의 문제도 로크 철학의 중심축의 하나인 '힘'의 관점에서 해석되어야 제대로 파악될 수 있다.

3.2 소유적 개인

'소유적 개인주의(possessive individualism)'라는 개념은 C.B. 맥

퍼슨(Macpherson)으로부터 빌려 온 개념이다. 이 개념은 로크에게만 해당이 되는 것이 아니라 동시대에 활동하던 홉스, 수평파(Levellers)와 더불어 17세기 영국 사회에서 일반적으로 인정되기 시작하던 경제적 인간에 붙여질 수 있는 일반명사이다. 인간의 욕망에 대해 도덕적 비난을 벗겨 버리고 욕망의 순수성을 인정하기 시작한 마키아벨리 이후 홉스에 이르러서는 개인의 자기 보호 본능을 존재의 일차적 목적으로 인식하기 시작했다. 자연 상태에서 자기보존을 위해서는 어떤 일도 도덕적 비난 없이 할 수 있다는 것을 자연법에 근거해서 정당화해 준 것은 홉스의 공적이었다. 데카르트로 상징되는 인식론적, 존재론적 자아의 독립성은 근대인들에게 자아(self), 인격성(personality) 그리고 개별성(individuality)이 다른 무엇보다 우선한다는 생각을 가지게 해 주었다. 사회계약론이 개인을 정치적 주체자로 만들어 주었고, 중상주의(mercantilism)나 초기 자본주의 이데올로기는 개인을 경제적 주체자, 즉 소유자(proprietor)로 인식하도록 해 주었다. 이런 주체적 자아의 보존을 위해서는 힘이 절대적으로 필요하다. 그리고 힘은 소유를 통해서만 확보된다. 자연 상태에서는 자기밖에 믿을 만한 것이 없기에 자연이 개인에게 부여한 천부적 권리와 능력을 최대한 활용하여 스스로 지키지 않으면 안 된다. 그러나 그것은 불안정하다. 그래서 인간의 이성은 자연법의 명령에 따라 사회계약을 맺어 보다 항구적인 평화와 보존 전략을 모색한다. 그래서 홉스는 국가의 목적을 '국민의 안전(salus populi)'이라고 말했고, 로크는 "사람들이 국가를 형성하고 정부의 지배 아래 들어가는 가장 중요하고도 주된 목적은 그들의 재산을 지키는 데 있다."[9] 고 말하고 있다.

자기 이익 추구를 그 무엇보다 우선으로 생각하고 욕망의 충족과 결핍, 쾌락과 고통을 선과 악의 기준으로 삼는 로크는 홉스에 이어서 쾌락주의의 전통에 서게 된다. 이것이 후에 영국 공리주의의 토대가 되었다는 것은 누구나 알고 있는 사실이다. 로크는 이윤 추구를 뿌리로 하는 초기 자본주의와 중상주의를 신봉하면서 경제적 활동의 주체자인 개인 소유자의 소유 행위를 정당화하는 일이 시대가 부여하는 자신의 임무임을 자각하게 된다. 토지나 화폐의 소유가 개인에게 힘을 제공할 뿐만 아니라 결국에는 국가의 부를 증가시키는 데에도 기여한다는 점을 분명하게 인식하고 있다.

이제 자유와 동의 관념을 신봉하고, 힘의 소유자이자 재산 소유자(proprietor)의 관점에서 상업의 진흥에 기여하는 부지런하고 정직하게 일하는 사람의 이익을 대변하고 있는 로크의 재산권 이론의 궤적을 추적해 보자.

4. 로크 재산권 이론의 구조 분석

4.1 단서 조항에 대한 분석:

로크는 재산(property) 개념을 두 가지로 사용하고 있다. 하나는 넓은 의미이고 다른 하나는 좁은 의미의 재산 개념이다. 넓은 의미란 "일반명사로서 생명, 자유 그리고 재산을 의미하며 이것들을 서로 보존하기 위해 다른 사람과 사회를 구성"하는 그런 것이다.[10] 이 넓은 의미의 재산은 설명하거나 논증할 필요가 없이 자명한 것이다. 좁은 의미의 재산은 토지, 화폐, 집 등 물질적 소유물을 의미한다. 그런데 재산 개념을 넓은 의미이거나 좁은 의미로 사용해도 실제로 차이는 없다. 왜냐하면 생명과 자유와 물적 소유물은 모두 개인이 천부적으로 가지고 태어난 대상들이며, 이것들 사이에는 불가분의 관계가 있기 때문이다. 생명이 보장되어 있지 않은 재산은 무의미하며, 자유가 없는 재산 소유 역시 무의미하기 때문이다. 또 재산이 없이는 생명과 자유를 유지할 수 없다. 따라서 생명과 자유와 재산은 셋이면서 동시에 하나로 이해되어도 무방하다.

로크는 『정부에 관한 두 논고』, 2권 5장('재산권에 관하여')에서는 주로 좁은 의미의 재산 개념을 사용하고 있다. 재산은 "인간의 생명을 유지하고 안락함을 위해 인간보다 못한 피조물들을 사용할 수 있는 권리로부터 생긴다."[11] 이 권리는 로크에 의하면 자연법이 보장하는 권리이다. 생존권이라 말할 수 있는 이 권리는 다른 어떤 것보다 우선으로 요구할 수 있는 권리이다. 국가나 사회가 있기 전부터 개인이 소유하고 있는 권리이다. 왜냐하면 생존권이란 자기보존(self-preservation)의 권리인데 이것은 모든 존재하는 것들의 궁극적 목적이기 때문이다.

성서에 의하면 인간은 타락 이후 자연 속으로 던져진 존재이다. 하느님은 인간을 에덴동산에서 추방하면서 두 가지 생존 조건을 부여했다. 하나는 피조물의 세계인 자연을 이용할 수 있는 권한이며, 다른 하나는 그것을 가능하게 만들어 주는 이성의 능력이다. 애초에 자연의 사물은 어느 누구의 소유도 아닌, 심지어 아담의 것도 아닌 공동의 것이다.[12] 그리고 각 개인이 가지고 있는 이성의 능력은 원초적인 사유재산 목록 1호로 기록될 수 있을 것이다. 여기에 자신의 신체에 대한 권리와 자기 손을 이용해서 활동하는 노동력도 원초적 사유재산 목록 2호와 3호쯤 될 것이다. 이렇게 보면 자연 상태에서 살고 있는 모든 사람은 한 가지 무형 자산과 두 가지 유형 자산을 소유하고 있는 셈이다.

그런데 문제는 원초적 사유재산인 자기 몸과 노동력 그리고 이성을 이용해서 더 많은 사유재산을 획득하고 축적할 수 있는 수단과 그 근거가 무엇인가 하는 점이다. 공동 재산인 자연의 사물을 어떻게 해서 사적인 소유물로 만들 수 있는가? 로크는 간단명료하게 노동력에 있다고 대답한다. 주인 없는 도토리나무와 사과나무의 열매는 공동의 재산이다. 그러나 누군가가 나무에 올라가 열매를 따는 순간 그것은 그의 개인적인 소유가 된다. 그 열매를 가지는 데는 다른 사람의 동의가 필요치 않으며, 자연법이 보장하는 소유권에 근거해서 점유(appropriation)를 주장할 수 있다. 더구나 생존을 위해서 그 열매가 필요하다면 더욱 그러하다. 이 경우 사적 소유는 다른 사람의 권리를 배제하는 배타적 권리이다. 점유하는 데 다른 사람의 동의가 필요치 않다. 왜냐하면 만약 동의가 필요하다면 결코 동의를 얻어 내지 못할 것이며, 풍요로움 속에서도 굶어 죽을 것이기 때문이다.[13]

그런데 자연법은 공동의 재산을 사유재산으로 변경하는 법적 근거를 제공하기도 하지만 동시에 사유재산권을 제한하기도 한다. 즉 노동력을 자연의 산물에다 투입함으로써 사유재산이 발생하는데, 거기에는 한계가 있어야 한다는 것이다. 이것이 소위 유명한 로크의 단서조항(Lockian Proviso)이다. 두 가지 단서 조항이 있는데, 첫째 조항은 자기 노동을 결합하여 소유의 권리를 가진다고 하더라도 "다른 사람을 위하여 충분하고도 양질의 것을 남겨 놓을 만큼만"[14] 소유해야 한다. 둘째 조항은 "인간이 자연의 혜택을 향유하는 정도"인데, 그것은 누구라도 자신의 소유물을 "부패시키지 않고 생활에 유용하게 이용할 수 있는 만큼"[15]만 소유해야 한다.

나는 이 단서 조항을 명목적 단서 조항(nominal proviso)이라 하고 뒤에서 찾아낼 또 다른 단서 조항들을 도덕적 단서 조항(moral proviso)이라 이름 붙이고자 한다. 이렇게 구분하는 것은 로크 연구가들이 자연 상태 또는 최초의 세계(the first age of the world)와 화폐를 발명하고 시민사회를 구성한 이후의 사회를 구분해서 설명하고 있기 때문이다. 또한 이 두 세계 사이에는 개인들이 사유재산을 획득하는 방법이나 그 정당성의 근거가 각기 달라야 하기 때문이다. 홉스와 마찬가지로 자연 상태는 가설적 상태이다. 자연법이 최고의 기준으로 작동되는 자연 상태에서 사유재산의 근거는 자연권과 생존권에 있으며 재산 발생의 조건은 자연적 사물에다 노동력을 투입하면 그것으로 충분하다. 그리고 단서 조항도 위에서 언급된 두 가지면 사유재산의 무분별하고 무제한의 축적을 통제하기에 충분하다고 보았다.

자연 사물에 관한 소유권에 대해서는 비교적 간단하고 단순 명료하게 그 근거와 정당성을 확보할 수 있는 것처럼 보인다. 그러나 재산의 한계를 규정하고 있는 단서 조항들은 소박한 원리상의 한계일 뿐 현실성이 없어 보인다. 로크 자신도 이 점을 인식하고 있었다. 특히 화폐의 발명이 가져오는 재산 축적의 무한 가능성을 보면서 로크는 자연법이 규정하고 있는 재산의 한계를 규정하는 단서 조항들이 무력화되는 것을 인식하고 있었다. 부패하지 않는 금과 은 그리고 토지의 소유가 실제로 무한 확대가 가능한 조건에서 어떻게 사유재산의 도덕적 정당성은 확보될 수 있는가? 이 문제에 대해서 로크는 설명해야 할 책임이 있다.

시민사회로 편입되고 화폐가 도입되고 인구가 증가하고 자연 자원에서 한계가 발생하는 상황에서 사유재산의 축적 방법과 축적의 도덕적 정당성 근거는 달라질 수밖에 없게 된다. '내가 소유한 이후에도 다른 사람을 위해 충분하고도 양질의 자원이 남겨져 있어야 한다'는 단서 조항과 '부패할 만큼 많은 소유는 부도덕하다'는 조건은 이제 더 이상 사유재산의 한계가 될 수 없게 되었다. 따라서 시민사회 안에서 사유재산을 축적하는 데는 새로운 단서 조항이 요청된다. 이것을 '도덕적 단서 조항'이라 이름 붙일 수 있을 것이다.

자연권이나 자연법에 의존해서 소유권이 확보되던 자연 상태와는 달리 이제는 공리성(utility)에 의존해서 사유재산의 권리가 보장된다. 그리고 거기에는 두 가지 새로운 단서 조항이 요청된다.[16] 첫째, 부지런하고 공유물을 합리적으로 사용할 수 있는 사람(industrious and rational man)만이 사유재산 소유의 권리를 가진다. 왜냐하면 하느님은 이 세계를 공동의 소유물로 제공하면서 부지런하고 합리적인 사람에게만 사용의 권리를 제공했기 때문이다.[17] 변덕스럽고 탐욕이 많은 사람의 소유는 하느님의 허용 한계를 넘어서는 행위이다. 로크가 특별히 게으른 은행가와 노동하지 않고 불로소득으로 재산을 축적하는 재산가와 거지들에 대해 비난하는 것도 이런 이유 때문이다.[18] 하느님은 인간에게 이성을 자연과 함께 제공했다. 이성은 자기 생존권을 유지하는 데뿐만 아니라 인류 전체의 이익을 위해서 봉사하도록 허락되었다. 둘째, 자선(charity) 행위가 없는 재산은 죄이다.[19] 어떤 수단으로도 자신과 가족의 생계를 부양할 수 없는 극빈자가 옆에 있는 한 사적 소유는 정당할 수 없다. 즉 생존이 위협받는 상황에 놓여 있는 사람이 그 상황에서 벗어나도록 자선을 행하는 것은 그의 소유를 정당화해 줄 뿐만 아니라 도덕적 의무이기도 하다. 반대로 생존이 위협받는 사람의 입장에서 보면 천부적인 생존권을 보장받기 위해 부자에게 자선 행위를 요구할 수 있다. 왜냐하면 하느님은 어떤 사람도 다른 사람의 자선에 생존이 달려 있도록 만들지 않았기 때문에 누구라도 최저 생계를 보장받을 권리가 있기 때문이다. 따라서 자선 행위는 사유재산의 소유를 정당화해 주는 한 가지 단서 조항이 되기에 충분조건이 된다. 이 자선 행위가 정의와 상호보완적 기능을 한다는 점에 로크는 주목하고 있다. 이 점에 관해서는 아래 5절에서 다시 다룰 것이다.

4.2 노동 개념에 대한 분석

로크의 재산권 이론에서 가장 의미 있는 것 중의 하나는 노동가치설일 것이다. 마치 마르크스의 노동가치설을 연상시키는 로크의 주장들은 참신하게 들린다. 그래서 로크 연구가들은 대부분 재산권 이론을 해석하면서 노동가치설에 주목하고 있다. 그런데 필자가 보기에 로크의 노동가치설에 대한 연구가들의 언급은 대부분 소박한 해석에 그치고 있다. 노동 개념에 대한 로크의 생각을 노동가치설이라는 한 가지 틀로만 해석하고 있는 것이 대부분이다. John W. 욜튼(Yolton)이 편집한 『로크 용어사전』에서도 '노동'이라는 항목은 빠져 있을 정도이다. 그런데 필자가 보기에 로크의 재산권 이론을 총체적으로 이해하기 위해서는 노동가치설을 포함해서 노동 개념을 폭넓게 해석할 필요가 있다.

『정부에 관한 두 논고』에서 언급된 로크의 노동에 관한 진술들을 정리하면 다음과 같은 4가지 특징들로 노동 개념을 규정지을 수 있을 것이다. 첫째, 인간이 노동해야만 하는 이유는 두 가지가 있다. 하나는 하느님의 명령이기 때문이며, 다른 하나는 자연적 한계 때문이다. 아담이 타락했을 때 하느님은 아담에게 노동의 수고로움을 대가로 치르도록 명령하였다. "땅은 너 때문에 저주를 받고 너는 평생 동안 수고해야 땅의 생산물을 먹게 될 것이다. 너는 이마에 땀을 흘리며 고되게 일을 해서 먹고 살다가 마침내 흙으로 돌아갈 것이다."[20]

하느님은 인간에게 공유물로서 그리고 어머니의 품속 같은 보호구역으로서의 자연을 제공했다. 동시에 하느님은 인간보다 낮은 자연의 피조물들을 지배할 수 있는 권한과 이성의 능력을 인간에게 부여했다 그러나 실낙원 이후 자연은 인간에게 거칠고 적대적인 타자로 변했고 인간은 생존의 위협을 받는 자연적 한계 앞에 놓이게 되었다. 로크는 하느님의 명령이면서 동시에 생존을 위한 이성의 명령에 따라 노동을 할 수밖에 없다는 점을 지적하고 있다. 이것을 노동의 근원적 이유라 부를 수 있을 것이다.

둘째, 노동이 가치를 결정하는 주요한 기준이 되어야 한다. 달리 말하면 자본에 의해 왜곡된 가치를 회복하는 데는 노동의 가치를 로크의 맥락에서 다시 복원하는 일이 필요하다. 부지런한 사람의 정직한 노동이야말로 사적 소유를 도덕적으로 정당화해 주는 첫걸음이 된다. 그리고 로크가 마음에 두었던 노동은 주로 신체적인 노동을 암시하는 듯하다. 도토리를 줍는 일부터 땅을 개간하는 일까지 그가 예로 든 것의 대부분은 신체를 움직여서 하는 노동들이다. 로크의 말대로 "모든 것에서 가치의 차이를 낳게 하는 것은 사실상 노동"이어야 한다.[21] 로크가 언급한 적은 없지만, 성서(마태복음 25장 14절)에 나오는 달란트의 비유에서 주인은 로크의 노동 의식을 그대로 반영하고 있다. 노동을 통해 새로운 가치를 창출한 두 종과 썩지 않는다고 해서 땅속에 묻어두었다가 그대로 내놓는 게으른 종의 비유는 로크의 경제관념과 그대로 일치한다.

그런데 화폐의 발명은 노동 자체의 가치와 노동이 만들어 내는 생산물의 가치를 변화시켰다. 사람은 자신의 노동만으로는 생존할 수 없다. 필요한 것 모두를 자신의 노동으로 조달할 수가 없기 때문이다. 따라서 화폐를 통한 교환 행위가 불가피하게 되었고 화폐와 토지는 부패하지 않는 자본으로 무한 축적이 가능하게 되었다. 자기에게 필요한 것 이상으로 소유하려는 이유를 로크는 인간의 욕망 때문이라고 보았다. 맥퍼슨은 이 욕망을 "토지와 화폐를 자본으로 축적하려는 욕구"라고 해석하고 있다.[22] 초기 자본주의 시대를 살던 로크는 자본이 엄청난 힘으로 인간의 소유욕을 확대하는 데 기여하고 욕망이 사물의 본래 가치를 변화시킨다는 사실을 잘 보고 있었다. 그리고 이 자본이 하느님이 인간에게 제공한 자연적 사물의 본래 가치를 왜곡시킨다는 점도 잘 파악하고 있었다. 사실 애초에는 자연의 사물이 가지는 가치란 그것이 인간의 삶에 얼마나 유용하게 사용되느냐에 달려 있었다. 배고픈 사람에게는 옥수수 한 자루가 금가락지 10개보다 더 사용가치가 높다는 것은 당연하다.

화폐는 사물의 가치를 유용성, 즉 사용가치에 따라 결정하는 것이 아니라 교환가치에 따라 결정되도록 만들었다. 그리고 교환가치란 자연 상태에서 사물이 가지는 본래의 가치가 아니라 화폐제도가 도입되고 시민사회로 편입된 이후 사람들이 암묵적으로 동의하여 사물에 부여한 가치이다. 노동의 가치를 중요하게 생각했고 사적 소유의 도덕적 근거를 신체 노동에서 찾았던 로크의 노동 개념 이해는 오늘과 같은 자본주의 시대에 노동의 신성함을 다시 환기시키는 데 도움이 될 것이다.

셋째, 로크는 노동을 관계망(關係網) 안에서의 노동으로 이해하고 있다. 다시 말해 노동의 상호 의존성을 말하고 있다. 로크가 든 예를 보자.[23] 한 조각의 빵을 우리가 먹기 위해서는 수많은 과정이 필요하고 그 과정에 개입되는 노동의 양과 종류는 일일이 열거조차 할 수 없다. 밀을 만든 농부의 수고로부터 빵 제조업자의 땀, 황소를 키워 길들인 사람, 쟁기를 만든 사람, 제분소와 빵을 찌는 데 필요한 솥을 만든 사람 등등 수많은 공정을 거쳐야 우리 입에 한 조각의 빵이 들어올 수 있다. 이처럼 여러 사람의 노동이 서로 합쳐져야 물건은 가치가 있는 것으로 만들어진다. 상식적인 이런 예를 로크가 든 이유는 어디에 있을까? 노동이 사유재산을 발생시키는 제1 근거라는 점을 고려할 때 노동의 상호 의존성은 곧 사유재산의 공공성을 암시하게 된다. 자기가 노동해서 번 돈이라고 그것이 오직 자기 것만은 아니다. 다른 사람의 도움 없이는 만들 수 없는 것이 사유재산이라는 점을 강하게 내포하고 있는 것은 아닐까? 인간은 자연 상태에서는 상호 의존성이 거의 필요치 않으나 시민사회를 구성한 후에는 인위적인 관계망, 즉 사회 안에서 의존적으로 존재할 수밖에 없게 된다. 사회계약의 당사자들로서 서로가 서로에 대해 의무를 지면서 살아야만 한다. 비록 토지와 돈으로 상징되는 자본이 노동보다 훨씬 막대한 가치를 창출한다는 것을 로크도 인식하고 있었으나 여전히 노동은 사유재산의 도덕적 정당화에 필수 조건임을 다시 강조하고자 했을 것이다.

넷째, 로크의 노동 개념은 개발, 발전의 논리를 제공한다. 로크는 개발이나 발전에 대해 낙관적인 생각을 가질 수밖에 없었던 시대에 살았다. 아일랜드와 아메리카를 식민지로 개척하던 시대에 땅은 거의 무한정으로 있었기 때문이다. 아메리카의 예를 종종 들면서 인디언의 추장보다는 영국의 일일 노동자의 삶이 100배는 더 낫다고 주장하고 있다. 그 이유는 비옥한 땅이 주어졌는데도 인디언은 노동을 하지 않기 때문에 땅은 황폐하게 되고 그곳에서 아무런 가치를 창출해 내지 못하기 때문이다. 울타리를 둘러치고 사유화된 토지 1에이커에서 나오는 생산량은 같은 크기의 버려진 땅에서 나오는 생산량의 10배에 이르기 때문에 실제로 개간된 토지는 인류 전체에 그만큼 기여(寄與)한다는 것이 로크의 논리였다.

로크의 이런 생각은 식민지 개척을 서두르고 있었던 당시의 시대적 상황을 잘 반영하고 있는 것으로 보인다. 로크는 1696년에 설립된 국가무역위원회(Board of Trade)의 위원으로 취임하였다. 이 위원회를 통해 로크가 제안하고 실행에 옮긴 정책들은 주로 미국 식민지 경영 상태나 아일랜드 양모 산업 및 영국의 빈곤 문제들을 다루었다. 특히 빈곤 문제를 다루면서 로크는 국가의 개입을 적극적으로 찬성하였으며, 거지들의 수를 줄이기 위해 직업학교 설립을 제안하기도 했다. 그의 기본 정책 노선은 노동과 무역을 통해 공공의 복지에 기여하는 것을 격려하고 게으른 태도로 민중에게 악영향을 끼치는 은행가나 중간상인 그리고 거지들을 비난하는 일이었다.[24]

로크는 사유재산의 도덕적 정당성을 확보해 주려는 자신의 이론적 노력과 정의 및 공동선을 추구하기 위해 국가의 간섭을 인정해야 하는 현실적 요청 사이에 일종의 긴장 관계가 발생한다는 사실에 대해 주목하고 있었다. 그러나 실제로 로크는 개인의 권리를 주장하고 그 법률적, 도덕적 근거에 대해서는 충분하게 논증한 반면 정의와 공동선의 당위성에 대해서는 산발적으로 언급하는 것에 그치고 있다.

이제 남은 문제는 정의와 공동선의 문제를 로크의 재산권 이론과 관련해서 살펴보는 일이다. 정의와 공동선의 추구라는 사회적 가치와 사유재산의 축적이라는 개인의 권리 사이에서 발생하는 긴장 관계를 어떻게 해소할 것인가를 모색해 보자.

5. 정의와 자선

5.1 정의론

근대에 들어서면서 개인과 국가와의 관계를 보호와 복종의 관점에서 새롭게 정립한 사람은 홉스였다. 홉스는 국가에 대한 복종보다는 개인의 권리 보호에 더 무게 중심을 두었다. 이는 지위의 관념(idea of status)으로부터 계약의 관념(idea of contract)으로 이동하는 시대적 상황을 반영하는 것이라 볼 수 있다. 로크 역시 의무보다는 권리를 더 우선으로 보려는 자유주의적 노선에 충실하게 따르고 있다. 홉스나 로크는 공통으로 자연권이나 자연법의 전통을 계승하면서 개인의 보호받을 권리를 국가에 복종해야만 하는 의무보다 더 우선으로 생각했다. 따라서 보호와 복종의 관계를 설정하려고 할 때는 반드시 권리와 의무 사이에 긴장 관계가 형성될 수밖에 없다.

또한 국가에 복종해야만 하는 정치적 의무의 근거를 제시하는 두 그룹의 논증들 사이에도 긴장이 발생한다. 사회계약론, 동의론 그리고 일반 의지론은 의무보다는 권리에 더 비중을 둔 입장이다. 비록 의무를 말하더라도 타산적 의무(prudential obligation)만을 강조할 뿐이다. 반면, 정의론과 공동선 이론은 권리보다는 의무를 더 강조하며 도덕적 의무를 더 우선으로 본다. 로크의 재산권 이론은 권리와 의무, 타산적 의무와 도덕적 의무, 정의와 자선 사이에서 발생하는 갈등 상황을 잘 드러내 주고 있다.

앞에서 보았듯이 개인의 자유와 동의 그리고 사적 소유의 권리는 자연법과 자연권에 근거하고 있다. 이는 자연권이 "사람이 만든 법에 의존하지 않으며 국가 또는 다른 조직체가 그것을 인정하든 않든 간에 관계없이 존재하는 권리"라는 것을 의미한다.[25] 그리고 국가는 이런 자연권을 보증하고 보호하기 위해 세워진 수단일 뿐이다. 이것이 로크의 기본 생각이었다. 모든 사람이 자연권을 가지고 있다는 말은 "받음의 권리"(right of recipience)를 가지고 있음을 의미한다.[26] 즉 누구라도 생명과 자유를 보장받을 수 있는 권리를 의미하며 그것을 유지하기 위해 사적 소유도 보장받아야 한다. 그리고 받음의 권리는 반드시 채무자를 전제로 한다. 여기서 채무자란 받음의 권리를 가진 사람에게 '빚진 무엇인가'를 돌려주어야 할 의무가 있는 사람이다. 로크의 재산권 이론의 맥락에서 설명한다면, 생명과 자유에 치명적인 위협을 받는 사람은 받음의 권리가 있으며, 반대로 부자는 그런 가난한 사람에게 [무엇인가를] 돌려주어야 할 의무를 지닌다.

그런데 사람들은 누구나 자신의 것을 다른 사람에게 내놓지 않으려고 한다. 정의와 공동선의 추구를 위해서는 자신의 소유물을 일정량 포기해야 하는데도 아무도 그렇게 하지 않으려고 한다. 그것이 자연스러운 인간의 [욕망] 행위이다. 따라서 정의와 공동선을 위해서는 국가의 강제력이 필요하다. 법률을 통한 강제력은 정의와 공동선을 실현하는 데 필수적인 수단이다. 힘이 없는 정의는 종이호랑이와 같다는 홉스의 말은 진실하다.

정부를 생명과 자유와 재산을 보호하기 위한 수단으로 볼 때는 개인의 권리를 우선으로 보지만 정의와 공동선을 추구하기 위한 최선의 수단으로 정부를 볼 때는 정부에 복종해야 하는 도덕적 의무를 우선으로 보게 만든다. 자유주의자이자 개인주의 사상가로서 로크는 정부를 개인적 선을 달성하기 위한 수단으로 보려는 입장이다.

자유와 정의(평등), 권리와 의무, 그리고 개인의 선과 공동선 사이에서 발생하는 긴장 관계와 딜레마를 로크가 얼마나 심각하게 인식했는지는 분명치 않다. 분명한 것은 로크가 정의와 공동선에 관한 논의를 충분하게 하고 있지 않다는 점이다. 다만 산발적으로 언급되고 있는 로크의 정의론은 다음과 같이 몇 가지로 정리될 수 있을 것이다.

첫째, 정의는 소유의 권리를 보장해 준다. 정의에 대한 로크의 정의를 보면, 정의란 "모든 사람에게 정직한 노동의 산물과 조상으로부터 물려받은 정당한 상속재산에 대해 그 권리를 준다."[27] "재산이 없는 곳에 부정의도 없다는 논증은 유클리드 기하학의 논증만큼이나 확실하다."[28] 정의는 사유재산의 소유와 직접 연결이 되어 있는 사회적 가치이다. 공공 재화를 어떻게 분배할 것인가의 문제가 정의 문제의 핵심이라고 볼 때 로크는 근면한 노동과 정당한 유산 상속에 의한 분배가 곧 정의라고 보고 있다.

왜 로크는 상속의 권리를 적극적으로 인정하고 있을까? 로크는 자신이 이런 상속의 수혜자였기 때문이 아니라 사유재산의 보호와 개인의 소유 권리가 무엇보다 우선한다는 개인주의적 관점에서 보기 때문이다. 대신 그는 상속재산이 "정직한 노동의 대가로 축적된" 것이어야 정당성을 인정받을 수 있다는 단서 조항을 붙이고 있다. 만약 상속받을 자녀가 없을 경우는 사회에 환원해야 한다.

둘째, 정의와 공동선을 위해서는 사유재산에 대한 국가의 간섭이 필수적이나 그것도 동의를 전제로 한다. 자연 상태에서 소유의 제한을 규정하는 로크의 단서 조항들은 정의와 공동선을 위한 기준으로 해석되기에 충분하다. S.B. Drury는 로크의 단서 조항을 "누구도 자기 몫 이상의 것을 취해서는 안 된다"라는 정의의 다른 표현이라고 보고 있다.[29] 그런데 화폐가 도입된 이후 소유의 불평등은 불가피하게 발생하게 된다. 자기 몫 이상을 소유하게 되고 다른 사람에게도 충분하게 남겨 놓아야 한다는 정의의 원칙은 지켜질 수 없게 된다. 그 이유는 각자 노동력의 차이가 있기 때문이며, 소유해야 할 자원이 부족하고 임금 노동제가 도입되었기 때문이다.[30] 로크는 사유재산의 불평등한 소유를 인정하고 있는 자유주의자이다. 정당한 소유의 한계는 "그 크기가 어느 정도이냐에 있지 않으며, 무언가가 헛되이 썩어 버렸느냐 않았느냐에 있다"[31]는 그의 언급은 자유주의자의 생각을 대변하고 있다. 소유의 불평등 그 자체(per se)가 불공정하거나 부정의한 것은 아니라고 보고 있다.

그러나 한 특정한 정부의 통치권 안에 산다는 것은 생명과 자유와 재산의 보호를 대가로 법률적 명령에 복종하겠다는 데 동의했음을 의미한다. 또 법률과 관습에 의한 사유재산의 규제에 대해 동의했음을 의미한다. 그리고 동의는 의무를 수반한다. 의무 가운데는 복종의 의무, 납세의 의무, 공동선과 정의 실현의 의무 등이 포함된다. 화폐나 그 밖의 사물에다 인위적인 교환가치를 부여하는 데 묵시적인 동의를 하는 일은 국가나 정부가 존재할 때만 의미가 있기 때문에 화폐와 토지 같은 자본의 가치가 지속성을 가지기 위해서는 국가의 존재가 필수적이다.

"국왕이라도 사유재산 소유자의 승인이나 동의 없이는 그들에게 세금을 부과할 수 없다."는 마그나 카르타의 정신은 개인과 국가 사이에서 동의가 얼마나 중요한 연결 고리인가를 말해 주고 있다. 동시에 동의는 정부가 사회정의와 공동선을 위해 사유재산권에 간섭하는 것에 대해서도 묵인했음을 의미한다. 로크는 개인의 권리를 강조하려는 애초의 의도에서 벗어나지 않으면서도 정의 실현을 위해 사유재산에 대한 법률적 간섭이 불가피하다는 점을 말하고 있다. 그러나 간섭을 최소한으로만 인정하려는 의도를 숨기지 않는다.

셋째, 정의는 불변의 실체가 없는 복합 관념일 뿐이라는 것이 로크의 생각이다. 로크가 정의를 "자연법의 핵심"이며, "사회를 결속시켜 주는 것"이라고 말했을 때 이 정의는 자연적 정의(natural justice)를 의미한다.[32] 그리고 자연적 정의는 구체적인 내용을 가지지 않는다. 그러나 실정법을 통해 실현하고자 하는 법률적 정의는 구체성을 지닌다. 즉 공공 재화의 공정한 분배와 사유재산의 제한을 규정하는 것이 바로 그것이다. 로크는 법률적 정의를 일종의 복합 양태(mixed mode)이며 인간의 행동을 규제하는 복합 관념(complex idea)이라고 설명하고 있다. 따라서 정의는 "그것이 지시하는 모범에 해당하는 외부의 어떤 존재를 가지고 있지 않다"고 말한다. 즉 정의 관념의 본질을 이루는 불변의 요소가 무엇인지 알 수 없으며, 보편적 정의를 지시하는 외부 대상이 존재하지 않는다는 뜻이다. 그렇다고 해서 사람들이 마음대로 정의에 대해 해석할 수 있다는 것을 의미하지는 않는다. 정의는 자연적인 덕목으로서 우리의 의식 안에 있으면서 우리의 도덕적, 정치적 행위를 더 적합하도록 유도하는 기능을 할 뿐이다.

5.2 정의와 자선의 상호 보완성

존 윈프레이(John Winfrey)는 '로크의 재산권 이론에서의 자선 vs 정의'라는 논문에서 찰스 몬슨(Charles Monson)이 지적한 로크의 딜레마 상황을 소개하고 있다.[33] 몬슨에 따르면, 로크의 기본 개념들을 같이 나란히 놓았을 때 양립할 수 없는 충돌이 발생한다면서 그 예로 동의와 자유, 자유와 평등, 다수의 지배와 양도할 수 없는 개인의 동의 등을 지적하고 있다. 그리고 어떤 사람들은 로크를 '과오(過誤)를 범하는 무능력자' 또는 '능력 밖의 문제를 가지고 씨름한 사람'이라는 평가도 소개하고 있다. 그리고 윈프레이 자신은 위의 논문에서 자선(charity)과 정의(justice) 또는 다르게 표현해서 필요(need)와 공적(desert) 사이에 놓여 있는 딜레마 상황을 지적하고 그에 대한 해결책을 제시하겠다고 밝히고 있다.

결론부터 말한다면 몬슨이 지적하고 있는 기본 개념들 사이는 딜레마의 관계가 아니며, 윈프레이가 말하고 있는 자선과 정의, 필요와 공적 사이도 딜레마의 관계가 아니다. 도덕적 딜레마란 두 개의 선택지 가운데 어느 것을 택하더라도 불쾌한 결론에 도달하는 경우를 의미하는데, 로크의 경우는 다소 충돌이 있기는 해도 딜레마적 상황은 아니다. 동의와 자유의 경우를 살펴보자. 몬슨의 주장에 따르면, 보호를 대가로 국가의 명령에 복종하겠다는 것을 동의했으면서도 국가에 저항할 자유를 가진다는 것은 도덕적 딜레마라는 것이다. 복종과 저항 행위를 동시에 요구하는 것은 모순이라는 논거에서 그렇게 주장하는 것 같다. 그러나 필자는 그렇게 생각하지 않는다. 왜냐하면 동의와 자유는 이 논문의 2절에서 밝힌 바와 같이 로크 철학의 두 중심축으로 상호 보완적인 관계이기 때문이다. 또 동의 행위가 곧 자유를 전제로 하기 때문이다. 로크에 있어서 동의는 이중적인 기능을 하는데, 하나는 사유재산권을 국가의 침해로부터 보호하는 기능을 하면서도 동시에 사유재산권에 대해 정부가 규제하거나 간섭하는 것을 인정하는 기능도 한다. 즉 자유를 제한하도록 허용하는 근거도 자발적 동의에 있다.

정의와 자선, 또는 공적과 필요의 관계도 마찬가지이다. 고전적 정의에 따르면, 정의란 "각자에게 각자의 몫을 돌려주려는 항구적인 의지이다." 즉 각자의 몫을 공정하게 분배하는 일이다. 그리고 분배 방식에는 아리스토텔레스가 말한 산술적 분배와 기하학적 분배를 포함해서 여러 가지가 있을 수 있는데, 공적과 필요에 따른 분배는 그중 가장 기본적인 분배 방식들이다. 공적과 필요에 따른 분배가 때때로 충돌이 있을 수 있다는 것은 사실이다. 그러나 그 충돌이 딜레마의 상황으로까지 발전하지는 않으며, 오히려 이 두 가지 분배 방식은 상호 보완적인 기능을 한다.

로크의 재산권 이론과 관련해서 본다면, 공적에 따른 분배란 노동의 결과물에 대한 소유권을 인정해 주는 것이다. 필요에 따른 분배는 누구라도 생명권을 보장받을 권리가 있다는 전제에서 최저 생계를 유지하는 데 필요한 소유권을 인정해 주는 것이다. 공적과 필요는 모두 정의를 실현하는 구체적인 방법일 뿐이다. '정의는 공적'과, '자선은 필요'와 짝을 이루고 있는데, 이것은 로크가 『정부에 관한 두 논고』 1권 42절에서 정의와 자선을 짝을 이루어 정의하고 있는 데서 비롯된다. "정의는 모든 사람에게 자신의 정직한 노동의 산물과 조상으로부터 물려받은 정당한 상속재산에 대해 그 권한을 제공하듯이, 자선은 다른 사람이 풍부하게 가지고 있는 것에 대해 권한을 줌으로써 그 외 다른 방식으로는 생존할 수 없을 만큼 극단적인 빈곤으로부터 지켜 줄 수 있는 그런 권한을 모든 사람에게 제공한다."[34]

사유재산의 소유권이 노동으로부터 나온다는 대전제는 로크의 노동가치설에 근거를 두고 있다. 그리고 정의의 규칙은 노동한 만큼 그 생산물의 소유권을 인정해 주는 데 있다. 정의의 규칙에 따르면 누구라도 자신의 노동을 통해 정당한 재산 축적을 무한히 할 수 있다. 중상주의와 자본주의가 팽창기로 접어드는 시기에 살았던 로크로서는 시대정신을 제대로 반영하고 있다.

그런데 동시에 로크는 가난한 사람이 생존하는 데 필요한 최소한의 재산 소유의 필요성에 대해서도 인정하고 있다. 즉 생존권이 보장되어야 할 당위성에 대해 잊지 않고 있다. 정의의 이름으로, 노동의 대가 즉 공적에 따른 분배의 이름으로 토지와 돈을 소유한 자본가들의 무한 축적을 정당화해 주는 대신 그 한계에 대해서도 로크는 주목하고 있다. 정의의 한계를 보완해 주는 것이 자선이라고 로크는 생각했던 것 같다. 최저 생계를 유지할 수 없는 사람도 생존권은 애초부터 주어져 있는 자연권이다. 따라서 풍부하게 소유하고 있는 다른 사람의 재산에 대해 요구할 수 있는 권리가 있다는 것이다. 달리 말하면 부자는 가난한 사람의 생존을 책임져야 할 의무가 있다는 말이다. 그리고 부자가 할 수 있는 기본적인 의무 행위가 곧 자선 행위이다. 로크가 자선을 말할 때는 공적에 따른 분배 방식(정의)이 간과하기 쉬운 생명권에 대한 보장을 염두에 두고 있었다. 어떤 정의도 생명권보다는 우선하지 않는다는 것이 로크의 기본 생각이었다. 최저 생계를 유지할 수 없는 사람에게 잉여(剩餘) 소유물을 나누어주는 자선 행위 없이는 그 소유가 도덕적으로 정당화될 수 없다는 것이 로크의 생각이었다.[35]

위의 4절에서 필자는 『정부에 관한 두 논고』에서 로크의 도덕적 단서 조항 두 가지를 찾아냈다. 그중 두 번째의 조항(자선 행위가 없는 재산은 죄악이다.)은 개인이 사유재산을 축적할 수 있는 권리의 한계를 정해 준다. 최저 생계 보장 조건(no worse off proviso)을 만족시키는 재산 소유만이 정당하다고 인정받을 수 있다. 그리고 이 조건을 만족시키는 한 그 이상의 사유재산 소유는 정당한 절차를 거치는 한 무한 축적이 가능하고 배타적인 권리를 가진다.

그러면 자선의 대상은 누구인가? 근면하고 부지런하나 재난을 입어 생계 수단을 잃고 생존의 위협을 받는 사람들에 한한다. "어떤 부자라도 자신의 풍요로운 재산으로 구제하지 않아 형제가 죽도록 내버려 둔다면 그는 죄인이다." 가난한 형제란 성서에서 그 예를 찾는다면 '강도를 만나 거의 죽을 뻔했던 사람'이 될 것이며, 자기 돈을 들여서 치료해 주고 여관에까지 데려다준 선한 사마리아 사람의 행위가 바로 우리에게 요구되는 자선 행위의 모범이 될 것이다.[36] 이런 [생존의 위협을 받는] 사람들이 옆에 우리와 같이 존재하는 한, 우리가 소유하고 있는 재산은 도덕적 결함으로부터 완전히 자유로울 수 없다. 자선 행위가 도덕적 의무로 간주되어야 하는 이유도 여기에 있다. 자선은 개인적인 감정에 따라 행위해도 좋고 그렇지 않아도 비난할 수 없는 그런 주관적 가치가 아니다. 로크가 보는 자선은 자기 소유 가운데 잉여

물을 절대 빈곤에 놓여 있는 형제에게 제공하도록 요구하는 하느님의 명령이라고 이해하고 있다. 하느님은 다른 사람의 생존권을 능가하는 재산권을 우리에게 허용하지 않았다.

한 가지 주의해야 할 점은, 가난한 사람이 부자의 잉여 재산에 대해 권리를 가진다고 말하고, 부자는 자선의 의무를 지닌다고만 말하면 로크의 생각을 오해할 위험이 있다는 사실이다. 로크가 자신의 시대에 활동하던 수평파(Leveller)나 평등주의 운동(Digger's movement)이 개인의 권리와 자유를 신장한다는 점에서 이념적으로 동조하는 입장을 보이기는 했으나 재산 분배(정의)의 문제에 있어서는 정당한 획득 절차를 거친 재산은 소유권을 인정해 주어야 한다는 자유주의 이념에 더 가까웠다.[37]

6. 남는 문제

이 글에서 우리가 시도한 것은 로크의 재산권 이론을 정리하는 데 있었다. 그리고 노동 개념 분석을 통해 소위 로크의 단서 조항에 대한 새로운 해석을 시도했다. 자유와 동의개념이 어떻게 로크 철학의 중심축의 역할을 하는지에 대해 살펴봄으로써 재산권 이론을 위한 예비 작업을 했다. 그리고 힘의 행사자이자 소유적 개인주의자인 근대인에 대한 이해 역시 로크의 재산권 이론을 정확하게 읽는 데 필요하다는 점을 강조하였다.

자선과 정의가 딜레마의 관계가 아니라 사적 소유의 정당화 작업을 완성하는 데 상호 보완적 기능을 한다는 점을 밝혀 보려고 했다. 누구라도 정의와 재산권의 문제를 연결해서 논의하는 것은 자연스럽다.

로크도 비록 정의에 대해서 상세한 논의를 하지는 않았지만 사적 소유의 정당성을 확보해야 한다는 시대적 과제에 대해서 충실하면서 정의와 재산권의 관계에 대해 논의하고 있다.

자선은 결코 부자들이 가난한 사람에게 베푸는 시혜(施惠) 행위가 아니다. 오히려 자선은 자기 몫 이상으로 소유한 사람이 자신의 소유를 정당화하기 위해 반드시 충족시켜야 할 조건이 된다. 로크가 정의와 자선을 짝을 이루어 언급한 것도 이런 이유에서다. 부자들에게 자선을 도덕적 의무의 하나로 인식하도록 교육하는 일은 도덕교육자의 몫으로 남을 것이다.

최근 재벌들의 재산 상속과 관련해서 탈법 시비와 더불어 도덕성에 문제가 있다는 여론의 비난이 있었다. 만약 로크가 살아 있다면 우리 사회에서 문제가 된 재벌들의 재산 상속에 대해 어떻게 대답했을까? 이 글이 가톨릭철학회에서 발표되었을 때 논평을 해 준 탁석산 선생이 필자에게 제기한 질문이었다. 부자 아버지가 게으르고 재산을 이성적으로 사용할 것 같지 않은 자식에게 상속하는 것은 로크의 입장에서 정당화가 가능할 것인가? 필자는 우선 로크가 개인주의와 자유주의 이념의 신봉자라는 점을 고려할 때 재산 상속의 권리를 인정했을 것이라 본다. 탁석산 선생은 로크가 상속권 문제에 대해 관대한 입장을 취한 것은 당시의 시대적 상황을 고려한 것이라 평가하고 있다. 즉 17세기 당시 형성되기 시작한 신흥 계급이 힘을 갖기 위해서는 최소한 3대에 걸쳐 상당한 재산을 소유해야만 했기 때문에 로크는 자신이 속한 그 계급의 입장에서 상속권 이론을 말했을 것이라고 지적하고 있다.

또 노동이 가치를 결정한다는 로크의 생각이 오늘날과 같이 국적 없고 국경 없는 자본이 세계시장을 지배하는 세계화 시대에 어떤 의미를 가질 것인가? 이 또한 로크 연구가들에게 남겨진 문제일 것이다. 3D 업종을 기피하는 요즘의 젊은 세대들에게 노동의 가치를 어떻게 전달할 수 있으며, 지식산업 사회라고 일컬어지는 요즘 세상에 육체노동은 어떻게 자리매김을 할 수 있을 것인가? 노동에 대한 정당한 평가 기준을 마련하고 특히 육체노동의 신성함을 드러내는 일에 로크의 재산권 이론이 일정한 역할을 하고 있다고 보여진다.

로크의 재산권 이론을 통해 찾아낸 의미가 있다면, 그것은 재산 축적의 자유를 보장해 주려는 로크의 의도 밑에 도덕적으로 정당한 재산 축적의 필요성을 놓치지 않고 지적하고 있다는 점일 것이다. 또 이 글에서 찾아낸 도덕적 단서 조항이 그대로 적용될 수는 없겠지만 적어도 근면하게 노동하고 그렇게 해서 모여진 재산을 합리적으로 사용할 수 있는 사람에게 정당성을 보장해 줄 수는 있다고 보여진다. 자선이 단순히 개인적 덕목이 아니라 부자들이 반드시 실천해야만 하는 도덕적 의무라는 것도 이 글에서 강조하고자 했던 점이었다.

회고와 재검토

나는 「존 로크의 재산권 이론: 단서 조항과 정의론에 대한 재해석」을 쓰면서 결론이라는 말 대신에 '남는 문제'라는 소제목을 붙였다. 이 말은 이 글이 그 자체로 완성된 것일 수 없다는 솔직한 고백이며, 다시 누군가의 손에 의해 논의의 주제가 될 수 있다는 기대감의 표현이다. 나는 스스로 '은폐된 회의주의자'라고 불렀다. 이는 탐구 자세를 취함에 있어서 열린 태도를 견지한다는 의미이며, 결과적 회의주의와는 대척점에서 선행적 회의주의 편에 서 있음을 의미한다. 사유와 검토의 과정을 마치고 난 글의 말미에서 여전히 문제를 남겨 두고 있다는 것도 기실 나의 회의적 태도를 숨기는 행위와 같은 맥락이다. 위의 글에서 남겨 놓은 문제들은 20여 년이 지난 지금에도 여전히 대답하지 못한 채 내 앞에 놓여 있다. 재벌들의 변칙적인 재산 상속 문제뿐만 아니라 작은 부자들이 불법과 탈법을 감수하면서까지 자식들에게 물려주려는 증여와 상속의 문제는 사회정의와 양립하기 어려운 지점이 어디엔가에 있다. 2020년대 한국 사회의 어두운 민낯 중의 하나인 과로사와 산업재해로 목숨을 잃는 젊은 노동자들의 삶의 조건에 대해 로크가 이 시대에 살아 있다면 어떤 처방을 내놓을 것인가? 피로 사회를 넘어 과로 사회가 되어 버린 노동시장에서 육체노동의 가치를 우리는 어느 지점에 놓고 이해하고 있는가?

나는 오랜 기간 서양 근대철학사를 강의하면서 로크의 인식론과 정치론을 중심 주제로 삼았으나 그 내용은 거의 강단 철학(pulpit philosophy) 또는 사변철학의 수준에 머물러 있었다. 나 스스로는 이런 생명력이 거의 소진되어 가는 강단 철학에서 벗어나려는 무의식적 저항을 포기한 적이 없었으나 그것은 단지 끊임없이 내면의 세계에서 올라오는 소리 없는 외침에 그쳤다. 이것은 일종의 지적인 무력감으로 내 곁에 늘 머물러 있었다. 1989년에 쓴 「John Locke의 인간론과 정치론에 대한 한 해석」도 그 내용을 보면 강단 철학의 범위에서 크게 벗어나지 못하고 있다. 그러나 이 글의 맺음말에서 'Locke 철학의 한국적 수용'이라는 부제목을 붙임으로써 나는 지적인 무력감에서 다소나마 벗어나고자 했다. 17세기의 로크 철학이 20세기 한국의 상황에서 어떤 의미가 있을까 자문하고 있다. 로크의 자유주의와 의회주의가 한국의 정치적 수준을 높이는 일에 이 글을 통해 한 부분 보탬이 되지 않을까 하는 기대를 담고 있다. 그리고 2003년 다시 로크의 재산권 이론을 둘러싼 단서 조항과 정의론을 재해석함으로써 조금 더 실천적 논의에 접근하고자 했다.

1. 일이관지(一以貫之)의 허실(虛實)

로크 철학에 관한 이 두 번째 논문은 첫 번째의 글과 내적 연관성을 가지고 있다. 앞의 글은 로크 철학을 관통하는 핵심 개념들인 자유,

권리, 동의, 개인주의 등을 빌려서 시도한 그의 인간론과 정치론에 관한 나의 한 해석이었다. 두 번째 글은 앞의 글에서 언급했던 로크의 인간에 대한 이해를 전제로 삼아 로크의 재산권 이론과 정의론을 재해석하는 일이었다. 두 글의 제목에서 언급된 한 해석과 재해석은 두 글 사이에 14년이라는 시간 간격이 있음에도 불구하고 그들 사이에 내적 연관성이 있다는 점을 보이고자 하는 나의 의도된 표시였다. 그런 의미에서 로크 철학의 일이관지라는 소제목으로 자유와 동의개념을 다루었다. 그런데 자유와 동의라는 개념이 그의 철학 안에서 흔들림 없이 일이관지하고 있는가?

일반적으로 말하면 로크는 자유주의자이다. 그리고 그가 이해하고 있는 자유는 생각하고 판단하고 의지를 결정하고 행동을 할 수 있는 힘의 소유를 의미한다. 생각을 할 수 있는 힘은 인식론적 자유이고, 판단력과 의지력은 도덕적 자유의 근거를 제공하며, 행동할 수 있는 자유는 자신의 생명과 재산을 마음대로 지키고 처분할 수 있는 정치적 자유이다. '자연 상태는 전쟁 상태와 같다' 는 홉스의 말과는 반대로 로크의 자연 상태는 '자유의 상태(state of liberty)' 이며 상호 호혜적인 평등한 상태이다. 이렇게 말하면 마치 두 사람이 자연 상태를 정반대로 이해하고 있는 듯이 보이지만 실상은 동전의 양면처럼 같은 것을 다르게 표현하는 것일 뿐이다. 전쟁 상태와 같다는 홉스의 자연 상태에서도 사람은 천부적인 자연권과 그 권리가 보장하는 완전한 자유를 소유하고 있다. 자기 보호를 위해 어떤 행위도 정당하게 할 수 있는 자유를 가지고 있다. 그런데 이 자유는 동시에 다른 사람도 소유하고 있는 자유이기 때문에 죽고 사는 문제, 즉 자기보존이 위태로울 때는 공멸의 위험도 함께 내포되어 있다. 나는 이를 자연 상태에서 모든 사람에게 주어진 '치명적 평등(fatal equality)' 이라 했다. 치명적이라는 말은 누구도 자신의 안전을 완전하게 보장받을 수 없다는 의미이다. 서바이벌 게임처럼 모든 적을 제거하지 않으면 자신이 죽는 상황에서 모든 게임 참가자들이 출발선에서는 '힘의 평등'이라는 똑같은 조건을 갖고 시작한다. 자기보존을 위한 최선의 전략은 계약을 통해 제3의 공동 권력자(절대왕권)를 세우는 방법뿐이다. 이것이 홉스의 길이다.

로크도 자연 상태는 완전한 평등이 가능한 상태이다. 그런데 로크의 평등은 자연 상태에서도 자연법이 지배하고 있으며, 자연법에 복종해야만 하는 도덕적 의무를 모든 사람이 부여받았다는 점에서 도덕적 평등이라 할 수 있다. 사람이 도덕적으로 평등하다는 말은 자연 상태에서 모든 사람이 황금률(남에게 대접받고자 하는 대로 남을 대접하라)에 따라 상호 호혜적인 존중과 인정을 해야 한다는 말이다. 이런 로크의 길은 리처드 후커(Richard Hooker)의 길을 따르는 것이며, 홉스의 길(절대왕권의 확립을 통한 평화)을 의도적으로 피하기 위해 선택한 길이다. 자연 상태에서도 사람들은 황금률에 따라 행동할 수 있는 역량이 있다는 점을 강조하고 있는 로크의 길과 힘의 평등에 기초해서 같은 황금률에 따라 권리를 상호 호혜적으로 양도해서 평화와 안전의 보증자를 세워야 한다는 홉스의 길 가운데 어느 길이 더 설명력이 높아 보이는가?

'내가 다른 사람에게서 받기를 원하는 만큼 나도 다른 사람에게 돌려주어야 할 의무가 있다'는 이 도덕적 의무는 현실 세계에서는 잘 작동되지 않는 선언에 불과하다. 마찬가지로 내가 자연 상태에서 누릴 수 있는 자유도 이론적으로는 완전하고 평등하고 배타적인 권리일 수 있지만 현실 세계에서는 불완전하고 불평등하고 침해당할 수 있는 자유에 불과하다. 로크를 자유주의의 대변인처럼 평가하는 것은 아주 틀린 주장은 아니나 상식적으로 생각하는 만큼 그렇게 완전한 자유의 열렬한 옹호자는 될 수 없었다. 그 이유는 그가 살던 시대적 한계 때문일 수 있지만 동시에 이론과 현실 사이의 불일치 또는 학문의 세계와 현실 정치 사이의 간격 때문이기도 하다. 그리고 이런 한계와 불일치는 이론가들 대부분에게서 발견되는 아킬레스건과 같은 약점이다.

로크의 자유 개념에서 발견되는 두 가지 약점은 왕의 권위에 대한 불가피한 옹호와 노예제도에 관한 이해타산적인 수용에서 발견된다. 1642년부터 시작된 영국 청교도혁명의 절정은 1649년 4월 찰스 1세의 처형으로 완성되고 이후 왕정은 폐지되고 혁명군을 이끌었던 크롬웰의 공화정은 의회에 의해 주도되었다. 찰스 1세가 처형될 때 로크는 17세의 나이로 웨스트민스터학교의 학생이었다. 왕의 권위가 청교도 시민혁명을 통해 무력화되고 시민을 대변하는 의회주의자들이 통치의 주도권을 장악했다. 그러나 왕을 처형한 의회는 스스로 찰스 2세를 왕위에 복귀시킴으로써 통치자로 세웠다. 1660년의 왕정복고는 로크의 나이 28세의 일이었고, 그의 정치사상은 아직 무르익기 이전의 상태였다.

17세기 영국 정치사에서 가장 혼란스럽고 극적인 사건들이 연속 일어나던 시기에 홉스와 로크는 정치 사회적 안정과 평화가 얼마나 소중한 가치인지를 자연스럽게 체득했다. 의회주의자 로크라는 평가는 사실상 훗날 성숙한 정치철학자의 모습에 붙여진 이름에 가깝다. 태생적으로 의회주의와 자유주의 경향으로 경도된 로크의 시각에서 왕정복고는 불가피한 현실적 타협의 산물이었다. 왕의 권위에 복종해야 하는 의무와 개인의 자유와 권리가 충돌할 경우, 로크는 사회 정치적 안정과 평화라는 더 큰 목적을 위해 전자를 선택해야 한다는 현실적 수용을 선택했다. 우도 틸(Udo Thiel)의 저서에서 인용한다면,

"왕권에 대한 나(로크)의 입장을 말하자면 그 누구도 나보다 더 그 권위를 숭상하고 존엄하게 받들 수는 없을 것이다. … 그래서 나는 다시 찾은 평온을 크나큰 기쁨과 다시없는 만족감으로 환영하는 바이다."[38] 20대 후반의 로크는 보수적인 왕권주의자의 테두리 안에 머물러 있었다. 불안정과 혼란은 피해야 하고 대신 안정과 평화를 확보하기 위해서는 로크의 상징이라 할 수 있는 자유와 권리 같은 가치들도 제한될 수 있다는 것이 이 시기 로크의 생각이었다. 폴 켈리도 같은 증언을 하고 있다. "옥스퍼드 크라이스트처치대학(College of Christ Church)에서 공부하는 동안 로크는 지극히 보수적인 견해를 유지한 듯"했다.[39]

노예제도에 관한 로크의 견해는 자신의 자유 개념과 충돌하는 지점이 있다. 이런 사실이 그의 철학에서 일관성 있게 자유 개념을 유지하는 일을 어렵게 만들고 있다. 자연 상태에서 누구나 평등하고 완전한 자유를 소유하고 있다는 주장과 노예 상태에서 박탈된 자유는 양립할 수 없다. 자연법의 명령과 노예제도의 인정은 양립하기 어려운 부분이 분명 존재한다. 그런데도 로크는 현실적 필요성 또는 불가피성에 근거해서 노예제도를 인정하고 있다. 자신의 몸과 노동력을 양도 불가능한 재산으로 천명한 로크가 노예제도를 인정하거나 가능하다고 말하는 것은 일종의 자기모순과도 같다. 그럼에도 로크는 식민지 북아메리카 캐롤라이나주 기본 헌법의 초안 작성에 참여하면서 자유인이 흑인 노예를 소유하고 팔 수 있는 권리를 인정하고 있다. 17세기 후반기라는 시대적 한계를 충분히 고려하더라도 로크 자신의 이념적 세계와 유용성과 필요성을 추구하는 현실 정치는 충돌할 수밖에 없다. 현실 정치와 학문의 세계는 언제나 일치하지 않는다. 어떤 이론가도 자신의 이론이 현실을 모두 설명할 수 있다거나 반영한다고 자신

있게 말할 수 없다. 사회과학 연구자는 그래도 그 간격을 줄일 수 있지만, 인문학 중에 철학과 역사학은 그 일도 쉽지 않은 학문이다.

동의의 개념도 로크에게는 숨겨진 약점일 수 있다. 로크 철학 안에서 동의(assent, agreement) 개념이 적절한 용어로 사용될 수 있는 부분은 인식론이나 종교적 관용론의 영역이라 할 수 있다. 이를테면 어떤 사람이 아리스토텔레스의 논리적 규칙인 동일률, 모순율, 배중률을 지키면서 자기 생각을 표현할 때 우리는 그의 진술에 동의할 수 있다. 그러나 만일 내가 변증 논리의 세계에서 사물을 파악해야 한다면 나는 앞의 그의 진술에 동의할 수 없다. 그것은 연역 논리의 세 가지 규칙으로 변화와 운동을 하고 모순적 상황이 지배하는 현실을 파악하는 데 무력하기 때문이다. 요즘처럼 대부분 영역에서 상대주의가 대세를 이루는 상황에서 참과 거짓을 구별하는 분명한 기준은 나의 동의에 거의 달려 있다. 종교의 세계에서도 동의는 로크가 이해했던 대로 종교적 관용의 근거가 되고 있다. 내가 어떤 특정한 종교를 수용한다는 것은 최소한 그 종교의 교리나 예배 의식에 동의(agreement)한다는 것과 같다.

그러나 정치철학 부분에서 로크의 동의(consent) 개념은 탄력성을 잃은 고무줄처럼 설명력이 약하다. 로크는 정부의 성립과 정치적 의무의 근거를 동의론에서 찾았다고 말한다. 통치권자의 권위와 그에 복종해야만 하는 국민의 정치적 의무는 모두 국민의 동의에서 출발한다고 믿는 것이 동의론의 핵심이다. 이 동의론은 사회계약론이 내포하고 있는 약점을 피하면서 대안처럼 제시된 이론이다. 통치권자와 국민 사이에 언제 정치적 계약을 맺었는가? 원초적인 계약이 어떻게 가능한가? 동의론자는 이런 질문에 사회계약론자가 답할 수 없다는 점을 공격하고, 오직 국민의 동의만이 현실적으로 합법적 정부 구성이나 법령 제정의 근거가 되어야 한다고 주장한다.

내가 볼 때 로크는 홉스 정치철학의 영향력에서 벗어나고자 의도적인 노력을 많이 했다. 로크의 동의론은 애매하게 포장된 계약론의 변형에 불과하다. 사실상 사회계약론을 공격할 때 지적하는 지점은 실제로 계약이 이루어진 시점이나 역사성에 있다. 그러나 이는 소박한 관점에서 반론을 위한 반론에 불과하다. 사회계약론은 정부가 세워질 때 어느 특정한 시점에 이루어진 사실관계를 말하는 것이 아니라 합법적 정부와 통치적 권위 그리고 정치적 의무의 근거를 설명하기 위해 만들어진 장치이다. 홉스가 사회계약론을 말할 때의 실질적인 의도는 계약의 역사성을 말하려는 것이 아니라 정치적 권리와 의무의 구속성을 강화 내지 강조하려는 데 있다. 동의하는 행위와 계약을 맺는 행위 사이에 어느 것이 더 법적 구속력이 있는가를 비교해 보라. 사실상 로크는 동의론자이면서도 사회계약론의 전통에 서 있다고 보아야 마땅하다. 표면상 자유와 동의개념이 그의 정치철학을 관통하는 주요 개념이지만 실질적으로는 자유와 노예제도 그리고 동의와 계약 개념 사이에 모순과 충돌이 발생한다는 점에서 그의 철학의 일이관지(一以貫之)는 허점이 선명하게 드러난다.

2. 로크는 강남좌파인가?

가난은 나라님(임금)도 못 구한다는 속담이 언제부터 생겼는지는 모르겠으나 정말 그럴까 하는 의문과 함께 이 말에 동의하고 싶지 않다. 이 속담이 담고 있는 뜻에는 몇 가지가 있을 수 있다. 지금의 용어로 말한다면 정부나 국가가 국민의 가난을 모두 해결할 수 없다는 뜻이 담겨 있기도 하고, 또는 가난은 개인의 게으름이나 불운 탓도 있으니 나라가 전적으로 책임을 질 수는 없다는 뜻도 포함되어 있다. 이 속담이 현대 자본주의 사회에서도 여전히 맞는 말일까? 가난은 개인의 문제만도 아니고 정부가 온전히 해결할 수 있는 문제도 아니다. 가난은 사회구조적인 문제이기도 하고 잘못된 정책이나 무능력한 정부가 국민을 더 가난하게 만들 수도 있다. 세계경제 상황에도 직간접으로 영향을 받기도 한다. 또 가난은 상대적이기도 하다. 예전에 부자는 아주 소수이고 대부분 못살고 가난했을 때를 기억해 보면 가난하다고 해서 불행하다고 생각했던 것 같지는 않다. 그런 점에서 가난은 상대적이기도 하다. 예전보다 더 풍요로워진 지금이 더 가난에 대해 민감하고 불행하다고 느끼는 것은 아닌지? 가난은 가난한 사람만의 무거운 짐이 아니라 사회 구성원 모두가 함께 나누어져야 할 짐이며 일정한 부분 해결의 책임도 있는 문제이다. 어떤 책임을 어떻게 질 것인가? 이 물음이 내가 로크의 재산권 이론이나 단서 조항에 주목하여 이 글을 쓰게 된 이유이다.

아주 오래된 기억이지만 대학원 시절 주역(周易)의 결정론에 관한 토론 중에 교수님에게 다음과 같은 질문을 던진 적이 있다. '가난한 사람이 가난한 것은 그 사람의 팔자소관이며 운명적인가요?' 지금 돌이켜 보면 어리석은 질문이었다. 가난한 집안에서 태어난 사람에게 팔자나 운명을 이야기할 수는 있어도 그 가난에서 벗어날 수 있는 자유는 열려 있기 때문이다. 6.25 전쟁 중이나 전후에 태어난 우리 세대는 가난을 경험하며 유소년 시절을 보냈다. 삶을 살아내는 데는 치열한 노력이 필요하다는 것을 보면서 자랐다. 길거리에서 좌판을 펴고 나물 등을 파는 할머니의 모습을 보면서, 새벽녘에 손수레를 끌고 장사하러 가는 사람을 보면서, 그리고 졸린 눈을 비비며 밤늦게까지 손님을 기다리는 수많은 나의 어머니들을 보면서 나는 삶의 치열함과 엄중함을 배웠다. 열악한 조건에서 삶을 성실하게 살아내기 위해 애쓰는 지친 사람들의 모습은 딸깍발이에 불과한 내 모습을 부끄럽게 만들었다.

나는 손바닥 만한 마당이 있는 단독주택에 오래 살았다. 그곳에는 철에 맞춰 먹거리를 동네 골목길을 다니며 파는 아주머니가 있었다. 아주 오래전 겨울밤 찬 공기를 가르는 소리로 찹쌀떡과 메밀묵을 파는 사람을 연상시키는 그 목소리가 낭랑해서 길가에서 좀 떨어진 내 방에까지 들렸다. 10여 년이 넘는 동안 그 목소리는 변함없이 조용한 작은 골목을 흔들어 놓았다. 지금도 그 목소리에 대한 기억은 또렷하다. 18년을 그 집에서 살다가 재개발 때문에 아파트로 옮겼다. 그리고 내가 살던 그 아파트 정문 앞에는 일주일에 한 번 같은 요일에 순대 파는 차가 찾아왔다. 저녁 퇴근 무렵부터 늦은 시간까지 김이 모락모락 나는 순대를 퇴근하는 사람들에게 팔면서 장사를 한 것은 한두 해가 아니었다. 내가 이 기억을 소환하는 이유는 이들이 꽤 오랜 시간 그 장사를 계속할 수밖에 없는 사정에 가난하고 궁핍한 삶의 실루엣이 어른거리기 때문이다. 전혀 확인할 길은 없으나 이들의 살림살이가 더 나아졌을 것 같지는 않다.

상가가 있는 건물에는 개업하기 위해 새로운 인테리어 공사를 하는 모습을 종종 보게 된다. 그리고는 얼마 후에는 다시 임대 문의라는 딱지가 붙어 있는 모습을 보게 된다. 이런 기억과 모습들이 내게는 작은 슬픔과 아픔으로 다가온다. “가난한 이에게서 네 얼굴을 돌리지 말라”는 성서(집회서 4:4)의 권고도 무의미하게 들리고 나의 무력함만을 다시 확인하고는 사치스러운 연민의 감정도 가슴에서 지워 냈다. 동서고금을 막론하고 가난의 구제는 통치자나 국가가 해결해야 할 가장 일차적인 과제였다. 그렇기에 사회 경제적 정의를 실현하는 일은 국가나 통치자에게 부여된 지상명령과도 같다.

사유재산의 소유를 정당화해 주기 위해 로크가 내세운 두 조건을 R. 노직(Nozick)은 단서 조항이라고 했다. 이 로크의 단서 조항에 주목한 이후 이를 둘러싼 여러 쟁점이 제기되어 왔다. 내가 관심을 가진 것은 가난한 사람들을 위해 상대적으로 가난하지 않은 우리가 어떻게 무엇을 해야 할 것인가에 있다. 이 문제에 현실적인 답을 내놓기 위해서는 앞서 말한 로크의 단서 조항 4가지 중 뒤의 두 가지, 즉 도덕적 단서 조항에 더 주목할 필요가 있다. 앞의 단서 조항은 완전한 평등이 보장되는 자연 상태에서는 명목적으로 타당해 보이지만 경제적 불평등이 피할 수 없는 현실 세계에서는 무의미해 보인다. 차라리 '부지런하고 공유물을 합리적으로 사용할 줄 아는 사람만이 사유재산의 사용을 정당화할 수 있다' 거나 또는 '자선 행위가 없는 재산은 죄' 라고 말하는 조건이 더 현실적 구속력을 지닌다.

첫 번째 도덕적 단서 조항의 방점은 사유재산의 소유권을 정당화하는 데 있는 것이 아니라 재산 사용권의 정당화에 있다. 풀어 말하면 "다른 사람을 위하여 충분하고도 양질의 것을 남겨 놓을 만큼만" 소유하라는 명목적 단서 조항처럼 재산 획득에 제한을 두려는 것이 아니다. 그보다는 획득된 재산의 소유권 이전(재산 사용 및 처분)을 위한 도덕적 가이드라인을 제공하려는 데 목적이 있다. 두 번째 도덕적 단서 조항 역시 재산 사용의 정당화를 보증하라는 명령에 가깝다. 자선은 사유재산의 소유자가 자기 재산을 사용할 수 있는 권리 가운데 가장 합리적인 행위라 할 수 있다. 이런 행위는 재산이 많고 적음의 문제가 아니다. 재벌 같은 부자만이 아니라 누구라도 재산을 소유한 사람이라면 자기 재산을 사용할 때 이 도덕적 단서 조항을 염두에 두어야 한다.

로크의 재산권 이론은 불안정하다. 완전하고 평등한 자유와 자연권을 보장받을 수 있다는 대전제와 현실적인 불평등이 충돌이 생기기 때문이다. 그가 의회주의를 지지하고 자유주의를 확신하고 있다는 점에서 그의 정치철학적 이념은 진보적이었다. 그러나 자신의 신체와 노동력을 아무에게도 양도할 수 없는 천부적 권리임을 선언하면서도 부의 불평등이 불가피하게 발생하는 현실 세계를 인정하고 있다. 로크 자신은 땅을 소유하고 임대료를 받았던 부르주아계급에 속해 있으면서도 정치적 이념은 진보적 자유주의자였다. 그가 살았던 시대적 한계를 감안하더라도 그는 요즘 말로 소위 강남좌파라 할 수도 있다. 아버지로부터 땅과 농가 주택을 유산으로 물려받은 그는 임대인의 지위에서 재정적인 안정을 확보할 수 있었다. 정치철학적 견해로만 보면 그는 정치적 자유뿐만 아니라 경제적 평등과 분배에도 우호적인 견해를 적극적으로 표명했어야 했다. 로크가 실제로 살았던 삶은 가난한 민중들의 삶과는 거리가 있었다. 이론과 실천의 간격은 로크의 앎과 삶에서도 쉽게 발견된다. 그런 점에서 로크를 소위 강남좌파에 속한다고 평가하는 일이 무리한 주장은 아닐 듯싶다.

여기서 강남좌파라는 말의 함의를 좁은 지역적 한계를 넘어서서 넓은 의미로 해석하는 것이 옳다. 이 말이 처음 사용될 때는 말 그대로 강남은 부자들이 모여 사는 지역을 의미했으며, 좌파는 이념적으로만 진보적인 사람들을 지칭했다. 평등보다는 자유에 더 경도되어 있고, 자신의 축적된 부를 지키려는 보수성이 강한 사람이면서도 말로만 진보의 필요성을 강조하고 지지하는 사람을 냉소적으로 표현해서 강남좌파라 했다. 강남좌파는 일종의 형용모순과 같다. 그러나 나는 이 말이 지칭하는 지역적 한계를 넘어서 기득권을 가졌거나 평균 소득 이상의 재산을 소유하면서도 이념적으로는 진보 진영에 속해 있다고 믿는 사람에게 붙일 수 있는 이름이라 본다. 나에게 강남좌파라는 낙인을 붙인다고 해도 그것을 부인할 자신은 없다. 왜냐하면 나는 기득권에 속한 사람이며 동시에 가난한 사람의 삶의 조건을 개선하기 위한 일에 동의하고, 부자 감세 정책에 반대하고 최소 수혜자에게 최대의 혜택이 돌아가는 정책이나 종부세 같은 부동산 관련 세금을 더 강화해야 한다는 견해를 지지하며, 자유보다는 평등의 가치를 우선으로 생각하고 있기 때문이다. 따라서 강남좌파는 재산과 관련된 세금 납부가 부담스러우면서도 경제 정의를 위해 기꺼이 부담하겠다는 의지를 갖는 진보 이념에 동의하는 사람 모두에게 붙일 수 있는 이름이다.

가난한 이웃을 위해 내가 할 수 있는 일이 무엇이며 어떻게 할 것인가? 앞서 내가 제기한 이 물음은 국가나 정부 차원에서 할 수 있는 일에 관해 답하려는 것이 아니라 사적인 영역에서 해답을 찾아야 하는 물음이다. 그리고 그 답은 가난한 이웃의 기본적인 생존이 가능한 조건을 만드는 데 강남좌파들이 할 수 있는 일이 무엇일까를 찾아보는 일이다. 생존, 자기보존은 인간의 내적 본질이다. 홉스의 표현대로 말하면, 세상에 존재하는 모든 것은 자기의 존재를 보존하려는 욕구를 가지며 그것이 존재의 목적이기도 하다. 본질의 실현을 위해서는 각자도생(各自圖生)의 세계, 즉 자연 상태로 내몰려서는 안 된다. 그런 상태를 피하는 유일한 방법이 사회계약을 통해 사회와 국가의 도움을 확보하는 일이다. 생존을 위한 최소한의 사회적 조건을 만드는 일은 정의와 관련되어 있다. '각자에게 각자의 몫을 돌려주려는 항구적 의지' 로서 정의의 최소 단위는 '필요에 따른 분배적 정의' 가 가장 적절하다.

여기서 말하는 '필요에 따른 분배' 의 가장 기본은 생존권의 보장이며, 최소한의 인간적인 품위를 유지하는 데 필요한 정도의 분배이다. 공산주의의 슬로건처럼 '능력에 따라 일하고, 필요에 따라 분배받는' 이상적이고 높은 수준의 분배 방식은 결코 아니다. 생존권 보장을 구성하는 실질적인 내용은 그 종류가 다양하며, 그 질적 수준 역시 다층적이다. 배고픈 것을 해결해 주는 것보다 좋아하는 음악회에 갈 수 있는 것이 더 기본권이라고 믿는 사람도 있을 수 있다. 그러나 내가 여기서 말하고자 하는 생존권은 말 그대로 생존에 필수적인 기본적인 권리의 확보를 말한다. 그중의 몇 가지만 제시한다면, 경제적 능력과 관계없이 누구나 의료 서비스를 공평하게 받을 수 있는 권리, 일할 수 있는 권리, 햇볕이 들지 않는 지하 쪽방에서 살지 않을 수 있는 권리, 굶지 않을 수 있는 권리 등이 그것이다. 이런 권리가 확보되고 보장되기 위해서는 개인의 자선과 국가의 정의가 함께 만들어 내는 협주곡이 있어야 가능하다. 최소한의 기본적인 분배적 정의 실현을 위해서 자선과 정의가 어떻게 상호 보완적인 관계인지 살펴보아야만 한다.

3. 자선과 정의의 협주곡

> "누구든 가난한 이에게서 얼굴을 돌리지 마라. 그래야 하느님께서도 너에게서 얼굴을 돌리지 않으실 것이다. 네가 가진 만큼, 많으면 많은 대로 자선을 베풀어라. 네가 가진 것이 적으면 적은 대로 자선을 베풀기를 두려워하지 마라." (토빗기 4장 7절-8절)

성서의 이런 요구에 우리는 얼마나 수용하고 실천할 수 있을까? 자선(charity)은 사(私)적인 정의라 할 수 있고 정의(justice)는 공(公)적인 자선이라 할 수 있다. 이 자선과 정의가 상호 보완적인 관계를 유지할 때 최소한의 생존권 보장은 가능할 것이라 믿는다. 생존권은 천부적인 자연권이며, 최저 생계가 보장되는 권리이다. 생존권은 타인의 자선에 의존되어 있지 않은 권리이다. 자선, 또는 불교식으로 표현해서 자비행(慈悲行)이라고도 할 수 있는 이 말이 주는 일차적 의미는 사적인 기부 행위를 의미하며, 거기에는 자선을 실행하도록 요구하는 강력한 도덕적 의무가 포함되어 있지 않다. 그러나 나는 자선을 조금 더 확장된 의미로 사용하고자 한다. 자선(charity)은 라틴어 까리타스(Caritas)에서 나온 말이다. 까리타스는 그리스도교 신(하느님)의 사랑을 의미하며, 자선은 신의 사랑을 가난한 사람에게 표현하는 한 가지 구체적인 사랑의 방식이다. 1년에 한 번씩 구세군의 자선냄비에 기부하는 것으로 자선 행위가 담고 있는 도덕적 의무의 무게감을 상쇄하기에는 턱없이 부족하다.

로크가 '자선이 없는 재산은 죄'라고 했을 때 그 재산의 정도는 부자의 재산만을 의미하는 것은 아니라고 본다. 누구라도 나눌 것이 있는 한 형편에 따라 자선의 행위를 해야 한다는 의미일 것이다. 더 나아가서 자선은 사적인 정의 실현이라고 했을 때 이를 실현하는 일은 일차적으로 물질적 기부로부터 시작한다. 나 대신 가난한 이들을 위해 활동하는 각종 사회단체에 후원금을 보내는 것부터 필요하다. 더 나아가서 가난한 이들에게서 얼굴을 돌리지 않는 행위 일체를 포함한다.

가난한 사람들의 형태는 물질적 궁핍만이 아니라 전쟁과 재난의 희생자, 사회적 편견과 혐오의 피해자, 장애인들 그리고 사회적 약자라 불리는 사람들 모두가 가난한 사람이라 할 수 있다. 이들의 삶의 조건을 개선하는 일을 가능하게 만드는 제도적 장치를 마련하는 일에도 관심을 가지고 지지하는 모든 행위가 자선 행위일 수 있다. 따라서 이들을 위한 수없이 많은 영역에서 할 수 있는 모든 행위가 자선 행위일 수 있다. 각자가 자기 몫의 자선 행위를 선택하고 실천하는 자비행은 가난한 사람들을 위한 사적인 정의 실현이라 할 수 있다.

한편 정의는 공적인 자선 행위의 하나라 했다. 사회적 안전망을 구축하는 일과 최소한의 정의를 실현하는 일은 다른 것이 아니다. 자신이 속한 사회에 살면서 안전하다고 느낄 수 있다면 그 사회는 정의로운 사회에 근접하고 있다고 말할 수 있을 것이다. 아마도 사회 복지가 잘 된 나라일수록 사회적 안전망은 잘 갖추어져 있을 것이고 그 안에서 사는 사람은 스스로 삶이 안전하다고 느낄 것이다. 전쟁을 직접 겪지는 않았으나 전쟁의 공포는 늘 유령처럼 의식 속에 각인되었던 나의 세대에게 사회적 안전감을 느낄 기회는 별로 없었다. 오히려 오랜 군사독재의 억압은 직, 간접적으로 삶을 위태롭게 만들거나 공포의 감정을 갖게 했다. 부끄러운 기억이면서도 역설적이지만 내가 처음으로 이런 공포에서 풀려났다고 느꼈던 때는 유학길을 떠나는 날 김포공항에서 비행기가 이륙할 때였다. 꿈꾸던 서울의 봄은 사라지고 동토의 왕국이라 불리던 1980년대 전반기는 사회정의나 사회적 안전과는 거리가 한참 멀었기에 조국을 떠나며 오히려 안도감을 느껴야 했다.

영국에서 유학하던 시절과 연구년으로 보낸 1년 동안 그 영국 사회로부터 내가 받은 혜택은 학위를 받고 또 연구년을 보낼 수 있도록 해준 기회만이 아니었다. 교육 외에 아이를 낳고 기를 수 있었고, 그 과정에서 받은 사회보장제도에 따른 혜택이었다. NHS(National Health Service)는 사회보장제도의 진수(眞髓)를 보여 주었다. 떠났던 조국에 다시 돌아온 1980년대 중반 당시의 복지 수준을 언급하는 것은 무의미한 일이다. 그렇지만 다시 돌아온 한국 사회에서 최소한의 사회적 안전망을 확보하는 일이 무엇보다 중요하다는 사실은 확신할 수 있었다. 그러기 위해서는 적어도 두 가지 영역에서 혁명적 수준의 개혁이 필요하다고 생각했다. 하나는 공공의료 서비스 영역이고 다른 하나는 존재의 공간인 집의 문제였다. 누구라도 아픈데 돈이 없어서 치료를 못 받는 일이 생기지 않는 나라였으면 했고, 땅 투기의 광풍을 잠재울 수 있다면 개인 소유권의 침해를 감수하더라도 수용하겠다는 것이었다. 최소한의 인간적인 품위를 유지하는 데 필요한 가장 기본적인 수준은 아마도 빈부의 차이를 넘어 공평한 의료 서비스의 혜택을 받는 일이며, 주거의 안정성 제공일 것이다. 40년 전에 소망했던 두 영역에서의 혁명적 개혁은 절반의 성공에 그치고 있다. 의료보험제도의 성공 뒤에는 공공의료 제도에 따라준 의료계의 희생이 있었다는 것을 부인할 수 없다. 영리 추구를 기본 정신으로 하는 시장경제의 논리와는 거리를 두고 있는 공공의료 제도를 유지해 왔기에 이만큼의 의료 선진국에 다다를 수 있었다고 본다. 반면 땅 투기에 이어 아파트 투기로 인해 주거 안정이라는 기본 요구는 최소한의 수준에서 상황이 더 나빠졌다고 생각된다.

나는 유학 시절 반지하에서 아내와 아이 둘 그렇게 넷이서 산 경험이 있다. 이때의 경험은 어려웠던 유학 시절의 아련한 추억을 넘어 반지하 주거 형태에 대한 거부감으로 생생하게 살아 있다. 주택 공급이 부족하여 서울에서 주택난이 심각해졌을 때 많은 단독주택이 반지하를 포함한 3-5층 형태의 연립주택으로 전환되었다. "기생충"이라는 영화가 전 세계적 공감을 얻을 수 있었던 이유 중의 하나는 경제적 불평등과 만연하게 된 자본주의 사회의 양극화 현상을 잘 표현했다는 점일 것이다. 그리고 그 점을 가장 극명하게 드러낸 배경은 주인공들이 살고 있던 반지하 방이었다.

적어도 반지하 주거 형태를 법적으로 금지한다고 하면 주택 보급률은 떨어지겠으나 다주택 보유의 법적 제한으로 그 공백은 메워질 것으로 추측된다. 인간의 탐욕을 제도적 장치로 제어하는 것은 너무도 어려운 일이지만 사회정의는 강제성이 동원되지 않는다면 실현하기 어려운 가치이다. 사적인 정의로서 자선 행위의 도덕적 의무감을 더 무겁게 수용하는 자세와 공적인 자선으로서의 사회정의가 나의 이익에 우선하지만 결국에는 나에게도 이익이 된다는 장기적 손익계산력의 회복이 모두 필요하다. 자선과 정의가 서로 협주곡을 만들어 낼 때 내가 기대하는 최소한의 품위가 유지되는 삶은 가능할 것으로 기대된다.

7
Hume의 철학에서의 회의주의와 독단주의: 종교에 관한 세 작품 분석

1. 들어가는 말

데이비드 흄(D. Hume)에 대한 여러 가지 철학사적 평가 가운데 하나는 그를 근대 제일의 회의주의자로 보는 것이다. 다시 말해 퓌론주의(Pyrrhonism)의 근대적 부활을 우리는 흄의 철학적 공헌으로 평가하는 데 주저하지 않는다. 그런데 이런 결론적 평가를 하기에 앞서 몇 가지 문제가 선명하게 설명될 필요가 있다. 흄을 어떤 의미에서 근대 제일의 회의주의자라고 볼 것인가? 흄은 어떤 회의주의자인가? 흄은 전통적인 퓌론주의와 어떻게 다른가? 만약 흄이 회의주의자라면 그의 철학 전체는 어떤 부분에서 어떻게 생산성을 가질 수 있는가? 이런 문제들에 대해 먼저 엄밀한 논의를 거쳐야 할 이유는 결론적으로 흄을 회의주의자로 평가하는 일이 강하게 정당화될 수 있기 때문이다. 45년 전에 이를 지적한 포프킨(R.H. Popkin)의 다음 말은 오늘에도 여전히 유효한 것처럼 보인다: "흄은 철학사에서 가장 위대한 회의주의자 가운데 한 사람으로 항상 간주되어 왔지만, 그의 회의적 관점의 정확한 성질을 결정하는 요소에 대해서는 거의 주의를 기울이지 않았다."[1] 그렇기에 이 글은 먼저 흄의 회의주의 성격을 분명하게 밝히는 일부터 시작하려고 한다.

우리는 회의주의를 둘러싼 흄 자신의 논의—이를 우리는 흄의 '회의주의론'이라 부를 것이다—와 그의 철학적 태도에다 후세의 철학사가들이 붙인 '회의주의자'라는 평가를 구분해 보려고 한다. 이렇게 구분하는 근본적인 이유는 '흄은 회의주의자였다'라는 통속적인 결론이 많은 논란을 빚고 있기 때문이며, 이런 결론을 내리기 위해서는 흄의 회의주의론에 대한 논의를 거쳐야만 그의 회의주의 성격이 더 선명하게 드러날 수 있기 때문이다. 올바른 논의를 위해서 우리는 먼저 '흄은 회의주의자였다'라는 결론에 대해 '판단중지(epoché)'할 것을 권한다. 마치 흄 자신이 구분했던 것처럼, 선행적 회의주의의 태도를 가지고 논의를 시작하려고 한다. 흄의 회의주의에 대한 일체(一切)의 전 이해를 괄호로 묶어 두고 흄 자신의 언급을 직접적인 탐구의 자료로 삼아 그의 회의주의론을 재구성하려고 한다. 우리는 흄의 회의주의를 하나의 철학적 전략으로 파악하려고 한다. 그리고 회의주의는 독단주의를 무너뜨리기에 가장 적절한 대응 전략이 된다는 사실을 그의 종교론을 통해 밝혀 보려고 한다. '회의주의자는 종교의 또 다른 적(敵)이며, 모든 성직자나 위엄 있는 철학자들을 화나게 만드는 사람'이라는 흄의 말은 액면 그대로 사실인가? 결론부터 말한다면, 회의주의는 열광주의와 미신으로부터 '참된 종교'를 구해 내는 가장 적절한 길이다.

종교에 관한 흄의 대표적인 세 작품[2]—「기적론」, 「종교의 자연사」,

『자연종교에 관한 대화』—의 내용을 분석하여 어떻게 회의주의 전략이 성공적으로 수행되고 있는가를 보려고 한다. 회의주의와 독단주의의 치열한 싸움이 전개되고 있는 종교의 영역에서 흄은 자신의 철학적 입지를 잃지 않으면서도 동시에 무신론에 빠지지 않고 오히려 신앙주의(fideism)의 전통을 잇고 있다. 어떻게 이런 양립이 가능한가를 보는 것도 이 글의 중요한 목적이다. 흄의 이런 노력을 통해 우리는 회의주의적 태도야말로 오늘날에도 여전히 우리들의 의식 세계 속으로 침투하려는 종교적 독단주의를 치유하기에 적절한 면역 체계가 된다는 것을 알 수 있다.

2. 흄의 회의주의론: 퓌론주의의 비판적 수용

근대 철학자들이 접할 수 있었던 회의주의 이론은 전적으로 엠피리쿠스(Sextus Empiricus)를 통해서 전달된 퓌론(Pyrrho of Elis)과 그 계승자들의 회의주의 이론이었다. 퓌론주의가 간헐적으로 중세의 사상가들에게 관심을 불러일으킨 것은 사실이었으나 르네상스 시대에 들어서서 본격적으로 서유럽 사상가들에게 관심의 대상이 되었다. 이 시기에 회의주의에 관한 관심이 확대된 계기는 엠피리쿠스의 작품이 16세기 후반기에 들어서서 본격적으로 출판되기 시작했다는 데 있다. 1562년 프랑스 사람 앙리 에티엔느(Henri Etienne)가 엠피리쿠스의 『퓌론주의의 개관(Outlines of Pyrrhonism)』을 근대적인 체제로 라틴어판을 번역 출판한 이후 1569년과 1591년에 각각 라틴어 번역판과 영어 번역판이 출판되었다.[3] 데카르트가 회의주의에 대해 관심을 갖게 된 것이나 그 자신의 방법적 회의를 통해 철학의 제1 원리를 찾아낸 것은 모두 당시에 회의주의가 마치 유행처럼 번지고 있었다는 것을 증명해 준다. 1642년에 출판된 『성찰』 제2 판에 붙인 반론에 대한 답변에서 데카르트는 회의주의가 당시에 얼마나 전염병처럼 번지고 있었는가를 증언하고 있다: "우리는 일단의 회의주의자들이 오래전에 사라졌다고 생각해서는 안 된다. 그것은 전과 같이 오늘날에도 여전히 번창하고 있다. 보통 사람들보다 뛰어난 어떤 능력이 있다고 생각하고, 보통 철학에서는 만족스러운 것을 전혀 발견할 수 없고 다른 어떤 진리를 찾을 수 없는 사람들은 대부분 회의주의에서 안식처를 찾는다."[4] 쥴리아 안나스(Julia Annas)와 조나단 반즈(Jonathan Barnes)는 데카르트가 회의주의를 전염병으로 보았고 그의 철학은 회의주의라는 병을 치유하기 위한 노력이었다고 보고 있다.[5]

데카르트 이후 근대 철학자 모두에게 회의주의는 피할 수 없는 하나의 철학적 도전이었다. 특히 지식의 확실성이나 근거 또는 한계 등 인식론의 문제를 철학의 제1 과제로 삼았던 근대 철학자들에게 회의주의의 도전은 어떤 형식으로든지 대답해야 할 물음이었다. 근대의 중반기를 거치면서 흄 역시 회의주의와 씨름을 하지 않을 수 없었다.

흄은 데이비드 페어스(David Pears)와 쥴리아 안나스가 지적한 대로 "단순한 회의주의자가 아니며"[6] 또한 그를 "단순히 회의주의자라고 꼬리표를 붙이는 것은 잘못이다."[7] 이 말에는 두 가지 뜻이 들어 있다. 하나는 회의주의 자체가 여러 가지 복잡한 형태를 띠고 있다는 뜻이며, 다른 하나는 흄이 퓌론주의자로 불리는 회의주의의 전통을 일정한 부분 계승하면서도 그 전통을 비판하고 있는 복잡한 모습을 띠고 있다는 뜻이다. 앞의 말은 흄 자신이 『인간 오성에 관한 탐구(An Enquiry concerning Human Understanding)』[8]에서 구분하고 있는 4종류의 회의주의—선행적 회의주의, 결과적 회의주의, 과도한 회의주의, 그리고 완화된 회의주의—외에도 여러 가지 이름의 회의주의가 있으며, 흄의 철학은 이들 여러 종류의 회의주의가 때때로 혼합되어 있다는 것을 뜻한다. 뒤의 말은 흄이 전통적 회의주의 철학에 대해 비판적 수용을 하는 과정에서 더 복잡한 모습을 띌 수밖에 없었다는 것을 뜻한다. 퓌론주의를 어떻게 비판적으로 수용하고 있는가를 살펴보는 일은 흄의 회의주의 성격을 가장 선명하게 밝히는 지름길이 되며, 그런 후에야 흄의 철학에 붙일 수 있는 적절한 이름의 회의주의를 발견할 수 있을 것이다. 이 문제는 흄의 회의주의론을 통해서 결정될 수 있다.

흄의 회의주의 철학을 엿볼 수 있는 부분은 그의 전 작품에 흩어져 있다. 인과 추론의 분석, 시간과 공간의 무한 분할 가능성에 대한 논의, 자기 동일성에 대한 근거의 불확실성, 도덕의 기반이 이성에 있다는 도덕적 합리주의의 무근거성, 정부의 구성 원리인 규약론, 기적론 등을 통해서 우리는 흄의 철학이 회의주의적 결론에 이르게 되었다는 것을 상식처럼 알고 있다. 그러나 '회의주의 자체'에 대한 흄의 논의—흄의 회의주의론 또는 회의에 대한 회의(메타 회의)—는 주로 『A Treatise of Human Nature(인성론)』의 1권 4부와 『탐구 I』의 4, 5, 12절에 집중되어 있다. 비록 많지 않은 분량으로 회의주의에 대한 논의를 집중적으로 하고 있지만, 이 부분을 읽는 독자들에게는 여전히 정확하게 흄의 입장이 무엇이며 그의 회의주의 철학에다 어떤 이름을 붙여야 적절한지는 의문으로 남는다. 이 의문을 풀기 위해서 먼저 흄 자신의 논의를 따라갈 필요가 있다.

『인성론』에서나 『탐구 I』에서 흄은 감각과 이성에 대한 회의주의가 어떤 것인지를 설명하고 있다. 이성에 대한 회의에서 흄이 세운 목표는 이성주의 철학이 신봉한 이성의 권위에 대해 철저한 도전을 하는 것이었다. 즉 데카르트 이후 확실하다고 믿어져 온 수학적 추론이나 추상 과학의 엄밀함이 사실은 근거가 없다는 것을 보여 주려는 것이 그의 목표였다. 논리적 추론의 오류 가능성을 보여 줌으로써 지식의 확실성 정도는 필연성이 아니라 단지 개연성에 머물고 있음을 분명하게 드러내는 데 성공적이었다. 이렇게 함으로써 흄은 자신의 첫 번째 적(敵)인 합리주의자에게 도전했다.[9] 또한 감각에 대한 회의주의에서 흄은 주로 감각의 불완전성과 오류 가능성에 관해 설명하고 있다. 특히 감각과 대상 그리고 관념들과의 관계 설명을 통해 흄은 결코 감각이 우리에게 어떤 대상에 대해서도 지속적이고 분명한 관념을 제공하지 않는다는 사실을 밝히고 있다.[10] 이 논의를 통해 흄이 공격하고자 했던 두 번째 그의 적(敵)은 '소박한 경험주의자들'이었다.[11] 로크와 버클리에 대한 직접적인 비판을 우리는 『탐구 I』에서 발견할 수 있다.[12]

흄은 자신의 회의주의론을 『인성론』의 1권 마지막 부분과 『탐구 I』의 마지막 절에서 다루고 있다. 즉 인식론의 여러 주제를 다룬 후에 이성과 감각 그리고 전통 철학에 대한 회의주의적 비판을 결론으로 삼고 있는데, 여기에는 두 가지 숨은 의도가 있다. 하나는 그의 철학이 결국에는 회의주의적일 수밖에 없다는 사실을 상징적으로 보여 주려는 데 있으며, 다른 하나는 자신의 회의주의 철학과 당시에 유행하고 있었던 퓌론주의와의 차별성을 드러내려는 데 있었다. 퓌론주의에 대한 비판적 수용과 흄의 메타 회의론을 논의하기 위해서 흄의 연구가들이 자주 인용하고 있는 『인성론』의 한 구절을 인용하려고 한다: "만약 자연이 철학에 대해 너무 강하지만 않다면 철학은 우리를 전적으로 퓌론주의자가 되게 만든다."[13]

흄의 이 말은 사실 그의 회의주의가 어떤 성격의 것인가를 짐작하는 데 아주 중요한 단서를 제공한다는 점에서 따져 볼 만한 가치가 있다. 조건 명제로서 후건(後件)에 무게가 실려 있는 것처럼 보인다. 분명 흄은 인간의 인식 기능이 취약하다는 사실로부터 생기는 새로운 불확실성을 인정하고 있다. 회의주의 철학의 불가피성을 인정하고 있다는 점에서 후건의 문장은 결론처럼 보인다. 그러나 후건의 주장은 전건(前件)의 조건에 의존되어 있다는 점도 역시 주목되어야 한다. "자연이 철학에 대해 너무 강하지만 않다면"이라는 조건문에서 자연과 철학의 대비는 아주 중요한 의미를 지닌다. 켐프 스미스 이후 흄의 철학에 대한 자연주의적 해석이 주류를 이루는 가운데 회의주의 극복의 한 대안으로 자연 개념을 등장시키고 있기 때문이다. 여기서 말하는 자연(nature)이라는 말은 두 가지 의미로 사용될 수 있는데 하나는 물리적 자연을 의미하며 다른 하나는 인간의 본성(nature)을 가리키기도 한다. 철학적 반성은 어떤 주제에 대해서도 회의주의 결론에 이르도록 만든다는 퓌론주의는 자연 또는 인간의 본성에 호소함으로써 치유가 가능하다는 것을 흄은 이 짧은 문장을 통해 강변하고 있다. 자연은 우리가 회의하기에는 너무 확실하고 분명한 현상들로 이루어진 것처럼 보이며, '맹목적이고 강력한 자연의 본성에 따른다면 어떤 의심도 결코 할 수 없다.'[14] "퓌론주의 또는 과도한 회의주의의 원리를 무너뜨릴 수 있는 가장 위대한 전복자(顚覆者)는 행동과 일 그리고 일상적인 삶에 전념하는 일이다."[15] 또는 "자연은 모든 회의적 논증들의 힘을 조만간에 무너뜨리며 그것이 (인간의) 오성에 어떤 주요한 영향을 미치지 못하도록 한다."[16]라는 흄의 진술들은 회의주의 철학이 현실 이해의 최종적인 태도가 못 되며 더구나 극단적인 회의주의는 자연의 힘을 통해 극복될 수 있다는 것을 분명히 하고 있다. 과도한 퓌론주의를 단호하게 거부하는 흄의 의사 표시를 우리는 『인성론』

에서 발견할 수 있다. “만약 내가 모든 것은 불확실하며 우리의 판단은 참과 거짓에 대한 어떤 척도도 가지고 있지 못하다고 주장하는 (과도한) 회의주의자인지를 묻는다면 나는 이 물음이 전혀 불필요한 물음이라 대답할 것이며 나뿐만 아니라 누구라도 그런 견해를 진실로 항상 지니는 사람은 없다.”[17]

과도하고 전체적인 회의주의를 거부한 흄은 어떤 형태의 회의주의자인가? 『탐구 I』의 12절에서 우리는 그 해답을 찾을 수 있다. 결론부터 말한다면, 대부분의 연구가들이 인정하고 있듯이 흄은 ‘완화된 회의주의’의 입장을 견지하고 있다.[18] 완화된(mitigated)이란 용어는 두 가지 의미로 사용되고 있는데, 하나는 과도한 회의주의 또는 퓌론주의와 구별되는 회의적 태도를 가리키는 말이며, 다른 하나는 철학적 탐구를 인간 이해력의 제한된 역량에 맞는 주제에 국한하도록 만든다는 의미이다. 흄에 의하면, 회의주의자는 철학적 반성력이 가장 뛰어난 사람들 가운데 하나이다. 이런 반성력은 탐구하는 과정에서 가능한 한 문제를 제기하고 반론의 가능성을 모색하는 데 원동력이 된다. 그러나 회의주의자가 조심해야 할 것은 자신의 반성 역량을 제한하여 적절한 영역 안에 머물러야 한다는 점이다. “진정한 회의주의자는 철학적 확신뿐만 아니라 철학적 회의에 대해서도 머뭇거려야만 한다.” 회의에 대한 회의, 그리고 이 머뭇거림(diffidence)의 태도야말로 과학적 탐구에 본질적이며, 미신과 열광주의를 막는 데 적절하다는 로버트 훠게린(Robert J. Fogelin)의 지적은 옳다.[19] 흄은 완화된 또는 온건한 회의주의자이다.

그러나 완화된 회의주의가 흄의 회의주의를 선명하게 드러내는 데는 부족하다. 왜냐하면 그는 선행적 회의주의와 결과적 회의주의에 대한 논의를 통해서 이들 회의주의를 부분적으로 수용하고 있기 때문이다. 데카르트의 방법적 회의로 대표되는 선행적 회의주의는 우리에게 보편적인 의심(universal doubt)을 하도록 요구한다. 그러나 흄은 선행적 회의주의가 조금만 완화된 형태라면 충분히 수용될 수 있으며 오히려 철학 연구의 필수적인 준비 작업에 필요하다고 말한다. 교육이나 성급한 판단으로부터 생기는 편견에서 벗어나고 불편부당한 판단을 확보하기 위해서는 완화된 선행적 회의주의가 요청된다.[20]

결과적 회의주의는 과도한 회의주의 또는 흄이 이해한 바대로 퓌론주의에 빠질 위험이 많다. 왜냐하면 이것은 인간의 탐구 능력에 오류 가능성이 있다는 전제로부터 출발하기 때문에 어떤 결론에 이르더라도 회의적일 수밖에 없다고 보기 때문이다. 엠피리쿠스에 의해 해석된 퓌론주의에 따르면, 모든 이론적이거나 실제적인 문제들에 대해 그 해답을 결정하기 위한 합리적 기반이 제공될 수 없기 때문에 모든 탐구의 결론은 '판단중지' 로 끝을 맺을 수밖에 없다. 포프킨은 퓌론주의를 수용한 흄도 동일한 결과적 회의주의자이며 '모든 문제는 대답되어질 수 없다' 고 본 흄이 오히려 퓌론주의자들보다 더 독단적이라고 평가하고 있다.[21] 이런 평가는 흄이 결과적 회의주의를 과도하게 몰아가지 않았으며 완화된 형태로 해석하려고 한 노력을 간과한 결과이다. 이미 위에서도 언급했듯이 '자연' 은 극단적인 회의주의에 빠지지 않도록 경고하며 많은 문제에 대해 그 해답을 제공한다. 따라서 결과적 회의주의 역시 파괴적인 회의주의로 빠지지 않기 위해서는 완화된 형태로의 변형이 불가피하다는 점을 흄은 분명하게 보고 있다.

'완화된' 이라는 수식어 이외에 흄의 회의주의에 붙일 수 있는 또 다른 적절한 이름을 찾기 위해서는 로버트 훠게린이 사용하고 있는 이름을 인용할 필요가 있다. 훠게린은 흄이 '이론적이며 인식론적 회의주의(theoretical and epistemological scepticism)' 를 완화되지 않은 형태로 받아들이고 있다고 지적하고 있다.[22] 이론적 회의주의는 일상생활에서 제기되는 문제들을 의심의 대상에서 배제하고 순수한 철학적 탐구의 영역, 특히 논리적 추론의 세계와 관련해서만 회의적 태도를 지닌다. 인식론적 회의주의란 지식이나 신념에 어떤 필요충분한 근거나 이유가 제공될 수 있다는 것을 의심하는 태도이다. 또 실체나 속성, 제1 성질, 절대적 존재자의 증명 등의 문제들은 흄이 볼 때 베이컨의 용법대로 '극장의 우상'에 불과하며 이것들에 대해서는 '개념적 회의주의(conceptual scepticism)'의 입장을 취한다.

3. 종교 문제에 대한 흄의 전략: 홉스, 로크와의 비교

종교가 안고 있거나 또는 제기하는 문제들에 대해 철학자들은 어떤 방식으로든 대답할 필요가 있다. 특히 종교가 부정적인 기능을 하거나 그 해로움이 사회를 위태롭게 만들 경우에는 더욱 그러하다. 17세기에서 18세기에 걸쳐 영국 경험주의 철학자들은 각기 다른 방식으로 종교 문제에 접근해 갔다. 홉스의 경우 소위 '교회에 대한 국가 우위론(Erastianism)'은 종교 문제에 대한 일종의 극약 처방이었다. 성직자들과 교회의 분열이 깊게 연루된 시민전쟁을 경험한 홉스는 종교 문제의 최종적인 해결책을 정치적이고 물리적인 힘의 강화에서 찾았다. 왕권의 절대화는 성(聖)과 속(俗)을 구분하지 않고 최고의 권위를 보장해 주며 헨리 8세의 수장령을 제도적으로 완성시킨 것이었다. 성직자와 교회의 권위를 국가 또는 통치자의 권위 아래 종속시킴으로써 종교 내부의 문제뿐만 아니라 교회와 국가 사이에서 발생하는 갈등까지도 해결할 수 있었다.

로크는 종교 문제를 '관용론'의 관점에서 해결하려고 했다. 종교적 관용의 확대는 기독교 분파들 사이의 갈등을 해소할 수 있는 가장 합리적인 해결책이라고 보았다. 또 관용의 덕목은 국가와 교회의 긴장 관계에 대해서도 그 해소책을 제공한다고 로크는 보았다. 참된 신앙은 내적인 진실성에 있다고 보았고 강요된 신앙이란 있을 수 없으며 국가는 종교를 강요할 아무런 권리도 갖고 있지 않다고 로크는 주장한다. 정치와 종교의 분리, 그리고 종교적 관용은 로크가 제공한 종교 문제 해결책의 핵심이었다.[23]

일반적인 의미에서 종교 문제를 해결하기 위해 흄은 이중 전략을 사용하고 있다. 한편으로는 회의주의를 무기로 종교적 독단주의를 무너뜨리려는 강공책이었고 다른 한편으로는 철학과 종교의 분리라는 실증주의적 전략이었다. 그런데 후자의 경우는 소극적인 것으로 실제로 흄이 선호했던 방식은 아니었다. 다만 종교에 대한 철학적 반성에 귀 기울이지 않는 고집스러운 종교인이 있다면 흄은 그에게 종교와 철학의 분리를 말함으로써 위로하려고 했을 뿐이다: "만약 앞에서의 모든 논증이 어떤 방식으로든 종교에 위험하다고 상상하는 사람이 있다면, 나는 다음과 같은 변명이 그의 두려움을 해소시켜 줄 것이라고 믿는다. … 그러므로 나의 철학이 종교를 위한 변론에 아무런 도움을 주지 않았다면 마찬가지로 나의 철학이 종교에서 아무것도 빼앗지 않았으며 모든 것이 전과 똑같이 남아 있다는 것에 만족한다."[24]

고대 그리스의 소피스트들 이후로 회의주의가 그 형태야 어떻든 독단주의를 공략하기 위한 가장 적절한 전략이라는 것은 사실이다. 퓌론의 회의주의는 우리에게 모든 추론의 결론에 관해 판단중지할 것을 권하고 있다. 그렇게 함으로써 비록 학문(science)은 포기될 수 있어도 동요하지 않는 마음의 평온은 얻을 수 있다고 가르친다.[25] 그러나 흄은 이 충고를 따르지 않는다. 마음의 평온보다는 고통스러운 진실과 진리를 위해 새로운 철학의 모험을 시작하고 있다. 회의주의를 무기로 일체의 독단주의를 공격하고 있다. 그러나 회의주의와 독단주의의 싸움은 간단하게 어느 한쪽의 승리로 끝나 버릴 성질의 것이 아니다. 흄이 전개한 회의주의 전선은 철학의 전 분야에 걸쳐 있었다. 인식론, 인과 추론과 귀납논리, 윤리학, 정치론 등의 분야에서 흄의 회의주의는 성공을 거두는 것처럼 보였다. 별 저항이 없었지만 동시에 흄 자신의 말처럼 별 관심도 끌지 못했다. 그러나 흄의 공격에 가장 민감하게 반응을 보인 곳은 성직자들과 교회였다. 상식적이지만 18세기에도 교회와 성직자들은 유럽 사회의 가장 영향력 있는 지배 계층 가운데 하나였다. 비록 이들을 직접적으로 공격하지 않더라도 이들의 이익에 거슬리는 주장이나 견해 표명만으로도 전선은 형성되었다. 흄이 의도했던 그렇지 않았던 간에 교회나 성직자들과의 긴장은 1748년 『탐구 I』의 10번째 논문인 「기적론」(Of Miracle)으로부터 시작되었다.[26] 이들과의 긴장과 갈등은 1751년 무렵 이미 집필을 끝낸 『자연 종교에 관한 대화』를 출판하지 말 것을 권하는 친구들의 충고에 따라 유고로 남겨 둘 만큼 심각한 상황이었다. 그럼에도 흄은 침묵을 지키지 않았으며 1757년에 출판된 「종교의 자연사」를 통해 교회와 성직자들에게 선명한 자신의 태도를 보여 주고 있다.

4. 「기적론」 분석

이 「기적론」의 저술 목적을 흄은 간결하면서도 단호하게 다음과 같이 말하고 있다: “가장 오만하고 편협한 신앙과 미신을 잠재우고 그들의 뻔뻔스러운 유혹으로부터 우리를 자유롭게 만드는 데는 이런 간결한 논증만큼 편리한 것은 없다."[27] 이 목적을 달성하기 위해 흄은 기독교 신앙의 한 중요한 근거를 제공한다고 믿는 기적을 문제 삼고 있다. 이 민감한 문제를 분석적인 방식으로 접근한 흄의 이 「기적론」은 사실상 복잡한 내용은 아니다. 『인성론』 1부에서 세운 입론을 기적의 문제에 그대로 적용하고 있을 뿐이다. 경험주의의 원리, 항상적 연접(constant conjunction)과 인과율의 개연성, 사실의 문제에 관한 추론의 불확실성, 그리고 회의주의적 태도 등은 「기적론」에서도 그대로 사용되고 있다.

흄의 「기적론」은 2부로 나누어져 있는데, 기적에 대한 본격적인 논의는 1부의 마지막 두 문단과 2부에서 이루어지고 있다. 1부의 대부분은 성서적 권위의 근거가 되는 사도들의 증언과 목격담의 성격을 드러내고 그 근거를 공략하는 데 할애되고 있다. 증언이나 목격담은 모두 경험에 그 뿌리를 두고 있는 비교적 신뢰성이 높은 진술이다. 특히 제1차 자료를 직접 경험한 경우는 더욱 높아진다. 그러나 시간이 경과됨에 따라 증언이나 목격담에 기초한 기록들의 신뢰도가 점차 감소하는 것은 당연하다. 관찰자의 보고, 목격자의 증언 등은 모두 상식적이며 일상생활에 유용한 추론들이지만 이것들이 모두 경험에 의존이 되어 있는 한, 불확실성은 불가피하며 개연성 이상의 확실성은 보장될 수 없다. 한 경험적 사태와 다른 경험적 사태 사이에 어떤 연관관계가 있다는 것을 알아내는 일이 추론이라면, 이런 추론은 두 사태 사이에 항상적이고 규칙적인 연접이 있어야만 되고 또 경험되어야만 가능하다. 성서적 권위의 근거인 사도들의 증언과 목격담은 모두 경험적인 진술들이며, 그 진술과 실제의 사실들 사이에 항상적 연접이 있다면 그것도 결국은 경험에 의존해서 증명될 수밖에 없다. 『인성론』에서뿐만 아니라 「기적론」이 포함된 『탐구 I』에서도 흄은 경험의 오류 가능성뿐만 아니라 모든 경험 추론은 반증의 가능성을 언제나 내포하고 있다는 사실을 지적하고 있다. 오류 가능성과 반증 가능성이라는 두 가지 결함만으로도 성서가 가지고 있는 권위의 근거가 사실상 허약하다는 점을 간접적인 방식으로 강조하기에 충분하다고 흄은 보았다.

기적에 대한 흄의 직접적인 논의는 개념을 정의하는 것으로 시작하고 있다: "기적이란 자연법칙을 위반하는 것이다."[28] 이 정의는 기적에 대해 논의하는 대부분의 사람이 동의할 수 있는 가장 일반적인 정의이다. 맥키논(Alastir McKinnon), 홀랜드(R.F. Holland) 그리고 폴 틸리히 같은 사람들도 흄의 정의를 그대로 따르고 있다.[29] 기적은 사도들이 경험한 사실에 관한 증언과 관찰 보고서만으로 충분하게 증명될 수 있는가? 실제로 흄은 기적이 약간의 사실에 근거하고 있다는 것을 인정하고는 있다. 그러나 이 사실이 곧 기적을 명백하게 증명하는 데 필요한 것은 아니라고 본다. 「기적론」의 2부에서 다루고 있는 중심 문제는 기적이 일어났는가 아닌가의 문제가 아니다. 이것과 관련해서 「기적론」을 읽는 독자들이 조심해야 할 점은 흄이 어디에서도 기적의 가능성 또는 불가능성을 명백하게 언급하고 있지 않다는 사실이다. 논의의 중심은 기적이 일어났다고 믿는 믿음의 위험성을 지적하고 그 잘못된 믿음의 기반을 무너뜨리려는 데 있었다. 왜냐하면 기적을 확신하는 사람들은 진지한 검토 없이 사실을 거부하는 경향이 있으며, 종종 종교적 독단주의에 빠지기 때문이다. 흄은 다음과 같은 네 가지 근거를 가지고 기적이라는 현상을 이성적으로 증명하려는 모든 시도가 실패할 수밖에 없다고 말한다.

첫째, 어떤 역사에서도 입증하기에 충분한 숫자의 사람들에 의해 증명된 기적이란 발견되지 않는다.[30] 둘째, 놀라움과 감탄과 같은 감정들은 이런 감정을 일으키는 대상들에게 상식보다 더 큰 권위를 부여하는 경향이 있다. 특히 종교적인 정신으로 무장된 사람은 경이로움을 좋아하게 되는데 이것은 곧 상식의 종말을 의미한다.[31] 셋째, 무지하고 야만스러운 사람들 가운데서 기적이 주로 관찰되었다는 사실과 오늘날에는 기적이 일어나지 않는다는 사실은 기적의 신뢰성을 떨어뜨린다.[32] 넷째, (기적의) 목격자와 그 증언이 기적을 증명하기보다는 오히려 기적의 신뢰성을 떨어뜨리며 증언 자체까지도 파괴한다.[33]

우리의 관심을 끄는 것은 둘째와 넷째 주장이다. 둘째 주장에 의하면, 기적과 놀라움의 감정 사이에 밀접한 관련이 있는 것처럼 보인다. 즉 기적에 대한 증언과 목격담도 실재에 대한 경험적 진술이 아니라 일종의 심리적 현상에 대한 표명인 것이다. 사람은 놀라움과 경이로움에 대한 감탄의 감정을 경험하면서 두 가지 다른 방식으로 이 감정에 반응한다. 하나는 그 대상에 관해 탐구하고 싶은 호기심으로 작용하며 다른 하나는 두려움과 공포의 감정으로 전이된다. 고대 그리스 사람들이 철학의 출발을 '놀라움(taumazein)'으로 본 것은 바로 전자의 경우이다. 호기심은 탐구 의욕을 갖게 만들고 초자연적인 현상도 자연 속으로 편입시키려는 노력(과학 활동)을 하도록 만든다. 반면 루크레티우스나 홉스가 지적하고 있듯이, 종교의 출발은 두려움과 공포의 감정인데, 이것은 바로 놀라움과 감탄의 감정이 전이된 경우이다. 기적에 대한 종교인들의 확신도 사실은 이와 같은 감정에 그 뿌리가 있음을 지적함으로써 흄은 기적의 근거를 약화시키고 있다. 그럼에도 현실적으로 종교인들은 쉽게 열광주의자가 되며, 이들은 실재하지 않는 것을 본 것처럼 상상하는 경향이 있다. 이런 열광주의는 독단주의를 낳기 쉽고 또 상식을 거부하는 경향이 많다. 관습과 경험의 힘을 믿었던 흄에게 비록 종교적인 영역이기는 하지만 기적의 확실성을 믿을 수 있는 근거는 하나도 없었다.

기적의 근거를 약화시키려는 흄의 네 번째 주장은 기적에 대한 논증 속에 함축되어 있는 자기 파괴적인 성격을 드러내는 일과 관계되어 있다. 일반적으로 기적은 한 종교를 세우는 데 그 기반으로서 필요한 조건이라고 생각된다. 따라서 세상의 모든 종교는 각기 다른 기적 위에 그 근거를 둘 수 있다. 그런데 서로 다른 기적은 서로에 대해 배타적이라는 것이 흄의 지적이다. 특히 종교적인 문제의 경우 '다름(difference)은 반대(contrary)를 의미한다' 는 배타성이 더 강하게 내포되어 있다. 따라서 기적은 한 특정한 종교「A」를 세우는 힘을 가진 동시에 다른 종교「B」 체계를 무너뜨릴 수 있는 힘도 역시 가지고 있다. 반대로「B」 종교의 기적은「A」 종교를 배타적으로 거부할 수 있다. 종교인들이 확신하는 기적은 한 종교를 견고한 기초 위에 세우려는 본래의 의도와는 달리 오히려 배척당할 수 있는 가능성만을 열어 놓게 된다.

기적은 결코 이성적 추론을 통해 증명될 수 없는 문제이다. 만약 그것을 시도하는 사람이 있다면 그가 바로 기독교에 가장 위험하고 위장된 적(敵)이 된다. 기적은 신앙의 눈으로만 이해될 수 있는 현상일 뿐이다. 따라서 기적이 신앙을 정당화해 주거나 강화시켜 주는 것이 아니라 반대로 신앙이 기적을 가능하게 만들 뿐이다. 기적의 성격과 그 근거의 취약함에 천착함으로써 종교적 독단주의의 위험으로부터 우리를 자유롭게 만들려는 흄의 의도는 성공을 거두는 것처럼 보인다.

5. 「종교의 자연사」 분석

흄의 전체 철학 작품 가운데 회의주의와 독단주의의 싸움이 가장 치열하게 전개된 곳은 바로 이 논문에서다. 「기적론」에서 흄이 종교적인 논증의 불가능성과 오류 가능성에 입각해서 종교적 독단의 위험성을 간접적으로 지적했다면, 이 「종교의 자연사」에서 그는 유일신 사상의 독선적 성격을 직접적으로 공격하고 있다. 그 주된 공격의 대상은 두 가지 잘못된 신념들이며, 『영국사』를 쓴 역사가답게 역사적 사실들을 실증적 자료로 충분하게 이용하여 자신의 논점을 전개시키고 있다. 흄이 비판하고 있는 잘못된 신념의 하나는 유일신에 대한 신앙이 인간의 본성 안에 있는 보편적 본능의 하나라는 잘못된 가정이며, 다른 하나는 소위 고등 종교(higher religion)가 사회적으로 더 이롭다는 잘못된 가정이다.

먼저 유일신 신앙의 보편성을 공략하기 위해 흄은 이 책의 제목이 말하고 있듯이 종교의 역사적 전개 과정부터 설명한다. 문화사가(文化史家)들의 증언을 통해 의심 없이 알 수 있듯이 인류 역사의 초기 단계로 올라가면 갈수록 인류는 다신론(polytheism) 또는 우상숭배를 자연스럽게 받아들이고 있었다. 이것은 종교의 기원과도 관련되어 있는데, 흄은 무지하고 미개한 사람들에게 종교심을 일으키는 것은 "자연의 활동(질서와 조화)에 대한 관찰에서가 아니라 삶의 사건들에 관한 관심과 인간의 마음속에서 일어나는 끊임없는 희망과 공포의 감정"이라고 보았다.[34] 특히 이런 감정은 기적, 계시, 엄청난 자연적 변화 등 그 원인을 알 수 없는 경우 자연 속에서 신(들)의 흔적을 느끼게 만든다. 알 수 없는 원인에 대해 추적하는 일이 불가능하거나 만족스럽지 못할 때 희망과 공포의 감정은 종교적 대상에 대해 자연스럽게 복종을 하도록 만든다.

흄은 다신론이 일신론보다 우선하며 더 일차적인 종교 형태라는 사실을 강조함으로써 일신론이 처음부터 인간에게 내재되어 있는 본능적 욕구라는 일반인들의 편견이 잘못이라는 것을 지적하고 있다. 그렇다고 해서 흄이 다신론자라는 말은 아니다. 흄의 의도는 일신론의 위험성을 지적하려는 데 있고 다신론을 옹호하려는 데 있지는 않았다. 그는 통속적이고 무반성의 다신론을 오히려 다음과 같은 세 가지 이유에서 비판하고 있다.[35] 첫째, 인간 사고의 자연스러운 진보 단계에서 보면, 다신론에서 일신론으로 생각이 옮겨 가는 것은 자연스러운데 이를 거부하는 것은 반성력의 결핍이 빚어내는 결과이다. 무지한 대중은 초월적 힘의 개념에 쉽게 복종하게 되고 여기서 다신론은 자연스럽게 발생한다. 그러나 눈에 보이지 않고 지적인 능력을 지닌 신적 존재자(deity)의 성격을 상세하게 추론하거나 자연 활동의 규칙성과 완전성을 보게 되면 유일한 완전자의 개념을 갖게 되고 일신론으로 이동하게 된다. 이것이 인간의 지적 발전 순서이다. 이를 거부하는 다신론은 눈에 보이지 않는 초월적 힘과 눈에 보이는 대상을 동일시하는 상징 조작(allegory)의 위험성을 언제나 내포하고 있다. 둘째, 다신론은 영웅들을 신격화하는 영웅 숭배 사상을 조장할 위험성을 갖고 있다. 영웅들이나 위인들에 대해 일반인들이 갖는 감사와 존경의 감정은 역사를 전설로 만들고 신화화하도록 만든다. 셋째, 다신론은 야만적이고 타락한 종교 형태까지도 정당화하는 일이 원칙적으로 가능하다.

흄이 비판하고 있는 두 번째 잘못된 신념은 고등 종교라고 스스로 부르는 유일신 신앙이 사회적으로 더 이롭고 유익하다는 믿음이다. 기독교가 지배하는 세계에 살고 있던 서유럽 사람들에게 일신론의 신앙은 가장 진보된 고등 종교 체계였다. 이에 대한 믿음을 누구나 갖고 있었던 시대에 흄은 그런 믿음의 근거가 어디에 있는지 물음으로써 통속적인 의견으로부터 파생되는 편견과 독단의 위험성을 경고하고 있다. 흄의 전략은 다신론의 이로운 점과 일신론의 위험성을 동시에 지적하는 것이었다. 흄의 논의에 의하면, 비록 다신론에서 일신론으로 진행하는 것이 자연스러운 지적 발달 순서이기는 하지만 이것이 곧 전자보다 후자가 더 낫다고 말하는 것은 아니다. 왜냐하면 다신론이 종교 사이의 갈등을 완화하고 종교적 관용의 정신에 더 충실하다는 강점을 지니고 있으며 반대로 유일신 사상이 고등 종교의 필수 조건이라고 보는 것이 얼마나 잘못되었는가를 역사적 현실은 우리에게 보여 주고 있기 때문이다.

다신론의 장점은 일신론보다 더 관용적인 태도를 가질 수 있다는 점이며, 따라서 사회성도 더 많다는 점이다. 다신론이 다른 종교에 대해 관용적일 수 있는 이유는 간단하다. 다신론은 그 구조상 여러 가지 제한된 능력의 신을 가정한다. 불완전한 여러 신들의 혼재를 인정할 수밖에 없다. 능력과 기능에서 제한된 신은 다른 종파나 민족의 신에게도 신성함을 공유할 수 있게 하고 예배 의식과 규율, 전통 등도 서로 양립할 수 있게 만든다.[36] 어느 하나의 신이 세계 지배의 헤게모니를 가질 수 있다고 생각하지 않는다. 종교적 관용이 자연스럽게 실천되는 곳은 일신론의 세계보다 다신론의 세계에서 훨씬 가능성이 높아진다. 오늘날 종교적 다원주의가 바라는 이상과 별로 다를 바 없는 상태를 우리는 다신론이 지배하던 고대 사회에서 엿볼 수 있다. 델포이 신전의 신탁을 인용하는 것은 종교적 관용과 다신론에 대한 흄의 의중을 가장 잘 드러내주고 있다: “어떤 의식과 예배가 신들에게 가장 잘 용납될 수 있는가? 신탁은, ‘각각의 도시(국가)가 법률로 정한 것들이다' 였다."[37] 다신론의 관용적 태도는 다른 반대되는 종교와 공존할 수 있는 폭넓은 사회성을 지닌다는 것이 흄의 지적이다. 다신론은 다른 종교에 대해 격렬한 반감이 없기 때문에 반대 종교를 싫어하지 않으며 일정한 거리를 유지한다.[38]

반대로 일신론은 하나의 완전하고 절대적 선의 속성을 가진 신을 가정한다. 신의 완전성과 절대성은 "종교적인 숭배에서 경박하고 비이성적이고 비인간적인 요소들을 제거"하는데 기여하며, "정의와 자비의 가장 좋은 모범"을 제공한다.[39] 그러나 이런 유신론의 강점이 오히려 약점으로 쉽게 전환된다는 데 문제가 있다. 신의 완전함과 절대성을 믿는 사람은 유일신론자가 되기 쉽고, 유일신은 그 속성상 배타적인 신이기 때문에 이들은 다른 신과 종교를 불합리하고 불경(不敬)한 것으로 간주하는 편견을 갖기가 쉽다. '화해할 수 없는 좁은 마음의 유대교, 피비린내 나는 원리들을 가지고 출발한 이슬람교, 그리고 불관용의 기독교' 등이 모두 일신교였다는 것과[40] 이들 종교가 특히 많은 종교 전쟁과 박해, 갈등과 불관용, 파문과 처형 등에 관여되어 있다는 사실 사이에는 깊은 상관관계가 있다. "가장 좋은 것이 타락하면 가장 나쁜 결과를 가져온다"는 속설을 증명하듯 역사적 사실들은 우리에게 일신론의 타락이 우상숭배나 다신론의 타락보다 사회에 더 해롭다는 것을 보여 주고 있다.

「종교의 자연사」의 마지막 문단은 종교의 역사를 고찰하고 난 후 느낀 흄 자신의 심정적 고백의 한 단면을 보여 준다. 종교에 관한 모든 논의는 그것이 아무리 세밀한 탐구였다 하여도 결국은 수수께끼, 설명할 수 없는 미스테리, 의심과 불확실성 그리고 판단중지의 결과로 남는다. 종교의 복잡한 세계에서 벗어나 비록 분명치는 않지만 조용한 철학의 세계로 탈출하자고 말한다. 퓌론주의가 주는 '마음의 평온'을 흄도 끝내 거부하지 못하고 있었던 것은 아닌가.

6. 『자연 종교에 관한 대화』[41] 분석

탐구의 회의주의적 태도를 견지하려는 흄의 의지는 유고(遺稿)로 출판된 이 책에서도 결코 변색 되지 않고 있다. 「종교의 자연사」의 마지막 진술이 그러하듯 『자연 종교에 관한 대화』의 서문에서 흄은 '신의 존재, 속성, 계시 등 자연 종교에 관한 주제들이 너무 흥미로워서 비록 모든 탐구의 결과가 회의적이고 불확실하고 모순에 이른다고 하더라도 결코 탐구를 멈출 수 없다'고 고백한다.[42]

이 대화에 등장하는 세 인물, 클레안테스(Cleanthes), 필로(Philo), 데메아(Demea)는 각각 성격이 분명히 다른 입장들을 대변하고 있다. 클레안테스는 신중한 유신론의 철학을 소유한 인물이며, 필로는 비판적이고 회의적인 철학자, 그리고 데메아는 융통성 없는 완고한 정통주의자의 입장과 다소 광신적이거나 독단적인 견해의 소유자를 대변하고 있다. 이들 세 사람 가운데 누가 흄의 견해를 대변하고 있는가 하는 문제는 오랫동안 해석자들 사이에서 논의가 된 문제이다. 일반적으로 클레안테스가 흄의 입장을 대변하고 있는 것으로 해석이 되어 왔다. 흄 자신이 이 책의 맨 마지막 문장에서 한 말을 그 대표적인 근거로 들 수 있다. "필로의 (회의주의) 원리가 데메아보다 더 그럴듯하고 클레안테스의 (현실주의적) 원리가 진리에 더 가깝다."[43] 그러나 만약 클레안테스를 흄의 대변자로 본다면 '설계로부터의 논증(Argument from Design)'과 신 존재의 필연성을 인정해야 하는데 이것은 흄의 다른 견해들과 상충된다. 흄은 결코 신 존재의 필연성을 믿은 적이 없기 때문이다. 따라서 필로가 오히려 흄을 대변하고 있다고 보아야 한다는 견해도 만만치 않게 있다. 노만 켐프 스미스(N. Kemp Smith)와 가스킨(J.C.A. Gaskin)은 대표적으로 필로에서 흄을 발견하는 해석자들이다. 이들의 견해는 종교나 신앙에 대한 흄의 태도가 비판적이고 회의적이었다는 점을 지나치게 강조한 결과로 보인다. 특히 가스킨은 필로를 '완화된 회의주의자'로 해석하면서 흄의 대변자로 본다.[44] 이 두 입장과는 달리 녹슨(J. Noxon)은 『자연종교에 관한 대화』에서 등장하는 세 인물 가운데 아무도 흄을 일관성 있게 대변하고 있는 사람은 없으며 그는 대화의 장 밖에 서 있었다고 말한다. 그렇기에 그는 누가 흄을 대변하는가? 하는 문제는 대답될 수 없다고 보고 종교 문제에 관한 한 흄의 이론은 불가지론(agnosticism)일 수밖에 없다고 주장한다.[45]

이렇듯 흄은 종교와 신앙에 관한 자신의 확실한 입장을 적어도 두 사람의 가공인물 뒤에 은폐시키고 있다. 이런 경우 가능한 한 진실에 가까이 접근하기 위해서는 먼저 세 인물이 각기 주장하는 핵심 내용을 정리할 필요가 있다. 그리고 그 내용 가운데 적어도 흄이 다른 작품에서 주장한 내용과 상충되지 않고 일관성이 유지되는 것만을 흄 자신의 입장으로 간주하는 것이 적절한 방법일 것이다.

데메아의 주장은 간단하다. 그는 중세적인 사고방식을 그대로 고수하고 있다. 즉 이성보다 계시를, 지식보다 신앙을 더 중요한 것으로 보고 있으며, 인식의 한계 때문에 신의 본성과 속성에 대한 물음에는 대답할 수 없다고 말한다. 인간의 호기심이 신의 문제에까지 침투해 들어가는 것은 신성모독이며 불경건한 행위일 뿐이다. 말브랑슈(Malebranche)의 권위를 이용하여 경건함과 철학함의 양립 가능성을 주장하고 있으며, 또 신성함에 대한 이해 불가능성, 신앙 제일주의, 플로티누스(Plotinus)의 신비주의에 의존할 것을 제안하고 있다. 데메아는 인간의 감정을 통해 신의 마음과 정신을 유추하는 것은 자연주의적 태도이며 이것은 잘못이라고 주장하고 있다.[46] 『자연 종교에 관한 대화』에서 데메아의 역할은 상대적으로 적었다. 대화의 기회도 많지 않았을 뿐만 아니라 마지막(12부)에는 대화에서 빠지고 만다. 데메아의 말에 따르면, 종교적 진리는 추론을 통해서 얻어지는 것이 아니라 불행과 고통에 대한 의식으로부터 오는 것이며, 이런 의식은 최고 존재자에게 보호를 요청하게 만든다.[47]

클레안테스는 추론을 거부하고 인간의 유한함에 의존하여 절대적 존재를 믿도록 요구하는 데메아에 대해 신비주의자로 낙인찍고 회의주의자나 무신론자와 다를 바 없다고 공격한다. 그리고 자신의 입론을 '설계로부터의 논증'에 세우고 있다.[48] 이 논증은 건축가가 집을 설계하는 것과 신이 우주를 설계하는 것 사이에 유비추리가 가능하다고 보는 경험적 논증이다. 이 논증이 가장 분명한 결론이며 이를 부인하는 것은 맹목적 독단주의라고 클레안테스는 강변한다. 그리고 미개인처럼 종교적 물음을 묻지 않거나 최고의 원인자 추적을 중단하는 일은 독단주의도 회의주의도 아니라 어리석음일 뿐이라고 말한다. 그러나 원인자 추적이 무한 소급에 빠지는 것을 피하기 위해 클레안테스는 '설계로부터의 논증'을 통해 신적 존재(deity)를 발견하는 한 더 이상의 탐구를 멈춘다고 말한다. 종교는 비록 타락한다고 하더라도 없는 것보다는 있는 것이 더 낫다고 말한다. 왜냐하면 종교는 사람들의 마음을 규제하고 행위를 인간적으로 만들며 여러 가지 덕목들을 갖게 만들기 때문이다.[49]

필로는 클레안테스와의 긴 대화를 통해 일부분 인정하면서도 '설계로부터의 논증'이 가지고 있는 약점을 지적하는 데 주저하지 않는다. 필로의 비판은 클레안테스의 논증이 가정하고 있는 두 가지 전제에 집중되어 있다. 하나는 '유사한 원인에서 유사한 결과가 생긴다'는 원리이며, 다른 하나는 경험된 것으로부터 경험되지 않은 것을 추론하는 유비추리에 대한 것이다. 필로의 입을 통한 흄의 비판은 경험적 추론의 오류 가능성을 다시 한번 지적하는 일이다. 비록 클레안테스의 논증이 결국에는 유신론적 결론에 이를 수밖에 없다는 것을 필로가 인정한다고 하더라도 그 결론의 확실성과 근거는 보장될 수 없다는 것이 필로(흄)의 논지이다. 제한된 경험으로부터 유추하여 무제한의 원인 관념을 형성하는 것은 불합리하다는 것이 필로의 지적이다.[50] 또 클레안테스가 인간과 신의 관계를 유비추리로 논증하는 것에 대해 필로는 '신인동형동성설(anthromorphism)'이라 평가하고 그렇게 믿을 만한 근거가 없다고 비판한다. 유신론, 무신론, 회의주의, 다신론 어느 것도 다른 것에 비해 우세하다고 믿을 만한 근거가 없다는 것을 보여 주려는 것이 필로로 대변된 흄의 입장이라고 보여진다.

또 필로는 신의 존재가 자명한 진리이며 신의 본성에 대해서는 알 수 없다는 데메아의 주장에 대해 동의를 하면서도 완전성, 지혜, 사고, 설계 등 신의 본성을 나타내는 개념들은 경배나 숭배 또는 찬양을 위한 용어들이지 결코 논증이나 추론에 적합한 용어가 아니라는 점을 지적함으로써 데메아의 이론을 거부한다.[51] 필로는 클레안테스에 대해서도 이와 유사한 지적을 한다. 철학이나 신학적 탐구에서 말장난에 그치는 경우는 대부분 불분명한 개념들을 사용하기 때문인데 이를 치유하는 방법은 명료한 정의를 하는 것이라고 필로는 말한다. 그러나 신학이나 종교적인 논쟁은 기준이 없기 때문에 명확한 답이 불가능하다는 것도 필로의 생각이었다. 종교의 순기능을 강조하는 클레안테스에 반대하면서 종교의 해악들을 열거하고 있는 필로는 종교—성직자의 수와 권위—가 제한되어야 하며 정치적인 통치권에 종속되어야 한다고 말한다. 이는 홉스가 주장했던 소위 '교회에 대한 국가 우위론'을 흄이 그대로 지지하고 있음을 보여 주고 있다.

흄은 자신의 견해를 드러내는 데 클레안테스와 필로 두 사람을 모두 이용하고 있다는 해석이 가장 진실에 가깝다고 본다. 클레안테스의 유신론과 필로의 철학적 회의론의 결합이 가능하다는 것을 보여 줌으로써 철학자로서 흄 자신의 자존심도 상처받지 않고 교회와 성직자들의 반발로부터도 어느 정도 비껴날 수 있었다. 이 두 사람이 각각 상대방에게 한 마지막 충고는 종교에 대한 흄의 마음을 읽기에 충분하다:

클레안테스: "필로, 문제를 너무 지나치게 밀고 나가지 말게."

필로: "클레안테스, 나를 믿게. 철학적 회의주의자가 되는 것은 건강하게 믿는 기독교인이 되기 위한 첫 번째이자 본질적인 단계일세."

7. 흄에게서 얻는 교훈: 회의주의와 건강한 신앙

독단주의에 중독된 사람에게 가장 효과적인 해독제는 과도한 회의주의가 될지 모른다. 그러나 과도한 회의주의는 파괴적일 뿐만 아니라 일반인의 일상생활에 아무런 도움을 주지 않기 때문에 무의미하다는 것이 흄의 생각이었다. 종교 문제를 다룬 그의 주요 세 작품을 통해 흄은 자신의 입장을 충분히 전달하고 있다. 그는 결코 당시의 사람들이 생각했던 것처럼 무신론자는 아니었다. 그렇다고 해서 그가 칼뱅주의자로서의 신앙을 지킨 독실한 기독교인이었던 것도 아니다. 이미 우리가 짐작할 수 있듯이, 흄은 어느 한 특정한 종교나 종파에 속할 수 있는 인물이 아니었다. 그가 문제 삼은 종교론도 특정한 종교나 종파를 위한 변증론이 아니었다. 종교나 신앙의 근거 자체를 문제 삼음으로써 한편으로는 맹목적 열광주의 또는 독단주의를 피할 수 있고, 다른 한편으로는 회의주의를 바탕으로 해서 신앙의 건강성을 확보해 줄 수 있다고 그는 믿었다.

우리가 분석한 위의 세 작품은 흄에게 또 다른 이름을 붙이는 데 충분한 근거들을 제공해 주고 있다. '세속화된 신앙주의자' 라는 이름이 그것인데, 이것은 흄의 완화된 회의주의와 몽테뉴(Montaigne)에게서 물려받은 신앙주의(fideism)의 결합으로 만들어진 것이다.[52] 그의 완화된 회의주의는 종교 문제에 관한 한 증명도 반증도 불가능하다는 결론에 다다른다. 그리고 동시에 건강한 신앙이 사회적 통합에 유용하다는 현실을 묵시적으로 인정한다. 지나치게 이성적인 종교를 거부했던 흄은 분명 이신론자(Deist)는 아니었으며, 오히려 절대자에 대한 불합리한 신앙을 더 선호했다는 점에서 신앙주의자였다. 흄이 신앙주의를 선택하는 데는 다음과 같은 논증 구조가 있다. 1. 모든 것은 의심스럽다. 2. 신학이나 종교에 관한 모든 논증과 추론은 확실한 결론에 도달할 수 없다. 3. 따라서 불가지론에 빠지거나 신앙으로 이해하거나이다. 4. 신앙으로 해석하는 것이 일상인들의 삶에 더 적절하고 유용하다. 5. 따라서 흄도 여기에 동의한다. 그렇다면 '세속화된 신앙주의' 란 어떤 의미인가? 신비주의나 경건주의에 호소하지 않고서도 신앙을 유지할 수 있다고 보는 입장이며, 철학이 신앙의 성장에 도움이 된다고 믿는 태도이다. '필로가 종교적 신앙을 철학적 회의주의 위에 세우려고 한다' 는 클레안테스의 지적이나, 필로가 인용하는 "작은 철학은 사람을 무신론자로 만들고 큰 철학은 사람을 종교에 귀의하게 만든다" 라는 베이컨의 말은 모두 흄의 '세속화된 신앙주의' 를

엿보기에 충분한 근거들이다.[53]

역사가로서 흄은 종교가 한 개인의 마음과 사회의 통합에 얼마나 해로움을 끼치는지, 그리고 종교들 사이의 분파, 종교 전쟁, 박해와 처형으로 점철된 오욕의 종교사에 대해서도 잘 알고 있었다. 그래서 그는 신앙주의를 기준으로 '참된 종교'와 '거짓된 종교'를 구분하고 후자의 대표적인 실례로 가톨릭교의 미신적인 요소와 열광적인 개신교의 독단주의를 지적하고 있다.[54] 철학적 반성이 결여된 신앙은 맹목적인 것이 되기 쉽고, 유일신 사상은 다른 종교에 대해 강한 배타성을 가지기 쉽다. 흄의 완화된 회의주의를 종교적인 문맥에서 우리가 다시 음미해 볼 만한 가치가 있다면 그것은 개인적으로는 건강한 신앙을 형성하는 일과 사회적으로는 다양한 종교가 공존할 수 있는 가능성을 열어 주는 일과 관련되어 있기 때문이다. 특히 현대 한국 사회처럼 종교적 열광주의와 광신주의가 사회적 통합을 해칠 만큼 심각해진 경우에는 더욱 절실하다.

회고와 재검토

흄의 종교에 관한 세 작품을 분석한 위의 논문을 쓴 이후 오랜 시간이 지났다. 지금 시점에서 다시 읽어 보더라도 이 논문에는 별로 덧붙일 것이 없다는 생각이 든다. 흄의 철학을 전공한 사람의 눈으로 이 논문을 세밀하게 들어가 보면 빈틈이 여러 곳 발견될 것이다. 그러나 위의 논문을 쓸 당시 나의 목적은 흄의 종교론을 원전에 따라 충실하게 해석하는 데 있었다. 그 일은 충분하지는 않았지만 비교적 진실에 가깝게 이르렀다고 믿는다. 그 이유는 종교를 주제로 한 위의 논문이 그 자체로 완결성을 가진 것은 아니지만 흄이 자신의 세 작품을 통해서 말하고자 하는 의도가 나의 논문 안에서 충분히 전달되었다고 믿으며, 그리스도교에 대한 그의 생각을 신앙주의(fideism)라 규정하는 것도 무리는 아니라고 믿고 있기 때문이다.

따라서 위의 논문에 대한 회고적 재검토는 본문의 내용을 세밀하게 음미하며 비판적으로 검토하기보다는 노년에 이른 현재 시점에서 회의주의와 독단주의의 관계에 대해 몇 마디 덧붙이고자 한다. 그리고 사족의 범위를 넘어서지만 회고해 볼 만한 여백이 있다면 평생에 걸쳐 정체와 성장을 반복하며 변화해 온 나의 신앙과 종교에 관한 생각을 지금 시점에서 정리하고자 한다. 이렇게 하는 일이 후에 이 글을 읽는 사람들에게 종교와 신앙에 관한 한 조금이라도 더 유익할 것으로 믿기 때문이다.

1. 독단주의에 중독된 사람에게 가장 효과적인 해독제는 회의주의이다.

회의주의의 태도와 비판 정신은 철학자만이 아니라 지적인 성숙을 바라는 사람이라면 누구라도 필요한 마음가짐이다. 이 두 가지는 상호 의존적이다. 회의주의 태도를 견지할 때 그 회의 대상에 대한 비판이 시작될 수 있고, 반대로 비판 정신을 잃지 않을 때 그 비판의 대상을 단순히 반대하기 위한 대상으로 보지 않고 회의적인 시선으로 보게 만든다. 이런 회의적 태도가 지적인 탐구의 과정에서 명료함과 새로움을 찾아 출발하는 첫걸음이 된다. B. 러셀이 말한 것으로 기억하는데, 비판 정신은 부정하고 반대하기 위한 것이 아니라 확실한 것을 찾기 위한 지적인 탐구의 태도이다.

회의주의의 태도를 너무 강하게 밀고 나가는 사람은 의심 많은 사람처럼 보이기 쉽다. 그런 사람은 어떤 일을 결정할 때 머뭇거리기 쉽고 어떤 경우에는 아무런 결정을 내리지 못하는 결정 공포증(decision phobia)의 증상을 나타내기도 한다. 반대로 매사를 너무 쉽게 그리고 성급히 결정하는 성향이 있는 사람은 실수를 범하기 쉽다. 이런 사람은 자기 확신이 있고 결단성과 추진력이 많은 사람으로 좋게 평가될 수도 있지만 그만큼 판단의 오류를 범할 가능성이 높아지고 독단에 빠질 위험도 커진다. 머뭇거림과 성급함의 중용(中庸)이 신중함이라면 회의주의는 지적인 탐구 또는 조금 더 확실한 진리를 찾기 위해 취해야 할 신중한 태도이다. 독단적인 사람은 사람 사이의 교류에서도 걸림돌이 되기 쉽다. 가정이나 사회, 정부 등 어느 조직체에서든 독단적인 사람에게 조직 운영이 맡겨지는 경우 그 조직체는 위험에 직면할 가능성이 커진다. 왜냐하면 독단적인 사람은 대부분 주위 사람의 조언이나 충고를 잘 듣지 않기 때문이다. 기업에서 오너스 리스크(owner' s risk)가 생기고, 독재자가 국가 시스템을 망가뜨리는 이유도 대부분 여기에서 비롯된다.

어떤 형태의 독단주의든 그것에 가장 잘 듣는 해독제는 회의주의의 태도이다. 독단주의는 마치 뇌의 혈류가 막혀서 생기는 뇌경색과도 같다. 뇌에 신선한 피가 흐르지 않으면 생명이 위험해지는 것처럼, 모든 사회, 정치적 조직에 독단적인 경향이 강한 리더가 있다면 그 조직체는 위험 단계에 접어든 것과 같다. 독선적인 사람이 조직의 건강성을 해치고 토론과 논쟁으로 통하는 언로(言路)가 막히고 폐쇄된다면 이는 그 조직의 생명을 위태롭게 만든다. 혈관이 막힌 환자를 치료하기 위해 그의 몸에 혈관을 뚫어주는 주사를 놓듯 독단주의자에게 가장 효과 빠른 처방은 회의주의적 태도의 중요성을 인식하게 하고 의사 결정 과정에서 토론과 논쟁이 얼마나 필요한 것인가를 깨닫게 해주는 일이다. 토론과 논쟁의 과정을 거치지 않고 독단에 가까운 결정을 내렸을 때 얼마나 파괴적인 결과를 초래하는지를 추측하게 만드는 '공포의 발견술' 도 필요하다. 이런 경우에 동원되는 회의주의적 태도는 흄의 용어대로 말하면 선행적 회의주의이다.

민주주의의 생명력은 토론과 논쟁이 합리적인 수준으로 유지되는 데 있다. 정치의 장에서 전개되는 논쟁과 토론의 이상적인 전형을 그리스 민주주의의 설립자들에서 볼 수 있다면 그 모범적인 전형은 영국 의회민주주의 역사 안에서 찾아질 수 있다고 나는 믿는다. 비록 텔레비전의 화면을 통해 본 영국 의회의 토론 모습이었지만 품격 있는 논쟁과 토론은 내게 깊은 인상을 남겼다. 내가 대통령 중심제보다 의원 내각제를 더 선호하게 된 배경에는 이런 경험이 놓여 있다. 우리나라 국회에서 목격되는 독선이나 독단의 언어들은 진실을 덮고 왜곡하며 국민의 정치적 판단을 호도(糊塗)할 뿐 아니라 정치와 정치인 자체에 대해 혐오의 감정을 갖게 만들고 있다.

학문의 역사 역시 기존에 진리로 알려진 것들에 대한 반증 가능성이 열려 있을 때 진보하고 성장해 왔다. 그리고 이런 반증 가능성은 토론과 논쟁이 전제되어야 가능한 일이다. 아크로폴리스(acropolis)에는 토론과 논쟁이 설 자리가 없다. 거기에는 오직 선과 악을 독점하고 있는 신들의 세계뿐이다. 반대로 아고라(agora)는 숱한 담론들이 넘쳐나는 광장이며, 처음에는 소음처럼 들리던 소수자들의 외침이 모여 필멸의 신(mortal gods)들에 저항하는 함성으로 변할 수 있는 곳이다. 인류 역사의 진보는 여기서 비롯되었다. 교실과 강의실, 세미나와 심포지엄 그리고 광장에서 아고라의 정신이 지배적일 때 독단주의는 설 자리를 잃게 된다.

2. 독단주의자에게서 종종 발견되는 정서적 결함은 광기(madness)와 집착(obsession)이다.

광기(狂氣)는 홉스의 말처럼 다른 모든 사람보다 자신이 더 우월하다는 상상에서 나온다. 이 광기의 정념은 나도 틀릴 수 있다는 사실을 극도로 거부하는 태도이다. '나는 맞고 너는 틀렸다' 라고 확신하는 것은 타자에 대한 불관용으로 나타나며, 이 불관용에는 폭력이 잉태되어 있다. 독단주의자들의 불관용적 태도가 위험한 이유도 바로 이런 폭력성에 있다. 독단적인 사람은 집착이 강한 경향을 가진 사람이다. 특정한 사람, 사물, 이념, 가치관 등에 지나치게 집착함으로써 타협의 폭이 좁고 끝까지 자신이 집착한 것을 소유하고 자기 의지를 관철하려는 성향을 보인다. 글자 그대로 집착(執着)은 마음이 고집스럽게 집착의 대상에 붙들려 있는 상태이다. 스토커(stalker)도 일종의 광기와 집착 같은 독단적인 성향이 낳은 병리적 증상이라 할 수 있다. 광기와 공감력 결핍 그리고 집착은 모두 가족 유사성을 지니고 있다.

그런데 이런 개인적 광기는 은폐되어 있을 가능성이 더 크다. 개인의 광기는 평소에는 잘 드러나지 않지만 어떤 외부로부터 자극이 주어지면 폭발해 버리는 시한폭탄과도 같다. 광기는 개인적 차원을 넘어 집단으로 확대될 때 더 위험하다. 집단적 광기가 얼마나 위험한지는 전 인류가 피부로 체감할 수 있을 정도로 가까운 과거의 일이자 현실에서도 목격되고 있다. 히틀러와 그의 추종 세력들에 의해 내몰린 독일 국민의 집단적 광기가 어떤 결과를 초래했는지는 언급할 필요조차 없다. 히틀러에 의해 조작된 아리안족의 우월성은 유대인, 집시, 동성애자 같은 소수자들을 향한 집단적 광기를 만들어 냈다. 내가 기억할 수 있는 가장 참혹한 집단적 광기는 폴포트와 그의 크메르 루주(Khmers rouges) 정권이 자행한 집단 학살(킬링필드) 사건이었다. 6.25 전쟁 중에 좌우 이념 대립의 현장에서 자행되었던 집단 학살의 비극은 아직도 우리의 기억 속에 깊은 상처로 남아 있다. 군사독재 시절의 집단주의와 전체주의적 사고 역시 유신체제를 뒷받침한 광기였다.

집단적 광기가 자랄 수 있는 가장 좋은 토양은 사이비 종교와 우상

숭배 혹은 영웅 숭배 심리라 할 수 있다. 그리고 정치적으로는 이데올로기의 충돌 현장이라 할 수 있다. 과학기술 문명이 꽃을 피우고 인공지능이 호모 사피엔스의 종말을 말할 정도로 지식의 양적 증가와 질적인 심화가 가능한 시대에 살면서도 여전히 인류는 20세기 이전의 패러다임에 붙들려 있다. 정통 종교의 범위 안에 있는 종파들 가운데는 사이비에 가까운 개별 종파들이 있으며, 여기에 속한 사람들의 믿음 형태가 거의 광신도라 불릴 만큼 극단적인 경우도 있다는 것을 우리는 자주 목격하고 있다. 오직(only)만을 강조하는 사람은 광신자가 될 위험이 크다. 길거리에서 자주 보는 손팻말에 쓰인 '오직 예수'라는 글씨는 '예수 천당, 불신 지옥' 같은 명백한 이분법적 사고를 낳는다. 오직, 유일, 절대 같은 단어를 자주 사용하는 사람은 관용과 포용의 정신이 부족한 사람일 가능성이 크다. 이런 말들로 혹세무민(惑世誣民)하는 거짓 설교자의 말을 조금만 회의적인 태도로 보면 그것이 가짜라는 것을 금방 알 수 있는데도 맹목적으로 믿고 추종하는 이유는 어디에 있는가? 그 이유야 사람마다 다를 수 있겠지만 아마도 공통적으로는 자신이 믿고 있는 종교적 신념을 더욱 강하게 유지할수록 기복(祈福)적인 수혜가 주어질 거라는 맹신이 그 배후에 있다. 이것은 인간의 원초적 탐욕과 비용 효과 분석(cost benefit analysis)이 통하는 유물적 자본주의 논리와도 맞닿아 있다. 그리고 이런 속물성을 부추기는 사이비 교주들의 감언이설(甘言利說)과 독단적 권위도 영향을 미치고 있다. 조금만 합리적 이성의 눈으로 보면 많은 문제가 있는 이들 교주의 발언에 병적으로 절대적 신뢰를 보내고 있는 사람들은 영적인 문맹(spiritual illiteracy)에 가까운 사람이다. 이런 사람들에게 필요한 것은 자기 반성력의 회복과 회의주의 태도를 갖도록 돕는 일이다.

3. 나는 은폐된 회의주의자(cloaked skeptic)이다.

회의주의(skepticism)라는 말은 철학사에서 아주 오래된 용어들 가운데 하나이며, 회의주의자로 불릴 수 있는 인물도 고대 그리스의 고르기아스까지 거슬러 올라갈 수 있다. 고르기아스를 회의론자, 불가지론자(agnostic), 허무주의자, 비관주의자 그리고 상대주의자 등으로 부르는 것은 모두 표현만 달리할 뿐 실제로는 가족 유사성을 지니고 있다. 고르기아스가 말한 것으로 전해지는 세 개의 유명한 명제를 보면 그에게 붙여진 여러 이름이 나름 적절하다. "아무것도 존재하지 않는다. 설령 무엇이 존재한다고 하더라도 우리는 그것에 대해 아무것도 알 수 없다. 우리가 그것에 대해 알 수 있다고 하더라도 다른 사람에게 전할 수 없다." 고르기아스가 철학의 주제를 자연(physis)에서 인간의 문제로 전환시킨 소피스트였고, 여러 도시국가를 여행하면서 문화, 제도, 규범(nomos) 등이 모두 상대적이라는 사실을 깨달았던 사람이다. 불생불멸, 불변의 존재인 일자(Oneness)를 주장하는 파르메니데스와 '만물은 유전(流轉)한다'는 운동 이론을 주장하는 헤라클레이토스의 대립을 목격했다는 사실을 염두에 두면 그의 이 세 명제를 문자 그대로 해석하는 것은 잘못된 판단으로 유도할 위험이 있다. 그의 첫 번째 명제에서 말하는 비존재(존재하지 않음)는 자연 현상들처럼 눈에 보이는 것이 존재하지 않는다는 말이 아니다. 자연 안에 존재하는 모든 것은 눈에 보이는 그대로 존재하지만 그것은 모두 유한하고, 사라지고 변하는 것들이다. 이들 배후에 불변의 원리로서 궁극적인 존재, 이를테면 신, 창조자, 제1 원리, 자신은 움직이지 않으면서 모든 것을 움직이게 만드는 부동의 동자(unmoved mover) 같은 실재가 존재하는지에 대해 고르기아스는 알 수 없다고 말하는 것이다. 참된 진리와 인식이 인간의 역량으로는 파악 불가능하다는 불가지론은 결국 비관적이고 파괴적인 회의주의에 빠질 경향이 매우 높다. 과도한 회의주의는 아무것도 생산해 내지 못하는 불모지와 같다.

그러나 회의주의의 어원적 의미를 살펴보면 우리가 상식적으로 이해하고 있듯이 다소 부정적이고 비관적인 뉘앙스만을 가지고 있지는 않다. 회의주의의 그리스어(σκέψης, sképsis)는 사유하고, 탐구하고, 반성하고 검토하는 행위와 관련되어 있다. 다시 말해 회의한다는 것은 인간의 사유 역량부터 탐구의 결과까지를 의심하는 행위에 그치지 않고 그 회의 대상에 관해 탐구하고 검토하고 반성하는 행위와 밀접한 관련이 있다. 오히려 진리에 더 접근하고 확실한 것을 담보하기 위해서는 성급한 판단을 중지하는 에포케(epoché)와 끝까지 숙고하는 과정이 필수적인데 이런 과정에 붙여진 이름이 회의주의적 태도라 할 수 있다.

나는 철학적 탐구자의 기본 태도이자 자격을 회의주의적 성격이라고 믿어 왔다. 현상학자들이 말하는 에포케(판단중지) 또는 '괄호로 묶기' 같은 방법론적 태도는 어떤 결론에 성급하게 이르거나 서둘러 판단을 내리지 않도록 제동장치 역할을 해 주었다. 칼 포퍼(Karl Popper)가 말한 관용의 제1 원칙인 "내가 틀릴 수 있고, 당신이 옳을 수 있다."는 말도 자기 점검의 기회를 제공한다는 점에서 에포케의 효과를 가진다. 지나친 자기 확신의 위험에서 벗어나서 모두의 진리에 더 접근하기 위해서는 합리적 의심과 회의의 긴장감을 견지해야만 한다.

나는 스스로를 은폐된 회의주의자라고 불렀다. '은폐된'이라는 용어를 선택한 이유는 나 스스로 회의주의자인 것을 드러내지 않으려는 전략적 의지가 담긴 표현이다. 또한 이 '은폐(隱蔽)'라는 용어는 그리스 말로 진리를 뜻하는 aletheia(ἀλήθεια)와 관련되어 있다. aletheia

가 숨겨진 것이 드러난다는 비(非) 은폐성을 의미한다면, 진리가 숨어 있는 은폐 상태는 아직 탐구와 회의의 과정에 있음을 의미한다. 은폐가 되어 있는 동안에는 아직 진리라 할 수 없고 회의와 숙고의 단계를 거쳐서 드러날 때라야 비로소 참과 진리라 말할 수 있다.

내가 근무하던 학교에서 행정 업무를 수행했던 적이 있다. 학교 발전기금을 모으는 일도 그중의 하나였다. 다른 사람의 주머니에 있는 돈을 자발적으로 꺼내 기부하도록 설득하는 일은 거의 기적을 만드는 일과도 같다. 누군가가 기부를 약속할 때 나는 표시 나지 않게 그의 약속을 의심했다. 그 기부의 액수가 크면 클수록 나의 은폐된 회의심은 더 컸으며, 실제 기부 행위가 이루어질 때까지는 확신하지 않았다. 경험주의자로서 나는 '내 손 안에 있는 한 마리의 새가 숲속에 있는 두 마리의 새보다 낫다(A bird in hand is worth two in the bush)'는 생각을 언제나 견지했다. 그러나 기부 행위가 이루어질 것이라는 희망을 결코 포기하거나 잃지 않았으며, 완전한 기부 행위가 이루어질 때까지 설득을 멈추지 않았다. 이런 나의 태도와 행동 방식에 나는 은폐된 회의주의라는 이름을 붙인 것이다.

회의주의의 종류에 대한 흄의 구분에 의하면 나는 결코 결과적 회의주의자가 될 수 없다. 과학의 세계에서 이루어지는 어떤 탐구도 그 결론이 100% 확실하지 않다고 해서 회의적이라 하지 않는 것처럼, 인간이기에 극복할 수 없는 지적 역량의 한계를 인정한다고 하더라도 그것이 곧 탐구 결과마저 부정적으로 볼 필요는 없다. 은폐된 회의주의자는 탐구의 태도로서 호기심과 더불어 끊임없이 질문하는 태도를 견지하며, 탐구의 결과가 한계에 이르더라도 그것을 잠정적 진리로 수용하는 태도를 지지하는 사람이다. 은폐된 회의주의는 차라리 데카르트가 모범을 보여 준 선행적 회의주의에 가깝다.

4. 나의 종교적 편력

아리스토텔레스는 『형이상학』이란 책의 첫 문장을 이렇게 시작하고 있다. "모든 사람은 본성적으로 알기를 원한다." 지적인 호기심은 누구나 가지고 있으나 그 대상은 관심의 정도에 따라 사람마다 다를 수 있다. 그리고 호기심의 강렬함도 나이가 들수록 작아지는 사람이 있는가 하면 오히려 평생을 잘 유지하는 사람도 적지 않다. 돌이켜 보면 나의 지적인 호기심은 중학교에 들어가서 처음으로 가 본 학교 도서관에서 시작되었다. 소설을 읽고 습작으로 시를 쓰며 일기를 규칙적으로 쓰기 시작했다. 아무런 뜻도 이해하지 못하면서 니체의 『짜라투스트라는 이렇게 말했다』를 읽으며 철학에 대한 막연한 동경이 시작되었다. 그리고 고등학교에 진학해서는 종교에 미친 학생이 되었다. 아마도 교실 밖에서 최초로 가졌던 진지한 지적 호기심은 신(神)에 관한 관심이었다. 미션스쿨인 고등학교에서 나는 자연스럽게 종교 동아리에 가입했고, 학교에서 운영하던 경기도에 있던 작은 교회에 주일마다 다녔다. 종교적 열정이 그때만큼 뜨거웠던 적은 그 이후로 한 번도 갖지 못했다.

철학을 공부하기 시작하면서 종교나 신의 문제는 믿음의 문제에서 지적인 호기심의 대상으로 변했다. 신과대학에서 개설된 여러 개의 과목을 청강했다. 여러 현대 개신교 신학자의 이름을 들어 본 것도 그때였다. 폴 틸리히(Paul Tillich)의 『신에게 솔직히(Honest to God)』는 여러 번 반복해서 읽었던 기억이 있다. 당시에는 역사적 예수(historical Jesus)에 관한 논의가 신학계의 주제였던 것으로 기억된다. 가장 인상적이었던 강의는 서남동 교수의 떼이아르 드 샤르댕(Teilhard De Chardin)의 사상에 관한 것이었다. 지금은 몇 개의 단편적인 개념만 기억하고 있으나 우주적 그리스도(Cosmic Christ)라는 개념은 내게 너무도 신선했으며, 과학과 종교가 양립할 수 있다는 확신을 얻기에도 충분했다.

나는 경험주의자이다. 경험을 통해 알려진 것 외에는 믿지 않았다. 신은 경험의 대상이 아니기 때문에 지적 탐구의 대상으로 놓기에는 한계가 있다. 그 한계는 우리 인식의 한계와 같은 지평에 있다. 그러나 나는 사람들이 흔히 경험했다고 말하는 신에 대한 사적인 체험을 모두 거부하지는 않는다. 왜냐하면 종교는 한 개인의 단순한 사적 체험을 넘어 집단적인 경험의 축적물이기 때문이다. 비록 신에 대한 사적인 체험은 간증(자기 해석)의 영역에 속하기 때문에 한시적일 수 있어도 집단적인 공통의 체험은 하나의 전승(傳承)으로 이어질 수 있으며, 제도로 정착될 수도 있다. 제도로서의 종교는 이런 과정을 거쳐 형성되는 것이기에 종교를 인간의 인위적 산물이라고 말하는 것은 옳다. 그러나 종교가 그것으로 전부 설명되지는 않는다. 사람에게는 종교성이라는 천부적 성향이 있다고 나는 믿는다. 데카르트의 본유관념 같은 것이리라. 죽음, 내세, 영혼 불멸, 심판, 구원, 윤회, 해탈 등 대부분 종교가 가르치고자 하는 것은 문화나 제도의 산물인 경우도 있을 것이다. 그러나 그것이 전부는 아니다. 신, 절대자, 영혼 불멸 등 종교성이라고 불릴 수 있는 것들은 인간의 심성 안에 본래부터 자리하고 있는 것으로 보인다.

삼성그룹의 창업자인 이병철 회장은 삶을 통해 자신이 궁금했던 여러 가지 철학적, 종교적 물음들을 A4 용지 5장에 25개의 질문 형식으로 가톨릭 사제인 박희봉 신부에게 보낸 바 있다. 이병철 회장은 그 답을 듣기도 전에 유명을 달리했으나 세월이 지난 후 『잊혀진 질문』이라는 제목의 책으로 차동엽 신부가 이 회장의 물음에 답을 하고 있다. 그 질문 중에는 "한 번 태어난 인생, 왜 이렇게 아프고 힘들고 고통스러워야 하나?" "눈에 보이지 않는 세계를 알 필요가 있을까?" "이 세상에 신이 있다면 대체 어디에 숨어 있나?" "천국과 지옥이 우리 인생에 무슨 의미가 있을까?" 등이 포함되어 있다. 이 회장이 궁금해하던 문제는 누구라도 던질 수 있는 질문이며, 그 해답 또한 누구라도 자신의 관점이나 이해 수준에 따라 해석하고 수용 여부를 판단할 수 있다. 이런 궁극적인 질문에 대한 적합한 답은 어디에서 찾는 것이 좋을까?

세상에는 수많은 종교가 있고, 각각의 종교마다 다른 경전과 의식과 제도를 갖추고 교리를 가르치고 있다. 종교마다 위의 궁극적 질문들에 관한 대답을 제시하고 있고, 자신이 선택한 종교에 따라 해답도 선택하는 것이 보통의 길이다. 모든 종교를 아우르는 통합된 해답은 있을 것 같지 않다. 따라서 내가 선택한 특정한 종교 안에서 질문하고 대답을 찾는 것이 적합할 것이다. '종교에 대한 내 생각은 어디에 머물러 있는가?' 이 질문에 대해서도 그리스도교라는 한 종교에 국한해서 답을 찾고자 한다.

나는 개신교를 통해 처음으로 그리스도교에 입교하게 되었고, 고등학교 시절에 장로교회에서 세례를 받았다. 그런 점에서 나는 장로교인으로 신앙인의 길을 걸었다. 그 후 오랜 시간이 지나서 1985년에 가톨릭교회에서 다시 세례를 받고 안셀모라는 세례명을 갖게 되었다. 그리스도교가 어떻게 분열의 역사를 거쳐 왔는지를 잘 알고 있지만 나는 한 번도 교회의 분열로 생긴 틈과 차이를 이유로 개신교 신자에서 가톨릭 신자로 바뀐 것을 개종(conversion)이라 생각해 본 적이 없다. 사람에 따라 개신교와 가톨릭교 사이를 다른 종교로 보기도 하지만 이는 정확한 생각이 아니다. 개신교나 가톨릭이나 성공회나 정교회는 모두 그리스도교(Christianity)라는 공통의 한 종교 안에 속한 다른 종파의 이름일 뿐이다. 그리스도교라는 어머니 교회(Mater Ecclecia) 안에 각각의 이름으로 성장한 형제들 교회라고 믿고 있다. 예배 공간과 형식 그리고 성서 해석의 차이와 교리상의 상이점이 있다고 해서, 주님의 기도가 몇몇 군데에서 다르게 표현된다고 해서, 그리고 하느님과 하나님을 굳이 구분해서 부른다고 해서 그리스도교가 하나의 종교인 것이 부정되지는 않는다. 차이와 다름을 넘어서는 종교적 관용은 다른 종교에 대해서뿐만 아니라 같은 그리스도교 안에서 서로 다른 종파에 대해서도 실천이 요구되는 덕목이다.

열정의 차이는 늘 있었지만 나는 평생에 걸쳐 그리스도교 신앙을 유지해 왔다. 철학도로서 종교나 신의 문제에 대해 회의적이고 비판적인 관점에 서 있었던 시간이 신자로서 확신을 품었던 시간 못지않게 길었던 것도 사실이다. 이제 70세가 넘은 시점에서 돌이켜 보면 내가 믿어 왔던 그리스도교와 그 신앙의 필요성과 소중함이 이전보다 훨씬 크다는 사실을 발견하게 된다. 신앙의 자리를 위해 이성을 제한한다던 칸트처럼 회의와 불확실성이 반복되는 신앙의 영역을 확보하고 그 믿음의 세계에 머물고 싶은 욕구를 위해 나는 이성의 비판적 기능과 회의주의적 태도를 유보하고자 한다.

종교를 갖지 않고, 신 없이 이 세상을 살아가는 사람들을 보면 나는 그들이 용감한 사람이라는 생각이 든다. 내세, 심판, 지옥, 업(karma)과 윤회 같은 것들을 존재하거나 하지 않거나 상관하지 않고 무시하면서 살 수 있으려면 작지 않은 용기가 필요하다. 심지어 종교에 의존하지 않아도 죽음에 대한 공포로부터 온전히 자유로울 수 있다고 말하는 사람도 있다. 불완전한 존재로서 완전하고 전능한 신의 도움 없이도 잘 살 수 있다고 자신 있게 말하는 사람은 용기 있는 사람이다. '궁극적 관심'의 대상인 신이 없다면 나의 삶은 자연 상태나 광야에서 방황하는 삶이 될 것 같다. 그런 인간의 삶은 "고독하고 비참하고 괴롭고 잔인하며 그리고 짧을" 것이다. 신이나 종교 없이도 치열한 삶을 살아 내는 사람들과 비교하면 나는 상대적으로 용기 있는 사람이 못 된다. 종교나 신에 대한 믿음이 나의 삶에 어느 정도 영향을 끼쳤는지 가늠할 수는 없어도 폴 틸리히의 말대로 신은 나의 존재의 토대였고 불완전한 인간이 품을 수 있는 최고의 완전한 존재자이자 나의 삶의 가장 큰 위로자(Parakletos)였다.

루크레티우스가 말한 것처럼, 공포의 감정이 종교의 시작이라거나 종교는 공포를 먹고 자란다는 말은 오래전부터 있었던 말이다. 공포는 원초적 감정으로서 인간 앞에 나타난 공포의 대상들, 이를테면 거대한 자연 현상이나 사물들을 보면서 경외심과 두려움을 갖게 되고 그것이 종교심을 불러일으켰다. 지금 역시 사람들이 종교에 의지하려는 마음 한구석에는 어떤 형태의 두려움과 공포의 감정이 숨어 있다. 그러나 이런 두려움과 공포감으로 종교를 설명하는 데는 턱없이 부족하다. 종교가 절대자에 대한 의존 감정이라는 슐라이어마허의 생각에 동의한다고 하더라도 그것이 내가 이해하고 있는 종교를 전부 설명해 주지는 않는다. 또 신의 존재를 증명해 보려는 철학자와 신학자의 오랜 노력에 대해서도 만족스럽지 못하다. 신의 존재는 결코 합리적인 이성적 추론을 통해 입증될 수 있는 것이 아니기 때문이다.

신의 존재를 증명하려는 시도는 아주 오래된 일이다. 신의 존재를 증명하는 방식에는 전통적으로 세 가지가 있다. 존재론적 증명, 목적론적 증명, 우주론적 증명이 그것이다. 나는 이런 모든 신의 존재 증명 방식들이 성공적이었다고 믿지 않는다. 그렇다고 해서 모두 실패했다고 말하는 것도 아니다. 그것은 증명도 반증도 불가능한 것을 대상으로 말할 때와 마찬가지이다. 증명이나 반증은 모두 인간의 이성을 사용한 추론이며, 신의 존재 증명은 이성의 한계를 넘어서는 대상을 한계 안으로 끌어들여서 설명하려는 시도이다. 증명하기 위해서 또는 반증하기 위해서는 신의 본성과 속성을 설명해야 하는데 여기에 동원된 모든 서술어는 추론의 산물이 아니다. 설령 신의 존재 증명을 유비추리라 할 수는 있어도 이 유비추리는 어디까지나 경험한 내용을 가지고 경험할 수 없는 것을 추론하는 과정에 불과하다. 신이라는 대상에 붙일 수 있는 속성들의 이름은 다양하다. 전지, 전능, 완전함, 절대성, 보편적 실재, 우주의 설계자, 최고선(summum bonum) 등은 모두 신을 설명하는 이름들이 아니라 그분을 찬양하고 숭배하기 위해 동원 가능한 최상급의 이름들이다. 홉스는 이 점을 일찍부터 언급하고 있다. "우리가 신의 이름을 사용하는 것은 그를 지각하기 위해서가 아니라 명예롭게 하기 위해서이다. 왜냐하면 신은 이해 불가능(incomprehensible)하며 그의 위대함과 권능은 지각 불가능(unconceivable)하기 때문이다."—『리바이어던』, 3장

5. 종교에 대한 내 생각은 어디에 머물러 있는가?

나에게 종교란 어떤 의미로 와닿고 있는가? 그리스도교 신앙을 가지고 산다는 것이 나에게 왜 중요한가? 신 없이는 살아갈 용기가 없는 나는 겁쟁이인가? 내세, 종말, 심판, 기적, 구원 등이 없어도 종교는 여전히 의미가 있는가? 이런 물음에 대해 나는 그리스도교 신앙을 믿고 있는 신자로서 성경과 교회의 가르침과 교회 전통 안에서 답을 찾고자 한다. 그리스도교에 대한 5가지의 내 생각은 이론적인 답변이

아니라 내가 믿고 희망하고 있는 그리스도교에 대한 변호이자 신앙 고백이다. 신은 존재하는 것이 아니라 존재해야만 한다는 칸트의 말에 나는 전적으로 동의한다. 신이 존재한다고 말하는 것은 증명의 부담이 클 뿐만 아니라 불가능한 주장이 된다. 마찬가지로 신이 존재하지 않는다는 진술도 증명할 수 없는 주장이다. 그러나 신은 존재해야만 한다고 말하는 것은 증명의 부담이 없이 나의 소망을 표현하는 진술이자 당위를 요청하는 명제이기에 증명할 필요가 없다. 따라서 그리스도교를 바라보는 내 생각은 증명의 부담이 없는 후자의 진술에 따른 것이다.

(1) 고통을 승화시키는 데 종교만큼 아름다운 길을 제공하는 것은 없다.

사람은 누구나 고통을 피하고 싶은 욕구를 본능적으로 갖고 있다. 몸의 고통, 마음의 고통, 영혼의 고통 등 피할 수 없는 많은 고통이 우리의 삶과 함께 공존하고 있다. 이들 고통의 문제를 해결하기 위해서 인간은 그 해법을 찾아 왔다. 의술의 발전은 몸의 고통을 상당 부분 해결하고 있다. 마음과 영혼의 고통을 해결하는 데 심리학, 정신과 치료 및 상담 등이 아주 효과적인 경우도 많다. 그러나 몸과 마음의 고통은 죽는 날까지 우리 곁에서 떠나지 않는다. 고통의 문제는 모든 종교가 그 나름의 해법을 제시하고 있다. 나는 불교에 대해 일천(日淺)한 지식밖에 없으나 내가 이해하는 한 고통의 구조적 문제를 가장 철학적으로 풀어낸 종교는 불교가 아닌가 싶다.

불교는 고통의 뿌리를 집착에서 찾고 있다. 그리고 집착의 대상은 물질부터 정신적인 대상까지 그 범위는 눈에 보이는 세상 전부와 눈에 보이지 않는 세상에 관한 것들도 될 수 있다. 모든 인간관계에는 고통이 잉태되어 있다. 아무리 사랑하는 사람 사이라도 욕망은 집착을 낳고 집착은 고통을 낳는다. 부모 자식 사이도, 친구 관계도 그리고 사물과의 관계에서도 집착은 제거되지 않는다. 모든 색(色), 즉 현상에 대해 집착을 버렸다고 해서 고통이 모두 없어지는 것은 아니며, 공(空)을 깨달았다고 해서 집착과 고통으로부터 자유로워지는 것도 아니다. 그러나 고통의 원인을 마음의 집착과 욕심(貪), 분노와 화(瞋) 그리고 이런 것에 대한 탈출구를 모르는 무지(癡)에서 찾고 그것들을 뛰어넘으려는 노력은 아름답지 않은가?

마음을 붙들어 매는 것은 모두 고통의 씨앗을 잉태하고 있다. 감정, 이성, 의지는 사람이 가지고 있는 본래의 기능인데 이는 또한 집착을 낳는 대상과 관계를 맺을 때 동원되는 기능이다. 그렇다고 해서 감정, 이성, 의지를 모두 제거하는 일이 가능한 사람이 있다면 그를 과연 사람이라고 할 수 있을 것인가? 내가 보기에 고통의 근원을 밝히는 일에 불교의 가르침이 탁월해 보여도 거기에는 지난(至難)한 자기 수양의 과정이 전제된다. 마음공부라고 하는 긴 수행의 과정이 없이는 작은 고통에도 우리는 쉽게 흔들리고 평정심을 잃게 된다.

언제인지 정확하지는 않으나 아마도 불혹의 나이쯤에 우연히 접하게 된 보왕삼매론(寶王三昧論)은 나의 마음공부의 큰 가르침이 되었다. 고통의 문제와 관련해서는 10가지 가르침 중 첫째에서 넷째까지의 교훈이 큰 도움이 되었다.

> "몸에 병 없기를 바라지 말라. 세상살이에 곤란함이 없기를 바라지 말라. 공부하는 데 마음에 장애 없기를 바라지 말라. 수행하는 데 마(魔)가 없기를 바라지 말라."

이런 교훈을 만나는 것도 큰 인연이라고 나는 믿는다. 이후 보왕삼

매론은 근심과 걱정, 숲속의 가시 같은 장애를 만날 때마다 곱씹어 보며 묵상해 온 글이었다. 깨달음과 실천의 역량은 아직도 한참 갈 길이 먼 나그네 같지만 정진해야 할 방향은 잃지 않고 있다고 믿는다.

그리스도교 신자로서 나는 고통을 어떻게 극복할 것인가에 대한 해법을 교회의 가르침 안에서 찾고자 했다. 나는 인간이 겪을 수 있는 가장 큰 고통 중의 하나는 부모가 자식을 잃었을 때의 고통이라고 생각한다. 부모나 배우자의 죽음보다 더 큰 고통과 슬픔일 것이다. 그런 고통의 모범을 나는 십자가 위에서 수난과 고통을 겪으며 죽음을 맞이하는 아들 예수의 모습을 지켜보고, 아마도 십자가에서 아들의 시신을 내리면서 혼절했거나 시신을 품에 안고 죽은 아들의 얼굴을 본 성모 마리아의 경험이라 생각한다. 성모 마리아의 슬픔과 고통을 표현한 수많은 미술 작품을 보면서 우리는 쉽게 공감할 수 있다. 죽음의 보편성이 제공하는 고통의 공유성 때문일 것이다. 미켈란젤로의 피에타 조각상에 표현된 성모 마리아의 표정에서 나는 연민, 슬픔, 절망, 원망 등의 감정이 고결한 고통으로 승화되는 것을 볼 수 있었다.

고통은 내가 싸워서 이겨야 하고 물리쳐야 할 적과 같은 것으로 보지 않는다. 오히려 평생 친구처럼 곁에서 함께 살아가야 할 껄끄러운 이웃과 같은 것으로 보려고 노력해 왔다. 집착에서든 원죄이든 고통은 삶에서 피할 수 없는 운명과도 같다. 이 고통이 나의 삶을 훼손하지 않도록 하기 위해서는 그 고통을 달래야 하는데, 그 모범을 나는 그리스도의 십자가 고통과 성모 마리아의 승화된 고통에서 찾는다. 그리스도교의 가르침에 따르면, 무의미한 고통은 없다. 고통의 의미 찾기는 고통을 견디어 내야 하는 사람들 각자의 몫이라고 본다. 누군가 다른 사람이 나의 고통을 대신 해석해 주는 것은 온전한 해석이라 할 수 없다.

'사도 바오로의 가시'는 잘 알려진 이야기이다. 여기에 대한 해석도 여러 가지 있을 수 있으나 어느 해석도 온전한 것이라 할 수는 없다. "하느님께서 내 몸에 가시를 주셨다"라는 말로 미루어 보면 그 가시가 신체적 고통에 가장 가까운 것이라 여겨진다. 그러나 영적 가시로 이해한다고 해서 틀렸다고 말할 수는 없다. 가시가 고통을 준다는 사실만은 확실하며 그런 고통의 의미를 바오로는 자만하지 않도록 하느님이 허락한 것으로 이해하고 있다. 바오로조차 이 가시의 고통을 남과 나눌 수 없고 온전히 스스로 감내해야 하는 것이라 말하고 있다. 우리가 겪고 있는 고통 역시 마찬가지이다. 우리가 겪는 고통의 의미를 제대로 이해하기 위해서는 묵상, 기도, 렉시오 디비나(Lectio Divina, 聖讀) 등을 통해 지금의 고통이 말하는 메시지나 의미를 스스로 찾는 일이 중요하다. 이 일에도 마치 불교에서 요구하는 마음공부의 수행처럼 긴 시간과 노력이 필요하다. 신앙의 깊이에 따라 고통 감각 지수는 낮아질 것으로 믿는다.

(2) 그리스도교는 나에게 마음과 영혼의 자유를 얻기 위한 길을 제공했다.

사람들은 종교를 갖고 산다는 것이 불편하다고 생각한다. 마음 내키는 대로 자유롭게 살고 싶은데 종교의 계율은 그것을 방해한다고 생각한다. 종교가 삶을 불편하게 만들고 구속하기 때문이라고 생각한다. 나도 그렇게 생각했으며 지금도 그리스도교 신자로서 의무를 소홀히 하고 계율이나 교회법을 지키지 않고 살아가고 있다. 요한복음서에 있는 "너희가 진리를 깨닫게 될 것이다. 그리고 진리가 너희를 자유롭게 할 것이다."라는 잘 알려진 구절도 오랫동안 별다른 의미로 다가오지 않았다. 진리가 자유를 담보한다는 말에는 여러 차원의 해석이 가능할 것이다. 여기서는 종교적 진리가 마음의 자유를 보장한다는 뜻에서 이해하는 것으로 충분하다. 정치적 자유가 확대되면 될수록 여러 가지 구속과 억압으로부터 자유로움을 얻을 수 있듯이 마음에서 일어나는 여러 가지 쾌락과 고통 그리고 그로부터 일어나는 구속과 억압, 불안과 절망, 분노 등으로부터 자유로워지기 위해서는 종교적 가르침의 도움이 필요하다. 나는 종교의 가장 중요한 기능 중의 하나가 사람들에게 마음과 영혼의 자유를 얻게 하는 데 있다고 믿는다.

한(恨)이 많거나 인간관계에서 맺힌 것이 많은 사람은 그만큼 마음의 고통을 많이 지고 사는 사람이다. 살아 있는 사람과의 관계뿐만 아니라 죽은 사람과도 정리되지 못한 인연으로 고통을 겪고 있는 사람은 그만큼 자유롭지 못한 삶을 살 수밖에 없다. 한을 갖고 산다는 것은 고통스러울 뿐만 아니라 그 한에 사로잡힌 상태에 놓이기 쉽다. 그것은 족쇄와 굴레로 갇힌 삶이다. 세상에 한이 없는 사람은 없다. 크고 작은 원통함을 갖지 않고 사는 사람도 없다. 가난하고 소외된 사람뿐만 아니라 부자이고 세상에 가질 것 다 가진 사람도 마음을 괴롭히는 굴레나 발목을 붙들어 매고 있는 족쇄 하나 없이 사는 사람은 없다.

한과 관련해서 배국원 교수는 "한국 사람의 정서이며 유전이고 문화 코드이고 관용어인 동시에 우리의 콤플렉스"라고 말하고 있다.[55] 그리고 한을 세 가지 종류, 즉 원한(怨恨), 원한(寃恨), 원한(願恨)으로 구분하고 각각의 의미를 분석하고 있으며, "자기의 원통함으로 호소하는 원한(寃恨)이 한국적인 한의 독특한 내용"이라고 했다.[56] 이 가운데 나는 두 번째의 원한(寃恨)에 주목하고자 한다. 왜냐하면 이 원한이 내가 여기서 말하고자 하는 영혼의 자유를 얻는 길과 관련되어 있기 때문이다. 사람들 사이에서 얽히고설킨 인연의 끈들은 족쇄가 되고 풀지 못한 것들은 원한(寃恨)이 되어 개인이나 공동체에 고통을 준다. 그뿐만 아니라 인간이 불완전하고 죄의 성향에서 벗어날 수 없다는 존재론적 한계 자체도 사람에게는 하나의 굴레이다. 이런 족쇄와 굴레를 벗겨 내는 일은 해원의식(解冤儀式)과 깊은 관련이 있고, 종교가 가장 잘 할 수 있는 일 중의 하나이다.

해원(解冤)이란 글자를 풀어보면 해(解)자는 '벗기다, 놓아 주다'의 뜻이고 원(冤)자는 덮개를 의미하는 민 갓머리(冖)와 토끼를 의미하는 토(兔)로 이루어져 있다. 이는 토끼가 올가미에 걸려 옴짝달싹 못하는 형상의 글자이다. 따라서 해원은 이런 굴레와 올가미를 벗겨 주어 자유를 주는 일이다. 예수가, "고생하며 무거운 짐을 진 너희는 모두 나에게로 오너라. 내가 너희에게 안식을 주겠다. 정녕 내 멍에는 편하고 내 짐은 가볍다."(마태오복음 11:28)라고 말하는 것도, 바오로가 "욕망으로 멸망해 가는 옛 인간을 벗어 버리고 진리의 의로움과 거룩함 속에서 새 인간을 입어야 한다"(에페소서 5:22-24)는 말도 모두 마음과 영혼의 자유를 위해 굴레를 벗겨 주는 해원 행위와 다름없다. 따라서 목회자, 사제, 신학자는 해원 의식을 행하는 사람이 되어야 하고, 서남동 교수의 권고처럼 '원한(寃恨)의 사제'가 되어야 한다. 우리 전통 안에서 명맥을 유지하고 있는 무속과 무속인이 수행하는 여러 종류의 굿도 그 역할은 역시 해원과 분리할 수 없다. 종교, 특별히 그리스도교는 나에게 이런 구속과 굴레로부터 자유롭게 해 주는 최선의 길을 제공해 주고 있다. 종교를 갖고 사는 일이 구속이나 불편이 아니라 영혼의 자유와 해방인 것을 나는 삶을 통해 확인하고 있다.

(3) 인간이 할 수 있는 최고 수준의 겸손은 신을 향한 것이다.

사람이 세상을 살아가면서 지켜야 할 도덕, 법, 규범 등이 무수히 많지만 실상 꼭 필요한 것은 그리 많지 않아 보인다. "내가 정말 알아야 할 모든 것은 유치원에서 다 배웠다."라는 책의 제목처럼 사회생활을 하면서 최소한으로 필요한 인간관계의 요령들은 어릴 적 배운 것으로도 충분할 수 있다. 양심, 도덕감, 에티켓 등으로도 다른 사람에게 피해 주지 않고 선을 실천하면서 살 수 있다. 이것을 모르는 사람은 없다. 그런데 그 이상으로 더 높은 수준의 도덕적 인간으로 성장하기 위해서는 실천하기 어려운 다른 덕목을 지향해야 한다. 로렌스 콜버그의 이론을 빌리지 않아도 우리의 도덕의식은 성장 단계를 거쳐 보편적 도덕원리에 따라 행동하는 수준에도 이를 수 있다. 그 성장은 학교에서 배움을 통해 이루어지는 것이 아니다. 일생을 통한 삶의 과정을 거치면서 자라나는 것이다. 그러니 끝이 없을 수 있다.

언제부터인지 기억할 수는 없지만 아마도 불혹의 나이 이후 나는 만일 내가 숨을 거두기 전에 의식을 가지고 마지막 말을 할 수 있다면 어떤 말로 할까 하는 생각을 해 왔다. '고맙습니다.' '사랑합니다.' '행복했습니다.' 등등 사람마다 각기 다른 말을 할 수 있을 것이다. 그러나 나는 '미안하다.'라는 말을 마지막으로 하고 싶다. 평생 살면서 내가 빚을 지고 갚지 못한 사람들과 긴 세월 살면서 소비했던 자연 사물들에 대한 미안함, 그리고 기성세대이면서 다음 세대들에게 더 좋은 사회를 물려주지 못한 미안함 때문이다. 수은불망(受恩不忘), 시혜불념(施惠不念)을 그 무렵 좌우명처럼 마음에 새기며 살았던 기억이 있다. 남에게 베푼 혜택은 마음에 담지 말아야 한다는 것은 실천하기 쉬웠다. 내가 베푼 크고 작은 호의는 그때의 기쁨으로 머리와 가슴 속에서 지웠다. 그리 어렵지 않은 일이었다. 그러나 받은 은혜를 잊지 말라는 명령은 실천하기가 정말 어려웠다. 끝내 다 갚지 못하고 말 것이기에 미안함은 죽음으로도 상쇄되지 않을 것 같다.

사람과 자연 앞에서 겸손해야 할 이유는 이렇듯 분명하다. 그런데도 실천하기 가장 어려운 도덕적 태도 가운데 으뜸이 겸손(modesty)이라고 나는 생각한다. 도덕의식의 성장 단계에서 최고 수준으로 보여 줄 수 있는 태도 중 하나가 겸손이라고 생각한다. 더 나가 영적 성장을 위해서도 겸손은 절실하게 요청된다. 신과 함께 살아가는 신자들의 삶의 여정에서 신을 향한 가장 인간적인 태도는 겸손함이 아닐까 생각한다. 완전하고 전능한 존재에 대해 인간이 취할 수 있는 최고의 예우는 겸손함일 것이다. 그 겸손함이 행동으로 나타나는 모습은 다양할 수 있다. 캄보디아에서 합장(썸뻬아)한 손을 이마까지 올리며 절을 하는 것은 신에 대한 겸손한 공경의 표시이다. 무릎을 꿇고 절을 하며 머리를 바닥에 대고 두 손바닥을 하늘로 올리는 것도 부처를 향한 인간적인 최선의 겸손한 인사법일 것이다. 종교는 최고의 겸손을 우리에게 요구하며, 또 실천 가능한 길을 제시하는 최고의 교육기관이라고 나는 생각한다. 최고 수준의 겸손을 배우기 위해서라도 신의 존재는 요청된다.

겸손이 하느님께로 향하는 영혼의 문이라는 내 생각은 결코 새로운 것이 아니다. 베네딕토 성인은 1,500여 년 전에 수도회를 설립하고 수도자들의 생활 규칙을 위한 수도 규칙을 제정하였다. 그중 제7장인 겸손의 장에서 베네딕토 성인은 야곱이 꿈에서 본 천사들이 오르내리던 사다리를 비유로 겸손을 설명하고 있다. 교만은 사다리의 계단을 내려가게 하고, 겸손은 오르게 한다. 하느님에 대한 경외심, 자기부정, 순명, 인내, 참회, 평정, 자기 겸허, 신중, 침묵, 품위, 분별, 경건 등 겸손의 12단계의 계단을 오르면 끝내 하느님의 사랑, 곧 하느님을 직면하게 된다. 신을 만나는 지름길은 없다. 겸손의 사다리를 세우고 한 계단씩 상승하는 지속적인 노력만이 신에게로 우리의 영혼을 이끌어 준다.

"그런데 모세라는 사람은 매우 겸손하였다. 땅 위에 사는 어떤 사람보다도 겸손하였다."

—민수기 12:3

(4) 종교는 연대성(solidarity)의 시원(始原)이다.

사람에게 분리 불안의 감정은 태생적이다. 자연, 타자 그리고 자기 자신으로부터 분리되는 불안과 고독은 피할 수 없는 삶의 숙명적 조건이다. 인류 역사는 어쩌면 이런 분리 불안을 극복하려는 지난(至難)한 노력의 과정이라 할 수 있다. 대부분 지역의 문화가 이런 분리 불안을 극복하려는 여러 종류의 장치를 고안해 왔다. 토템 숭배, 여러 동물 가면을 쓰고 행하는 축제, 제사 의식 등이 있다. 이들은 원시 종교 안에 그 시원적인 원형들이 남아 있다. 원시 종교의 여러 의식과 행위들은 공동체의 결속을 위한 장치이다. 에릭 프롬은 도취적 합일과 집단적 합일을 위한 노력이 모두 분리 불안과 고독을 회피, 극복하기 위한 장치라고 보고 있다.

그리스도교의 교회 역시 같은 맥락에서 이해될 수 있다. 교회를 의미하는 라틴어 에클레시아(Ecclesia)는 회중 또는 집회를 뜻한다. 그런데 여기서 회중이나 집회는 단순히 다수의 사람이 모인 군중이나 집단을 의미하지는 않는다. 회중이나 집회에는 공동의 목적과 그 목적을 달성하기 위한 절차와 제도가 그 안에 반드시 존재해야 한다. 그리스도라는 한 사람의 구원자를 정점으로 한 교회는 영혼의 구원을 얻기 위한 공동의 목표를 가진 집회와 회중이다. 따라서 교회 구성원들 사이에는 영혼의 구원이라는 목적을 위해 연대성과 친교가 무엇보다 중요하다. 분열된 교회는 이미 교회 본래의 기능과 목적을 상실한 것이라 볼 수 있다.

종교(religion)라는 말의 어원 역시 연대성과 관련이 있다. 영어 religion의 라틴어 단어는 religio인데 이 말은 re-ligare를 어원으로 하고 있다. re-는 '다시, 또'를 의미하는 접두어이다. ligare는 '묶다(bind), 잇다(connect)'를 뜻한다. 따라서 종교라는 말의 의미 안에는 끊어지고 분열된 것을 다시 묶고 잇는다는 의미가 들어 있다. 잇고 묶는다는 의미로 종교를 보면 그리스도교의 상징인 십자가의 형상은 끊어진 두 관계의 회복을 의미한다. 즉 신(위)과 인간(아래) 간의 관계와 사람과 사람 사이의 관계(좌, 우)를 잇고 묶는 상징으로 해석할 수도 있다. 배국원 교수는 키케로가 religio의 어원을 re-legere(다시 읽다)로 보고 이는 반복해서 수행하는 로마의 전통 제사 의식과 연결된 것으로 해석하고 있다.[57] 종교의 어원에 관한 두 기원설이 언뜻 보면 다른 것 같지만 사실은 동일한 목적을 지향하고 있다. ligare가 종교 공동체 구성원들 사이의 연대성을 직접 드러내는 말이라면, legere는 경전, 기도문, 전례문 등을 다시 반복해서 읽음으로써 언어 공동체의 내적 결속(연대성)과 전통의 계승을 확인하는 말이다.

가톨릭교회가 2,000년 전통을 지속해서 잇고 유지할 수 있는 것도 다시 읽는 행위를 통해서 가능한 것으로 보인다. 읽는 행위 안에는 단순히 경전을 읽는 행위만이 아니라 전례 행위 전부가 포함되어 있다. 그리고 미사 전례 가운데 가장 중심은 성찬례(communion)에 있으며, 그중에 절정은 성체와 성혈을 축복한 후 행해지는 그리스도의 당부에 있다. "너희는 나를 기억하여 이를 행하여라." 2,000년에 걸친 수없이 많은 사람의 기억은 교회의 전통과 그 연대성을 만들었다. 기억과 전통은 다시 반복해서 읽음(re-legere)으로 다시 이어지고(religare) 있다. 교회의 연대성은 보편교회를 정점으로 모든 교회와 신자들의 과거와 현재와 미래를 이어 주는 연결 고리와 같다. 내가 가톨릭 신앙을 가지고 살아간다는 것은 2,000년의 전통 안에 내가 참여하고 있다는 뜻이고, 이 참여를 통해 나는 과거의 그들과 미래의 오지 않은 그들과 마찬가지로 그리스도인이라는 같은 이름으로 불릴 수 있다. 그래서 나는 외롭지 않다.

(5) 종교는 노년을 위한 영적 선물이다.

영적으로 더 고양된 삶을 지향하기 위해서는 신(神)을 향한 여정에도 참여하는 일이 필요하다. 신에게로 우리의 눈을 돌리는 일은 젊은 이들에게는 쉽지 않지만, 노년에 이른 사람에게는 상대적으로 쉽게 보인다. 영혼을 돌보는 일이 더 시급한 사람은 노년의 사람들이며, 이런 일을 하는 데 장애물도 젊은 시절보다는 적기 때문이다. 젊은 사람보다는 노년에 이른 사람이 종교적 문제에 더 관심을 가지는 일은 흔하고도 자연스럽다. 죽음을 향해 가까이 가고 있는 사람은 더더욱 종교적 가르침에 귀를 기울이기 쉽다. 마치 라디오 청취할 때 주파수를 맞추기 전에는 소음처럼 들리다가도 제대로 주파수가 맞으면 아름다운 소리가 나오듯 우리의 영혼도 죽음이 멀지 않은 곳에 있는 노년의 시기에 다다르면 영원을 생각해 보라는 소리가 주파수가 맞을 때처럼 더 분명하게 들린다. 그렇다고 해서 종교가 노년만을 위한 피난처이거나 위안의 장소는 결코 아니다. “젊음의 날에 너의 창조주를 기억하여라, 불행의 날들이 닥치기 전에.” 이 코헬렛(전도서)의 충고는 젊은이에게 더 필요하며, “지혜의 시작은 주님을 경외함이며, 거룩하신 분을 아는 것이 곧 예지다.”라는 잠언 역시 젊은이에게 더 적합한 조언이다. 종교적 가르침을 수용하는 감수성에서 젊은이와 노인이 같을 수는 없다. 노년에 이르러서야 더 예민하게 받아들여질 수 있는 것들이 많다. 어느 종교나 이 세상이 전부이고 죽으면 끝이고 그 이후의 세계는 없다고 말하지는 않는다. 그렇지만 죽음과 그 이후의 삶 그리고 영원에 관한 관심은 아무래도 노년에 이른 사람들에게 더 민감할 수밖에 없다.

종교는 죽음과 내세의 삶에 대해 과학과 철학이 제공할 수 없는 가능성으로서의 답을 제공하고 있다. 나는 이것을 노년을 위한 영적인 선물이라 부르고 싶다. 유한한 인간이 무한한 신과 만나는 일이나, 생명과 죽음의 관계가 대대(待對) 관계에 놓이고 시작과 끝이 서로를 품고 있다는 말은 모두 역설적 진리이다. 그러나 이 모순 관계가 통합과 통일의 가능성을 확보해 주고 있다. '모든 것은 그 반대로부터 나온다(Everything comes its opposite)'는 플라톤의 말도, "하느님께서는 (유한한) 모든 것 안에서 (무한한) 모든 것이 되실 것입니다.(God may be all in all)"라는 사도 바오로의 말도, 그리고 반대의 일치(coincidentia oppositorum)를 말하는 쿠자누스의 말도 모두 같은 의미이다. 유한은 무한이 있기에 존재 가능하며, 무한은 유한에 의해서도 규정된다. 생명의 시작은 끝이 올 것을 마주해서 기다리고 있고(待對), 그 반대로도 마찬가지이다. 끝은 곧 새로운 시작을 그 안에 잉태하고 있다. 따라서 죽음은 끝이 아니고 새로운 세계로 넘어가는 문 또는 시작점에 불과하다.

나는 여기서 앙리 베르그송(H. Bergson)의 언어를 빌려 내 생각을 설명하고자 한다. 그의 용어인 '기억의 원뿔과 그 꼭짓점'을 상상해 보자. "기억의 원뿔 꼭짓점을 떠나면 우리는 곧 새로운 영역 안으로 들어가며" 그 새로운 영역에다 영혼이라는 이름을 붙일 수 있다. 꼭짓점을 서로 마주하고 있는 두 개의 원뿔을 생각해 보라. 아래 원뿔의 꼭짓점은 현실, 자연과 접촉하는 부분이고 그 아래의 공간에는 기억과 무의식, 집단 무의식 등이 들어차 있다. 위의 원뿔의 꼭짓점은 영혼이라 불리는 새로운 영역이 시작되는 곳이며 위로 열려진 원뿔의 공간은 영혼의 집이라 이름 붙일 수 있다.

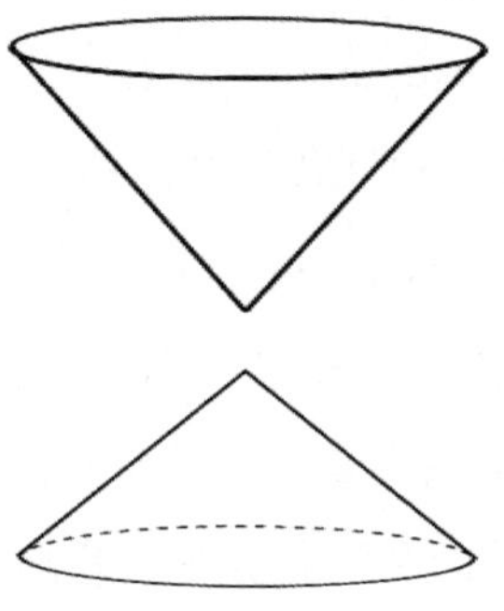

아래 꼭짓점과 위의 꼭짓점 사이에 놓여 있는 공간에는 눈에 보이지 않는 다리가 놓여 있고, 그 위에서는 생과 사, 유한과 무한, 시작과 끝이 접촉하고 있는 곳이라 상상해 보라.

죽음을 나타내는 표현들 가운데 passed away라는 영어식 표현이 있다. 건너서(passed) 먼 길(away)을 간다는 말에서 우리는 죽음이 끝이 아니라 계속 어딘가로 건너간다는 빠스카(pascha)의 의미를 추출해 낼 수 있다. 우리말에서는 '돌아가시다' 라는 말로 죽음을 표현하기도 한다. 이승에서 저승으로 돌아간다는 의미에서 귀천(歸天)이라고도 할 수 있다. 불교 용어에 죽음을 의미하는 천화(遷化)라는 말이 있다. 특히 큰스님들의 죽음을 이렇게 표현하기도 하는데, 이는 죽음이 임박한 스님이 산속으로 들어가 죽음으로써 또 다른 세계로 들어가는 것을 의미하기도 한다. 신약 성경의 세 공관복음서에 모두 기록된 '주님의 거룩한 변모 사건'은 그리스도의 죽음과 그 이후의 모습을 세 제자에게 미리 보여 주고 있다. 이 거룩한 변모를 영어로 표현하면 'transfiguration'이다. 접두사 'trans-'는 건너가다(across), 넘어가다(beyond)라는 뜻이고, 'figure'는 사람의 모습, 모양을 의미한다. 따라서 예수의 거룩한 변모는 죽음을 건너고 넘어서서 부활의 세계로 이행해 가는 것을 말하고 있다. 불교에서 말하는 천화(遷化)도 영어로 옮기면 같은 transfiguration이다.

내가 타인의 죽음을 바라보고 경험할 수는 있어도 나의 죽음을 직접 경험할 수는 없다. 따라서 죽음 이후의 일에 대해서는 아무런 말도 할 수 없다. 그러나 타인의 죽음을 통해, 그리고 오랫동안 여러 종교에서 말한 죽음에 대한 표현을 통해서 다양한 방식으로 유추할 수는 있다. 나는 죽음이 끝이 아닐 것 같다는 잠정적 결론에 이르렀다. 저쪽 세계로 넘어가는 순간 깜짝 선물처럼 새로운 무엇인가가 시작될 것 같다는 믿음을 갖고 사는 것이 그렇지 않다고 믿고 사는 경우보다 더 나을 것이라 믿는다. 이쪽 세계에서 사는 삶을 위해 저쪽 세계의 존재 가능성이 도움이 되기 때문이다. 아우구스티누스의 고백처럼 "우리가 당신(하느님) 안에서 쉴 때까지는 우리 마음은 불안하다." 그러나 믿음은 그 불안을 극복하게 해 준다. "믿음은 우리가 바라는 것들의 보증이며, 보이지 않는 실체들의 확증입니다."(히브리서 11:1)라고 말하는 이 구절처럼 믿음에 대해 적확하게 말한 것을 나는 본 적이 없다.

8
공감과 연민의 감정의 도덕적 함의

1. 문제 제기: 왜 공감, 연민의 감정에 대한 논의가 필요한가?

지난 10년 동안 한국철학회나 철학 연구회에서 발간되는 학술지 『철학』과 『철학 연구』에 실린 흄에 관한 논문들 가운데 공감(sympathy)과 연민의 감정(pity)에 관한 논문은 오직 한 편뿐이었다. 이밖에 새한철학회의 『철학 논총』에 실린 막스 쉘러(Max Scheler)의 공감론에 관한 두 편의 논문이 필자가 볼 수 있었던 공감에 관한 논의의 전부였다.[1] 그런데 이 세 편의 논문은 공통으로 공감이 가지는 도덕적 함의에 대해 주목하고는 있지만, 칸트와 막스 쉘러라는 독일 철학자의 관점을 좇아 공감의 기능과 역할을 축소 내지는 과소평가하고 있다.

박찬구는 흄의 도덕 감정론에 대해서 의무론이 약하다는 비판을 하며 칸트의 의무론적 윤리학의 정당성을 강조하고 있고, 금교영은 칸트의 이성주의 윤리학에 반기를 든 막스 쉘러의 가치윤리학의 입장에서 공감에 대해 주목하면서도 독일 철학의 영향권에서 벗어나지 못하고 있다.[2] 금교영은 "공감 내지 공감지가 우리 인간의 도덕성을 유발하는 한 계기가 될 수 있음을 알 수 있다."고 말하면서도 흄이 "동정을 가능케 해 주고 그것의 간(間) 주관성을 확보해 주는 공감의 작용을 알지 못했다."고 말하고 있다. 아담 스미스 역시 공감에 대한 통찰을 하지 못했다고 비판하고 있다.[3] 금교영의 이런 비판은 용어의 혼란에서 비롯된 것으로 보인다. 그는 sympathy를 동정으로, 독일어 Mitgefühl을 공감으로 구분하여 사용하고 있는데 이는 잘못이다. 또 흄이 공감의 작용에 대해 알지 못했다는 해석은 지나친 오해이다. 흄이 공감(sympathy)과 연민(pity, compassion)의 도덕적 함의에 관해 어느 철학자보다 상세하게 논의하고 있다는 것은 잘 알려진 사실이다.

이 글에서는 한국의 윤리학자들이 무심하게 방치해 온 공감과 연민의 감정이 내포하고 있는 도덕적 함의에 대해 논의하려고 한다. 특히 영국경험론자들이 주축이 된 도덕감(moral sense)학파의 입장에서 공감 또는 연민의 감정이 도덕과 어떤 관련이 있는지 찾아보려고 한다. 또 공감과 연민의 감정이 도덕감을 생기게 하는 힘이거나 또는 기초적인 도덕 감정이라고 가정할 때 이에 상응하는 동양의 덕목에는 어떤 것이 있는가를 모색하는 일도 가치 있는 일이라 생각된다. 그래서 유가에서 말하는 인(仁)의 양태인 측은지심(惻隱之心)과 충서(忠恕)의 감정 그리고 불교에서 항상 말하고 있는 자비심(慈悲心)에 주목하려고 한다. 그럼으로써 이들 세 가지 감정이 공감이나 연민의 감정과 공유하는 부분이 있음을 밝히고자 한다.

아울러 공감과 연민의 감정을 기르는 것이 도덕의식을 갖는 데 중요하다는 점을 부각시키려고 한다. 공감 자체가 연민의 감정이나 분노 같은 도덕 감정은 아니나 공감이 다른 도덕 감정을 일으킬 수 있는 원리 또는 힘으로 작동될 수 있다는 것은 사실이다. 따라서 도덕교육의 일차적인 목표는 공감할 수 있는 힘과 연민의 감정을 기르는 데 있어야 한다. 이 논문에서는 공감과 관련해서는 흄과 아담 스미스, 연민의 감정이나 도덕교육과 관련해서는 루소를 주요 연구 대상으로 삼고자 한다.

2. 이성과 감성의 헤게모니 싸움

사람이 이성과 감정 그리고 의지를 가진 존재라는 것은 누구나 알고 있다. 이 세 가지 기능이 적절하게 조화를 이룰 때 균형 잡힌 사람이 될 수 있다는 것도 사실이다. 그런데 전통 윤리학자들은 행위를 결정하는 데 의지가 중요한 역할을 한다는 점에 대해서는 동의를 하면서도 의지를 결정하는 주도권이 어디에 있는가 하는 문제에 대해서는 이성과 감정의 주도권 싸움에 종종 휘말려 왔다.

서양 윤리학사는 도덕적 합리주의자들이 헤게모니를 쥐고 있었다 해도 과언이 아니다. 이성 중심주의적 윤리관과 감정, 감성 중심의 윤리관 사이에 교차되었던 논쟁의 역사는 좁게는 윤리학사이지만 넓게 보아 철학사의 전개 과정이라고 볼 수 있다. 박정순은 「감정의 윤리학적 사활」이라는 논문에서 이 둘 사이의 논쟁사를 압축적으로 잘 보여주고 있다.[4] 이 싸움의 가장 극적인 비유는 플라톤과 흄에게서 발견할 수 있다. 플라톤은 『파이드로스』에서 영혼의 삼분설과 영혼불멸설을 말하면서 영혼의 세 가지 기능을 각각 두 마리의 말과 이를 모는 마부에 비유하고 있다.[5] 검은 말로 비유되는 욕망과 흰 말로 비유되는 기개, 용기는 모두 마부로 비유되는 이성에 의해 통제되어야만 한다. 이성은 감정이나 욕망보다 우선하며 인간의 행복이나 영혼의 완전성(eudaimonia)에 더 기여한다. 반면 감정이나 욕망은 억제되거나 절제되어야만 한다. 플라톤은 도덕에서 이성의 힘을 강조함으로써 도덕적 합리주의의 모범을 보여 주고 있다.

칸트의 도덕론은 도덕적 합리주의의 전통을 근대에서 계승한 대표적 입장에 서 있다. 도덕적 판단의 선험적 근거를 실천이성 안에서 찾으라고 말하며, 그 자체로 선한 선의지의 선험성을 말하고 있는 칸트의 이론은 도덕적 행위를 둘러싼 이성과 감성의 헤게모니 싸움에서 이성의 손을 들어 주었다.

이에 반하여 흄은 『인간 본성에 관한 논고』 2권, 「정념에 관하여」 3부에서 이성과 감정의 이분법적 싸움이 자신의 앞선 시대에도 있었다는 것을 지적하고 자신은 감성 우위론에 서 있음을 밝히고 있다. "정념과 이성의 싸움을 이야기하며 이성의 편을 들고, 사람은 이성의 명령에 따르는 만큼 유덕할 뿐이라고 주장하는 것은 철학은 물론 심지어 일상생활에서조차 가장 흔하다. … 고대와 근대의 도덕철학은 대부분 이런 사고방식에 토대를 둔 것으로 생각된다."[6] 흄은 과거 도덕철학자들이 범한 오류를 지적하기 위해 자신의 임무를 두 가지로 상정하고 있는데, "첫째 오직 이성만으로는 어떤 의지 활동의 동기가 될 수 없으며, 둘째 이성은 의지의 방향을 결정할 때 결코 정념과 상반될 수 없다."[7]는 것을 보여 주고자 했다.

이 밖에도 흄은 다음과 같은 구절을 통해 도덕적 합리주의에 대해 반기를 들고 있다. "이성은 오직 감정의 노예이며 노예여야만 한다. 그리고 이성은 감정들에 봉사하고 순종하는 일 이외의 다른 일이 없다."[8] "모든 도덕성은 우리의 감정(sentiments)에 달려 있다."[9] 이렇게 여러 곳에서 흄은 감정이 인간의 도덕적 행위에 중요한 기능을 한다는 사실에 대해 언급하고 있다. 이런 흄의 입장을 적극적으로 수용한 아담 스미스(Adam Smith)는 "비록 이성이 도덕성의 일반적인 규칙들의 원천, 도덕적 판단의 원천이라고 하더라도 옳고 그름에 관한 최초의 지각이 이성에서 도출될 수 있다고 가정하는 것은 전적으로 불합리하고 이해하기 어렵다."라고 말하고 있다.[10]

우리는 오래된 이 싸움에 다시 개입할 생각은 없다. 다만 한 발짝 물러나서 도덕적 감정의 하나인 연민의 감정과 공감에 대해 살펴보려고 한다. 왜 이 싸움에 관여하지 않으려고 하는가 하는 이유는 다음과 같다. 첫째, 도덕에서 이성의 힘을 더 우선으로 본 도덕적 합리주의자나 감정이 더 일차적이라고 본 도덕감학파 모두 이성과 감성의 상호보완성을 인정하고 있기에 어느 한쪽 편에 선다는 것이 더는 무의미하다고 보기 때문이다. 이 점과 관련해서, "이성과 감정의 전통적 이분법을 탈피하고 감정의 예종적 애로에 활로를 터 주어야 하며, … 이성과 감정의 전통적인 주인과 노예의 이분법은 너무나 많은 폐해를 끼쳐 온 것이 사실이다."라 말하는 박정순의 결론도 동일선상에 있다고 보여진다.[11]

둘째, 도덕원리의 보편성 확보라는 무리한 목표를 세운 도덕적 합리주의자들의 시도는 비현실성이라는 한계에 직면할 것이며, 도덕을 감정의 차원으로 끌어내린 도덕감학파는 비록 도덕의 근거를 현실에서 찾아내는 데는 성공했으나 누구라도 흔쾌하게 받아들일 수 있을 만큼의 객관성을 확보하지 못하고 주관성의 한계를 벗어날 수 없기 때문이다.

셋째, 소모적인 이성과 감정의 헤게모니 싸움 대신에 개별적인 감정 가운데 도덕의 기초로 삼을 만한 감정들에 대한 결의론(決疑論)적 접근이 더 현실적이라는 점 때문이다. 공감이나 연민의 감정이 가지는 도덕적 함의를 찾아보려는 이 글의 목적을 위해서도 이성과 감정의 주도권 싸움은 피하는 것이 좋을 듯하다.

이 글에서는 공감과 연민이 상상력의 도움을 받아 도덕의 기초 감정이 될 수 있다는 점을 흄과 아담 스미스에 의존하여 규명하고자 한다. 그리고 공감과 연민의 감정이 불교의 자비와 유가 윤리의 핵심인 충서(忠恕)의 태도와 거의 동일선상에 있다는 것을 보여 줌으로써 윤리적 합리주의자들이 비판하는 주관성의 한계를 넘어 약간 느슨한 의미에서의 보편주의적 도덕론을 확보하고자 한다.[12]

3. 공감, 연민의 감정이란 무엇인가?

sympathy를 보통 우리말로 공감(共感), 또는 동감(同感)이라 옮기는데, 이 글에서는 공감으로 통일하려고 한다. 또 compassion, pity를 측은한 마음, 동정심, 연민 등으로 옮기는데, 이 글에서는 연민의 감정으로 통일하려고 한다. 사전적인 의미로만 보면 sympathy, pity, compassion이 모두 비슷한 의미를 내포하고 있다. 또 공감이나 연민이 모두 '함께', 또는 '동시에'의 의미를 지닌 sym-, 또는 com-을 접두어로 가지고 있는데, 이것은 두 개념이 모두 타자의 감정이나 느낌을 함께 공유하는 것을 의미한다.[13] 그러나 공감과 연민, 동정심 등이 비록 의미의 공통성이 있다고 하더라도 세밀하게 보면 차이가 있다. 공감은 동정심이나 연민의 감정 등과 같은 도덕적 감정들을 일으키기 위한 작동 원리 또는 힘(power)일 뿐 그 자체로 하나의 도덕적 감정은 아니다. 반대로 동정심과 연민의 감정은 타자의 고통이나 불행에 대해 같이 그 고통과 불행을 느낌으로써 갖게 되는 도덕적 감정이며,

공감은 그런 감정을 느낄 수 있도록 해 주는 하나의 심리적 작동 원리 또는 힘이다. 그래서 공감은 공감력(power of sympathy)이라는 말로도 바꾸어 말할 수 있다. 이와 같이 사용하는 것이 공감의 기능을 표현하는 데 더 적절할 것이다.[14]

흄은 공감에 관하여 『인간 본성에 관한 논고』 2권 1부 11절(명예욕에 관하여)에서, 그리고 연민에 관하여서는 2권 2부 7절(연민에 관하여)에서 자세하게 다루고 있다. 공감에 대해 가장 먼저 언급한 곳에서 흄은 다음과 같이 말하고 있다. "인간 본성의 성질 가운데 가장 놀라운 것은 다른 사람과 공감하고, 기질이나 감정이 아무리 우리와 다르고 또 상반된다고 하더라도 상호 교류를 통해 다른 사람의 기질과 감정을 수용할 수 있는 성향을 가지고 있다는 사실이다."[15] 이 말은 공감의 기능이 인간의 본성 가운데 자리하고 있는 성향을 의미하며, 사람들 사이에서 발견되는 균일성이나 유사성이 모두 이런 공감의 기능으로부터 생긴다는 것을 말하고 있다. 특히 나라와 언어와 풍습이 달라도 동일한 대상을 보고 비슷한 감정을 가지게 되는 이유는 "자연이 인간들에게 제공한 위대한 유사성"[16] 덕분이며, 이 유사성이 바로 공감할 수 있는 능력을 말한다. 그리고 이런 공감력의 공유는 각각의 개인이 타고난 성향에 의해서 가능하기도 하지만 오히려 다른 사람과의 교류를 통해 더 강하게 작용된다. 공감력과 상상력이 훈련과 교육을 통해 배가될 수 있다는 것도 사실이다.

흄에 의하면, 누구라도 다른 사람의 행복과 불행에 대해 완전히 무관심할 수는 결코 없다. 왜냐하면 사람은 다른 동물과는 달리 인간성(humanity)이라는 본성을 가지고 있으며 다른 사람에 대해 같은 종으로서 동포 감정(fellow-feeling)을 가지고 있기 때문이다. "이 동포 감정은 인간 본성 안에 있는 도덕의 한 원리로 경험되어진다."[17]

아담 스미스는 『도덕 감정론』(The Theory of Moral Sentiments)의 1장을 '공감에 대하여' 라는 제목으로 시작하고 있다. 여기서 인간이 아무리 이기적인 존재라고 하더라도 인간의 본성에는 이와 상반되는 원리들이 있고 연민의 감정과 공감이 바로 이런 종류의 것이라고 말하고 있다.[18] 그리고 연민과 공감은 타인의 슬픔에 대한 우리의 동포 감정(fellow-feeling)을 나타내고자 할 때 쓰이는 말로서 원래는 같은 의미였지만 아담 스미스 자신은 이를 통칭해서 공감(sympathy)이라 불러도 적절할 것이라고 보고 있다.

아담 스미스는 공감에 대해 다음과 같이 정의하고 있다: "공감이라는 말은 그 가장 적절한 본래적인 의미에 있어서는 다른 사람들의 기쁨에 대한 우리의 동포 감정이 아니라 그들의 고통에 대한 우리의 동포 감정을 나타낸다."[19] 이 말은 공감이 일차적으로는 타자의 슬픔과 고통에 반응하는 나의 감정임을 의미한다. 다른 사람의 행복과 행운에 대해 우리가 쉽게 공감하기보다는 타자의 고통과 불행과 불운에 대해 더 공감하기가 쉽다는 것은 인간의 자연스러운 속성이다. 일상적으로 경험하는 우리 자신의 마음을 돌이켜 보면 더욱 확실하다. 다른 사람이 잘 되는 것에 배 아파하고, 다른 사람의 고통이나 불행에 대해서는 특별히 악의적인 사람이 아닌 한 연민의 감정을 갖게 되고 그 타자의 고통에 공감하는 경향을 지닌다. 아담 스미스의 위의 말은 "고통과 슬픔의 감정이 쾌락이나 즐거움보다 더 강렬하며 지속적인 영향력을 가진다"는 흄의 말을 그대로 반복하는 것에 불과하다.[20] 공감과 연민의 감정을 같이 논의해야만 하는 이유도 여기에 있다. 연민의 감정은 공감에 관한 추론을 통해 설명하는 것이 가장 용이한 방법이라는 것을 흄도 지적하고 있기 때문이다.

그렇다면 연민의 감정(compassion, pity)은 어떤 것인가?[21] 아리스토텔레스는 『수사학의 기술』(The Art of Rhetoric) 2권 8절 (1385b)에서 연민의 감정(pity)에 대해 집중적으로 설명하고 있다. "연민은 일종의 고통스러운 감정인데, 고통을 받을 만하지 않은 사람이 겪는 고통스러운 악을 볼 때 생기는 감정이다." 그리고 그 악은 그것이 가까이 보일 때 자신에게나 친구에게도 닥칠 수 있는 그런 악이다. 또 『시학』 13장(1452b)에서는 비극과 관련해서 연민의 감정이 생기지 않는 세 가지 경우를 들고 있다. 첫째, 선한 사람이 행복하다가 불행해지는 경우 우리에게 심리적으로 충격은 주지만 연민의 감정을 일으키지 않는다. 사악한 사람이 불행했다가 행복하게 되는 경우도 연민의 감정이 생기지 않는다. 이 경우는 가장 반 비극적인 경우이다. 셋째, 사악한 사람이 행복하다가 불행해지는 경우도 우리의 감정을 만족시키기는 하지만 연민의 감정을 생기게 하지는 않는다. 그러면 어떤 사람에게서 연민의 감정이 생기는가? 아리스토텔레스는 중간쯤 되는 사람을 지목한다. 도덕적으로 그렇게 탁월하지는 않지만 선량한 사람이 자신의 결점(*hamartia*, flow)으로 인한 처벌(형벌)의 결과로 불행에 빠질 때 연민의 감정이 생긴다(『시학』 13장 1353a). 또 더 이상 고통받을 것이 없을 만큼 철저하게 파괴된 사람이나 반대로 자신을 최고로 행운아라고 생각하는 사람에게도 연민의 감정은 생기지 않는다. 이 양극단 사이에 있는 사람들에게서 연민의 감정은 일어난다.

흄도 연민의 감정이 "다른 사람의 불행을 염려하는 것"이라 말하고 있다.[22] 특히 다른 사람의 고통과 슬픔이 연민의 감정을 더 쉽게 일으킨다. 고통받는 비극의 주인공에 누구나 더 쉽게 연민의 감정을 느끼는 것은 자연스러운 현상이다. 왜냐하면 사람은 모두 유사성을 가진 존재이기 때문이며, 여러 가지 정념들도 공감의 원리에 따라 유사하게 발생하기 때문이다. 흄의 말대로, 연민은 "사유와 상상력의 변화에 따라 변하는 2차 감정이며, 공감에 관해 추론했던 것을 통해 쉽게 설명될 수 있다."[23] 또 연민은 시, 공간상의 인접성(contiguity)이나 친하고 멀고의 강도에 따라 다르게 느껴진다. 이것은 연민의 감정이 공감력의 세기에 따라 달라지기 때문이다. 나 자신에 대한 관심이 타자에 대한 공감보다 더 강하며, 나로부터 멀리 떨어져 있는 사람보다는 가까이 있는 사람에게 더 연민의 감정을 느끼는 것은 자연스럽다. 이는 연민의 감정이 공감력과 상상력에서 유래한다는 사실을 증명해 준다고 흄은 말하고 있다. 공감과 연민의 감정은 공통적으로 상상력이라는 마음의 기능이 전제될 때 가능하다.

4. 공감과 상상력

그렇다면 공감이 어떻게 행위와 관련되며 도덕적 함의를 지니게 되는가? 이것을 알기 위해서는 공감력이 작동하는 기능적 구조를 파악하는 일이 우선되어야 한다. 흄의 공감에 관한 진술들을 토대로 해서 알트만(R.W. Altmann)은 공감 구조(sympathy mechanism)의 세 가지 가정에 대해 지적하고 있는데 정확한 파악이라 판단된다. 알트만에 따르면, 첫째, 공감은 시간의 제약을 받지 않고 과거, 현재, 미래의 대상과 관계를 갖는다. 둘째, 공감은 행위를 하게 만드는 일정한 방향성과 경향성을 지닌다. 셋째, 공감은 정신적 기능의 일부이거나 상상력이다.[24]

첫 번째 가정부터 살펴보자. 사람이 일반적으로 무엇에 대해 공감한다고 할 때 그 대상은 사람으로부터 자연 사물에 이르기까지 광범위하다. 그리고 그 대상의 현존 여부나 직접적 경험 여부와 관계없이 공감할 수 있다. 알트만의 말처럼 공감은 시간의 제약을 받지 않을 뿐만 아니라 공간의 제약도 뛰어넘는다. 예를 들면, 내 눈앞에서 교통사고를 당하는 사람의 고통을 공감하며 비명을 지를 수 있는 것처럼 텔레비전 화면을 통해 보여진 아프가니스탄의 굶주린 어린아이의 고통에도 공감할 수 있다. 같은 공간에 있지 않더라도 공감력은 사람들의 마음을 움직임으로써 같거나 적어도 유사한 행위를 할 수 있도록 만든다. 많은 사람이 잊고 있지만 의문사(疑問死)당한 민주 열사의 죽음을 기억하면서 그들의 고통과 외침을 현재화할 수 있는 것도 공감력이 있기 때문이다. 또 「그날 이후(The Day After)」 같은 핵전쟁 영화 속에 그려진 인류의 비참한 미래의 사건을 보면서 비록 허구이지만 그 가능성에 공감하며 전율을 느낄 수 있다. 공감은 이처럼 시간과 공간의 장벽을 넘어선다.

이런 공감의 힘은 우리의 행위를 결정하는 일정한 방향성 내지는 경향성을 지닌다. 알트만의 이 두 번째 가정은 사실상 흄이 『인간본성에 관한 논고』 2권 1부와 2부 전부를 통해서 말하고자 했던 핵심 주제이다. 이성보다는 감정이 인간의 행위와 더 직접적으로 연관되어 있으며, 공감은 사람의 감정을 일으키는 중요한 기능을 한다는 것을 보여 주려는 것이 흄의 생각이었다. 그렇기 때문에 『인간본성에 관한 논고』 2권(정념에 관하여)은 사실상 제목이 주는 인상과는 달리 흄의 도덕론이라고 불러야 마땅하다.[25] 흄은 지각 이론에서 사용한 인상과 관념의 관계를 정념론에서도 적용하고 있다. 2권의 첫머리에서 인상을 감각 인상과 반성 인상으로 구분하고 있는데, 감각 인상은 1차적 또는 근원적 인상, 반성 인상은 2차적 인상이라고도 부를 수 있다고 말한다. 흄에 의하면 감각 인상은 쾌락과 고통을 낳고 반성 인상은 감각 인상을 토대로 해서 반성을 통해 감정(emotion)과 정념(passion)

을 낳는다. 그리고 각각의 정념들은 공감의 원리로부터 발생한다고 말하고 있다.[26] 알트만은 흄의 이런 진술을 근거로 해서 "공감은 쾌락과 고통을 산출하려는 경향성을 가진 2차적 인상(반성 인상)"[27]이라고 규정하고 있다.

공감은 기본적으로 대상(object)과 우리 자신과의 관계에 의존되어 있으며, 관계는 공감에 필수적인 조건이다.[28] 우리와 관계를 맺고 있는 대상 또는 타자는 우리에게 쾌락을 주거나 고통을 준다. 쾌락과 고통이라는 감각 인상으로부터 사랑과 미움의 감정이 생긴다. 여기서 공감은 이런 감정들을 일으키는 힘으로 작동한다는 것이 흄이 말하고자 하는 바의 핵심이다. 사랑과 미움은 사람의 행동 방식을 각각 다르게 만드는 감정적 태도를 결정하며 그곳에 공감력이 중요한 요인으로 작동한다.

알트만이 분석한 공감 구조의 세 번째 가정인 공감과 상상력의 관계에 대해 알아보자. 상상력(imagination)은 흄의 철학에서 아주 중요한 개념이다. 흄이 『인간본성에 관한 논고』 1권 1부 3절(기억과 상상력에 대하여)에서 직접 언급한 것을 제외하면 상상력에 대해서는 사실상 여러 곳에서 산발적으로 언급되고 있다. 특히 2권 1부와 2부에서 공감과 관련하여 여러 번 언급되고 있다. 인식론의 관점에서 보면, 상상력은 지식을 구성하는 마음의 한 기능이다. 왜냐하면 지식의 단위들인 지각을 분리, 결합하는 기능을 하는 것이 바로 상상력이기 때문이다.[29] 상상력은 경험으로부터 오는 감각 자료들을 기억(memory)처럼 그대로 재현하는 것이 아니라 자유롭게 재구성한다. "상상력보다 더 자유로운 기능은 없으며, 유연한 힘(gentle force)으로 사람들이 공통으로 가지고 있는 그런 기능"이기 때문이다.[30] 그렇다고 해서 상상력이 공상처럼 아무렇게나 인상과 관념들을 결합하는 것은 아니다. 거기에는 일정한 방식의 결합 규칙이 있는데, 그것이 소위 관념 연합의 원리이다. 유사성, 근접성 그리고 인과성이라는 세 가지 방식으로 상상력은 작동한다.

도덕론의 관점에서 보면 상상력은 감정을 일으키는 작동인(作動因)의 기능을 한다. 인간의 본성이 서로 유사한 것과 마찬가지로 상상력도 사람들이 공통으로 가지고 있는 독특한 유사성(peculiar similarity)의 하나이다. 이 유사성이 사람들과 대상 사이에서 쉽게 전이가 되도록 만들어 준다.[31] 상상력은 우리가 어떤 대상이나 타자에 대해 공감하려고 할 때 매개하는 기능을 한다. 그리고 그 매개 원리는 인식론에서 작동했던 관념 연합의 원리를 그대로 따른다. 우리가 어떤 대상이나 타자에 대해 공감한다고 할 때, 나의 처지와 유사한 것에 더 쉽게 공감하며, 공간상의 가까운 거리에 있거나 나와 인과 관계에 있는 것에 더 쉽게 공감한다. 상상력이 없는 공감은 불가능하다고 말할 수 있다. 연민의 감정을 가지는 일도 비록 나의 처지는 아닐지라도 타인의 불행한 처지에 대해 이해가 될 때 가능하다. 그런데 타인의 불행에 대한 이해는 상상력의 도움이 없이는 불가능하다.

공감과 상상력의 관계에 관해서 아담 스미스도 흄과 같은 입장을 보이고 있다. 아담 스미스는 공감을 "어떤 의미에서도 이기적인 원리(selfish principle)로 간주될 수 없다"고 말하고 있다. 왜냐하면 "그 공감은 당신(타자)의 문제를 내가 절감함으로써, 즉 나 자신을 당신(타자)의 처지에 놓고 그리고 나서 내가 그 유사한 상황에서 무엇을 느끼게 될 것인지를 상상하는 데서 생겨나기 때문"이라고 말하고 있다.[32] 입장 바꿔 생각하는 '역지사지(易地思之)'의 원리라고 불러도 괜찮을 듯싶은 이 진술은 공감이 상상력을 가정(전제)할 때 가능하다는 점을 말해 주고 있다.

상대방의 입장을 관찰하는 관찰자는 먼저 가능한 한 자신을 상대방의 입장에 놓고, 고통받는 상대에게 발생할 수 있는 고뇌의 모든 사소한 사정까지도 진지하게 느껴 보고자 노력하지 않으면 안 된다. 공감의 기초가 되는 '상상(想像)에 의한 입장의 전환(imaginary change of situation)'[33]을 가능한 한 완전한 것으로 만들려고 노력해야 한다. 이 상상에 의한 입장 전환이라는 아담 스미스의 용어는 상상력과 공감이 만들어 내는 우리의 심리적 활동에 붙여질 수 있는 또 하나의 다른 이름일 뿐이다. 상상에 의한 입장의 전환은 다음 5절에서 논의할 충서(忠恕)와 아주 가까운 유사성을 가지고 있다.

그런데 공감의 기초가 되는 '상상에 의한 입장의 전환'은 지속성과 강렬함에 있어서 약점을 가지고 있다. 타자의 고통이 곧 자신의 것은 아니라는 의식이 생기는 순간 타자와 동일한 입장이 되려는 노력은 약해지며, 공감 능력도 약화될 위험에 빠지게 되기 때문이다. 동정심도 원래 타자가 느끼는 고통과 비애의 감정에 일치하지 않기 때문에 강렬하게 지속적인 상태를 유지하기가 어렵다. 그렇지만 아담 스미스는 이 두 가지 '동정과 공감의 감정은 분명히 사회를 조화롭게 하는데 충분한 정도의 상호 대응성을 지닐 수 있으며, 결코 동음(同音)은 아니지만 화음(和音)일 수 있으며, 이것이 필요한 또는 요구되는 모든 것'이라고 말하고 있다.[34]

5. 연민의 감정(pity), 자비 그리고 충서

이제까지 살펴본 바에 의하면, 공감과 연민의 감정은 몇 가지 공통점을 가지고 있다. 첫째, 공감과 연민은 반드시 대상이 존재한다. 그 대상이 사람이거나 사물이거나 관계는 없지만 주로 사람은 사람에 대해서 더 쉽게 공감하거나 연민을 느낀다. 자기 연민마저도 자아를 연민의 대상으로 삼을 때 가능하다. 둘째, 어떤 대상에 대해 공감하거나 연민의 감정을 가지려면 상상력이 반드시 필요하다. 다른 사람의 마음을 읽거나 감정을 느끼기 위해서는 직접적 경험도 필요하지만 경험의 대상이 아닌 것에 대해서는 상상력의 도움이 절대적으로 필요하다. 상상력이 없이는 자기의 의식이나 감정의 한계를 벗어나기 어렵다. 그래서 루소는 상상력이 없이는 자기애(amour de soi)를 벗어나 자존심(amour propre)으로 나가게 할 수 없으며 이기심을 극복하고 사회나 도덕의 세계로 나갈 수 없다고 말하고 있다.[35] Timoth O' Hagan은 그래서 루소의 자존심을 사회화의 열쇠라고 부르고 있다. "어린아이가 자기 밖의 세계로 첫걸음을 내딛는 것은 상상력을 통해서이며, 상상력은 (자기 내면) 세계의 문을 열어 사회적 세계로 나가게 하며 이어서 도덕의 세계로 나가게 만든다."[36] 셋째, 공감과 연민은 타자의 기쁨이나 행복보다는 고통과 불행에 더 민감하게 반응한다. 공감과 연민은 타자의 감정에 참여하는 행위를 의미한다. 흄이 『인간 본성에 관한 논고』 3권(도덕에 관하여)의 결론에서 말하고 있듯이, "공감은 인간의 본성 안에 있는 아주 강력한 원리이며, 도덕적 판별(moral distinctions)을 하게 하는 주된 근거"이다.

이제 남은 문제는 공감과 연민의 감정이 불교에서 말하는 자비, 유가의 핵심 가치인 충서와 어떤 공통점을 가지고 있는지 밝히는 일이다. 이는 달리 말하면 자비와 충서가 불교와 유가의 도덕적 가치를 지시하는 것이라면 공감과 연민의 감정도 도덕적 행위를 가능하게 만드는 기본 감정이라는 것을 의미한다. 자비심과 충서의 마음이 도덕적 실천을 요구하는 인간의 마음 상태라면 그것을 가능하게 해 주는 인간의 능력은 공감력과 상상력이며, 연민의 감정은 자비나 충서의 감정과 깊은 관련을 가지고 있다. 먼저 자비와 연민의 감정과 공감 사이의 관련성에 대해 살펴보자.

안옥선은 자비를 "자신과 타인에게 이롭지 않은 것과 괴로움을 제거하려는 의도와 행동 그리고 자신과 타인에게 이로운 것과 행복을 가져오려는 의도와 행동"이라 정의하고 있다.[37] 이렇게 규정하고 나서 안옥선은 자비를 '의도로서의 자비' 즉 자비심과 자비행으로 구분하면서 초기 불교가 자비행보다 자비심을 더 중요하게 강조하고 있음을 지적하고 있다. 상식적으로 말하더라도 자비행이 가능하기 위해서는 자비심이 먼저 마음 안에서 일어나야 한다. 자비심은 "타인의 고통과 기쁨에 공감하여 자신의 마음이 타인이 겪는 마음 상태 속으로 들어가 감정을 나누는 것을 의미한다."는 안옥선의 설명에서 우리는 자비가 공감, 연민 등의 감정과 밀접한 관련이 있음을 짐작할 수 있다. 연민을 뜻하는 mettā, 자비를 뜻하는 karunā와 anukampā를 모두 자비로 통칭하겠다는 안옥선의 의도도 사실 이들 세 개념 사이에 거의 간격이 없음을 인정하는 데 있다.[38] 자비는 원래 자(慈)와 비(悲)의 합성어이다. 자는 산스크리트어로 마이트리(maitr)이며 사랑을 의미한다. 비는 카루나(karunā)로서 동정이나 연민을 뜻한다. 따라서 자비는 동정과 연민의 대상에 대한 사랑의 태도를 함축하는 개념으로 보아야 한다. 그 대상에는 타자만이 아니라 나 자신까지도 포함된다고 보는 것이 불교 윤리의 기본 입장이다.

불교의 윤리를 자비의 윤리(ethics of compassion)라고 부른다면 자비를 실천하기 위해서는 "타자에 대한 이해가 필수적이며, 자신을 포함한 모든 타자들에 대한 이해는 이성적 이해보다도 자연적 공감의 정서가 더 본원적이다."[39]라는 안옥선의 지적은 정확하다. 도덕적 명령의 근거를 도덕적 합리주의를 대표하는 칸트처럼 이성적 명령이라 보지 않고 오히려 공감과 동정심이 자리 잡고 있는 마음에서 찾는다는 점에서 자비의 윤리는 감성의 윤리학과 가족 유사성을 가진다. 그리고 안옥선은 자비의 윤리의 이론적 토대를 세 가지로 규정하고 있는데, "괴로움의 존재에 대한 인식, 연기의 원리 그리고 윤회설이 그것"이라고 말하고 있다.[40] 이 가운데 윤회설만이 종교적 색채가 강할 뿐 나머지 두 가지는 연민의 감정과 공감 그리고 상상력과 바꾸어 말해도 무방할 정도로 유사성을 가지고 있다.

괴로움의 존재에 대한 인식이란 다른 말로 하면 '모든 존재하는 것은 죽는다' 라는 사실에서 비롯되는 불쌍함 또는 무력함이라 할 수 있다. 자신을 포함해서 모든 존재자의 고통 구조를 인식한 불타의 존재론적 파악은 연민의 감정을 전제로 할 때 가능하다. 생성과 소멸을 반복하는 윤회의 사슬은 모든 존재자를 얽어매는 피할 수 없는 숙명과도 같은 것이다. 여기에는 자아와 타자의 구분이 없다. 따라서 타자에 대한 연민의 감정은 곧 자기 연민의 확장된 뒷모습일 뿐이다.

그다음 연기의 원리는 모든 존재하는 타자들과 나와의 관계망을 의미한다. 관계망 안에서 존재하는 타자와 나와의 관계는 상호 의존성을 지니고 있다. 이 세상에 존재하는 것은 무엇이나 고립된 것은 없다는 것이 불교의 존재 이해이다. 그리고 업(業, karma)은 타자와 나와의 관계성에서 발생하는 결과물이다. 나는 업의 원인이기도 하며 동시에 결과이기도 하다. 관계망 안에서 만들어지는 업은 타자에 대한 나의 책임론 또는 채무의식의 다른 이름이다. 내가 존재한다는 것은 곧 타자에 대한 책임을 의미한다. 그 책임 의식은 상상력과 공감이라는 매개를 통해서만 인정된다. 불교 윤리가 연민, 공감, 상상력을 전제로 해서 인간의 행위를 규범화한다는 것은 더 이상 의심의 여지가 없다.

유가 윤리의 핵심인 인(仁), 충서(忠恕), 측은지심(惻隱之心) 등의 개념들도 연민의 감정과 공감력과 밀접한 관련이 있다. 공자의 제자 증삼(曾參)이 선생의 가르침을 한마디로 말해 무엇이라 할 것인가 물었을 때, 공자는 "삼아, 나의 도는 하나로 꿰었느니라(參乎, 吾道一以貫之)"고 대답했다. 증자(曾子)는 이 일이관지(一以貫之)를 풀어서 말해 충서(忠恕)뿐이라고 문인들에게 해석해 주었다.[41] 또한 맹자(孟子)는 사단(四端)을 말하면서 측은히 여기는 마음(惻隱之心)을 인의 시초(仁之端)라고 말하고 있다.[42] 측은지심은 연민의 감정과 다르지 않다. 이렇게 보면 인과 충서 그리고 측은지심의 공통분모는 연민의 감정이다. 그리고 연민의 감정을 갖기 위해서는 타자에 대한 공감이 필요하고 공감을 하기 위해서는 상상력이 필요하다. 충서에 대한 공자의 부연 설명이나 주자의 해석은 이 점을 더욱 분명하게 보여 준다. 공자는 자공(子貢)이 평생토록 실천할 바가 무엇인가를 묻자 한마디로 서(恕)라 말하고 그것의 구체적인 실천 방법을 "자신이 하기 싫은 일은 남에게도 시키지 말라"고 대답하고 있다.[43] 『중용(中庸)』주(註)에서 주자는 충서를 다음과 같이 해석하고 있다: "자기 마음을 다하는 것을 충이라 하고, 자기를 미루어 다른 사람에 이르는 것이 서이다(盡己之心爲忠, 推己及人爲恕)."[44] 인을 실천한다는 말은 다시 말해 다른 사람에게 진심으로 대하고 나의 마음을 미루어 보아 다른 사람의 마음을 짐작해서 행동할 것을 요구하는 것과 다를 바 없다. 추기급인은 곧 입장 바꿔 생각하기(易地思之), '상상에 의한 입장의 전환(imaginary change of situation)' 행위이다. 그리고 흄이 말하고 있듯이, "인간의 마음은 서로에 대해 서로를 비추어 주는 거울과 같다."[45] 또 추기급인은 '반구제기신(反求諸其身)'의 방법과 다르지 않다. 박동환은 반구

(反求)의 논리를 가지고 중국 고대 사유의 한 틀을 제시하고 있으며, 공자와 중용의 저자가 이 반구의 논리를 가장 잘 활용한 사람이라고 지목하고 있다.[46] 여기서 반구란 "자기에게 돌아가 자아를 찾고 자기의 뜻을 세우는 것도 아니며, 자기를 지키는 것도 아니다. 반구는 자기의 모습과 자기의 할 바를 타자의 소리—그것이 민심이든 천명이든—에서 찾는 것"이다.[47] 타자의 소리를 들을 수 있을 때 비로소 반구는 가능하며 군자는 적어도 이렇게 "자기 자신에게서 찾거나", "활을 쏘아 정곡을 맞추지 못하면 돌이켜서 자신에게서 그 맞추지 못한 원인을 찾을 줄 알아야 한다."[48] 자기 자신은 축소된 타자이며, 타자는 확대된 자기라는 의식이 이 반구의 논리에 전제되어 있다. 정리해 보면 자비의 실천, 유가의 충서의 윤리 그리고 측은지심은 공통적으로 '공감과 상상력의 도움으로 연민의 감정을 가지고 타자를 자기처럼 대하라'는 이음동의어(異音同義語)에 가까운 윤리적 명령이라 말할 수 있다.

6. 연민의 감정과 공감 교육

R.M. 헤어는 "어떤 주장이 도덕적인 것이 되기 위해서는 상상력과 그것의 신속한 사용이 필수적"[49]이라고 말하는데 여기서 말하는 상상력은 공감적 상상력(sympathetic imagination)이다. 그리고 그는 그 공감적 상상력이 계발될 수 있다고 말한다.[50] 계발될 수 있다는 말은 교육될 수 있다는 말이다. 즉 공감이나 상상력이 훈련과 교육을 통해 계발될 수 있고, 계발된 이런 능력을 통해 여러 가지 도덕적 감정들에 대한 도덕적 감수성(moral sensibility)을 민감하게 만들 수 있다. 소

위 칠정이라고 말하는 희(喜), 노(怒), 애(愛), 락(樂), 애(哀), 오(惡), 욕(欲)이 모두 개인의 기질이나 경험에 따라 다르게 나타날 수 있는 것도 상상력과 공감력의 차이에서 비롯된다고 볼 수 있다. 동일한 대상을 보고도 사람에 따라 각각 다른 감정을 갖게 되는 것은 감수성에 따라 다르게 느껴지기 때문이다. 따라서 공감과 상상력의 훈련과 계발은 도덕적 감수성의 강·약과 직접 관련된다. 우리가 논의해 온 연민의 감정도 공감과 상상력의 세기에 따라 그 정도가 다를 수 있다. 이렇게 보면 공감, 상상력 그리고 연민의 감정은 모두 도덕교육의 대상이 된다.

일반적으로 말해서 도덕교육 과정에는 이론적인 접근이 필수적이지만 동시에 감정 교육 역시 중요하다. R.M. 헤어가 도덕적 결정을 내리는 데 있어서 공감적 상상력의 중요성과 필요성에 주목하고 있는 것도 이런 이유이다. 헤어는 "어떤 사람이 행복한가를 물었을 때 그 대답을 하기 전에 우리는 그의 입장에서 우리 자신을 상상해 보아야 한다."고 말한다.[51] 이 말은 '입장 바꿔 생각하기'와 다를 바 없다. 다른 사람의 행위에 대해 항상 그 사람의 입장에서 판단할 줄 아는 사람이 있다면 그는 불편부당한 관찰자(impartial spectator)라기보다는 공감적 관찰자(sympathetic spectator)라고 해야 마땅할 것이다.[52] 편견 없는 불편부당한 관찰자는 과학자처럼 가치중립 내지는 몰가치적인 판단을 내리기에는 적합할지 모르나 가치판단을 내리는 일에는 무력할 수 있다. 아담 스미스가 말하는 '도덕에 있어서 이상적인 관찰자(ideal observer)'는 헤어가 말하는 공감적 관찰자와 다를 바 없다. 도덕교육은 공감적 관찰자를 기르는 일이라고 말해도 틀림이 없다.

박순성과 강진영은 아담 스미스의 공감과 그것의 도덕교육적 의미에 주목한 연구자들이다. 특히 강진영은 많은 교육 이론가들이 도덕

교육의 목적으로 공감의 함양을 요구하는 데 동의할 것이라 지적하면서 같은 선상에 서 있는 맥신 그린(Maxine Greene), 넬 노딩스(Nel Noddings), 존 데이(John Deigh) 등을 열거하고 있다.[53] 강진영의 논점은 다음과 같다: '오늘의 우리 교육이 공감을 잘 유발할 수 있도록 하지 못하고 있으며, 학교는 공감 교육을 소홀히 하고 있다. 공감이 다른 사람을 이해하는 방식이라고 한다면 지성을 통한 이해와 공감이 하나가 될 때 가장 바람직한 인간관계의 윤리를 도출해 낼 수 있다. 그리고 공감력을 기를 수 있는 구체적인 교과목으로 음악과 미술, 문학과 연극 등의 교육이 절실함을 강조하고 있다.'[54]

아담 스미스는 경제학 이론에서 개별적인 이익의 총합을 사회적인 이익으로 재분배하고 사회적 조화와 질서를 유지할 수 있도록 하는 '보이지 않는 손(invisible hands)'의 가설로 자본주의 사회를 설명하고 있다. 그는 도덕의 세계에서도 이와 같은 '보이지 않는 손'이 작동된다는 것을 강하게 암시하고 있다. 자기보존이라는 존재의 목적을 위해 최대한 자기 이익을 추구하는 개인들이 자기 초월적인 도덕적 감정이 존재함을 깨달을 수 있는 것은 '보이지 않는 손'의 힘이라고 볼 수 있다. 공감과 연민의 감정이 바로 도덕의 세계를 질서지우는 보이지 않는 힘이라고 그는 보고 있다. "걱정을 함께 나누는 것, 즉 동정심(compassion) 역시 인간 본성의 한 원리라는 사실을 증명할 필요가 있다고 생각한 사람은 지금까지 아무도 없었다."[55]

아담 스미스의 이런 견해는 그에 앞서 샤프츠베리, 허치슨, 흄 등으로 이어지는 도덕감학파의 핵심 주제를 계승하는 것이다. 이들은 공통으로 도덕교육에서 감정에 대한 교육의 중요성을 강조하고 있는데, 특히 공감과 연민의 감정을 기르고 상상력을 갖게 해 주는 것이 도덕교육의 성공과 실패를 결정하는 중요한 요소라는 점을 지적하고 있다.

이 글의 서론에서 밝혔듯이 연민의 감정과 도덕교육과 관련해서는 루소의 견해를 연구 대상으로 삼으려 한다. 잘 알려진 대로 루소는 계몽주의자이자 18세기 프랑스를 대표하는 교육철학자이다. 그는 제도권 교육에 도전하는 대안교육의 모델을 『에밀』에서 제시하고 있으며, 이성 교육보다는 감성 교육의 중요성을 강조하고 있다. 특히 연민의 감정, 동정심에 주목하고 있다.

루소는 사람을 자연인과 사회인으로 구분하고 있는데, 전자는 자연적인 욕구, 즉 자기애(amor de soi)의 명령에 따라 살려는 사람이며, 후자는 사회로부터 주어진 의무를 지키거나 타자와의 관계에서 자존심(amor propre)을 지키며 살려는 사람이다. 루소의 대표적인 슬로건 "자연으로 돌아가라"는 결국 자연인의 삶의 모습으로 회복할 것을 요구하는 도덕적 명령과 다르지 않다. 자연인은 연민의 감정(pitié), 동정심(compassion)이라는 원초적 정념을 소유한 존재이다. 『인간 불평등 기원론』에서 루소는 연민의 감정이나 동정심이 이성이나 그 밖의 모든 도덕보다 우선해서 인간을 인간답게 만드는 기본 감정이라는 것을 강조하고 있다. "동정이 하나의 자연스러운 감정이라는 것은 분명한 사실이며, 그것은 각 개인이 자기애(amour de soi)의 활동을 조절하고 종(種) 전체의 상호 보호에 협력하는 것이 분명하다. … 자연 상태에서는 법률과 도덕과 미덕을 대신하는 것이 바로 동정이며, 그 아름다운 목소리에는 누구나 거역하려고 하지 않는 장점이 있다."[56]

따라서 연민의 감정을 가르치는 일은 도덕교육의 일차 과제라는 것이 루소의 생각이었다. 이성 교육을 강조하는 로크의 교육관을 비판하면서 루소는 사람이 이성보다는 감성이 먼저 발달하기 때문에 도덕적 감수성을 계발하기 위해서는 감성 교육이 먼저 선행되어야 한다고 말한다. 그중에서 연민의 감정(pity)과 동정심(compassion)은 자연인이 가지고 있는 가장 원초적인 감정인 자기애와는 달리 타자와의 관계에서 발생하는 감정이다.

자기보존 욕구는 모든 생명체가 지향하고 있는 존재의 목적이다. 그리고 이 목적을 달성하기 위해 자연은 인간에게 자기애(amour de soi)를 가지게 만든다. "우리들의 정념의 원천, 모든 다른 정념의 기원이며 원리인 것, 인간과 함께 태어나서 살아 있는 한 절대로 떨어져 나가는 일이 없는 유일한 정념은 자기애이다. … 자기애는 항상 선한 것이며, 항상 질서에 순종한다."[57]

자기애가 다른 사람과 관계없이 자기보존을 위해 갖게 되는 원초적 정념이라면, 다른 사람과의 관계에서 생기는 정념은 연민(pity)의 감정 또는 동정심(compassion)이다. 연민의 감정은 "자연의 질서에 따라 인간의 마음을 움직이는 최초의 상대적 감정"이라고 루소는 말한다.[58] 이 연민과 동정심이 루소의 철학에서 차지하고 있는 중요성은 바로 그의 도덕 이론이나 교육론이 이 정념에 뿌리를 두고 있기 때문이다. 연민과 동정심은 자기를 초월하여 다른 사람에게로 의식이 미치게 하는 기능을 한다.[59] 이것이 가능한 것은 상상력이 있기 때문이다. 자기애(amour de soi)에서 자존심(amour propre)으로 이행하는 것이 자아의식의 확장이다. 연민과 동정심은 모두 이런 사회화의 과정에서 발견되는 타자에 대한 감정이다.

사람이 모두 연민과 동정심을 공유하고 있다는 자연적 사실로부터 루소는 도덕의 원리를 도출해 내고 있다. 도덕적 합리주의보다는 자연주의 입장에서 도덕 이론을 세우고 있다는 점에서 흄과 루소는 같은 입장에 서 있다. 또 이 두 사람은 연민이나 동정심의 계발이 이성의 계발보다 우선한다는 점에 동의하고 있다. 따라서 도덕교육도 여기서부터 시작되어야 한다는 점에 일치하고 있다.

7. 맺는말

근대인들이 찾아낸 주체적 자아가 모래알 같은 원자적 개인주의로 전락해 버린 현대사회에서 공동체 의식을 회복하는 일이 중요하다는 것에 많은 사람이 동의한다. 공동체 의식이 전체주의나 집단주의 사회의식과 확연하게 구별되는 기준은 전자가 개별성과 주체성을 인정하면서도 타자와의 공존을 가능하게 해 주는 관용의 윤리가 인정되는 반면, 후자는 개체성이 전체성 안에 함몰되며 불관용이 일상화된다는 데 있다. 따라서 공동체 의식을 회복하는 일은 주체성을 상실하지 않으면서도 의식과 삶에 있어서 타자와의 공통분모를 찾아내는 일과 다르지 않다. 공감력은 바로 공통분모 역할을 하는 인간의 능력이며, 연민의 감정은 사람들 사이의 관계를 이어 주는 심정적 끈의 역할을 한다.

연민의 감정은 타자의 고통에 참여함으로써 생기는 감정이다. 특히 부당한 고통에 대한 동일감 또는 내게도 그런 고통이 닥칠 수 있다는 공포의 감정에서 연민의 감정은 생긴다. 루소의 말대로 어린아이가 어른보다 훨씬 감수성이 예민하고 동정심도 많은 것은 타자의 고통을 보고 공포심을 갖기 쉽고 자신의 고통과 동일한 것으로 보려는 태도가 훨씬 용이하기 때문이다. 어린 에밀에게 상상력을 기르도록 충고하는 루소의 의도는 상상력이야말로 자기를 초월해서 자기 밖에서 자기를 찾도록 해 주고 공감과 연민의 감정을 통해 자기의식을 확대할 수 있기 때문이다.

연민과 공감을 가지고 타자의 고통에 참여한다는 것은 도덕적 행위의 한 형태가 될 수 있다. 그리고 그런 행위가 가능하기 위해서는 상상력이 촉매 역할을 해 주어야 한다. 공감과 연민의 감정 그리고 상상력 사이에 놓여 있는 연결점을 하나로 이어 보면 거기에는 새로운 또 하나의 도덕적 원리가 놓여 있음을 보게 된다. 그것을 발견하려고 했던 것이 이 논문의 의도였다. 자비, 충서, 측은지심, 그리고 루소가 말하는 행위의 3가지 준칙[60]은 모두 공통적으로 연민의 감정, 공감 그리고 상상력이라는 세 가지 요소들의 융합으로 만들어진 최소 도덕의 원리들(principles of minimum morality)이다. 현대사회처럼 복잡하고 다양한 사람들이 공존해야 하는 상황에서 최고 도덕을 요구하는 일은 무모하거나 커다란 부담이 될 수 있다. 따라서 최소한의 도덕적 준칙들을 지킬 것을 요구하는 것이 훨씬 현실적일 것이다. '내가 하기 싫은 일은 남에게 시키지 말라(己所不欲, 勿施於人).' '입장을 바꾸어 생각하라(易地思之).' '나를 미루어 보아 다른 사람에게 이르라(推己及人).' 이 세 가지 명령을 지키도록 교육하는 것이 보다 현실적인 도덕 교육의 목표가 될 수 있지 않을까?

사람들 사이에 공감대가 폭넓게 확대되고 연민의 감정이 도덕적 감수성을 예민하게 만들어 줌으로써 파편처럼 분열된 모습을 보이고 있는 오늘의 한국 사회가 건강성을 회복하는 데 도움이 된다면 이 논문의 주제가 지향하던 목표는 어느 정도 성취될 수 있다고 믿는다.

회고와 재검토

“저는 주님의 자애를 영원히 노래하오리다.—시편 89:2
(misericordia Domini in aeternum cantabo)”

1. 나의 좌우명들

나에게 공감과 연민의 감정은 단지 여러 감정 중의 하나는 아니었다. 어쩌면 이 두 가지 감정은 나의 어린 시절부터 노년에 이르기까지 변함없이 내 삶의 성격과 성향을 드러낼 수 있는 가장 적절한 감정이다. 공감과 연민을 개념적으로 인식하기 이전부터 나는 다른 사람과 비교해서 상대적으로 감정이입과 공감하는 능력이 있었으며, 자연스럽게 연민의 감정을 남보다 더 깊게 느끼는 성향을 갖고 있었다. 이런 성향은 훈련이나 교육의 결과라기보다는 부모로부터 물려받은 기질 탓이 크다. 공감력이 있고 연민의 감정을 쉽게 느낄 수 있다는 것은 대인관계를 맺는 데 장점으로 작용했을 뿐만 아니라 나 스스로 카타르시스

하는 데도 긍정적 기능을 하였다. 다른 사람의 부탁을 잘 거절하지 못하는 성격도 이와 관련된 게 아닌가 생각된다. 거절하지 못한 탓에 힘든 부담을 감수해야 하는 일이 여러 번 반복이 되다 보니 거절을 잘하는 것이 나에게나 부탁하는 사람에게도 미덕이라는 깨달음을 늦게야 얻게 되었다. 지나친 연민이나 값싼 동정은 나를 해칠 수도 있다.

공감과 연민의 감정이 철학적 논의의 대상으로 들어오기 훨씬 이전의 일이지만 나의 첫 번째 좌우명(座右銘)은 공감과 연민 이 두 가지 개념과 깊은 관련이 있다. 중학교 2학년 때 처음 배운 사자성어(四字成語)가 역지사지(易地思之)였는데 이 말의 뜻을 듣는 순간 너무도 공감할 수 있었고, 바로 나의 좌우명으로 삼겠다 결심한 기억이 생생하다. 이 말에 그토록 강한 감정적 자극을 받게 된 배경에는 약간의 학교 폭력이 개입되어 있다. 무슨 이유인지는 기억할 수 없으나 학교 선배들로부터 가끔 불려가 맞은 적이 있다. 그때 그들이 내게 했던 말은 너도 선배가 되면 후배들 이렇게 때리라는 말이었다. 내가 선배가 되었을 때 자연스럽게 나도 후배에게 폭력을 행사할 기회가 있었다. 내가 맞았을 때 경험했던 공포의 감정은 살아났고, 그 후배가 느낄 두려움은 곧 나의 두려움으로 치환되었다. 나는 후배를 향한 폭력 행위를 중지하지 않을 수 없었다. 이 무렵 역지사지는 내게 던져진 진리의 빛과 같았으며, 혜안(慧眼)이 열리는 듯한 경험이었다.

나의 두 번째 좌우명은 대학 때 찾아왔다. 『논어』를 배우며 처음 접한 "내가 하고 싶지 않은 일은 남에게 시키지 말라(己所不欲, 勿施於人)"는 말은 유신정권 아래에서 정치적 자유를 갈망하던 내게 새로운 충격으로 다가왔다. 내가 나에게 닥치면 싫어할 수 있는 일은 다른 사람도 싫어할 확률이 상당히 높다. 그러니 다른 사람에게 강요하지 말라는 이 요구는 자유주의의 원칙이라 생각했다. 이 두 번째 좌우명은 홉스의 『리바이어던』을 읽으면서 다시 한번 확인할 수 있었다. 홉스는 자연법의 정신을 누구나 알 수 있는 한마디로 요약해서 다음과 같이 말하고 있다.

> "너는 너 자신에게 이루어지기 원치 않는 일을 다른 사람에게 행하지 말라(Do not that to another, which you would not have done to your self)."

『논어』에서 발견한 이 말을 홉스의 『리바이어던』에서도 확인할 수 있었던 것은 이것이 동서고금을 아우르는 황금률이기 때문이다.

삶의 여정 가운데 내가 선택한 이 두 가지 좌우명은 시간상 선후가 있지만, 이 둘은 사실 동전의 양면처럼 서로를 필요로 한다. 내가 하기 싫은 일을 다른 사람에게 시키지 않으려면 역지사지의 정신이 필요하고, 역지사지하는 태도가 전제되어야 다른 사람을 배려하고 고려하는 행위가 가능하게 된다. 내가 아는 한 역지사지를 보여 주는 가장 극적인 사례 중의 하나는 성서 요한복음에 나오는 '간음하다 잡힌 여인'의 이야기이다. 예수를 딜레마에 빠지게 하여 고발할 구실을 찾기 위한 음모가 숨겨져 있는 상황이지만, 예수는 "너희 가운데 죄 없는 자가 먼저 저 여자에게 돌을 던져라."고 대답한다. '너희도 죄를 많이 지었는데 누구를 단죄하려 하는가?' 입장을 바꾸어서 생각해 보라는 역지사지의 논리는 돌을 던지려던 군중들을 흩어지게 한다. 그것도 나이 많은 자부터 먼저 떠나갔다고 한다. 나이가 많다는 것은 더 지혜롭고 자기 반성력이 뛰어나다는 뜻도 되지만, 지은 죄가 더 많을 가능성도 높다.

이후 나의 두 좌우명은 공감과 연민의 감정에 관한 논의와 연결이 되며 평생의 관심 주제인 '관용의 윤리(ethics of tolerance)'에 대한 논의 안으로 들어오게 된다. 1987년에 처음 발표한 「관용에 대한 철학적 분석」을 시작으로 확장된 관용에 대한 나의 관심은 1997년 『관용과 열린사회』라는 한 권의 책으로 정리되었다. 이 책의 7장에서 나는 관용이라는 가치를 어떻게 교육할 것인가를 묻고 이를 위한 구체적인 전략적 가치로 충서(忠恕), 화쟁(和諍) 그리고 공감(共感)을 제안했다. 관용을 실천하기 위한 제1 조건으로 서(恕)의 가치와 황금률을 도덕의 기준으로 삼아 그것을 교육하는 일에 주목했고, 이 서(恕)는 곧 역지사지의 마음과 다를 바 없다. 이 서는 아담 스미스(Adam Smith)가 공감을 설명하면서 사용한 '상상에 의한 입장의 전환(imaginary change of situation)'과 다를 바 없다. 아담 스미스가 『도덕 감정론』의 첫 번째 장을 공감으로부터 시작한 것을 보면서 나는 기쁨을 느꼈다. 경제학자인 그가 공감에 주목한 이유를 생각해 보면 결국 경제 행위의 주체인 사람들 사이를 이어 주는 연결 고리는 공감력에 있다고 보았기 때문이다. 아담 스미스의 이런 생각은 공감에 대한 나의 관심이 헛된 노력이 되지 않을 것이라는 확신을 다시 갖게 해 주었다.

나에게 서(恕)의 발견은 새로운 세상을 멀리까지 보게 해 준 망원경과도 같은 것이었다. 높은 산에 올라갔을 때 펼쳐지는 광경을 보는 것처럼 서는 내 생각의 지평을 열어 주었다. 혼란한 춘추시대를 살면서 많은 것을 가르쳤던 공자의 가르침을 한마디로 요약했을 때 충서(忠恕)뿐이라고 말한 증자(曾子)의 혜안은 두서없던 나의 흩어진 생각들을 하나로 묶어 주는 일이관지(一以貫之)와 같았다. 사랑하는 사람에게 온 마음을 빼앗기듯 나의 지혜에 대한 사랑은 서(恕) 한 글자에 마음을 빼앗겼다고 해도 과언이 아니었다. 나의 아들과 딸이 각각 첫

딸을 낳았을 때 나는 손녀들의 이름에 이 서(恕)자를 넣어 지음으로써 서에 대한 나의 애정을 드러냈다.

2. 공감 개념의 가족 유사성

공감, 연민, 동정심, 자비 등은 각각 구별해서도 사용할 수 있고, 유사어로 혼용해서 사용할 수도 있는 개념들이다. 이들 사이에는 미세한 차이도 있고 공통된 부분도 있다. 그렇기에 이들 개념을 가능한 한 구분해 보는 일이 우선 필요하다. 그런 다음 문맥에 따라 구분하거나 혼용해도 의미 전달에는 큰 장애가 생기지 않을 것이다. 이들 개념을 구분하기 위해 나는 영어로 이들 개념이 어떻게 표현되고 있는가를 먼저 비교해 보았다. 그런 후에 우리말 번역을 다음과 같이 정리해 보았다. sympathy는 공감으로, empathy는 감정이입(感情移入)으로 일차 구분했다. 그러나 empathy는 독일어로 Einfühlung으로도 표현하는데 이는 공감과 같다. 따라서 공감과 감정이입은 문맥에 따라 혼용한다고 해서 틀렸다 할 수 없다. 공감과 동감(同感)도 혼용해서 사용할 수 있으나 전자가 일상에서는 더 자연스럽다. sympathy와 empathy의 차이는 감정을 의미하는 pathos에 접두어 sym-과 em-의 차이인데 sym-이 '함께' 라는 뜻이고 em-은 '안에(in)' 라는 뜻이다. 다른 사람의 감정을 함께 공유한다면 공감으로, 다른 사람의 감정 안으로 들어가서 그와 공감할 수 있다면 감정이입이라 할 수 있다. 이런 의미에서 다른 사람의 입장에 서서 생각해 본다는 역지사지는 공감보다는 감정이입에 더 가깝게 보인다.

나는 compassion과 pity는 연민(憐憫)으로 번역하는 것이 우리말 표현으로는 가장 자연스럽다고 느꼈다. 연민(Mitleid)의 감정은 다른 사람의 처지나 상황을 불쌍하고 가엾게 여기는 동정심(Mitgefühl)이라 할 수 있다. compasssion은 라틴어 compassio에서 나온 말인데, com과 passio의 결합어이다. 접두어 com-은 sym-과 마찬가지로 '함께' 의 의미이며, passio는 고통(suffering), 참음(endurance)의 뜻이 담겨 있다. 따라서 compassion은 다른 사람의 고통을 함께 공유하는 의미에서 동정심과도 같으며 공감과도 연결되어 있다. pity도 마찬가지이다. 라틴어 pietas에서 유래된 이 개념은 연민, 동정심, 애도, 경건함 등과 의미를 공유하고 있다.

산스크리트어로 mettā는 연민으로, karunā는 자비로 옮길 수도 있지만 안옥선 교수는 모두 자비(慈悲)로 읽겠다고 했다. 그 이유는 이 두 개념 사이에 차이가 거의 없다고 보기 때문이다. 또 어떤 이(발터 카스퍼, 『자비』, 최용호 옮김, 가톨릭출판사, 2015. 71쪽)는 mettā를 자비로, karunā를 동정으로 옮기기도 한다. 연민과 자비는 상호 호환성을 가진 것으로 이해해도 무방할 것 같다. 그리고 자비, 자애, 사랑 등으로 번역되는 라틴어 misericordia가 있다. miseri는 가난하고 불쌍한 사람들을 의미하며, cor는 마음(coeur; 쾨르)을 뜻한다. 즉 불쌍한 사람들을 마음에 두는 것, 즉 가엾은 마음을 갖는 것을 의미한다. 연민의 감정, 자비심과 자애라고도 할 수 있다. 참고로 신약성경에는 예수가 군중들을 향해 '가엾은 마음' 을 가졌다는 표현이 여러 곳 있다. 과부의 죽은 아들(루카 7:11-17), 배고픈 군중, 목자 없는 양들처럼 시달리며 기가 꺾여 있는 군중(마태오 9:36), 눈이 먼 사람들(마태오 20:34), 병든 사람들(마르코 1:41)을 보고 느꼈던 감정이다. 이 '가엾은 마음' 의 라틴어 표현은 모두 misertus 또는 misericordia로 되어 있고, 이 말의 영어 번역은 모두 compassion(연민)으로 되어 있다.

3. 이성은 감정의 노예이고 노예여야만 하는가?

사람은 누구나 성장하면서 자신이 닮고 싶은 본보기가 될 만한 사람이나 멘토를 찾으려고 노력한다. 살아 있는 사람 중에서 찾을 수도 있고, 아니면 과거의 역사적 인물 가운데에서 찾기도 한다. 자신의 현재나 미래의 삶을 고려한다면 과거 인물보다는 현재 살아 있는 사람을 롤 모델이나 멘토의 대상으로 삼는 게 더 현실감 있고 일체감을 갖는 데도 도움이 될 것이다. 내가 철학 공부를 평생의 업으로 삼겠다고 했을 때도 누구를 나의 롤 모델이자 멘토로 삼을 것인가를 깊게 생각했다. 2,500년 서양철학사에 등장하는 수많은 철학자를 만났다. 고·중세철학, 근대철학 그리고 현대철학의 큰 사조들을 접하면서 시대정신을 찾고자 했다. 어떤 사람이 어떤 철학자를 선택했는가를 보면 많은 경우 두 사람 사이에 시, 공간적 간격이 있음에도 불구하고 기질이나 성향의 유사성을 발견하게 된다. 즉 타고난 기질이나 성향 때문에 그것에 맞는 철학에 더 관심을 가지게 되고 그런 철학자를 학문의 스승으로 선택한다. 그 반대의 경우도 가능하다고 할 수 있다. 즉 한 철학자를 오래 공부하다 보면 그 철학자의 이론적 성향을 닮게 되고 그것이 연구자의 성향이나 성품에 영향을 미칠 수 있다. 나의 경우 전자의 경우에 더 가깝다고 본다.

홉스와 로크 그리고 흄은 소위 영국경험론 철학의 대가들이다. 경험론 철학이 나의 학문적 성향을 결정하는 데 영향을 미쳤다고 볼 수는 없다. 나의 태생적 기질이 경험론에 훨씬 더 매력을 느끼게 했다는 것이 사실에 가깝다. 홉스, 로크, 흄의 작품을 읽을 때와 동시대의 데카르트, 스피노자, 라이프니츠의 작품을 읽을 때를 비교해 보면 내 몸과 마음의 반응이 서로 확연히 달라지는 것을 나는 수없이 경험했다. 경험주의자들의 작품을 읽을 때는 몸과 마음이 모두 편하고 이해하는 데 큰 장애를 느낄 수 없었다. 그러나 그 반대편 철학자들의 작품을 읽을 때는 마치 비포장도로를 달리는 마차처럼 몸과 마음 모두 덜커덩거리는 것을 참으며 읽어야 했다. 이해하는 데도 경험론 철학보다 더 많은 노력이 필요했고 인내가 요구되었다. 나에게 가장 영향을 많이 준 롤모델이나 멘토를 꼽으라면 나는 주저함 없이 홉스와 흄을 말할 것이다. 존재의 본질을 '자기보존' 으로 보고, 욕망의 무죄성과 약속은 지켜야 한다는 계약의 정신을 보여 준 홉스는 나의 삶 전체에 깊은 영향을 주었다. 또 내가 스스로 '은폐된 회의주의자' 라고 부를 수 있었던 것은 '완화된 회의주의자' 라는 흄의 말을 흉내 내어 한 말이다. 공감과 상상력이 얼마나 중요한가에 주목하고 도덕적 행위의 뿌리를 감정에서 찾은 흄은 나의 멘토가 되기에 충분했다. '내가 안다고 말할 수 있는 한계는 경험이 말해 주는 것까지' 라는 경험론의 원칙에 나는 언제나 복종했다.

"이성은 오직 감정의 노예이며 노예여야만 한다. 그리고 이성은 감정들에 봉사하고 순종하는 일 이외에 다른 일이 없다." 이 말은 흄의 정념론을 대표하고 플라톤 이후 오랜 윤리학사의 전통에서 주도권을 차지하고 있던 도덕적 합리주의에 대한 독립선언서의 첫 문장과도 같다. 이 선언 안에는 오랜 시간 자행되어 온 감정에 대한 이성의 횡포에 맞서기 위한 흄의 격한 감정이 숨겨져 있다. 그렇게 이해할 수 있다고 하더라도 나는 온전히 이 말에 동의하고 싶지 않다. 위의 논문(「공감과 연민의 감정의 도덕적 함의」)에서도 밝혔듯이 나는 이성과 감정의 무의미한 주도권 싸움에 개입하지 않겠다고 했다. 이성과 감정의 관계를 주인과 노예의 메타포로 이해하는 것도 거부한다. 나는 이 양자의 상호 보완적 관계가 균형을 이루는 것이 가장 이상적이라고 생각한다.

감정의 혼란스러움을 잠재우기 위해 이성의 통제력을 강화해야 온전한 덕을 실천할 수 있다는 쾌락주의자나 금욕주의자의 주장에 동의할 수 없다. 금욕주의자가 말하는 아파테이아(apatheia), 그리고 쾌락주의자가 말하는 아타락시아(ataraxia)는 모두 감정, 정념, 욕망 등을 부동심(不動心), 평정심(平靜心)으로 대체하는 길에 진정한 행복이 있다고 한다. 나는 이런 경지에 이르는 사람이 행복할 것이라는 걸 부정하지는 않겠다. 금욕주의자나 쾌락주의자처럼 개인의 행복을 삶의 최고 목적으로 삼는다면 그것도 한 가지 길이라 믿을 수 있겠다. 그러나 나는 그런 삶이 가능한 것이라 확신할 수 없다. 진공상태에서 우리가 살아갈 수 없듯이 쾌락이나 고통 그리고 감정들의 파고(波高)가 없는 삶이 무슨 의미가 있을까? 타자와의 관계가 단절되고 오로지 독야청청(獨也青青) 개인의 행복만을 추구하는 삶에서 의미를 발견할 수 있을 것 같지 않다. 사람은 천국이나 유토피아 같은 곳에 사는 존재가 아니다. 온갖 감정들이 난무하며 적이든 친구이든 타자들과 끊임없이 접촉하며 사는 존재이다. 이런 삶을 이성만으로나, 감정만으로 이해하고 설명하려는 것은 어리석은 일이다. 이성과 감정의 관계를 주도권이나 우선권의 관점에서 평가하는 것은 균형 감각을 잃게 만든다. 이 양자와의 관계를 나 나름대로 정리해서 말한다면 이렇게 요약할 수 있을 것이다. "이성의 봉사가 없는 감정은 난폭해질 수 있고, 감정의 수반(隨伴)이 없는 이성은 무력해질 수 있다."

이성과 감성의 관계에 대해 숙고하는 과정에서 나는 유가에서 말하는 사단(四端)과 칠정(七情)의 관계가 이와 유사하다는 생각에 이르렀다. 인의예지(仁義禮智) 사단이 모든 사람에게 주어진 이성적인 판단이며 사람마다 달라질 수 없는 보편적 기능이라 할 수 있다. 반면 희노애구애오욕(喜怒哀懼愛惡欲) 칠정은 사람의 기질과 대상, 환경에 따라 달라질 수 있는 일곱 가지 대표적인 감정을 뜻한다. 그리고 사단의 끝(端)에서 각각 측은지심(惻隱之心), 수오지심(羞惡之心), 사양지심(辭讓之心), 시비지심(是非之心)이라는 네 가지 기본 감정이 나온다. 연민, 부끄러움과 수치스러움, 겸손과 관대함, 선과 악의 감정들이 그것이다. 이렇듯 유가의 입장에서 해석한다면 사단에서 나오는 네 가지 감정과 칠정이 기본 감정이라 할 수 있다. 그 밖의 다양한 감정들은 이들 기본 감정의 변형으로 이해할 수 있다. 사단칠정론의 형이상학인 이귀기천론(理貴氣賤論)도 주리론(主理論)과 주기론(主氣論)도 모두 이성과 감정의 균형을 무시한 견해들이기에 나는 거부한다.

4. 공감의 힘

오래전에 나는 정념론(情念論)에 관한 글을 써 볼 생각으로 10가지 주요 감정들을 선택한 일이 있었고, 이를 노트에 적어 놓은 것이 있다. 그 순서는 (1) 연민의 감정, (2) 공감, (3) 사랑, (4) 부끄러움, (5) 충서, (6) 분노, (7) 인정 욕구, (8) 인류애, (9) 경건, (10) 초월 등이었다. 이 순서는 내가 볼 때 중요하고도 우선해서 고려해야 할 가치가 있다고 생각되는 것을 기준으로 삼은 것이었다. 연민과 공감은 도덕적 실천에 꼭 필요한 가장 중요한 감정이라 생각되어 어떤 것보다 우선해서 숙고해 보겠다는 생각이었다. 그 후 아리스토텔레스의 『니코마코스 윤리학』과 『수사학』, 데카르트의 『정념론』, 홉스의 『리바이어던』 6장 그리고 스피노자의 『에티카』 3부(정서의 기원과 본성에 관하여)에서 이들 철학자가 다룬 정념에 관한 설명을 보면서 나의 계획이 무모한 생각에 지나지 않는다는 것을 알았다. 그러나 결정적으로 나의 정념론 저술 계획을 포기하게 만든 것은 뇌의 구조를 통해 감정을 설명하는 뇌과학자나 인지과학자들이었다. 이들은 사람의 감정들이 발생하는 원인을 두뇌에서 일어나는 여러 가지 기계론적이고 유물론적인 현상으로 설명했고, 이는 나에게 엄청난 파괴력으로 다가왔다. 압도당했다는 말이 더 적합할 것이다. 뇌의 변연계, 대뇌피질, 편도 등 두뇌의 여러 기능을 통해서 인간의 감정을 설명하는 뇌과학의 발전은 감정에 관한 철학적 논의를 거의 무의미하게 만들었다.

그러나 공감이나 연민의 감정에 관한 나의 관심은 사라지지 않았으며, 유물론이나 기계론의 강력한 공격적 설명 앞에서도 살아남아야 했다. 유물론이나 기계론이 심신이원론을 완전하고도 완벽하게 대체할 수 없다고 나는 믿는다. 약물로 감정을 조절하는 일이 가능하고 또 필요하다는 정신의학적 요구에 반대할 이유도 근거도 없다. 그렇다고 해서 약물로 인간의 감정이 모두 통제되거나 활성화된다고 확신할 수 없다. 인간의 수많은 감정은 타자와의 관계성, 문화적 맥락, 역사적 체험 심지어 햇볕의 노출 정도에 따라 영향을 받기도 하기 때문이다. 정념론을 저술하겠다는 나의 계획을 실행에 옮길 수 없었으나 여전히 남아 있는 몇 가지 감정들에 관한 관심은 살려 내고 싶었다. 다시 근대철학자들의 정념론에 눈을 돌리고 그 안에서 공감이나 연민의 감정을 재검토할 수 있었다. 정념론 전체에서 공감과 연민의 감정에 대한 근대철학자들의 시각은 내가 기대했던 것보다 주변자에 불과했다. 공감은 "인간의 능력 가운데 가장 으뜸 되는 것이면서 소홀히 다루어졌다."[61]는 제러미 리프킨의 말에 나는 공감한다.

나는 위의 논문(「공감과 연민의 감정의 도덕적 함의」)에서 공감을 하나의 도덕적 감정이 아니라 감정을 일으키는 원리 또는 힘이라고 했다. 그래서 공감을 공감력이라 달리 말하는 것이 더 적절하다고 했다. 공감력은 자연이 인간에게 제공한 위대한 생존력의 하나이다. 인간은 지능을 가진 호모 사피엔스(homo sapiens)이자 도구를 만들어 사용함으로써 생존력을 확장할 줄 아는 호모 파베르(homo faber)이다. 또한 인간은 사회적 연대성, 더 나가 인류의 횡적 연대성을 가능하게 해 주는 공감인(共感人) 즉 호모 엠파티쿠스(homo emphaticus)이다.

공감인이라는 말은 제러미 리프킨의 방대한 저술『공감의 시대(Empathic Civilization)』에서 그가 말하고자 하는 열쇠 말 중의 하나이다. 그는 동물행동학, 뇌과학, 신경 세포학 등 다양한 분야의 연구 결과들을 인용하며 공감의 힘이 인간의 본성 안에 내재되어 있다고 주장한다. 원숭이와 인간을 대상으로 한 실험에서 찾아낸 거울 신경세포(mirror neurons) 개념은 정도의 차이는 있으나 공감력이 동물과 사람 모두에게 공통으로 내재되어 있다는 것을 증명해 준다. 다른 사람의 동작과 표정을 보여 주면 그것을 본 사람도 마찬가지로 두뇌의 같은 부분에서 신경세포가 활성화되는데 이를 거울 신경세포라고 한다. 그래서 이 거울 신경세포는 공감 뉴런(empathy neurons)이라 바꾸어 불러도 된다는 것이다. 이런 공감력이 우리를 사회적 존재로 만들어 준다고 한다.

"사람의 마음은 서로가 서로에 대해 비춰 주는 거울과 같다. 이는 마음이 서로의 감정을 반영(반사)해 줄 뿐만 아니라 정념, 정서, 생각의 빛들이 반향을 일으키고 또 무감각할 정도로 쇠퇴할 수 있기 때문이다.” 이 말은 280여 년 전에 흄이 『인간본성에 관한 논고(A Treatise of Human Nature)』에서 한 것이다. 서로를 비춰 주는 거울을 현대 과학의 언어로 바꾸어 말하면 ‘거울 신경세포’라고 해도 문제가 없다. 안타깝게도 제러미 리프킨의 방대한 참고 문헌 안에는 흄의 『인간본성에 관한 논고』나 아담 스미스의 『도덕 감정론(The Theory of Moral Sentiments』에서 다룬 공감에 관한 내용이 빠져 있다. 그렇지만 그가 공감의 중요성에 주목하고, 현대 과학의 연구 성과를 반영하여 공감 이론을 확장했으며, ‘신앙과 이성의 시대를 뛰어넘어 공감의 시대’로 나아가야 인류의 생존 가능성이 높아질 것이라는 주장에는 많은 부분 공감할 수 있다.

공감력은 운동에너지를 가지고 있다. 운동은 두 가지 방향으로 향한다. 하나는 선한 에너지로 상승하는 운동이며, 다른 하나는 악한 에너지로 하강하는 운동이다. 공감력이 긍정적인 방향으로 운동할 때 연민의 감정을 매개로 타자와의 연결고리가 만들어지고 공고해진다. 예를 들면 불운을 겪고 있는 사람을 보면 그의 불운에 공감하게 되고 연민의 감정을 느껴 그와 일체감을 가지게 된다. 반대로 부정적인 방향으로 운동할 때 공감은 공감 대상에 대해 시기와 질투, 분노와 복수심을 유발하기도 한다. 예를 들면 ‘사촌이 땅을 사면 배가 아픈’ 것도 공감 뒤에 숨어 있는 부정적 감정이다. 군중심리가 공감력에 호소하는 것이라면 이를 이용하여 혐오감을 불러일으키거나 정치적 선동을 부추기는 경우도 그러하다. 또 모방 범죄도 공감력의 부정적 운동이라 할 수 있다. 아리스토텔레스도 지적했듯이 우리는 즐겁고 기쁜 일보다는 슬프고 고통스러운 일에 더 쉽게 공감한다. 다른 사람에게 생긴 좋은 일에도 공감할 수는 있으나 그 공감력은 약하거나 쉽게 사라진다. 그리고 그 빈자리에 시기와 질투, 부러움과 경쟁심 등의 감정이 자리를 차지하기 쉽다. 막스 셸러는 이런 공감력의 부정적 운동을 '공감의 병적(病的)인 양식'이라 하고 사람의 모든 도착(倒着, perversion) 행위가 이에 해당이 된다고 보았다.[62] 악하고 병든 양식의 공감보다는 긍정 에너지로서의 공감력이 어떤 기능을 가지는가에 대해서만 주목해 보고자 한다.

개인의 삶에서 공감력이 작동하는 곳은 수없이 많다. 내가 주목하는 것은 이런 사적인 영역에서 발견되는 공감력이 아니라 갈등과 대립이 끊임없이 일어나며 위기로 치닫고 있는 가까운 미래 사회 안에서 필요로 하는 공감력이다. 네 가지 정도의 영역에서 공감의 힘이 어떻게 작동하는지를 생각해 보자.

첫째, 공감의 힘은 사회적 화해를 가능하게 만들어 주는 힘이다. 사회적 갈등과 대립이 있는 곳에서는 언제나 공감의 힘이 기대 이상으로 그 힘을 발휘하며, 그 힘은 화해의 힘이다. 롤랑 바르트의 말처럼 이 세상에서 이분법이 사라지는 곳, 즉 갈등과 대립이 없는 곳이 있다면 그곳은 지상낙원이라 할 수 있으나 불행하게도 그런 곳은 없다. 갈등과 대립은 쌍방과의 관계이며, 서로가 서로에 대해 이분법적 대립항으로 존재하는 상태이다. 그렇더라도 이 양자는 화해와 공존이 필요한 대상들이다. 이 양자 관계는 넓은 의미에서 가해자와 피해자일 수도 있으며, 강자와 약자, 갑과 을 그리고 권력자(정부)와 국민(민간단체) 또는 가해자 국가와 피해 당사자 국가의 관계 등이 주를 이룬다. 공감의 힘을 빌려서 화해하고자 하는 관계는 대부분 과거에 있었던 비극적인 사건들의 이해 당사자들이다. 화해(和解)는 글자 그대로 얽히고설킨 실타래 같은 것을 풀어서 조화와 화합을 이루는 행위이다. 따라서 고르디우스의 매듭(Gordian knot)처럼 가해자와 피해자가 공존하는 과거의 비극적 사건을 현재로 소환해서 풀기 위해서는 쾌도난마(快刀亂麻)와 같은 칼의 힘이 아니라 공감의 힘이 절대적으로 필요하다.

사회적 화해의 대표적인 사례 하나는 남아프리카공화국에서 있었던 일이다. 1995년 남아프리카공화국은 진실화해위원회(Truth and Reconciliation Committee)를 조직하여 백인 정권 아래에서 자행되었던 소위 인종분리정책(apartheid)의 피해를 조사하여 진실을 밝히고 화해를 통해 사회 통합을 이루어 냈다. 이 위원회는 많은 나라에서 전형적인 모델이 되었다. 우리나라에서도 2005년 '진실 화해를 위한 과거사 정리 위원회'가 출범하여 많은 사건을 조사하여 진실을 밝히고 그 피해자와 유가족들을 위한 국가 보상도 상당 부분 이루어 냈다. 그러나 성과 못지않게 많은 비판과 문제점이 드러나기도 했다. 내 개인적인 경험이지만 언제가 그 위원회의 초청으로 강연을 한 적이 있다. 그 위원회에서 나를 초청한 이유는 관용의 가치를 강조하기 위해서였다. 관용의 정신이 갈등과 분열을 겪고 있는 내부 구성원들에게 절실하게 필요했기 때문이다. 이념에 따라 또는 정치적 이해관계에 따른 내부 구성원들의 불관용은 과거사의 진실을 밝히는 일을 더디게 만들거나 퇴행시키기도 했다.

화해는 진실을 전제로 한다. 그리고 진실을 밝히는 일은 정치적 이념과 가치관의 차이를 넘어 '진리에 복종하라(Oboedire veritati)'는 준칙을 지키는 일로부터 시작된다. 진실을 토대로 가해자와 피해자 사이에서 화해의 노력은 시작된다. 두 당사자가 얼마나 공감의 힘을 진정성 있게 믿는가에 따라 화해의 정도, 시간, 깊이는 결정된다. 해원(解冤)도 일종의 화해라고 볼 때 죽은 망자(亡者, 대부분 피해자)와 산 자(生者, 대부분 가해자) 사이의 화해를 도와주는 일도 결국은 피해자에 대한 가해자의 공감력에 의지해야 가능한 일이다.

100년이 지난 일이지만 아직도 진실과 화해가 이루어지지 않은 대표적인 사례 하나는 일제 강점기 동안 가해자와 피해자가 된 일본과 한국 사이에서 일어난 일들이다. 그 기간 동안 일어난 일들에 대해 여기서 일일이 나열할 수는 없으나 총체적으로 가해국 일본과 그 피해자 국가인 우리나라 사이에 화해가 이루어지지 않고 있다. 여러 가지 정치적, 외교적, 군사적, 문화적 이유가 있겠지만 가장 중요한 이유는 두 나라 사람들의 정서 속에 자리하고 있는 비대칭적인 공감력의 차이에 있다고 본다. 가해자는 잊고자 하고 피해자는 기억하고자 하는 것이 두 당사자 국민 간의 일반적인 태도이다. 이 차이와 간격을 메우려는 중요한 노력 중의 하나가 공감의 힘을 기르는 데 있다. 그러나 가해자와 피해자 국가와 국민 사이에 놓여 있는 공감력의 차이와 간격을 메우려는 노력이 턱없이 부족한 것도 사실이다. 그러는 사이에 혐오감만 쌓여갈 뿐이다.

둘째, 공감의 힘은 현존하는 사회적 편견(social prejudice)과 혐오(disgust, hate) 극복의 원동력이다. 그런 의미에서 공감의 힘은 '지금, 여기서' 작동하는 현실적 힘을 의미한다. 제러미 리프킨에 따르면, 2008년 미국 대통령 선거 당시 여론 조사에서 '대통령 후보에게 가장 필요한 자질이 무엇이라 생각하느냐?' 는 질문에 많은 사람이 '공감' 이라고 대답했다고 한다. 아프리카계 흑인 출신으로 미국의 첫 흑인 대통령이 된 버락 오바마의 선출은 선거에서 승리했다는 사실 그 이상의 의미가 있다. 미국 사회의 오래되고 뿌리 깊은 흑인과 유색 인종에 대한 편견과 혐오를 (일시적으로지만) 극복했다는 데 더 큰 의미가 있다. 그 밑바탕에는 오바마가 보여 주었던 탁월한 공감력이 있다. 오바마만큼 뛰어난 공감 이미지를 가진 대통령은 흔치 않다. 흑인은 오랜 시간 편견과 혐오의 상징이 되어 왔으며, 현재도 여전히 그러하다. 우리는 많은 사회적 편견과 혐오의 양상들을 일상 속에서 쉽게 경험하고 있으며 그런 현실이 개선되고 있다는 확신을 하기가 어려운 것도 사실이다.

우리가 어떤 사람 또는 집단에 대해 편견을 갖게 되는 원인은 여러 가지 있을 수 있다. 편견의 대상에 대한 잘못된 정보와 지식이 우리를 그렇게 만들 수도 있는데 많은 경우가 그러하다. 예를 들면 성 소수자, 장애인에 대한 편견, 피부색에 기인한 인종차별, 이슬람에 대한 혐오 그리고 난민들을 향한 거부감 등은 왜곡된 이해와 정보가 낳은 편견의 산물이다. 이런 편견들은 그 원인이 외부에서 일방적으로 주어진 것처럼 보이지만 사실 우리 내부에 있는 오만한 감정(pride)이 편견을 갖게 만들기도 한다. 오만함은 내가 타인보다 더 우월하다는 판단에서 나온다. 그 판단이 사실에 근거하면 자긍심(pride)이 될 수도 있지만 그렇지 않으면 오만에 빠지기 쉽다. 오만은 상대방의 처지에 대해 공감할 수 있는 의지나 역량을 약하게 만들고 편견을 갖게 할 위험성이 높다. 이를 반대로 말하면 공감력의 확대는 오만한 감정과 편견을 극복하게 해 줄 가능성을 높여준다.

나는 인간의 본성 안에 내재되어 있는 공격성과 야만성이 표출되는 가장 폭력적인 형태가 전쟁 행위라고 본다. 그다음으로는 사회적 혐오 현상들이라고 본다. 특히 싫어하고 미워하는 대상을 향해 자신의 혐오 감정을 표출하는 투사적 혐오감(projective disgust)은 공격적 성향을 강화하는 감정이다.[63] 혐오의 감정은 연민의 감정과 대척점에 있는 감정이다. 혐오감 안에는 공감 의식이 결여(缺如)되어 있으며, 차별과 배제를 숨기지 않는 불관용의 태도를 잉태하고 있다. 혐오감과 불관용은 그 상대를 향한 증오심을 낳는다. 2024년 현재 우리 사회가 경험하고 있는 혐오의 현상들은 적지 않다. 가장 대표적인 차별과 혐오의 대상은 성 소수자와 이주 노동자, 결혼 이주민과 그 자녀 등일 것이다. 이외에도 여성, 노인, 장애인에 대한 혐오와 차별은 사회 통합의 큰 걸림돌이 되고 있다.

이런 혐오감에 편승하는 사람들의 의식 안에는 어떤 감정들이 들어 있을까? 나는 사람들이 왜 관용하기는 어렵고 불관용은 쉬운가 하는 물음에 대해 공포의 감정 때문이라고 답한 적이 있다.[64] 마찬가지로 투사적 혐오감을 드러내는 사람들의 내면에도 우월감 또는 오만함과 더불어 두려움과 공포가 자리 잡고 있다. 사회적 안정성이 위태롭다고 느끼거나 자신의 현 상태가 위협받고 있다고 느낄 때 이들은 희생양을 찾아내고 그들을 혐오의 대상으로 낙인찍음으로써 자기방어 기제를 발동한다. 그들의 자기방어 기제 안에는 연민의 감정을 찾기 어려우며 공감의 힘도 무력하다.

생존에 위협을 느끼는 사람에게 자신을 위협한다고 생각되는 대상을 이해하고 공감하라고 요구하기보다는 그들의 마음 안에 자리 잡은 편견과 오해 그리고 이로부터 생긴 두려움과 공포심을 제거해 주는 일이 더 우선되어야 한다. 혐오의 대상이 되는 생각이나 사람들이 나와 내가 속한 사회에 위협이 되지 않는다는 믿음을 갖도록 해 주는 일이 필요하다. 성 소수자의 인권이 일부일처제도를 무너뜨릴 것이라는 공포에서 벗어나야 한다. 외국인 노동자가 나의 일자리를 위협할 수 있다는 편견으로부터 자유로워져야 한다. 이슬람의 문화가 그리스도교를 침식할 것이라는 과도한 두려움에서 벗어나야 한다. 나는 관용 교육과 관련해서 마치 우리 자신이 외국에 살 때나 여행을 할 때 소수자 또는 이방인이 되어 보는 체험이 혐오의 대상에 대한 공포감을 줄이는 데 효과가 있다는 것을 설명한 바가 있다.[65] 또 하나 공감 교육의 필요성을 강조한 바 있다.

사라 블라드(Sara Bullard)가 제안한 것처럼 공감 교육은 타자에 대한 혐오 감정을 누그러뜨리고 혐오 행위로 진행하는 것을 막아준다고 한다. 그녀는 사람들이 공감의 힘을 태생적으로 갖고 태어난다고 보며 그 사례로 영아(嬰兒)가 울 때 곁에 있는 다른 영아들도 따라 우는 현상을 들어 '공감적 각성 반응(sympathetic arousal)'이라 불렀다. 프란스 드 발(Frans de Waal)도 공감은 원초적 본능이며, 공감은 길러지는 것이 아니라 무뎌지는 것이라고 보고 있다. 영아가 공감력이 가장 높을 때라면 성장하면서 그 공감의 힘을 잃어간다는 것이다. 이런 관점에서 보면 공감 교육은 공감의 힘을 기르는 데 있는 것이 아니라 잃어가는 힘을 회복하는 데 있다.

셋째, 공감의 힘은 인류애(humanity)를 지향하도록 한다는 의미에서 열린 미래 사회로의 추진력이라 할 수 있다. 공감과 인류애를 관련짓게 된 배경에는 오래된 두 가지 의문점이 있었다. 하나는 2차 세계대전 종전 이후 일본인들, 특히 보수당인 자민당 정치인들이 자신들이 저지른 반인륜적 전쟁의 피해자들에게 최소한의 존중도 보이지 못하고 있는 이유가 무엇일까 하는 의문이었다. 표면적인 이해일 수는 있으나 일본인들의 의식 안에 인류의 보편적 가치, 특히 인류애에 대한 자각이 있을까 하는 의구심이 여전히 사라지지 않고 있다는 점이다. 독일의 정치인들이 진보와 보수를 막론하고 전쟁범죄에 대한 사과와 반성을 반복하는 것은 그 전쟁범죄를 통해 희생된 사람들을 향한 미안함과 인류애 때문이리라. 일본의 정치인들에게 전쟁범죄와 그 희생자들에 대한 사과와 반성을 기대할 수 없다면 그 이유는 인류애에 대한 공감력 부족으로 설명될 수밖에 없다.

두 번째 의문은 인류의 역사가 여전히 진보해야 할 영역이 남아 있을까 하는 의문점이다. 프랜시스 후쿠야마가 내린 결론처럼 자유 민주주의와 시장경제 체제를 대체할 만한 새로운 이념의 출현은 불가능한 것인가? 인류의 미래에 대한 암울한 전망이 설득력을 높여 간다고 하여도 아직 인류에게는 진화해 나가야 할 미숙하고 야만적인 삶의 영역이 많이 남아 있다. 이런 사실을 직시함으로써 역사는 종말 단계가 아니라 여전히 진화의 과정에 있다고 보며 그 목표는 인류애가 전지구적으로 확장되는 것이라 나는 생각한다. 생물학적 진화 또는 문명의 진보를 믿는다면 그 가능성은 인류애라는 고도의 성숙한 감정을 공유할 수 있는 공감력에 있다.

그렇다면 공감의 힘이 어떻게 인류애를 촉진하는 에너지를 제공할 수 있을까? 인류의 미래가 어떤 세상일지는 예측할 수 없으나 미래의 희망을 이야기할 수는 있다. 그렇기에 여기서부터의 이야기는 거대 담론이며 이상주의자의 한 자락 꿈일 수는 있다. 그러나 이것은 나만의 꿈이 아니다. 누스바움이 말하는 '혐오의 정치에서 인류애의 정치'로 이행하는 일, 제러미 리프킨이 말하는 '세계적 공감의 정상을 향한 등정(The climb to global peak empathy)'이나 '세계 시민이 된 인류'도 모두 도달하기 쉽지 않은 이상적 목표들이다. 이들 목표에 다가가는 데 필요한 수단 중의 수단이 공감의 힘이라는 데 이들은 동의하고 있다.

누스바움은 인류애 정치(politics of humanity)의 핵심적 가치를 '평등한 존중'이라 보고 있다. 인종, 종교, 국적, 직업 등의 차이와 차별을 넘어 미국 건국 정신인 생명, 자유 그리고 행복을 추구할 수 있는 권리를 모든 사람이 똑같이 소유하고 있으며, 이는 평등하게 존중받아야 한다는 것이다. 이것은 인류의 보편적 가치라 할 수 있다. 그리고 이런 존중은 타자에 대한 온전한 공감력이 동원되어야 실천 가능한 수준으로 진화될 수 있다. 프랑스대혁명의 정신이었던 자유, 평등, 우애(fraternité)에서 우애는 인류애보다 외연이 작아 보일 뿐 그 내포하는 의미는 거의 같다. 아담 스미스의 동포 감정(fellow feeling)도 이와 유사하다. 18세기 맥락에서 동포의 개념이 특정한 국가 사회 안에 국한된 의미라면 미래 세계에서는 세계 시민으로서 인류 전체가 동포 감정, 즉 인류애의 대상이 될 수 있다고 본다.

넷째, 공감은 코스모폴리탄들(cosmopolitans)의 정서적 유대를 강화해 준다. 제러미 리프킨이 말하는 '세계의 시민이 되는 일' 즉 코스모폴리탄이 되는 것은 공감적 유대감 없이는 도달하기 어려운 목표이다. 니체가 초인을 기다리듯 가까운 미래 세계는 코스모폴리탄의 등장을 맞이하게 될 것이다. 이들 코스모폴리탄은 민족주의나 종족주의의 가치에서 자유로운 사람들이다. 공감의 유대감을 확대하는 데 방해되며 장벽이 되는 지리적 국경선은 이들 코스모폴리탄에게는 지도에만 존재하는 경계선에 불과할 뿐이다. 리프킨의 말대로 "코스모폴리탄이 된다는 것은 타자에게 마음을 열고 다양한 문화에서 편안함을 느끼는 것이다."[66] 지구 반대편의 젊은이들이 무척 낯설 것 같은 한국의 팝가수 BTS의 음악에 공감하고 열광한다는 것은 어떤 의미인가? 나는 이미 코스모폴리탄의 감성과 의식을 가진 세대들이 등장하고 있음을 본다. 이질적이지만 다양한 문화들이 국제적인 도시의 광장에서 파열음 없이 공존하고 있는 모습을 우리는 목격하고 있다. 앞으로의 세계는 이런 코스모폴리탄적인 사유와 감성이 더욱 확장될 것이며 공감의 힘은 이들의 내면에서 인류애의 실현을 촉진케 하는 힘으로 작동할 것으로 믿는다.

편견과 혐오 그리고 숱한 차별이 극복되는 세상이 가능하다고 믿는다. 공감의 문명을 만드는 일은 글로벌 아젠다이다. 인류의 생존이 달려 있는 공통의 문제, 예를 들면 지구 환경 위기 앞에서 인류는 새로운 패러다임의 전환을 요구받고 있다. 강대국의 논리가 아니라 전 지구적으로 적용 가능한 원칙과 전략을 세우는 일이다. 이를 위해서는 근대 문명이 만들어 낸 경쟁력 강화의 논리나 승자독식의 시스템 안에 내장되어 있는 인류의 자폭 시스템의 방아쇠를 제거하는 일이 필요하다.

9 새로운 호모 에두칸두스(homo educandus)를 위하여

1. 서론

사람에게서 교육의 결과를 빼고 나면 남는 것은 아무것도 없다. 사람은 태어날 때부터 무덤에 갈 때까지 배우면서 살아가는 존재이다. 가정, 학교 그리고 사회는 넓은 의미의 교실이며, 우리의 삶은 하나의 긴 교육과정이다. 심지어 벼슬하지 않은 조상에게도 '학생부군신위(學生府君神位)' 라고 하여 학생 신분을 부여하고 있지 않은가. 또 "군사부일체(君師父一體)"라 하여 스승을 임금이나 아버지와 같은 반열에 놓은 것도 신분이 같아서가 아니라 교육의 담당자라는 공통의 기준에 따른 대접이라 생각된다. 임금은 백성의 모범이 되어야 하며 모든 백성의 스승이 되어야 한다. 또 아버지는 가정에서 교육의 주관자 역할을 해야 한다. 마찬가지로 학교에서 스승은 지식의 전달자로서뿐만 아니라 교육의 주체와 모범이 되어야 한다. 스승을 높게 보는 것은 그만큼 교육의 중요성을 강조한 것이다.

교육을 보는 시각은 시대마다 사람마다 다를 수 있다. 또 교육은 근본적으로 사람을 만드는 일과 직접 관련되어 있기에 어떤 사람을 만들 것인가에 대한 각 시대의 인간관에 따라 교육도 달라져 왔다. 우리의 교육이 지향하고 있는 목표와 방법에 대한 논의는 어떤 한국인을 만들려고 하는가에 대한 이해가 전제되어야 하는 것도 바로 이런 이유 때문이다. 우리는 어떤 내일의 한국인을 만들기 위해 오늘 교육의 현장에 서 있는가? 교육을 '백 년의 큰 계획'이라 했는데, 미래의 세대에게 희망을 줄 수 있는 교육이 되기 위해 무엇을 할 것인가? 이런 문제는 미래의 한국 사회를 이끌어 갈 건강한 한국인의 모습을 어떻게 그릴 것인가 하는 문제와 직접 맞닿아 있다. 그리고 어떤 유형의 인간을 만들 것인가에 대한 합의와 기대치를 찾아내는 일은 과거와 현재의 교육이 지향해 온 인간 유형에 대한 냉정한 반성과 비판이 전제되어야 한다.

이 글은 암담하기까지 느껴지는 우리 교육의 현실에서 희망의 싹을 키워 보려는 작은 시도이다. 그리고 그 희망의 빛은 역시 세대를 뛰어넘어 이어지는 교육의 힘으로부터 오는 것이 분명하다고 믿는다. 지금 우리 교육이 앓고 있는 병리적 증상을 한마디로 말한다면 그것은 비인간화 교육과 총체적인 인문학의 위기일 것이다. 이 두 문제는 결코 간단하게 해결될 문제가 아니다. 그 해법의 접근 방법도 다양하게 모색될 수 있다. 그러나 대학에서 철학을 가르치는 우리 철학도에게 남겨진 몫은 새로운 호모 에두칸두스(homo educandus)의 밑그림을 그리는 정도의 일이다.[1] 교육의 비인간화가 문제가 될 때 인간주의 교육의 모범을 보인 루소에게서 그 한 해법을 찾는 일은 적절하다. 그가 양육하고자 했던 에밀에서 가장 잘 교육받은 사람의 전형을 볼 수 있

다면 우리는 지금 에밀을 가르쳤던 교사의 충고를 들을 필요가 있을 것이다.[2]

또 총체적으로 인문학이 위기라고 한다면 그 해법 역시 이와 유사한 문제로 고민했던 두 사람의 영국인, 화이트헤드(A.N. Whitehead)와 스노우(C.P. Snow)로부터 해결의 실마리를 찾을 수 있을 것이다. 루소와 화이트헤드 그리고 스노우는 인간과 교육에 관한 한 모두 주류에 속하는 사람들은 아니었다. 오히려 우리에게 예외자에 더 가까운 사람이 되라고 말하며 기존의 교육 체계에 대해 비판적인 견해를 보인 사람들이다. 어쩌면 우리 시대는 예외자를 더 필요로 할지 모른다. 역사가 증명하듯 예외자들의 출현에서 희망의 징후를 발견할 수 있었다면 더 많은 예외자를 기르는 것은 철학도들에게 남겨진 숙제가 아닌가 생각된다.

먼저 한국의 전통과 현대 교육이 지향해 온 인간형을 살펴보고자 한다. 그리고 비인간화 교육과 인문학의 위기라는 관점에서 우리 교육의 문제점을 진단하고 그 해법의 모델을 루소의 『에밀』, 화이트헤드의 『교육의 목적』 그리고 스노우의 『두 문화』라는 작품들을 통해서 찾아보기로 하겠다.

2. 전통 교육이 지향한 인간형

조선조 500년은 유학이라는 양반 이데올로기가 지배한 역사였다. 주자 성리학이 학문의 주종을 이루었고 성리학으로 무장된 선비를 양성하는 일이 교육의 핵심 과제였다. 또 주자 성리학의 학문적 특성에 따라 우주론과 형이상학은 윤리학과 정치철학의 토대를 제공하였다. 이 말은 학문적 이론과 정치, 윤리적 실천의 문제가 분리되지 않았음을 의미한다. 지행합일론을 근간으로 해서 교육이 이루어졌으며, 개인의 인격적 향상과 도덕 실천의 강화는 유학 교육의 근본 목표가 될 수밖에 없었다. 따라서 조선의 교육 사상을 알고자 할 때는 주자 성리학의 학문적 성격을 알아야 하고, 조선의 교육이 지향하던 인간형이 어떤 모습이었나를 알고자 할 때도 역시 주자 성리학을 중심으로 어떤 교육기관에서 교육이 이루어졌나를 알아야 한다. 이 글에서는 후자의 문제만 다루기로 한다.

조선 시대 대표적인 공교육 기관은 서울에 설치된 성균관 또는 사학(四學)을 들 수 있으며, 지방에는 향교(鄕校)가 있었다. 또한 사학 교육기관으로는 서당(書堂)과 서원(書院)이 있었다. 이들 관학과 사학으로 양분된 교육기관에 관해 간단하게 설명하는 일은 우리의 전통 교육이 어떻게 구성되어 있었으며, 어떤 형태의 인간을 길러 냈는가를 이해하는 데 도움이 된다.

초등교육은 주로 서당에서 이루어졌다. 고려 때부터 있었던 사설 초등교육 기관인 서당은 가장 오래되고 그 수효도 가장 많았다. 천자문, 동몽선습(童蒙先習), 통감(通鑑), 소학(小學), 사서삼경(四書三經) 등을 가르쳤으며, 향교나 사학에 진학하기 위한 예비교육 기관의 기능을 주로 했다. 서당은 일반 대중의 문자 교육 확대에 가장 큰 공헌을 하였다.[3]

향교도 고려 때부터 있었으며, 조선조 태조 때부터 융성하기 시작하여 전국에 걸쳐 세워졌다. 중앙 정부 또는 지방 정부의 재정적 도움으로 세워진 향교는 관학의 형태로 출발하였으나, 임진·병자 양란 이후 국가 재정의 감소로 피폐와 쇠락의 길을 걸었으며, 중등교육 기관의 기능을 상실하고 말았다. 단지 문묘 제향의 임무만을 형식적으로 수행하는 일에 그쳤다. 향교가 맡았던 중등교육의 기능은 서원이라는 지방 사설 교육기관으로 대체되었다. 풍기에 세워진 소수서원을 시작으로 서원은 전국적으로 세워졌다. 명유(名儒)와 공신(功臣)을 숭배하고 학문과 덕행을 연마하는 수도장의 기능을 하던 서원은 국가가 필요로 하는 인재를 양성하고 공급하는 데 중요한 역할을 했다. 그러나 역사가 증명하듯이 서원은 폐단 역시 적지 않았다. 사색 당쟁의 정치적 갈등에 서원 유생들이 개입함으로써 정쟁이 가열되었다는 점과 군역을 피하기 위한 수단으로 악용되었다는 점 등이 대표적이다. 대원군이 전국에 있던 679개의 서원을 47개만 남겨 놓고 철폐한 것은 서원의 폐해가 너무 컸기 때문이기도 하다.[4]

이렇듯 성균관이나 향교 같은 관학보다는 서당과 서원 중심의 사학교육이 조선조 초, 중등교육을 담당했었다. 그러나 관학이나 사학이 지향했던 교육목표는 거의 동일했다고 볼 수 있다. 상급 학교에 입학하거나 과거 시험을 준비하기 위한 예비교육에 치중하였다. 인재를 양성하는 것이 국가 교육의 목표였으며, 과거제도는 그런 인재를 선발하는 방법이었다. 따라서 과거제도와 교육의 목표는 불가분의 관계에 있었다. 과거제도는 인재를 등용할 수 있는 통로 역할을 국가에 제공했고 양반 관료 사회를 유지할 수 있는 제도였다. 또 과거제도는 입신양명을 통해 개인의 권세와 가문의 영예를 위한 보상을 양반계급에 제공했다.

과거 시험을 정점으로 모든 교육이 이루어져 있었다는 사실에서 우리는 조선조 교육의 몇 가지 부정적 결과를 발견할 수 있다. 교육이 국민의 삶을 개선하는 학문 연구 차원에서 이루어진 것이 아니라는 점이다.[5] 국민의 70-80%가 문맹이었다는 사실은 조선조의 교육이 양반계급을 위한 교육이었음을 증명해 준다. 이만규는 조선의 교육적 특징을 계급 편파주의, 지방 편파 교육, 성차별교육이라고 지적하고 있다.[6] 이에 덧붙여 문과를 중시한 나머지 실생활에 필요한 지식이나 기술 교육을 천하게 여기는 풍토도 조선조 교육의 부정적 측면이라 할 수 있다. 잡과라고 하여 역과, 의과, 율과, 음양과 등 오늘날의 과학에 해당하는 교육은 주로 중인계급에만 시켰다. 그리고 용어 자체를 잡과(雜科)라 하여 사회적으로 천대받는 직업 기술 교육으로 인식하였다. 이 잡과 교육을 통해 양성해 낸 기술자는 단지 군왕제와 양반 지배의 계급 사회를 유지하기 위한 도구에 불과했다. 그리고 대부분 양반계급에는 경학 중심의 문과 교육이 실시되었다. 그리고 이 문과 교육도 진리 자체를 탐구하려는 정신보다는 정치 관료로 출세하여 지배자로서의 계급적 특권을 유지하려는 데 그 무게 중심이 있었다.

이런 문과 중심의 조선조 교육을 통해 지향하던 인간의 모습은 과거에 급제하여 벼슬길에 나가서 입신양명하려는 지배 관료형 인간이 주종을 이루고 있다. 재야에서 중앙 정치에 대해 비판자의 역할을 하던 선비형 인간도 이들과 크게 다르지 않다.

우리나라에 근대식 교육제도가 도입된 것은 대한제국 시기였다. 외국인 선교사들에 의해 세워진 사립학교를 시작으로 공립, 관립 학교가 세워졌다. 1885년 배재학당이 세워지고, 1886년에는 정부에서 관립 육영공원(育英公院)을 세워 외국어 교육을 시작했다. 1886년 개교한 이화학당은 한국 근대 여성 교육기관의 효시를 이룬다. 1894년 갑오개혁을 통해 과거제도가 폐지되었고 신교육제도를 적극적으로 도입하게 된다. 1895년 고종황제는 해외 유학생 파견을 장려하는 홍범(洪範) 14조와 소위 교육입국조서(教育立國詔書)로 알려진 선언문을 발표한다. 이들 선언문을 통해 고종은 새 나라의 교육목표를 분명하게 천명하고 있다:

"이제 내가 교육강령을 보여 헛이름을 버리게 하고 실용을 쓰게 하노라. 가로되 덕양(德養)이니 오륜의 행실을 닦아 속강(俗綱)을 문란케 말고 … 가로되 체양(體養)이니 동작을 떳떳이 하여 부지런함과 힘쓰기를 주장하고 게으름과 편안을 탐하지 말고, … 가로되 지양(智養)이니 물(物)을 캐고 지(知)를 끝까지 하며 이(理)를 탐구하고 목숨을 다하며 … 자세히 연구하고 널리 통하여 한 몸의 사욕을 꾀하지 말고 공중의 이익을 헤아릴지어다. … 너희들 신민은 충군하고 애국하는 마음으로 네 덕과 네 몸과 네 지를 길러라."[7]

이 칙어가 담고 있는 교육의 목표는 지(智), 덕(德), 체(體)를 골고루 갖춘 사람을 만드는 데 있다. 임금에 충성하고 나라를 사랑하는 사람이 되기 위해서는 지식, 덕성, 건강한 체력 모두를 갖출 것을 요구하고 있다. 지, 덕, 체는 근대식 교육이 시작된 이후 가장 먼저 설정된 교육목표였으며, 이를 통해 만들어 낼 인간형은 전인적 인간형이었다고 볼 수 있다. 불행하게도 새 나라 대한제국은 단명했으며, 일제의 식민지 침략은 이제 막 싹트기 시작한 우리의 신교육을 근본부터 파괴하였다. 식민 통치 35년 동안 일제는 몇 차례 겉모습을 달리하는 교육정책을 표방한 바 있다. 잘 알려진 대로 1919년 독립운동 이후 부임한 사이토 마코토의 문화정책은 교육 분야에서 신 교육령의 발표로 구체화되었다.

이후 조선인에게 고등교육 기회가 확대되었지만 주로 기술 분야와 하급 관리를 양성하는 법학 분야에서였다. 1931년 부임한 우가키 가즈시게 총독은 생활주의를 표방하는 교육정책을 발표하였다. 이 정책의 핵심은 농촌 경제를 부흥시키는 것과 각급 학교교육에서 노동교육과 정신교육을 강화하는 것을 골자로 하고 있다. 이것은 일본 군국주의가 2차 세계대전을 준비하는 과정에서 필요에 따라 선택한 정책이었다. 1938년 이후 해방까지를 교육 파멸기로 규정하는 데는 아무런 이의가 있을 수 없다. 앞의 두 시기에도 교육은 식민 통치 이데올로기와 맞물려 있었지만, 교육 파멸기에 일제는 더욱 철저하게 교육을 정치 이념의 시녀로 만들었다. 1938년 3월에 선포된 미나미 지로 총독의 교육정책은 세 가지로 압축될 수 있다. 국체명징(國體明徵), 내선일체(內鮮一體), 그리고 인고단련(忍苦鍛鍊)이 그것이다. 이만규에 따르면, "'국체명징'은 인간적 이성을 파멸시키는 것이며, '내선일체'는 민족적 양심을 파멸시키는 것이며, '인고단련'은 문화적 생장을 파멸시키는 것"이었다.[8]

일제시대에 수행되었던 교육은 겉으로는 문화정책, 실용주의 정책 등으로 변화가 있었던 것처럼 보이나 실질적으로는 황국신민 교육뿐이었다. 적은 경비로 짧은 기간 동안 실용적인 직업교육을 시키는 것이 조선인에게 주어진 교육적 혜택의 주종이었다. 그리고 황국신민 교육을 통해 독립심이 약하고 복종심이 강한 굴종형 인간을 만들어 내는 데 주력하였다. 전통적인 관존민비 사상은 교육 분야에서도 사학보다는 관학을 더 중하게 여기도록 만들었다. 말단 행정직이라도 관직이라면 생산직보다 더 선호하는 사람들의 심리를 이용하여 법학 전문학교에 조선인을 많이 받아들인 일제는 굴종형의 인간을 양산하여 하급 관리 자리를 맡겼다.

해방 이후 한국의 현대 교육은 미국식 교육제도의 도입으로부터 시작되었다. 자유주의와 민주주의 그리고 자본주의를 받아들이면서 교육의 내용도 새로이 구성되었다. 미국의 실용주의 정신이 교육의 방법과 목표를 결정하는 중요한 기준이 되었다. 최재희 선생은 1947년에 쓴 글 '교육상의 자유주의'에서 해방된 조국이 자유주의 정신에 입각한 교육정책을 세워야 한다고 주장을 하고 있다. 그리고 자유주의 교육 사상이 지향해야 할 네 가지 목적과 조심하고 피해야 할 한 가지 점에 대해 말하고 있다. 인간성 발휘, 인격주의 또는 인본주의, 자율주의, 다양성의 발휘 등은 자유주의 교육의 지향점이며, 천박한 실용주의 교육은 피해야 한다고 그는 지적하고 있다.[9] 해방 정국에서 이제 새롭게 시작하는 한국 교육의 미래를 걱정하며 마음에 두고 있던 교육적 인간(homo educandus)은 도덕성뿐만 아니라 심미적, 종교적, 예지적 인간성이 발휘된 그런 모습의 인간형이었다. 이미 반세기 이전에 실용주의 교육이 초래할 위험성에 대해 경고하면서 최재희 선생은 천박한 실용주의가 낳을 인간형을 공리적, 타산적 그리고 기회주의적 인간이라 지적하고 있다. 그 후의 한국 현대 교육사는 바로 천박한 실용주의와 천민자본주의가 결합하여 막강한 힘으로 교육의 목표와 방향을 결정해 왔다고 해도 과언이 아니다.

6. 25전쟁 이후 우리의 교육은 50년대와 60년대 냉전체제 아래에서 철저하게 정치 이데올로기의 전파자 역할에 머물지 않을 수 없었다. 반공교육은 한국인을 경직된 이분법적 사고의 소유자로 길들였다. 그리고 70-90년대의 교육은 개인주의와 시장경제 체제의 확립에 따른 도구주의 교육이 지배적이었다. 지, 덕, 체 교육을 통한 전인교육의 이상은 사라지고 경쟁력 강화와 세계화의 이름으로 더욱 각박해진 경제 현실에 성공적인 적응력을 지닌 경제적 인간(homo economicus)을 양산해 내고 있다.

민주주의 사회에서는 건강한 시민을 양성하는 시민교육이 무엇보다 중요하다. 또 개성이 존중되는 자유주의적 가치를 실현하기 위해 전인적 가치 교육을 하는 일도 중요하다. 불행하게도 지금 우리의 교육 현장은 이상에서 멀리 떨어져 있으며, 교육의 비인간화, 인문학의 위기, 왜곡된 전문화 교육, 기술 우선주의 등의 문제를 안고 있다. 지금 우리의 교육 현장에서 매일 경험하고 있는 교육의 비인간화 현상은 결코 과장된 것이 아니라 현실이다. 이들 문제에 대한 진단과 처방을 통해 우리는 미래의 한국 사회에 대해 희망을 가질 수 있을지 가늠할 수 있을 것이다.

3. 현대 한국 교육의 비인간화와 인문학의 위기

3.1. 비인간화 교육과 두 가지 현대적 인간형

오늘의 한국 교육을 말할 때마다 가슴 답답함을 느끼는 것은 입시생 자녀를 둔 고3 학부모들만이 아니다. 정권이 바뀔 때마다 새로운 교육정책을 내놓고 있으나 오십 보 백 보 별다른 차이가 없었으며, 교육부 장관이 경질될 때마다 정책도 갈팡질팡해 온 것도 지난 수십 년의 한국 교육 현실이었다. 이런 상황에서 교육이 막다른 골목에 다다랐다는 느낌을 지울 수 없다. 학교 폭력에 이어 교실 붕괴 현상은 이제 일상적인 일이 되어 가고 있다. "수업은 있어도 교육은 없고, 교사는 있어도 스승은 없으며, 학생은 있어도 제자는 없다"는 자조적인 목소리가 교육 현장에서 흘러나온 지 이미 오래되었다.

전교조가 합법화되고 참교육 학부모연대와 같은 교육 관련 시민 단체가 한국 교육의 개선을 위해 비판의 목소리를 내고 있다는 사실은 그만큼 한국 교육에 심각한 결함이 있음을 반증하고 있다. 여러 가지 문제가 있겠지만 넓은 의미에서 한국 교육의 문제는 그중에서도 교육의 비인간화 현상이 가장 심각한 문제일 것이다. 무엇을 두고 한국 교육의 비인간화 현상이라고 말하는가? 그리고 교육의 비인간화 현상과 인문학의 위기는 어떤 상관관계가 있는가?

김정환 교수는 교육의 비인간화 현상을 네 가지로 압축해서 말하고 있다.[10] 첫째, 인간 중심주의 교육이 인간 수단주의로 변질된 것. 둘째, 인간 자유주의에 역행하는 인간 구속주의 교육. 셋째, 인문 과학주의가 자연과학 우선주의에 밀리게 된 현상. 넷째, 인간 개성 주의가 인간 규격 주의로 빠지게 된 것 등이다. 이 가운데 인간 수단주의와 자연과학 우선주의가 아마도 가장 심각한 교육의 비인간화 현상과 인문학 위기의 근본 원인으로 보인다.[11]

정치와 종교 이데올로기는 공교육을 지배의 수단으로 만드는 경향이 강하다. 국가의 정치적 목적을 위해 개인을 수단화하려는 성향은 공산주의나 자유주의나 마찬가지이다. 공산주의가 분명하고 강압적인 방식으로 인간을 이데올로기의 종속 변수로 간주했다면, 자유주의 국가는 은밀하거나 설득의 방법으로 인간의 수단화를 추진했을 뿐이다. 또 중앙 집권적인 정부 형태는 비대해진 관료 조직을 필요하게 만들었고 이로 인해 개인의 소외는 불가피한 현상으로 나타났다. 민족주의와 냉전 이데올로기가 인종적, 민족적 적대감이나 증오심을 증폭시키는 데 기여했던 것처럼 자유주의 시장경제 체제는 개인 간에 경쟁을 부추기는 사회 기제로 작용하고 있다. 각각의 개인들이 가지고 있는 능력과 재능은 자기 발전을 위해 사용되기보다는 생산성과 효율성의 극대화와 경쟁력 강화를 위해 소모되어야 할 수단으로 전락하고 말았다. 이런 인간 수단주의가 만들어 낸 인간형은 도구적 인간 또는 조직인으로서의 굴종적 인간형이었다.

현대사회는 크게 두 가지 유형의 인간을 양산해 내고 있다. 하나는 인간을 사회체제 유지에 필요한 소모품과 같은 존재로 보는 '조직인(organization man)' 이며, 다른 하나는 자기방어 기제(self defence mechanism)의 명수이며 자신과 타인을 기만하는 행동을 특성으로 하는 '행동적 인간(behavioural man)' 이다.[12]

조직인이란 어떤 형의 인간을 말하는가? 과학주의 또는 과학 중시 주의와 뿌리를 같이하는 기능주의는 인간을 사회적 기능의 관점에서 평가하려는 경향이 강하다. 또 거대한 기업에서 상명하복의 질서에 길들어진 몰개성적 개인들을 조직인이라 부를 수 있다. 에릭 프롬이 지적하고 있는 바와 같이, 부당한 명령에 불복종할 수 있는 능력을 상실하고 있으며, 오직 '복종은 미덕이며, 불복종은 악덕' 이라는 교육에 익숙한 사람은 조직인의 특징이다. 유대인 학살의 주범인 아이히만은 전범 재판 최후진술에서 자신에게 똑같은 상황에 놓인다면, 즉 유대인을 학살하라는 통치자의 명령이 주어진다면 또다시 그렇게 하겠노라 말을 하고 있다. 에릭 프롬은 이런 유형의 조직인이 우리에게도 잠재되어 있음을 경고하고 있다. 특히 현대사회와 같이 관료 조직이 비대화되고 국민 통제의 기술이 발달된 경우 굴종적인 조직인은 다수를 차지하고 있다. 그리고 이런 인간은 오래전부터 '복종은 미덕이고 불복종은 악덕' 이라는 교육의 산물이라는 것이다.[13]

또 미국과 서유럽을 중심으로 그 밖의 세계에 강요되고 있는 세계화와 시장경제 체제 이데올로기는 국가 간의 경쟁뿐만 아니라 개인들 간의 경쟁을 그 어느 때보다도 부추기고 있다. 경쟁력 강화의 논리는 개인들을 원치 않는 경쟁에 가담하도록 내몰고 있다. 사회는 개인들에게 적응을 잘하지 못한다는 느낌을 줌으로써 도태의 위협을 가하고 있다. 이런 상황에서 자기를 보호하려는 본능은 놀라울 정도로 자기방어 기제를 작동시키고 있다. 홉스나 스피노자 그리고 루소가 말하고 있듯이 모든 존재는 자기보존 욕구를 지닌 존재이다. 자연 상태 또는 전쟁 상태와 같은 죽기 살기 경쟁에서 살아남기 위해 불가피하게 타자들을 향해 공격적일 수밖에 없게 된 것이 현대인들의 존재 방식이다.

현대사회는 바로 이런 두 가지 부정적인 인간형을 만들어 내는 데 기여하고 있다. 기본적으로 교육은 사회체제 유지와 기득권 세력의 자기보존을 영속화하는 데 동원되는 도구이기 때문이다. 도구적 인간 또는 조직인 그리고 자기방어 기제를 잘 갖추고 있는 현대인은 자본주의 사회에서 생존율이 가장 높은 존재들일 것이다. 그러나 이런 유형의 인간들이 생존을 유지하기 위해서는 끊임없이 타자와의 전쟁을 피할 수 없다. 홉스가 말하고 있는 자연 상태는 합리적 이기주의자라는 이름의 이런 조직인, 행동적 인간들이 구성하는 사회와 비슷한 모습일 것이다.

3.2. 인문학의 위기와 과학주의의 미신

인문학의 위기에 대해 걱정하는 목소리가 인문학 전공자뿐만 아니라 학계 밖에서도 나온 지 오래되었다. 여기서 인문학의 위기를 자초한 내부적 원인에 대해 언급할 생각은 없다. 다만 오늘의 한국 교육과 관련해서 인문학 위기의 외부적 원인을 한 가지 지적하고자 한다. 그것은 20세기 증후군이라 불리는 과학주의 맹신이 정치가, 교육 관료 그리고 일반 대중들의 의식 세계를 지배하고 있다는 데서 그 원인을 찾을 수 있다.[14] 과학주의란 "과학, 특히 자연과학이 인간의 학문 가운데 가장 가치 있는 분야라는 믿음이다. 더 좁게 말하면, 과학만이 유일하게 인간의 학문 가운데 가치 있는 것이며, 과학에 속하지 않는 분야가 과학의 지위에 놓이도록 하는 것은 좋은 일이라는 믿음이다."[15] 이런 믿음이 과학자들 사이에서뿐만 아니라 정치가, 언론인, 기업가들 사이에서도 만연이 되어 있는 것이 현실이다. 톰 소렐(Tom

Sorell)은 과학적 경험주의의 다섯 가지 특징을 다음과 같이 지적하고 있다.[16] 첫째, 과학은 통일되어 있다. 둘째, 과학에는 한계가 없다. 셋째, 과학은 예측, 설명, 통제에서 엄청난 성공을 거두었다. 넷째, 과학적 방법은 과학적 결과물들에 대해 객관성을 부여한다. 다섯째, 과학은 인간에게 이로운 것이다. 이들 다섯 가지 테제는 그 하나하나가 많은 논쟁점을 안고 있다. 그러나 한국 교육에서 인문학의 위기와 과학주의의 상관관계를 규명하기 위해서는 다섯 번째의 테제가 논의의 대상이 된다.

과학이 인간의 삶에 질적인 변화와 혜택을 제공해 왔다는 것은 사실이며, 그런 믿음의 시작을 알린 사람은 베이컨이었다. 그 후 프랑스의 백과전서파와 계몽주의 전통을 통해 과학이 인간의 행복을 증진할 것이라는 17세기식의 과학주의는 계승되었다. 그러나 이런 과학주의에 대한 믿음은 산업혁명 이후 점차 과학만능주의의 미신으로 변질이 되어 갔다. 과학이 기술과 대규모로 접목하고 그 기술이 상업주의와 결탁하여 엄청난 재화를 창출할 수 있게 된 것은 20세기에 와서 가능했다. 그리고 과학과 기술의 합작품은 인간에게 끊임없이 새로운 욕망을 느끼도록 만들고 있으며 그런 욕망의 그물로 사회를 구성하도록 만들고 있다. 과학이 인간의 행복을 증진할 것이라는 17세기식의 희망적인 과학주의는 더 이상 기대하기 어려운 것이 아닌가 생각된다. 오히려 자본과 결합한 과학기술은 거대한 사회적 블랙홀(black hole)을 만들어 모든 것을 집어삼키고 있는 것이 더 현실적일 것이다. 과학이 기아와 빈곤, 불결함과 문맹 그리고 낡은 인습과 전통의 문제를 해결할 수 있는 유일한 길이라는 신념은 미신에 가깝다. 이런 과학주의의 미신이 바로 현대 교육에서 인문학을 경시하는 경향을 낳게 한 일차 책임을 져야 한다.

17세기 근대인들이 보여 주었던 과학주의와는 비교가 안 될 만큼 현대인의 과학에 대한 믿음은 맹목에 가깝다. 인문학에 대한 자연과학 우위론은 과학주의가 낳은 가장 큰 비극 가운데 하나이다. 그리고 자연과학 우선주의가 초래한 또 하나의 문제점은 학교교육에서 학생들에게 자연과학 과목이나 기술 관련 도구 과목으로 편향된 지적 욕구를 갖게 만드는 경향이 있다는 점이다. 지식의 불균형은 세계 이해의 안목을 좁게 만들며 왜곡된 인간형을 만들어 낼 위험이 크다. 예술과 문학, 철학과 역사학이 제공하는 상상력과 감성 교육이 결여된 학생에게서 균형 있는 인격체로 성장하기를 기대하기는 어렵기 때문이다.

4. 루소의 자연인과 전인교육론

21세기를 눈앞에 두고서 한국에 살고 있는 우리가 18세기 유럽에서 살았던 루소의 교육론에 관심을 가질 필요는 무엇 때문인가? 만약 오늘의 한국 교육이 위에서 지적한 바와 같이 비인간화 현상이라는 심각한 문제에 직면하고 있다는 사실에 동의한다면, 루소의 교육 사상은 아마도 이런 문제를 해결하는 데 좋은 모범이 될 수 있을 것이다. 왜냐하면 비인간화 교육과 과학 중시주의가 낳고 있는 부정적 인간형을 대신할 새로운 인간형, 호모 에두칸두스의 가능성을 루소의 교육론에서 발견할 수 있기 때문이다.

루소의 교육론은 1762년에 출판된 『에밀』에서 완성된다.[17] 『에밀』은 모두 5부로 되어 있는 방대한 작품이다. 출생에서 20세 성인이 될 때까지를 4부로 나누어 각각의 시기에 적절한 교육의 내용과 방법을 설명하고 있다. 20세의 에밀이 소피를 만나 결혼할 때까지의 교육은 마지막 5부에서 다루고 있다. 루소의 교육 사상에 대한 해석을 여기서 하나 덧붙이려는 것은 아니다. 다만 루소의 교육론이 21세기 교육을 준비하는 우리에게 시사하는 바가 무엇인가를 찾아내어 이것을 우리 교육의 반성 자료로 삼을 수만 있다면 그것으로 만족하려고 한다.

오인탁 교수는 루소의 교육론이 지니는 사상사적 의미를 다섯 가지로 정리하고 있다: 첫째, 시대비판, 문명비판의 도구로 자연 개념을 사용하고 있으며, 그 연장선상에서 교육의 문제를 다루었다. 둘째, 자연 중심의 개념으로 인간과 교육의 이해를 확대하고 심화시켰다. 셋째, 반(反)교육 또는 대안교육의 길을 개척했다. 넷째, 어린이의 발견자이다. 다섯째, 자연 개념에 생명을 불어넣었다.[18] 비록 루소가 '자연' 이나 '자연에 따르는 교육' 이라는 모호한 개념을 사용하고 있으며, 자연과 기술, 자연과 인위적인 것을 구분하는 근거도 분명하게 제시하고 있지 못하다는 비판도 있지만 적어도 교육의 규범으로서의 '자연' 을 강조한 것은 지금도 무시할 수 없을 정도로 의미가 크다 할 수 있다.[19] 오인탁 교수는 루소가 이해한 교육을 다음과 같이 해석하고 있다: "교육은 인간에게 본래부터 주어져 있었던, 문화에 의하여 변질되고 타락한 자연을 회복하게 하는 활동이다. 문화는 인간을 인간 자신의 본래 모습으로부터 소외시켜 버린다. … 교육은 인간 자체의 순수한 본래성에로, 참 자기다움에로, 순수한 인간성에로 되돌아오도록 한다."[20]

그렇다면 루소는 인간과 교육을 어떻게 이해하고 있었는가? 『에밀』에서 루소는 인간을 자연인(l'homme naturel)과 사회인(l'homme civil)으로 구분하고 있다. 자연인은 자기 자신을 위해서만 존재하는 사람이며, 사회인은 분모에 의해 결정되는 분자와 같은 존재이다.[21] 이때 분모란 사회를 의미하며, 사회 구성원의 한 사람으로서만 의미를 갖게 되는 그런 존재이다. 또 자연인은 자연으로부터 주어진 욕구에 충실하려는 존재이며, 사회인은 인위적인 사회적 의무를 스스로 부여하거나 사회로부터 부여받아 행동하는 존재이다. 자연인과 사회인은 모순이다. 자기 자신만을 위한 존재이면서 동시에 다른 사람을 위한 사회적 존재로 존립하기 위해서는 이 모순이 극복되어야 한다. 개인으로서의 인간교육과 사회 안에서 다른 사람과 더불어 사는 시민으로서의 시민교육 사이에 갈등이 있을 수 있다. 루소의 교육론은 실제로 이 모순 극복의 방법과 관련되어 있다.

그렇다면 자연인이란 구체적으로 어떤 존재이며 자연인을 위한 교육이란 무엇을 말하는가? 루소는 위에서 말한 자연인과 사회인의 모순을 극복하고 완성된 인간의 가능성을 보여 주는 것을 교육의 목표로 삼고 있다. 루소는 우리에게 자연인이 될 것을 요구하고 있다. 같은 해에 출판된 『에밀』과 『사회계약론』의 첫머리에서 묘사된 자연인은 자유롭고 평등함을 특징으로 하는 존재이다. 비록 신체적 불평등과 같은 자연적 불평등이 사람들 사이에 있지만 자연인은 인위적인 조작—문명, 제도, 소유권, 그리고 특히 교육—이 가해지기 전에는 기본적으로 자유롭고 평등한 존재이다. 홉스와는 다른 의미로 사용하고 있는 자연 상태는 자연인이 자유롭게 존재하는 삶의 환경이다. 로티(Amélie Oksenberg Rorty)는 이런 자연인을 '자의식이 없는 몸에 대한 우리 자신의 사랑(unselfconscious somatic amour de nous-meme)'을 소유한 존재라고 해석하고 있다. "자연인은 어려움은 겪지만 건강하며, 고독하지만 본능적으로 공격적이지 않다."[22]

자연인은 연민의 감정(pitié), 동정심(compassion)이라는 원초적 정념을 소유한 존재이다. 『인간 불평등 기원론』에서 루소는 연민의 감정이나 동정심이 이성이나 그 밖의 모든 도덕보다 우선해서 인간을 인간답게 만드는 기본 감정이라는 것을 강조하고 있다. "동정이 하나의 자연스러운 감정이라는 것은 분명한 사실이며, 그것은 각 개인이 자기애(amour de soi)의 활동을 조절하고 종(種) 전체의 상호 보호에 협력하는 것이 분명하다. … 자연 상태에서는 법률과 도덕과 미덕을 대신하는 것이 바로 동정이며, 그 아름다운 목소리에는 누구나 거역하려고 하지 않는 장점이 있다."[23]

자연 상태에서 존재하는 자연인에게 필요한 행동의 격률은 "타인의 불행을 되도록 적게 하고 그대의 행복을 줄여라."이며, 이를 모든 사람의 마음속에 품게 하는 것이 곧 동정심이다.[24]

자연인과 사회인은 각각 그 목표가 다르기 때문에 교육 방법도 다를 수밖에 없다. 루소는 전자를 위한 교육을 자연 교육 혹은 가정교육이라 말하고, 후자를 위한 교육을 사회교육이라 이름 붙이고 있다. 그리고 사회교육 또는 학교교육에 대해 부정적인 평가를 내리고 있다.[25] 왜냐하면 사회교육, 학교교육은 자연인으로서의 인간과 사회인으로서의 시민이라는 두 가지 목표를 세우고 있으나 실제로는 두 가지 목표 모두를 잃고 있기 때문이다.[26] 자신이 살고 있던 당시의 학교교육은 자연적 욕구와 사회적 의무 사이에서 무엇을 따라야 할지 모르는 사람들만 만들었다고 루소는 비판하고 있다. 그는 인간도 시민도 만들지 못하는 학교교육에 대해서 부정적인 생각을 가졌다. 대신 루소는 자연인을 만드는 가정교육, 자연 교육의 문제에 자신의 논의를 집중하고 있다. 사실 『에밀』 전체는 이 가정교육에 관한 상세한 프로그램이라고 볼 수 있다.

루소에 의하면 자연인의 교육을 담당하는 세 교사는 자연, 인간 그리고 사물이다. 이 세 교육의 조화가 완전한 자연인이 되게 만들어 준다. 그러나 이 중 자연의 교육이 본질적이며, 다른 두 가지 교육을 유도하여 자연의 교육으로 나가야 한다. 자연의 교육이란 자연성에 일치하는 교육이며, 자연성이란 자연에 일치하는 습성을 의미한다. 자연에 일치하는 습성의 구체적 내용은 자유 의식과 연민의 감정에 충실하고 인간다움을 목표로 하는 일이다. 오늘 루소를 다시 읽고 교육을 생각해 볼 만한 이유는 자연인을 위한 두 가지 교육 프로그램이 가지는 의미 때문이다. 한국의 교육적 현실 속에서 루소의 교육 프로그램이 실현되기 어렵다는 것은 사실이다. 그러나 그렇기 때문에 더 요청된다. "어린이에게 자연을 돌려주어라." "자연적 본성에 따르는 교육을 하라." 이런 루소의 호소에 따르기 위해서는 적어도 다음 두 가지를 가르쳐야 한다.

첫째, 학생들에게 자연의 자유로움을 가르치자. 『에밀』에서 루소는 "자유야말로 인간의 모든 선 가운데 제일 위에 속하는 것"이라 말하고 있으며, 바로 그런 이유 때문에 "모든 교육의 원칙이 자유로부터 생긴다" 말하고 있다.[27] 『사회계약론』 첫머리의 "모든 사람은 자유로운 존재로 태어났으나 인간은 모든 곳에서 쇠사슬에 얽매여 있다."는 말은 곧 자연인은 완전한 자유인이나, 시민으로서의 사회인은 사회계약을 통해 이미 자유를 제약받기 때문에 자유롭지 못하다는 것이다. 그렇다면 왜 그러한가? 그것은 사회가 인간을 약하게 만들기 때문이다. 사회계약을 통해 사회는 개인에게 한 구성원으로의 기능만을 요구하며, 개인이 가지고 있는 역량을 발휘할 기회와 권리를 제한하기 때문이다. 또 사회는 인간의 본성에 가까운 이기심, 또는 자기애(amour de soi)를 억제하고 대신 자존심(amour propre)을 갖게 만든다. 자존심이란 사회가 구성된 이후 다른 타자와의 관계—특히 다른 사람과 비교하는 일—에서 발생하는 정념이며, 이로부터 경쟁심과 권력에 대한 욕구, 소유에 대한 집착이 생기게 된다.[28] 사회인은 타자 의존성에 길들여지며, 점차 약하게 된다. 그리고 약해진 만큼 욕망은 더욱 증대되며, 충족할 수 없는 욕망의 노예가 되어 간다. 다른 사람의 도움 없이는 충족될 수 없는 욕망 때문에 인간은 사회 안에서 약해지고 부자유스러워진다.

학생들에게 가르쳐야 할 것은 그들의 자연성을 회복할 수 있는 힘을 길러 주는 일인데, 이는 자유 의식을 주는 일이며, 욕망의 노예로부터 독립할 수 있는 힘을 갖도록 유도해 주는 일이다. "자유는 너무도 무너지기 쉬운 것이라서 정교한 교육 체계—습관과 감성 훈련—을 통해서 보호되어야 한다."[29] 진정한 자유인이란 자기 의지대로 행동하지만 욕망을 통제함으로써 만족할 줄 아는 사람이다. 만약 능력보다 욕망이 더 큰 사람이 있다면 그는 불행하고 부자유를 느낄 수밖에 없을 것이다. 여기서 타자 의존성이 발생하며 타자를 통해서만 욕망이 충족되는 삶이 가능해진다. 그러면 이미 삶의 독자성과 통일성은 파괴되며, 자기실현도 혼자서는 불가능하게 된다. 착취는 타자를 이용해서 자신의 욕망을 충족시키려 할 때 발생한다. 자연 상태에서는 없었던 도덕적, 정치적 불평등이 시민사회에서 발생하는 이유는 모두 능력보다 큰 욕망을 충족하려는 데서 발생하는 착취의 결과물이다. 그래서 루소는 "불평등은 욕망의 산물"이라고 말했다.

현대사회가 만들어 낸 욕구 창출의 기계들에 의해 인간이 노예화되어 가고 있다는 것은 자명한 사실이다. 사회, 제도, 법, 도덕뿐만 아니라 과학 문명이 만들어 낸 온갖 기술들과 상업주의가 조장해 내고 있는 욕망의 장치로부터 자유롭지 않고서는 진정한 자유인이 될 수 없다. 에릭 프롬은 현대사회의 상업주의가 인간을 '영원한 젖먹이'로 만든다고 지적하고 있다.[30] 자유 의식과 타자로부터 독립하려는 의지를 어린 학생들에게 교육하지 않고서는 21세기 미래 사회는 자발적 욕망의 노예만을 양산해 낼 것이다.

둘째, 학생들에게 연민의 감정을 가르치자. 이것은 감성 교육의 주제이다. 루소는 로크의 이성 교육에 대해 비판적인 입장을 보인다. 그에 따르면, "아이들의 이성을 길러 주어야 한다는 로크의 주장이 있는데, 이성은 인간의 모든 기능 중 그 발달이 가장 곤란하고 늦는 기능이므로 맨 처음에 생기는 기능(정념의 기능)을 위해 맨 나중에 생기는 기능을 이용하려는 것은 잘못이다."[31]

이성의 기능보다는 감성의 기능이 우선하기 때문에 감성으로부터 나오는 여러 가지 정념들에 대한 교육이 우선되어야 한다. "자연을 보고 자연이 가르치는 길에 따르라."는 말도 이런 의미이다. 홉스, 스피노자와 마찬가지로 루소에게도 '자기보존'은 존재하는 것들의 궁극적 목적이다. 이 목적을 달성하기 위해 자연은 가장 우선해서 '자기애'의 정념을 인간의 마음속에 생기게 해 준다. "정념의 원천은 자연이며, 인간이 살아가는 동안 그를 떠나지 않는 유일한 정념이 자기애(amour de soi)이다. 그렇기에 자기애는 선하며 자연의 질서에 따르고 있는 것이다."[32]

자기애가 다른 사람과 관계없이 생기는 원초적 정념이라면, 다른 사람과의 관계에서 생기는 정념은 연민의 감정 또는 동정심이다. 그래서 루소는, "이 정념이 자연의 질서에 따라 인간의 마음을 움직이는 최초의 상대적 감정"이라고 말한다.[33] 이 연민과 동정심의 감성이 루소의 철학에서 차지하고 있는 중요성은 바로 그의 도덕 이론이나 교육론이 이 정념에 뿌리를 두고 있기 때문이다. 연민과 동정심은 자기를 초월하여 다른 사람에게로 의식이 미치게 하는 기능을 한다.[34] 그래서 연민은 "주관과 객관을 분명하게 구분 짓는 것을 함축하며, 비교

판단을 전제로 해서 생기는" 정념이다.[35] 루소는 제2, 3 격률로 이를 분명하게 표명하고 있다: "우리 자신도 마찬가지로 불행을 면할 수 없다는 것을 생각하지 않으면 다른 사람의 불행을 불쌍히 여기지 않는다." "우리가 타인의 불행에 대해 느끼는 동정은 그 불행의 크고 작음에 비례하지 않고 우리가 불행자에게 베푸는 감정에 비례한다."[36]

연민과 동정심은 타자 존중의 원리이며 도덕심을 일으키는 일차적 정념이라는 것이 루소의 생각이다. 니콜라스 덴트(Nicholas Dent)는 "다른 형태의 인간관계가 가능한 것은 자기애(amour de soi)만이 아니라 이 자기애가 타자와의 관계가 분명한 연민의 감정과 결합되었을 때"라고 말하고 있다.[37] 타자 존중의 원리가 도덕의 원리가 될 수 있는 것도 연민과 동정심을 모두가 공유하고 있다는 자연적 사실로부터 도출된다. 도덕적 합리주의보다는 자연주의 입장에서 도덕 이론을 세우고 있다는 점에서 흄과 루소는 이 연민이나 동정심의 계발이 이성의 계발보다 우선한다는 점에 동의하고 있다. 따라서 도덕교육도 여기로부터 시작되어야 한다.[38]

루소는 요즘 말하는 전문화 교육과는 반대로 전인교육의 방향으로 선회하기를 요구한다. 에밀은 자연의 자유를 배움으로써 스스로 문제를 해결할 수 있는 능력을 갖추게 되며, 연민과 동정심을 통해 다른 사람과의 불필요한 경쟁을 피할 수 있게 된다. 루소는 적응력을 갖춘 사람을 만들기 위해 전인교육에 가까운 프로그램을 『에밀』에서 보여주고 있다. 신분에 맞는 교육도, 희망하는 직업을 얻으려는 목적을 가진 직업교육 그리고 사회체제의 유지를 위해 필요한 기능 교육이 아니라 어떤 환경에서도 살아갈 수 있으며, 선과 악을 잘 감당해 낼 수 있고, 인생의 모든 운명에 부딪쳐 나갈 수 있는 적응력이 뛰어난 인간으로 교육하려는 것이 루소가 마음에 둔 호모 에두칸두스였다. 에밀에게 제공했던 구체적인 교육 프로그램을 한국의 교육 현실의 장에다 적용한다는 것은 불가능해 보이기도 한다. 그러나 진정한 자유 의식을 소유하고 연민과 동정심의 정념이 잘 계발된 사람을 기대하는 것조차 불가능하다고 보지는 않는다. 21세기 인간과 교육에 대한 희망은 이런 기대에서 발견될 수 있지 않을까?

5. A.N. 화이트헤드와 C.P. 스노우로부터의 교훈

화이트헤드와 스노우는 수학과 물리학을 전공하고 철학자와 문학가의 길을 걸어간 사람들이지만 20세기 초에서 중반에 걸쳐 영국 대학 교육개혁의 필요성을 공감한 사람들이다. 이들이 각기 다른 계기에 발표한 두 작품, 『교육의 목적』과 『두 문화』는 대학 교육의 새로운 방향을 모색하고 있는 우리에게 하나의 지침서가 되기에 적절하다고 보여진다. 이 두 작품이 공통으로 제안하는 대학 교육의 방향은 '균형 잡힌 사유'를 할 수 있는 사람을 만드는 일로 모아진다.

20세기에 들어서서 학문의 세분화가 빠른 속도로 진행되고, 교육의 전문화가 강조되던 상황에서 이 두 사람은 오히려 전문화 교육의 문제점과 위험성을 경고하고 있다. '무지한 전문가'를 양산해 내는 대학 교육 체제의 근본적인 변화 없이는 미래에 어떤 희망도 기대할 수 없으며, 오히려 불행한 비극적 결과를 초래할 수도 있다는 점을 경고하고 있다. 화이트헤드가 말하는 교양과 전문지식을 겸비한 사람, 스노우가 말하는 두 문화—문학적 지식과 과학 문화—에 대한 폭넓은 이해력을 지닌 사람은 오늘날 한국 교육이 지향해야 할 교육적 인간(homo educandus)의 한 모델이 될 수 있다. 그리고 우리 앞에 놓여 있는 인문학의 위기를 극복할 수 있는 길도 바로 이런 '균형 잡힌 사유'의 소유자를 만들어 냄으로써 가능하다고 본다.

대학에서 철학을 가르치고 있는 우리 대부분은 '인문학의 위기'라는 말을 가장 실감하는 사람 중의 하나이다. 인문학 관련 과목들을 학생들이 기피하여 폐강되는 피상적 현상부터 인문학 정체성의 상실이라는 보다 근본적인 문제까지 인문학 위기의 스펙트럼은 넓다. 필자는 인문학 위기의 심각성은 교육과 관련해서 파악되어야 한다고 본다. 인문주의 상실의 시대에 학교교육은 전반적으로 균형 감각을 상실한 인간을 만들어 낸다는 점이 심각한 문제다. 인문학을 가볍게 보는 태도는 반대로 과학주의 미신에 기울어지게 만들고 이는 교육의 무게 중심을 자연과학과 기술 교육에 두도록 유도한다. 이런 교육이 어떤 유형의 인간을 만들어 낼지는 자명하다. 전문화 교육이라는 이름 아래 자행되고 있는 과학기술 교육은 인간의 정신을 하나의 수동적인 도구로 보게 만들며, 이런 태도는 주입식 교육이 저질러 온 치명적인 과오임이 분명하다고 화이트헤드는 지적하고 있다. 또 "한쪽 극에는 문학적 지식인이 그리고 다른 쪽 극에는 과학자가 있으며, 이 양자 사이의 몰이해와 적의와 혐오감이 그 틈을 더욱 갈라지게 만들고 있다."는 스노우의 경고는 수십 년의 시간적 간격과 영국과 한국이라는 공간적 차이를 뛰어넘어 오늘의 대학 교육의 현실을 그대로 반영하고 있다.

화이트헤드는 『교육의 목적』에서 "어떤 특별한 방향에서 문화(교양)와 전문지식을 소유한 사람을 만들어 내는 것을 교육의 목적"이라고 밝히고 있다.[39] 여기서 교양은 철학의 깊이와 예술의 높이를 갖게 해 주는 교육을 의미하며, 넓은 의미에서 인문학(liberal arts)에 속하는 학문 분야가 이에 해당된다.[40] 한편 전문지식이란 과학기술 교육을 말한다. 기술 교육과 일반교양 교육을 대립시켜 생각하는 것은 오류라고 화이트헤드는 지적하면서 다음과 같이 말하고 있다. "자유 인문 교육적이지 않으면서 적절한 기술 교육은 있을 수 없고, 기술 교육이 없는 자유 인문교육도 있을 수 없다."[41] 이 말은 인문과학과 기술과학의 상호 의존성을 의미한다. 그리고 이 두 분야 교육이 서로 보완되어야 균형 잡힌 사고를 할 수 있는 온전한 인간을 만들 수 있다는 말이다.

인간은 비록 가소성(可塑性)을 지닌 존재이지만 불완전하며, 단편적인 지식밖에 얻지 못한다. 그리고 능력을 계발하기 위한 훈련도 부분적인 것에 지나지 않는다. 그래서 화이트헤드는 "우리가 배워야 할 분야는 넓고 개인은 너무도 덧없고 단편적이다."[42]라고 말했다. 이런 한계를 지닌 존재가 인간이지만 교육의 힘만이 그 한계에 도전할 수 있는 유일한 희망이다. 그래서 그는 교양과 전문지식 교육을 통해 인격과 지능이 잘 균형 잡힌 상태를 향해 희망을 가지고 전진할 수 있는 세 갈래 길이 있음을 제시하고 있다. 문학적 교양의 길, 과학적 교양의 길 그리고 기술적 교양의 길이 그것이다. 이것 중 어느 하나에만 치중한다면 지적 활동과 인격적 성장 중 어느 한쪽에 심각한 손실을 피할 수 없을 것이라 경고하고 있다. 그리고 이 세 가지 길을 위해서 국가는 교육 조직 안에 세 가지 교육과정을 반드시 두어야 한다고 주장한다. 문학적 커리큘럼, 과학적 커리큘럼, 기술적 커리큘럼이 그것인데, 이들 개별 교과 과정은 나머지 두 개의 교과 과정을 반드시 포함하는 것이어야 한다.[43] 협소한 과학 전문주의에 빠지지 않으면서 문학과 예술이 제공하는 상상력과 철학이 제공하는 고매한 사상의 향기를 향유할 줄 아는 사람을 기르는 것이 화이트헤드가 기대하는 교육이다.

진정한 교육이란 학생들에게 어떤 것을 잘 알고 또 잘 할 수 있는 능력을 갖추도록 해 주는 일이다. 아는 일과 행동하고 실천하는 일이 분리되지 않는 사람을 만드는 것이 교육이라는 말이다. 소위 지행합일적 인간형이라고 볼 수 있다.[44] 인문학 대부분은 우리에게 구체적인 삶의 상황에서 어떻게 행동하며 살 것인가에 대한 해답을 제공하고 있다. 도덕적 선택과 결단을 도와주며 세대를 뛰어넘어 인생의 향기를 전달해 주는 인문 교양과 기술 과학적 지식의 결합이 만들어 낼 인간이 곧 미래형 인간이 될 것이다.

C.P. 스노우의 '두 문화'는 과학적 문화와 인문적 문화를 말하며, 과학자가 전자를 주도한다면 문학적 지식인들(the literary intellectuals)이 후자를 대변한다. 1959년 캠브리지대학 리드 강연에서 발표된 '두 문화와 과학혁명'이라는 제목의 강연에서 스노우는 20세기 과학혁명의 시대에 두 문화의 심각한 분리 현상이 초래할지도 모를 위험에 대해 경고하고 있다. 스노우는 이런 분극화 현상을 수정할 수 있는 유일한 길이 교육을 개혁하는 일이라고 말한다. 그런데 불행하게도 이 두 문화 사이에 간격은 점점 깊어져 가고 있으며 그로 인해 상대방 문화에 대한 몰이해는 심각한 수준에 이르게 되었다. 스노우의 말에 의하면, 이 두 문화 사이에는 서로 만날 만한 곳이 없어 보이며, 이런 현상은 영국만의 문제가 아니라 모든 서구 사회에 존재하는 문제이다.[45]

스노우는 이처럼 두 문화의 분극 현상이 심화가 된 데에는 두 가지 이유가 있다고 지적하고 있다. 하나는 교육의 전문화에 대한 이 나라(영국)의 광신적인 믿음 때문이며, 다른 하나는 사회의 형태를 고정화하려는 경향이 강하기 때문이다.[46] 스노우의 지적은 우리 대학의 교육 현실을 그대로 반영하고 있다. 전문화 교육은 과학주의가 낳은 부산물이며, 과학주의의 맹신은 과학혁명의 시대적 산물이다. 그리고 20세기와 마찬가지로 21세기 역시 정보통신 분야가 주도할 과학혁명의 시대가 계속될 것이라는 점은 분명하다. 따라서 다음 세기에도 과학주의가 지배적인 이데올로기로 작용할 것이 틀림없다. 이런 상황에서 스노우가 경고한 두 문화 사이의 간격은 좁혀질 전망이 별로 보이지 않는다.

문학적 지성인들은 타고난 러다이트들(luddites)이며,[47] 과학자들은 '무지한 전문가'로 전락할 위험을 안고 있다. 하나의 문화에만 익숙하게 적응된 사람들은 고정관념을 갖게 되고 경직된 사고 패턴을 갖게 될 위험이 있다. 과학자들의 잘못된 조언과 정책 결정자들의 무지가 빚어낼 위험성은 설명할 필요도 없이 분명하다. 과학적 사고 없이 과학혁명의 시대를 살아갈 수 없으며, 동시에 문학과 예술의 상상력 그리고 철학적 반성 능력 없이 과학주의의 위험에 제동을 걸 수 없다.

화이트헤드가 교양과 전문지식을 겸비한 균형 잡힌 사고의 소유자를 교육하는 것이 대학의 임무라고 말했듯이, 스노우도 교육을 통해서 두 문화 사이의 분극화 현상을 수정할 수 있다고 보았다. 두 문화 사이의 의사소통이 가능한 교육을 하기 위해서는 대학의 교양 교육 프로그램을 전면적으로 수정하지 않으면 안 된다. 화이트헤드가 위에서 말한 것처럼 문학적 교양, 기술, 과학적 교양이 균형 있게 교육될 때 결과적으로 두 문화를 이해할 줄 아는 지성인을 양성해 낼 수 있기 때문이다. 교육이 모든 문제를 해결하는 만병통치약은 아니지만 적어도 교육의 변화 없이는 문제가 무엇인지조차 이해할 수 없을 것이다.

영국 대학 교육의 개혁을 통해 이런 두 문화 사이의 단절을 극복할 것을 요청한 스노우의 충고를 우리가 다시 귀담아들어야 하는 이유는 분명하다. 두 문화 사이의 간격과 몰이해 그리고 과학주의의 맹신이 50년대 영국 대학보다 훨씬 심각한 수준에 있기 때문이다. 교육의 현장에 있는 우리들 자신부터 '절반에 그치는 교육(half-educated)'에 만족해서는 안 된다. 교육개혁의 대상은 학교 자체이거나 교사이지 학생들은 아니기 때문이다.

6. 남겨진 문제

야스퍼스는 『대학의 이념』에서 '자연과학의 사실주의(realism)와 인문주의(humanism)는 질적으로 다른 문화적 전형이지만 결합하여 상대방을 교화하는 것을 교육의 이념'이라 말하고 있다.[48] 그러면서도 그는 이런 교육의 이념이 아직 실현되지 않고 있다고 본다. 스노우와 같은 걱정을 하고 있다. 또 교육에는 세 가지 형태—형식적 학교교육, 도제 교육, 소크라테스식 교육—가 있는데 이들 교육에 필요한 본질적 요소는 존경심이라 말하고 있다. 전통에 대한 존경심, 교사의 인격에 대한 존경심 그리고 삶과 정신에 대한 존경심이 그것들이다.[49] 그런데 오늘 우리의 교실에서 어떤 존경심을 찾을 수 있는가? 스노우가 말하는 두 문화의 자연스러운 의사소통을 발견하고, 균형 잡힌 사유의 소유자를 발견할 수 있을까?

조선조 이후 과거 교육이 만들어 낸 인간은 주로 관료 지배형 인간이었다. 또 현대식 교육제도가 도입된 이후 길거리에 가득 찬 인간 군상들은 대부분 도구적 인간, 몰개성적인 조직인, 자기방어 기제가 잘 발달된 '원자적 개인' 그리고 전문화 교육과 신자유주의, 상업주의가 합작해서 만들어 낸 '경제적 인간'들뿐이다. 이들에게 21세기의 희망을 기대해 볼 수 있을까? 불행하게도 지금의 교육 체계에서는 기대하기 어렵다는 생각이 든다.

대신 철학 교사들인 우리 모두가 에밀을 가르쳤던 교사, '나'(루소)의 생각으로 돌아가는 일은 어렵지만 해 볼 만한 일이라고 생각된다. 우리에게 남겨진 일은 에밀의 교사가 보여 주었던 교육의 모범을 닮으려고 노력하는 것뿐이다. 너무 많은 것을 가르치려 하지 말며, 우리의 학생들에게 자유를 느끼게 하고, 동정심과 연민의 감정을 통해 다른 사람과 세상을 볼 수 있는 눈을 갖게 해 주며, 묻지 않는 것에 대해서는 대답을 하지 말며, 학생 스스로 경험을 통해 알게 하며, 최대한 상상력을 갖게 해 주자. 화이트헤드의 말대로 대학의 사명은 경험과 상상력을 용접하는 일이기 때문이다. 또 자기 결정력은 극대화하고 자기의식(self-consciousness)은 최소화할 수 있도록 하며, 교양과 전문지식을 겸비하고 두 문화를 향유할 줄 아는 균형 잡힌 사고의 소유자가 되게 하며, "강의 노트를 불태우고 시험을 위해 외운 사소한 지식은 잊어버리도록" 해 주자.[50] 학문은 교과서를 분실할 때까지는 무용한 것이기 때문이다.

회고와 재검토

1. 사람은 고쳐 쓰는 것이다.

나는 가르치고 연구하는 일이 본업인 대학교수로 평생을 살아왔다. 교육과 연구는 양립이 가능한 일이지만 이 둘 사이에는 적지 않은 갈등이 생기기도 한다. 학생들을 가르치는 일에는 많은 준비가 필요했고, 연구하는 일에는 그보다 더 많은 시간과 노력이 요구되었다. 이 둘 사이에 균형을 이루는 일은 생각만큼 쉬운 일이 아니다. 물리적 시간과 에너지를 잘 배분해서 사용해야 하는 지혜와 균형 감각이 요구된다. 연구와 교육은 상호의존 관계에 있다. 좋은 연구가 뒷받침되어야 질 높은 교육이 가능하기 때문이다. 많은 대학에서 홍보의 카피로 '교육 중심대학' 이라는 명칭을 사용하고 있고, 이는 교수들에게 연구보다 교육에 더 우선하도록 암묵적으로 요구했다. 학생들이 없는 대학이 있다면 그곳은 연구 중심대학이라 할 수 있겠으나 그런 대학은 없다. 그렇다면 교육과 연구는 대학교수가 피할 수 없는 두 가지 책무이다. 이 두 가지 일 사이에서 무엇을 우선해서 생각할 것인가? 나는 학생들에게 좋은 교육을 하는 일이 제일 우선이라고 생각했다. 연구자이기 전에 교육자의 의무를 다하는 것이 대학교수의 직업윤리에 더 부합하는 일이라고 믿었기 때문이다. 학생들을 가르치는 일은 보람 있고 자부심을 가질 만한 일이었다. 그러나 학생들에게 무엇을 어떻게 가르칠 것인가 하는 물음은 항상 따르기 마련이었다. 스스로 만족스럽지 못할 때도 적지 않았고 그럴 때마다 낙심하기도 했다. 나는 나의 학생들이 어떻게 성장하고 사회에 나가서 잘 살아가는지 확인할 수는 없었으나 간간이 전해지는 졸업생들의 소식에 다시 힘을 내보기도 했다.

'사람에게서 교육의 결과를 빼고 나면 남는 것은 하나도 없다.' 내가 이 말을 처음 알게 된 것은 중학교 2학년 때이다. 새 국어 교과서를 받았을 때 목차 앞에 있는 간지에 적혀 있던 글이었다. 이 말에 너무도 공감하는 바가 커서 오랜 세월이 지난 지금까지 기억하고 있다. 교육 현장에서 잘 가르쳐야 한다는 의무감과 피로감에 지쳤을 때도 이 말은 내게 힘이 되어 주었다. 사람은 가소성(可塑性)을 지닌 존재이고 교육은 그 가소성에 변화를 일으키는 원동력이다. 사람은 교육의 주체이자 동시에 교육의 대상이고 결과물이기도 하다. 교육은 사람을 위한 것이지 조직이나 제도 또는 국가를 위한 행위가 아니다. 훈련과 교육이 다른 것도 여기에 있다.

'사람은 고쳐 쓰는 게 아니다.' 라는 말도 있다. 이 말 속에는 사람에 대해 냉소적인 시선이 강하게 들어 있는데, 사람의 본성이나 천성이 바뀌지 않는다는 뜻보다는 사람의 성품이나 습관 버릇이 잘 바뀌지 않는다는 뜻에 가깝다. 사람을 고쳐 쓴다는 말은 가르치고 훈련하고 노력해서 한 개인의 성품이나 습관이 변할 수 있다는 말이다. 그런데 고쳐 쓰는 것이 아니라는 말은 그런 교육이나 노력이 헛되기 쉽고 심지어는 변하리라 기대하는 사람들에게 배신감을 주기 쉽다는 경고이다. 기본적으로 '사람 고쳐 쓰는 게 아니다.' 라는 말은 반교육적이다. 만일 그렇다면 처벌의 교정(correction) 기능은 무력하게 된다. 과거에는 죄를 지은 사람에게 감옥(監獄)에 보낸다거나 형무소(刑務所)에 가둔다고 말했다. 이 두 말은 모두 처벌의 주체인 국가의 시선이 담긴 용어이다. 이제는 감옥, 형무소 같은 명칭을 대신해서 교도소(矯導所) 또는 교정시설(矯正施設)이라고 부른다. 이렇게 명칭을 바꾼 데에는 죄를 지은 사람도 교정과 교도를 통해 변화될 수 있고, 사회로 다시 복귀할 수 있다는 신뢰가 전제되어 있다. '사람은 고쳐 쓸 수 있다.' 라고 믿어야 교육과 교정이 모두 가능한 일이다.

2000년 5월에 발표한 「새로운 호모 에두칸두스(homo educandus)를 위하여」는 당시 한국 교육 현실에 대한 나의 불안한 인식에서 출발하였다. 그러나 교육에 대한 내 생각은 1997년에 출판된 『관용과 열린사회』의 5장과 7장에서 그 일단을 이미 드러냈다. 한국 사회에서 관용(교육)이 요청되는 곳 중의 하나로 교육 현장을 언급했고, 학교 교실에 만연되어 있는 배타적인 경쟁의 논리를 무너뜨리기 위해서라도 관용 교육이 절실하다는 점을 강조했다. 학생들에게 경쟁력을 길러야 한다는 논리가 언뜻 보면 아무런 문제가 없는 듯이 보인다. 그러나 경쟁력 강화의 논리 안에는 타자에 대한 배타성과 불관용성을 잉태하고 있다. 위의 책 7장에서는 관용이라는 가치를 교실에서 어떻게 구체적으로 가르칠 것인가에 관해 세 가지 대안을 제시하였다. 충서(忠恕)의 가치와 J.J. 루소(Rousseau)가 말한 타자 존중의 정신, 원효의 화쟁(和諍) 정신과 토론 문화의 지향 그리고 도덕적 공감과 공동체 의식의 계발을 제안했다. "타자 없이는 나도 있을 수 없다."는 개방적이고 관용적인 태도를 지닌 새로운 자아(homo educandus)가 학교

교육 과정을 통해 실현되기를 희망했다. 학생들에게 무엇을 가르칠 것인가에 대한 나의 이런 제안은 지금에 와서도 여전히 유효하며 어쩌면 더욱더 절실한 과제가 되었다고 믿는다.

한국 교육에 대한 내 생각과 제안이 초점이 안 맞는 신기루처럼 보인다는 사실을 부인하고 싶지 않다. 나는 교육 이론가도 아니며, 학교 현장 경험도 초, 중등학교가 아닌 대학이라는 상아탑에 갇혀 있던 한계를 지니고 있기 때문이다. 그러나 두 자녀를 학교에 보낸 학부모로서, 그리고 대학 강단에서 가르치는 교육자의 관점에서 한국 교육의 현실을 진단하고 제안했던 나의 기본 생각은 많은 사람도 함께 공감할 수 있다고 본다.

2. 조직인의 소멸(?)과 학교의 '명백한 위기'

「새로운 호모 에두칸두스를 위하여」는 크게 두 부분으로 나누어져 있다. 앞의 2, 3, 4절에서는 한국의 전통 교육이 지향하는 인간형과 현대 한국 교육의 비인간화 현상을 지적하며, 루소가 『에밀』에서 설명하고 있는 전인교육론을 그 대안으로 제시하고 있다. 그리고 후반부 5절은 이 글을 발표할 당시 한창 논의되고 시행되고 있었던 대학 학부제와 교양 교육개혁을 염두에 두면서 A.N. 화이트헤드(Whitehead)와 C.P. 스노우(Snow)의 생각을 정리했다. 두 사람의 글이 오래된 것이지만 시간과 공간의 간격을 넘어 21세기 한국 대학 교육의 문제점을 반성하는 데는 여전히 유효한 부분이 있어 보인다. 교육개혁에 대해 이 두 사람이 주장한 공통된 생각은 균형 잡힌 사고를 할 줄 아는 지식인의 양성이다. 이를 위한 전략은 교양과 전문지식의 함양이며, 인문, 사회과학과 자연과학 상호 간의 이해력을 증진하는 일이다.

앞의 세 절은 초, 중등교육의 현실을 염두에 두고 쓴 글이다. 이 글을 쓴 이후 20년이 넘는 시간이 지났으나 한국 교육의 현실과 현장 상황은 더 나아진 것 같지 않아 걱정이 앞선다. 나도 한때는 정부에서 교육개혁을 해야 한다고 설익은 정책을 밀어붙이는 모습에 반감을 느낀 적이 있다. 우리나라 교육이 어떻길래 이리도 자주 고쳐야 한다고 할까 하는 의문을 가진 적도 있다. 미시적으로 보면 문제가 곳곳에 있어도 거시적으로 보면 우리나라는 교육열이 남다르고 교육의 힘이 곧 개인의 입신양명뿐만 아니라 부국의 길임을 모두 확신했다. 산업화와 민주화를 빠르게 이루어 냈고, 정보통신 기술을 포함해서 여러 분야의 산업 기술을 세계적인 수준까지 끌어올린 것도 모두 교육의 힘이라고 믿었다.

그러나 이렇게 한국 교육의 현대사에서 밝은 면이 있는 만큼 어둡고 긴 그림자 역시 드리우고 있다는 점에 주목해야만 한다. 나는 위의 논문에서 그것을 입시교육에 함몰된 비인간화 교육이라 했고, 그 결과로 '조직인'과 '행동적 인간' 유형을 양산해 냈다는 최선영의 진단에 동의했다. 지금에 와서 이 진단을 다시 진단한다면 오류를 수정하는 일이 불가피하다. 무비판적으로 순종의 미덕을 보이던 세대는 지나갔다. 스스로 조직인이라 생각하고 자기가 속한 조직에 충성하는 것을 미덕으로 생각하던 세대는 소위 기성(꼰대)세대라 불릴 뿐이다. 가장 강력한 조직인을 양성하는 군대 조직도 예전 같은 맹목적 충성을 요구하지는 않는다. 의식과 판단과 행동의 무게 중심이 조직에서 자기 자신에게로 이동한 세대를 우리는 새천년 이후에 태어난 아이들에게서 보고 있다. 소위 MZ 세대라고 불리는 이들의 사고방식이나 삶의 태도를 기성세대의 눈으로 평가하는 일은 사실 무의미한 일에 가깝다. 모든 세대는 각각 고유한 특징을 지니고 있으며, 그것은 어느 정도 정당하기 때문이다. 걱정스러운 눈빛으로 청, 장년 세대를 바라보기보다는 응원과 지지를 보내는 것이 그들과 우리 자신을 위해 더 낫지 않을까?

MZ 세대의 특징을 표시하는 적절한 용어를 나는 찰스 테일러에서 발견한다. 나밖에 모르는 세대(me generation), 나르시시즘의 만연(prevalence of narcissism)이 그것이다. 이 두 개념은 개인주의의 극단적인 변형을 가리키는 말이다. 나 밖의 세계는 그야말로 정글처럼 생존을 위협하는 적대자들로 가득 차 있다. 사회가 나를 보호해 주는 울타리 역할을 해 준다는 믿음이 약화되어 가는 상황에서 각 개인은 자기방어를 위한 최선의 전략을 모색할 수밖에 없다. 경쟁사회에서 최소한으로 생존하기 위해 자발적으로 은둔을 선택한 사람들, 소위 히키코모리는 소수 특정한 사람들만의 삶의 방식(mous vivendi)이 아니다. 경쟁이 심해지고 계량적인 결과로 성패를 가름하는 사회에서 타인을 향한 관심과 배려는 사치로 여겨질 뿐이다. 내가 첫 번째(me first)이고 일급의 가치(first order of value)라고 믿는 세대의 출현은 불가피한 필연의 산물이다.

그런 점에서 집단 동일화와 촘촘한 조직사회 안에서 개체의 존재근거가 약했던 조직인들은 사라지고 있다. 상명하복의 질서는 많이 흔들리고 있다. 복종을 미덕으로 생각하던 세대는 가고 그 덕목에 강한 의심과 반감을 지닌 새로운 세대가 등장했다. 상급자의 지시에 대해 '왜, 내가, 지금 바로 해야만 하는가요?' 라는 질문부터 하는 세대의 모습에서 조직인의 모습은 찾아보기 어렵다. 이런 세대의 특징적인 현상 자체가 나쁘다고 말하는 것은 아니다. 그들은 그들 나름의 질서와 행동 패턴이 있다. 그것이 꼰대 세대의 눈에는 일탈처럼 보일지 몰라도 그들 자신에게는 당당함과 정당성이 확보되어 있다.

2024년 현재 20-30대의 나이에 속한 세대는 물질적 풍요와 결핍, 희망과 절망의 부침을 가장 체감한 세대가 아닌가 싶다. 경제성장의 효과로 복지 혜택을 누리기 시작했고, 대학 진학률이 70%가 넘을 정도로 교육 수준도 가장 높았던 세대이다. 그러나 이들이 사회에 진출할 때는 취업과 결혼 그리고 자녀 출산의 여러 지표가 암울해지기 시작했다. 이 세 가지는 서로 밀접하게 연결되어 있다. 안정적인 취업의 곤란은 결혼을 미루거나 포기하도록 만들었고, 자연스럽게 출산율은 급격하게 떨어졌다. 나 혼자서도 살아가는 일이 녹록지 않은 상황에서 이들 세대에게 결혼과 출산은 엄두를 낼 수 없는 불편한 장벽으로 인식되었다. 이들은 자신의 개체 보존을 위해 결혼과 출산을 통한 종족 보존을 포기하도록 압박감을 가지지 않을 수 없었다. 이것이 이들 세대가 직면하고 있는 한계 상황이다. 이들에게 조직이나 공동체를 먼저 생각해야 한다는 기존의 도덕은 설득력이 없어 보인다.

2023년도 한국 사회는 학교 폭력의 문제로 몸살을 앓고 있다. 학교 폭력이 어느 한 해에만 더 심한 것은 아니나 유난히 2023년에는 초등학교 교사가 스스로 목숨을 끊는 사건이 일어나면서 교권 침해의 문제와 연관이 되어 더 주목을 받고 있다. 흔히들 학교 폭력은 학생들 상호 간에 일어나는 문제로 여겨진다. 그러나 학생을 상대로 한 선생의 폭력, 그 반대의 경우도 있을 수 있다. 폭력이라는 말에는 욕설, 성희롱 같은 언어적 폭력, 훈육으로 위장된 체벌, 물리력 행사, 인권 침해, 차별, 냉대(따돌림) 그리고 문자 폭탄, SNS를 이용한 음해와 협박 등의 디지털 폭력 등 많은 경우가 포함되어 있다. 어느 나라나 학교와 교육에 문제를 안고 있지 않은 나라는 없을 것이다. 누스바움은 전 세계적인 교육계의 위기를 "조용한 위기"라고 부르고 있지만 사실상 우리나라 교육계의 경우에는 '명백한 위기'라 할 수 있다.

내 기억에 1980년대에는 교사들에 의한 체벌이 학교 폭력의 주요 관심 대상이 되었었다. '사랑의 매'라는 이름으로 시행되는 체벌의 정당성 문제를 놓고 존폐 논란이 일어난 것은 우리보다는 서양이 먼저였다. 우리나라에서 비교적 오래 체벌이 유지된 것은 아마도 군사부일체 의식의 잔재와 더불어 서열을 중요하게 여기는 군대문화의 영향이 많이 남아 있었던 데에 원인이 있어 보인다. 그런 사회적 분위기 속에서 교사의 권위가 지나치게 행사될 수 있었고 학생들이나 부모도 대부분 문제를 제기하지 않는 분위기였다. 그러나 2000년대에 들어서서 학생들의 인권에 관심이 확대되면서 학생인권조례가 제정되었고, 이를 통해 학생들의 권리 보호가 학교와 교사들이 맡아야 할 중요한 의무가 되었다. 학생의 인권과 교사의 교권이 충돌하는 지점이 생기기 시작했다. 이것은 마치 변증법적 운동처럼 학생의 인권과 교권 사이에서 갈등과 변화의 과정을 거쳐 통합을 지향해 나가는 것과 같다. 학생인권조례 때문에 교사가 교실에서 무력해지는 것이 아니며, 교사의 권위가 학생의 인권 신장에 장애가 되어서도 안 된다. 지금 우리는 학생들에게 권리만큼 의무도 무겁다는 것을 교육해야 하며, 교사들에게는 지식 전달자의 기능보다는 사표(師表)로서의 모습을 보이도록 더 노력해야만 한다.

교육은 100년의 앞을 내다보고 계획을 세워야 한다고 하지만 이 말도 시대착오가 되어 버린 시대에 우리는 살고 있다. 조변석개(朝變夕改)하듯 바뀌는 교육개혁안들에 가장 큰 혼란을 겪은 것은 학생이었다. 교실은 수많은 실패가 불가피하게 반복되어야 만족할 만한 결과를 겨우 찾아내는 실험실과 같은 것이어서는 안 된다. 교실은 미숙아를 살려 내기 위해 적절한 환경을 제공하는 인큐베이터와 같은 것이어야 한다. 400년 전 홉스가 경고한 '거짓된 교사(false teacher)'와 '태만한 교육(negligent education)'은 여전히 21세기의 한국 교육의 현장에서도 발견되고 있지 않은가? 주인 알리바바를 살리려고 지혜로운 하녀 모르지아나가 항아리에 숨어든 도적들을 기름을 부어 죽인 것처럼, 거짓된 교사와 태만한 교육은 상상력을 가득 담은 항아리 같은 학생들에게 질식할 것 같은 교육으로 세뇌하는 현대판 모르지아나가 아닌지 반성해 보아야 한다.

3. 세 가지 한국 교육의 모델

나는 교육 전문가가 아니다. 앞으로도 소위 교육 전문가 집단이 만들어 낼 다양한 교육 프로그램이나 개혁안들이 우리 아이들의 교실을 실험실로 만들지 아니면 인큐베이터로 만들지 나는 알 수도 없고 그것에 대해 사족을 붙일 역량도 갖고 있지 못하다. 단지 고희를 넘긴 나이에 나의 손자 세대들이 살아갈 세상을 위해서 그리고 그런 세상에서 건강한 교육을 받으며 잘 살아갈 수 있기를 소망하는 마음을 담아 한국 교육을 위한 몇 가지 제안 정도는 할 수 있다고 믿는다. 21세기의 중반기를 향해 가는 지금 시점에서 조직인, 기능인의 양성 그리고 누스바움이 구분한 경제성장 교육 모델이 아니라 타인을 존중하고 약자의 처지에 공감할 줄 아는 인간계발 교육 모델을 위해서 나는 회복해야 할 두 가지 교육적 실천과 지금보다 훨씬 더 확장해야 할 교육 목표 한 가지를 제안하고자 한다. 회복해야 한다는 말은 이미 오래전부터 이 두 가지 실천 교육이 시행되어 왔으나 지금은 많은 부분 상실했거나 그 기능이 약화되었음을 의미한다. 따라서 다시 기본으로 돌아가자(Back to Basic)는 정언 명령적 선언과 함께 구체적인 실천이 동반되는 교육을 통해 누스바움의 인간계발 교육 모델을 구체화해 보자는 것이다.

첫째, 가정교육의 회복이다. 새삼스럽게 가정교육을 꺼내는 이유는 무엇일까? 인성교육이 부재하거나 약화된 것이 현실이라면 이는 가정교육의 근간이 흔들리고 있는 현실과 상당 부분 관련되어 있다고 보기 때문이다. 인성교육이 이루어지고 아이들에게 도덕감을 심어줄 수 있는 최초의 교실은 가정이다. 따라서 가정교육이 흔들린다면 도덕감이 뿌리내리고 자랄 수 있는 토양은 척박하게 되는 결과를 낳을 위험성이 높다. 가정교육이 흔들리고 있다는 평가를 설명하는 일은 너무도 많은 요소가 개입되어 있고, 복잡한 구조적 이해가 전제되어 있다. 그것을 모두 고려하는 일은 불가능하고 내 역량을 넘어서는 일이다. 여기서 나는 가정교육을 바라보는 나의 직관과 체험적 인식을 바탕으로 몇 가지 분석하는 일에 그치려고 한다. 내가 기억하는 한 1980-90년대 미국의 영화나 드라마를 보면서 가족의 가치(family value)가 그 밑바탕에서 강조되고 있던 것을 기억하고 있다. 전쟁 영화나 갱스터 영화를 만들면서도 그 내면에는 명시적으로 또는 암시적으로 가족의 소중함과 필요성을 강조하는 것들을 많이 본 기억이 있다. 그것은 반대로 미국 사회의 가족 관계가 전과 달라졌다는 것을 의미하며 가족의 개념이 변하고 있다는 것을 말한다.

우리는 1997년 IMF 구제금융 위기를 겪으면서 적지 않은 가정이 해체되고 가족들이 이산가족처럼 헤어졌던 아픈 기억이 있다. 또 부부가 맞벌이를 할 수 밖에 없는 사회, 경제 구조는 부모들에게 출산과 육아의 부담을 더욱 가중시켰다. 전통적인 대가족 구조로 이루어진 시절보다 핵가족 구조에서 아이들을 위한 가정교육은 감당하기 버거운 현실적 문제가 되었다. 가정교육의 담당자인 부모의 역할은 그만큼 제한적일 수밖에 없었다. 나는 어렸을 적에 '부모가 욕을 먹는 일을 하지 말라'는 말을 많이 들었다. 동무들과 다투거나 학교에서 문제를 일으켜 부모가 호출되었을 때 부모들은 대부분 잘잘못을 따지기 전에 먼저 자기 자식부터 나무라는 일이 우선이었다. 학교에서 선생님에게 따지거나 상대방을 향해 법적 다툼을 벌이는 일도 본 기억이 없다. 그리고 부모들은 '내가 자식 잘못 키웠다'며 부끄러운 마음으로 자기반성을 먼저 했다. 자식의 잘못은 곧 부모 자신의 잘못으로 인식했다. 이는 부모가 감당해야 할 가정교육의 무게를 잘 인식하고 있었기에 가능한 자기 고백이다. 그러니 부모 욕 먹이는 일은 하지 말라는 말은 곧 가정교육이 잘못되었다는 말을 듣지 않게 하라는 뜻과 같다. 그런데 지금의 현실은 어떠한가?

260여 년 전에 발표된 J.J. 루소(Rousseau)의 『에밀』은 놀라울 정도의 혜안을 가지고 우리 교육의 문제 해결을 위한 현실적 대안을 보여 주고 있다. 내가 루소에 주목한 것과 같은 이유로 누스바움 역시 루소의 교육철학에 주목하고 있다. 가정교육의 중요성에 주목했다는 점에서 나는 누스바움과 같은 선상에 있다. 가정교육의 핵심적 가치는 공감 능력과 상상력을 기르는 데 있다. 공감 능력은 인간에 대해 동질의식을 갖는 것만을 의미하지는 않는다. 자연의 모든 피조물과의 교감도 포함한다. 인간은 모두 불완전한 존재라는 사실을 자각한 이후 타자와의 공존이 자기보존을 위해서도 절대적으로 필요하다는 사실을 깨닫게 된다. 이런 의식의 전환이 이루어지면 타자와의 관계는 공감과 연민, 동정심과 같은 감정의 끈들로 이어져 있다는 사실을 자각하게 된다.

가족의 개념이 많이 변해 가고 있다. 부모와 자녀(들)로 이루어진 전통적인 의미에서의 가족 개념은 현실에서 존재하는 여러 형태의 가족 관계를 결코 설명해 내지 못한다. 한 부모 가정, 조손(祖孫) 가정과 같은 혈연 중심의 가족 관계 외에도 이혼한 부모의 재혼으로 인한 비혈연적 가족 등 다양한 형태의 가족이 존재한다. 가정교육은 이들 다양한 형태의 가족 안에서도 똑같이 이루어져야 하며, 그 핵심 가치는 루소가 말한 바대로 그리고 누스바움도 동의한 바와 같이 공감 능력, 상상력, 타자에 대한 존중심 그리고 민주주의적 사고방식 등이다. 교육의 주체자로서 부모 또는 부모 역할을 하는 사람부터 이런 핵심 가치를 체득해야만 바람직한 자녀 교육이 가능해진다고 나는 믿는다.

둘째, 민주주의 교육을 다시 시작해야만 한다. 이 말 역시 시대착오 같은 소리처럼 들릴 수 있다. 지금처럼 민주주의 사회에서 살아가고 있고, 이만큼 민주화를 이룬 국민에게 민주주의 교육을 다시 시작해야 한다는 말은 언뜻 생뚱맞게 들릴 수 있다. 그러나 '기본으로 돌아가자.'는 나의 제안을 현실적으로 적용하기에 가장 적합한 곳은 민주주의 교육 현장이다. 민주주의 교육이 다시 필요하다는 것은 제도적, 법률적 차원에서 말하는 것은 아니다. 민주주의 체제가 제대로 작동되기 위해서는 운용하는 사람의 의식과 사고방식이 거기에 맞는 수준이어야 하는데 그 수준을 높이기 위한 교육이 필요하다.

그렇다면 무엇을 가르칠 것인가? 민주주의의 가치를 실천할 수 있는 역량을 높이기 위해서는 어떤 것을 교육해야만 하는가? 이 점에 관해서 나는 이미 여러 곳에서 언급한 바 있다. 이 책의 1장 「자유 민주주의에 대한 철학적 반성」에서도 민주적 사고방식을 인용한 바 있고, 『관용과 열린사회』에서도 충서(忠恕)의 가치, 화쟁(和諍)정신, 도덕적 공감력 등을 통한 관용 교육의 방향을 말한 바 있다. 『혐오를 넘어 관용으로』에서도 누스바움의 말을 빌려 '양심에 대한 평등한 존중', '불편부당함과 반성적 사고' 그리고 '내면의 눈: 존경과 공감적 상상력 계발'이 불관용과 혐오감을 극복할 수 있는 길임을 말한 바 있다. 이런 것은 성숙한 민주주의를 위한 구체적인 교육의 내용을 구성한다. 여기서 다시 중언부언할 필요는 없다. 단지 사족을 붙인다면 민주주의 교육의 첫 번째 교실은 가정이라는 사실을 다시 강조하고 싶다. 가정에서 부모와 자녀, 또 형제자매들 사이에서 갈등 조절의 민주적 방법을 체험하는 일이 매우 중요하다. 토론과 설득의 방법이 문제 해결을 위한 지름길이 되지 못할 때라도 인내심을 가지고 기다릴 줄 아는 것을 배울 필요가 있다.

자녀는 부모의 등을 보고 배운다는 말도 있고, 반대로 자녀는 부모의 거울이라는 말도 있다. 부모나 부모 역할을 하는 사람이 민주적인 사고방식을 가지고 자녀를 양육할 때 자녀는 자연스럽게 민주적인 문제 해결 능력을 배우게 된다. 학교나 사회에서도 마찬가지이다. 교사가 먼저 성숙한 민주적인 태도로 교육할 때 학생들은 따라 배우게 된다. 위계질서가 뚜렷한 사회에서도 권위가 유지되면서 민주적인 의사소통이 가능할 때 그 사회는 건강성을 유지하게 된다. 군대 내에서 반인권적, 반민주적 사건들이 발생하는 근본 원인 중의 하나는 상명하복의 위계질서가 상호 간의 의사소통을 차단하거나 불편하게 만드는 조직의 폐쇄성에 있다.

사회에서 민주주의를 가르치고 배울 수 있는 가장 최적의 장소는 정치권일 것이다. 민주주의의 실험장인 의회에서 주고받는 토론의 수준이 그 나라 민주주의의 수준을 가늠할 수 있는 기준이 되기도 한다. 정치인들의 말과 행동이 시민들의 민주주의 교육에 미치는 교육적 효과 또는 역효과는 적지 않다. 정치인들, 특히 국회에서 의원들이 사회

정치적 갈등을 해결해 내는 방식과 태도를 보면서 민주주의 교육은 폭넓게 이루어진다. 대통령의 말과 행동은 민주주의의 품격을 가장 선명하게 반영한다는 것을 우리는 현대 한국 정치사를 통해 확인할 수 있었다. 그런 점에서 국회의원이나 대통령은 시민들을 대상으로 하는 민주주의 교육의 담당자이다. 품격이 있고 민주적 역량이 있는 정치인을 갖는다는 것은 거저 주어지는 것이 아니다. 그런 정치인들을 식별해 낼 수 있는 역량이 시민에게 있어야만 가능하다. 그 식별의 눈높이가 민주주의 사회의 수준을 결정한다고 나는 생각한다.

셋째, 세계 시민교육의 확장을 제안한다. 이런 제안 역시 다소 막연하고 진부하게 들릴 수 있다. 다문화 담론은 꽤 오래된 주제이다. 우리나라의 경우 다문화 담론은 주로 이주민이나 외국인 노동자와의 공존 문제에 집중되어 왔다. 1990년대 말부터 2000년대 초에 걸쳐 유네스코한국위원회는 『학교에서의 국제이해교육』 또는 『세계 시민을 위한 국제이해교육』 등의 연구 보고서를 발간한 적이 있다. 다문화 사회와 교육에 관한 연구 보고서도 적지 않게 있다. 내가 여기서 말하고자 하는 세계 시민교육도 이런 선행 연구들과 같은 선상에 있다. 유럽에서 다문화주의(multiculturalism)의 실패를 말하는 보수 정치인들도 있었지만 나는 우리나라의 경우 아직 성공과 실패를 평가할 수 있는 수준도 시기도 아니라고 믿는다. 성숙한 다문화주의가 한 사회 내에서 정착하기 위해서는 그것을 수용할 수 있는 수준의 시민의식이 전제되어야 하며, 그 조건 중의 하나는 내가 화두 삼아 탐구해 온 관용의 윤리이다. 내가 보기에 다문화주의 정책의 지속적인 추진과 세계 시민의식의 확장과는 불가분의 관계에 놓여 있으며, 나의 관용 담론 안에서도 여전히 중요한 위치를 차지하고 있다.

"나는 세계 시민이다."라고 선언하는 디오게네스의 도발적 발언은

2,300년이 지난 지금의 시점에서 들어도 여전히 가슴을 뛰게 만든다. 오늘날 전 지구가 하나의 공동체로 좁혀진 세상에 살면서도 인종주의와 자국 이익 우선주의 그리고 강대국의 패권 의식이 막강한 영향력을 행사하고 있다는 것은 자기모순이다. 이 모순은 자기 존재를 전면적으로 부정하는 자폭 시스템의 방아쇠 역할을 할 수도 있다. 아마도 인류가 절멸할 수도 있다면 그것은 두 가지 경우에 가능할 것이다. 하나는 지금부터 돌이키려는 노력(생태적 회심)이 없다면 맞게 될 환경적 재앙이며, 다른 하나는 절대로 사용해서는 안 되는 핵무기의 사용이다. 다시 말해 쓰지 않기 위해 만든 핵무기는 인간이 만들어 낸 가장 어리석은 발명품으로 남게 될 것이고 그 사용은 인간의 합리성에 대한 전면적 배반 행위이다. 또 전례가 없는 전 지구적 위기, 즉 환경 위기는 인류가 가까운 미래에 절멸할 수도 있다는 암울한 예측을 가능케 한다. 이런 파국을 초래할 전 지구적 위기 앞에서 국경과 인종, 종교, 군사력 그리고 G.D.P.의 차이는 무의미하다. 그런 의미에서 우리는 그 어느 때보다 인류의 보편적 가치를 실현하는 일이 중요해진 시대에 살고 있다. 우리 다음 세대와 그다음 세대의 운명도 어쩌면 지금 우리가 얼마나 세계 시민으로서 추구해야 할 인류의 보편적 가치를 실현하기 위해 노력하는가에 달려 있다고 본다.

내가 여기서 말하는 세계 시민교육은 이질적 문화의 관용적 포용에 초점이 맞추어진 다문화 교육을 뛰어넘는다. 문화적 상대주의를 넘어서고 인간의 생명, 자유, 행복을 보장할 것을 요구하는 자연법의 정신에 기초한 보편적 가치 교육을 지향한다. 1960년대 베트남 전쟁에 반대하며 저항했던 반전운동은 이념보다 생명이 더 우선한다는 교훈을 남겼다. 1990년대 옛 소련 연방의 해체는 이념보다 자유가 더 소중하다는 개별 국가의 국민이 선택한 길이었다. 이제 더는 정치적, 경제적 이익을 이유로 이웃 나라를 침략하는 전쟁에 대해 묵인하는 실수를 우리 스스로 범해서는 안 된다. 전쟁을 혐오하는 세계 시민의식이 정치인들의 무모한 시도를 무력화하는 데까지 이르기 위해서는 세계 시민교육이라는 긴 통로를 거쳐야만 한다.

10
복종에 대하여
(On Obedience)

1. 왜 복종이 문제인가?

1970년대와 80년대 한국 사회를 살아가던 대부분의 국민들은 유신독재와 군사정권 치하에서 숨을 죽이며 살 수밖에 없었다. 유신헌법에 대해 불복종하는 일은 거의 불가능한 일이었으며, 군사 정부의 명령에 불복종하는 일은 엄청난 희생을 요구했다. 충효를 국민 윤리의 이름으로 교육받은 대다수의 국민들은 국가의 명령에 복종하는 일은 충성심을 표현하는 길이며 너무도 자연스러운 국민의 의무라고 믿었다. 권위에 대해 복종하는 것을 미덕으로 삼는 군사부일체라는 유가의 덕목은 아직도 우리의 의식 속에 잔영을 드리우고 있다. 30년 가까이 지속된 군사 문화는 이 세상에 오직 적 아니면 동지밖에 없다는 이분법적 사고와 절대적인 상명하복의 윤리의식을 우리의 의식 속에 각인시켰다. 이런 군사 문화는 일반 기업과 학교 사회에서 복종의 윤리를 더욱 강화시켰다. 권위에 대한 복종은 길들여졌고 습관화되어 갔다. 그것이 아무리 부당한 권위일지라도 합법적인 한 무조건 복종해야 한다는 왜곡된 윤리의식이 우리 국민의 도덕감 속에 뿌리 깊게 자리 잡았다.

복종의 문제를 철학적 주제로 삼게 된 계기는 필자가 몸담고 있는 학교에서 실제로 겪고 있는 절박한 문제 상황에서 비롯되었다. 우리 사회의 가장 대표적인 악법의 하나로 평가되고 있는 사립학교법의 합법성을 내세워 반민주적인 방식으로 총장을 선임한 재단 이사회의 결정에 저항 내지 불복종할 것인가 아니면 그대로 복종할 것인가의 문제를 앞에 놓고 고민할 수밖에 없는 상황이다. '악법도 법이다' 라는 근거 위에서 재단의 일방적인 총장 선임을 수긍하고 그 결정에 복종해야 할 것인가 아니면 악법은 철폐되어야 하고 그런 악법을 악용하는 재단의 결정에 불복종하고 저항할 것인가? 불복종하려고 할 때 그 행위의 근거는 무엇이어야 하며, 복종하려고 할 때 그 방식이나 범위는 어디까지인가? 악법에 대해 복종하는 것은 모두 나쁘고, 불복종은 모두 정의로운 행동으로 평가될 것인가? 아니면 반대로 복종은 덕이고 불복종은 악덕인가? 일제 강점기 동안 노예 같은 삶을 살았던 우리의 할아버지, 아버지 세대들이 겪었던 복종과 불복종의 충돌이 여전히 우리의 삶 속에서 재현되고 있다. 복종과 불복종은 양자택일의 문제가 아니라 그 사이에 여러 간극이 있을 수 있다. 특히 소극적 복종과 소극적 불복종은 어느 정도 도덕적 정당성을 확보할 수 있다고 본다.

한국 철학계에서 복종 또는 불복종의 문제를 철학적 담론의 장으로 끌어내어 논의한 경우는 극히 드물다. 시민 불복종 운동에 관한 사회, 정치적 논의는 적지 않게 있으나 복종에 관하여 윤리적 관점에서 다룬 논문을 철학 전문 학술지에서 찾기란 쉽지 않다. 시민 불복종의 문제는 정치적 사안이나 사회운동과 밀접한 관련이 있기에 일반인의 관심을 끌어내기가 용이하다. 그러나 복종에 관해서는 실천하기가 너무 쉽다는 인상 때문인지 학문적 논의의 대상에서 배제되어 왔다. 불복종하기보다는 복종하기가 더 쉽게 보인다. 불복종 행위는 그 결과에 책임을 져야 할 뿐만 아니라 대가를 치러야 한다는 부담이 크나, 복종 행위는 오히려 보상이 주어진다는 기대 때문에 쉽게 생각한다.

에릭 프롬(E. Fromm)은 '심리적, 도덕적 문제로서의 불복종'이라는 소논문에서 "왜 사람은 복종하기는 쉽고 불복종하기는 어려운가?"라는 질문을 던지고 그 이유를 두 가지로 답하고 있다. 하나는 권력에 복종하는 한 안전하고 보호받는다고 느끼기 때문이고, 다른 하나는 오랜 인류의 역사를 통해 복종은 덕(virtue)이고 불복종은 악덕(vice)이라고 교육되어 왔기 때문이다.[1] 그러나 필자가 생각하기에 불복종보다는 복종하는 일이 더 어려운 경우가 적지 않다고 본다. 불복종은 신체적 고통을 수반하나 양심에는 떳떳한 경우가 많지만, 복종은 때때로 물질적인 보상도 주어지나 심리적인 압박감은 더 클 수 있다. 복종하기 위해 양심에 어긋나는 일을 해야 하고 도덕적 비난을 감수해야만 하는 경우가 있기 때문이다. 복종의 문제가 생각보다 심각한 여러 가지 윤리적, 정치적 문제를 함축하고 있기에 철학적 논의가 될 만하다고 생각한다. 또한 실천의 장에서 볼 때 불복종하는 일에만 용기가 필요한 것은 아니다. 복종하려고 할 때도 어려운 결단이 요청된다. 복종을 할 것인가 아니면 불복종할 것인가를 결정해야 할 때 그 판단 기준을 확보하는 일은 중요하고 필요한 일이다.

이 글에서 사용되고 있는 복종과 불복종의 대상이 주로 통치권으로 대변되는 국가나 정부이지만 그 적용 범위는 넓다. 법적 권위와 실질적인 힘을 가진 대상 모두가 복종과 불복종의 대상이 될 수 있다. 군주, 대통령, 최고 경영자, 재단 이사장, 아버지, 상급자 등이 모두 해당이 된다.

2. 복종과 불복종의 간극

복종이라는 말이 주는 우리말 어감은 부정적인 이미지가 강하다. 상명하복의 규칙이 가장 엄격하게 요구되는 곳 중의 하나가 군대 조직과 공무원 사회일 것이다. 그러나 복종 행위는 가족에서부터 국가 사회에 이르기까지 모든 조직체에서 요구되는 행위이다. 위계질서가 있는 조직에는 그 정치적 질서와 안정을 위해서는 복종이 필수 불가결한 덕목이다.

정치 용어 사전에서 '복종(obedience)'은 다음과 같이 정의되고 있다. 복종은 "명백히 표현되었거나 묵시적이거나 간에 명령(command)에 대한 묵인(acquiescence)이며, 권위를 가지고 있는 개인이나 직책이 수행하는 행위에 대해 수용(acceptance)하는 것"이다.[2] 그리고 복종은 특히 절대주의나 온정적 간섭을 권리처럼 주장하는 부권주의(paternalism)의 특징을 가장 잘 드러내는 주된 개념이다. 절대적 권위자와 간섭할 수 있는 힘의 소유자의 명령이 수행될 때 복종 행위가 발생한다.

복종은 관계 개념이다. 명령의 주체자가 한쪽에 있다면 그 명령의 수행자가 다른 한쪽에 있어야만 한다. 신과 인간, 왕과 백성, 정부와 시민, 주인과 종, 부모와 자식, 상급자와 하급자, 두목과 졸개 등의 관계에서 발생하는 개념이 복종이다. 그리고 이 관계는 힘의 역학 관계가 한 방향으로만 작동하는 특징을 지니고 있다. 명령자와 복종하는 자 사이에는 여러 종류의 힘이 매개되어 있으며, 그 힘의 종류와 관계에 따라 복종의 근거가 다르고 의무의 구속성에서 편차가 생긴다.

또한 복종은 자발적 의무(voluntary obligation) 개념을 수반한다. 의무가 요구되지 않는 복종은 엄밀한 의미에서 복종이라기보다는 굴종에 가깝다. 노예나 전쟁포로는 주인이나 정복자의 명령에 복종할 의무가 있는 것이 아니다.[3] 자발성이 없는 의무는 의무라고 보기 어렵다. 강요된 의무는 강제일 뿐이다.

우리는 복종과 불복종을 그 행위 방식에 따라 각각 두 종류로 구분할 수 있다. 적극적 복종(active obedience)과 소극적 복종(passive obedience) 그리고 소극적 불복종(passive disobedience)과 적극적 불복종이 그것이다. 그런데 적극적 복종과 적극적 불복종 사이에 놓여 있는 두 가지, 즉 소극적 복종과 소극적 불복종이 바로 이 글에서 집중적으로 논의하고자 하는 것들이다. 적극적 복종은 자발적 복종으로서 명령자의 의지를 수용할 뿐만 아니라 명령 수행을 위해 헌신적으로 기여하는 행위를 지칭한다. 적극적 복종에는 명령자로부터 찬사와 포상이 대가로 주어진다. 적극적 불복종에는 혁명, 반란, 사보타지 등 폭력을 수반하는 저항 행위가 포함된다. 따라서 적극적인 법률 위반 행위가 수반되기 때문에 법적 처벌을 피할 수 없다.

소극적 복종은 비폭력적이며 자발적인 복종을 말한다. 폭군의 명령에 소극적으로 복종하는 행위는 처벌을 피하면서 최소한의 자기 보호를 확보하는 수단이다. 폭력을 휘두르거나 지나치게 권위적인 아버지의 명령에 물리적인 반항을 하지 않으면서 소극적으로 복종하는 것은 체벌을 당하지 않고 가족공동체에서 추방당하지 않고 남아 있을 수 있는 최선의 길이다.

소극적 불복종은 비폭력적이며 자발적인 불복종 행위이다. 따라서 소극적 불복종은 불복종 행위 방식에서 비록 소극적이고 비폭력적이기는 하지만 법률 위반 행위를 수반하기 때문에 처벌을 감수해야 한다. 시민 불복종이 소극적 불복종에 가장 가까운 경우일 것이다.

또 구속력의 출처에 따라 각각 도덕적 복종과 정치적(법률적) 복종으로 구분할 수도 있다. 도덕적 복종에는 신이 인간에게 요구하는 것, 부모가 자식에게 요구하는 것을 대표적으로 들 수 있으며, 정치적 복종에는 국가가 개인에게, 정부가 시민에게 요구하는 복종, 상급자가 하급자에게 요구하는 복종 등을 지적할 수 있다. 먼저 신과 인간과의 관계에서 발생하는 명령과 복종의 근거와 형식은 어떠한가. 기독교의 관점에서 보면 신은 창조자이고 인간은 피조물이다. 창조자와 피조물 사이의 관계는 절대적 관계이다. 절대적 관계에서 발생하는 복종의 의무는 절대적인 것처럼 보인다. 특히 순교자나 성직자들에게는 신의 명령에 대해 절대적으로 순명하도록 요구되며, 그때의 복종은 도덕적 복종이다. 그러나 동시에 신에 대한 복종은 법률적 구속력이 없기에 의무감의 강도에서 보면 상당히 약한 정치적 의무만을 요구한다. 신앙을 가진 사람에게는 신과 교회 또는 성직자의 명령에 따라야 할 복종의 의무가 더 구체적이고 강력할 수 있으나, 비신자에게는 의무를 요구할 수 없다. 부모가 자식에게 요구하는 복종 역시 도덕적 복종이다. 창조자와 피조물 사이에서처럼 부모와 자식의 관계는 자유의지나 계약의 산물이 아니라 자연적 관계이다.

반면에 왕과 국가 그리고 정부는 신민이나 시민에게 정치적 복종을 요구한다. 불복종에 대해 처벌로 대응하고 복종에 대해서는 포상으로 대가를 지불하는 것이 정치적 지배의 기본적인 속성이다. 정치철학사는 통치와 지배의 역학 관계에서 발생하는 복종과 불복종의 도덕적, 법률적 근거를 제공하려는 노력을 기울여 왔다. 정치적 복종의 정당화 근거를 제공하기 위해 여러 가지 이론들이 동원되어 왔다. 자연법 이론, 사회계약론, 동의론, 규약론 등이 그것들이다. 이 글에서는 자연법 이론을 대표하는 소크라테스와 버클리 그리고 사회계약론을 대표하는 홉스를 대비해서 설명하고 이들 이론을 모두 비판하는 흄의 규약론의 입장에서 복종과 불복종의 문제를 천착하려고 한다.

3. 소크라테스의 복종과 불복종

소크라테스의 재판과 크리톤의 탈옥 권유 그리고 탈옥 거부와 처형은 우리가 이 글에서 논의하고 있는 복종의 근거 문제를 가장 고전적인 형태로 보여 주고 있다. 소크라테스는『변명』에서 자신이 왜 아테네의 청년들을 가르치는 일을 그만둘 수 없는지에 대해 변론하고 있다. 더 나아가서 소크라테스는 설령 국가가 철학하는 일과 청년들을 가르치는 일을 중지하도록 명령하고 그런 조건으로 석방한다고 하더라도 자신은 그 일을 결코 그만둘 수 없다고 강변하고 있다. 그 이유는 중지를 명령하는 국가의 명령보다도 철학하는 일을 명령하는 신의 명령이 더 우선하기 때문이라고 주장하고 있다. "제가 이런 일(철학하고 가르치는 일)을 하는 것은 그것이 신의 명령이기 때문입니다."[4]

국가의 명령에 복종하기보다는 신의 명령에 복종하는 것이 더 우선한다는 소크라테스의 행위 기준은 일관성을 유지하고 있는가? 소크라테스의 재판에 정치적 음모가 개입되어 있었다는 것은 잘 알려진 사실이다. 아테네의 민주주의가 타락하고 30인의 과두체제 시대에 살았던 소크라테스는 자신의 재판이 합법을 가장한 억압의 한 행태임을 잘 알고 있었다. 그는 재판관들의 회유를 거부하고 사형을 재청함으로써 불법적인 정부에 대해 항의하는 불복종 행위를 하고 있다. 그의 불복종은 "불법적인 정부에 대한 불복종이자 현재 권력을 가지고 있는 정부에 대해 정의의 이름으로 행하는 불복종이다."[5]

소크라테스는 정부의 명령을 거부하는 자신의 불복종 행위가 곧 법률을 파괴하는 행위로 오해받기를 원하지 않았다. 진리를 탐구하고 아테네의 청년들을 가르치는 일은 신으로부터 부여받은 자신의 의무라고 인식하고 있던 소크라테스의 생각은 법률보다 도덕이 더 우선해야 한다는 자연법론자들의 주장과 일치한다. "저는 몇 번 죽임을 당한다 해도 다른 일을 할 수는 없다는 것을 알아주십시오."[6]

자연법을 실정법보다 상위법으로 간주하고 있는 자연법론자들은 개별 국가의 실정법과 자연법의 명령이 충돌할 때 후자를 우선으로 보아야 한다고 말한다. 재판관의 법률적 권한과 권위를 인정하고 있는 소크라테스는 철학하는 일을 중지하라는 재판관의 명령에 대해 신의 이름으로 불복종하고 있다. 소크라테스의 불복종은 비폭력적이며, 처벌을 감수한다는 점에서 소극적 불복종에 해당 된다고 볼 수 있다.

그러나 국가의 명령을 대하는 소크라테스의 태도가 『크리톤』에서는 달라진다. 탈옥을 권유하는 크리톤의 요청을 거부하면서 소크라테스는 그 논거로 사회계약론을 제시하고 있다. 탈옥을 감행하려고 할 때 불가피하게 다른 사람을 해치게 될지도 모르는데, 이런 일은 정의롭지 못하다는 것이 탈옥을 거부하는 한 이유이다. 또 한 국가의 법이 아무리 부정의하다고 하더라도 그 국가에서 태어나고 자라고 교육받은 것은 적어도 그 국가의 법률에 따르겠다고 동의하고 약속을 했다는 증거이기 때문에 법을 어기면서 탈옥할 수는 없다. 약속을 어기는 일이 결코 정의롭지 못한 것처럼 악법이라도 어기는 것은 법률 위반 행위라는 것이다. 비록 사형선고를 받은 상황이라도 탈옥하는 것은 법을 어기는 행위라고 단호하게 말하고 있다. 국가의 법이 악법이라고 하더라도 약속인 한 복종해야 한다는 주장은 비폭력적이며 자발적이고 무저항적인 복종이라는 점에서 우리가 위에서 규정한 소극적 복종에 해당된다.

탈옥을 거부하면서 국가의 명령에 복종할 것을 주장하는 소극적 복종과 철학하는 일을 중지하라는 재판관의 명령을 거부하고 신의 명령에 따라 진리 탐구와 철학을 가르치는 일을 계속하겠다는 소극적 불복종 사이에는 미묘한 차이가 발생한다. Rucker는 『변명』과 『크리톤』 사이에서 발견되는 이런 차이점을 시민 불복종과 법률 무시(defiance of law)의 차이라고 구별해서 설명하고 있다. 『변명』에서 한 소크라테스의 행동은 오늘날의 개념으로 시민 불복종 운동과 같은 논거 위에서 한 행동이며, 『크리톤』에서 탈옥을 거부한 것은 약속의 산물인 법률을 무시해서는 안 된다는 계약론적 근거 위에서 한 행동이다.[7] 실정법보다 자연법을 더 우선으로 볼 때 할 수 있는 불복종 행위와 잘못된 실정법도 약속인 한 지켜져야 한다는 계약론적 근거 위에서 한 복종행위는 분명 충돌이 일어나는 상황인데 소크라테스는 그 충돌을 심각하게 인식하고 있지 않아 보인다. 흄은 소크라테스의 이런 모순적 상황을 다음과 같이 지적한다: "정부에 대한 복종의 의무가 약속에 기인한다고 말하는 구절을 내가 고전에서 유일하게 찾아낸 곳은 플라톤의 『크리톤』에서다. 거기에서 소크라테스는 자신이 법률에 복종할 것을 묵시적으로 약속했기 때문에 탈옥을 거부하고 있다. 따라서 그는 소극적 복종이라는 토리당(Tories)의 주장을 휘그당(Whigs)이 주장하는 원초적 계약 위에다 세우고 있다."[8]

4. 홉스의 계약론과 적극적 복종

복종 행위를 계약론적 근거 위에서 정당화한 고전적 형태를 소크라테스의 『크리톤』에서 볼 수 있다면 근대적 형태는 홉스와 로크의 정치론에서 발견된다. 이미 잘 알려진 대로 홉스는 서양 근대 정치철학사에서 가장 대표적인 사회계약론자이다. 사회계약론은 17세기 시민사회의 등장과 함께 새롭게 제시된 정부 구성의 원리이자 근대적 개인들의 행위 규범의 근거이다. 특히 백성, 신민, 시민들이 자신들의 정부에 대해 복종해야만 하는 의무의 근거를 제시해 주고 있다. 홉스는 국가, 정부, 부모, 주인이 져야 할 보호의 의무와 백성, 신민, 자식, 하인이 져야 할 복종의 의무 근거를 계약에서 찾고 있다. 그의 정치철학 전체는 한마디로 말해서 보호와 복종의 새로운 관계를 설정하고 그 근거를 확보하려는 데 있었다고 말할 수 있다.

홉스의 복종론을 이해하기 위해서는 자연 상태라는 논리적 가설과 그 안에서 생존해야 하는 인간의 존재 조건 그리고 자연법과 계약론에 대한 이해가 필수적이다. 자연 상태의 특징은 모든 사람이 자연으로부터 받은 평등한 권리와 자유를 누릴 수 있다는 점이다. 그리고 자기 생명의 보존이야말로 존재의 궁극적 목적이다. 그러나 자연법이 지배하고 완전한 자유와 평등이 보장되는 자연 상태는 역설적으로 존재의 불안전성과 만인에 대한 만인의 투쟁 상태를 초래한다. 또 자연 상태는 전쟁상태이며 무정부상태와 다를 바 없다. 이런 상황에서는 자기 생명을 보존할 수 있는 확실성이 담보되지 않는다. 자연법은 이런 조건의 인간에게 평화를 추구하라는 지상명령을 내린다.

자연 상태에서 벗어나는 유일한 길은 자신의 안전을 보장해 줄 공동의 권력자를 세우는 일인데, 이는 계약을 통해서만 가능하다. "권리의 상호 양도를 계약이라 부른다." 그리고 "한 사람이 권리를 포기하거나 양도할 때 그는 그 권리의 포기로 인해서 혜택을 받는 사람(통치자)을 방해하지 않아야 할 의무가 있게 된다."[9] 통치자에게 권리를 양도하겠다는 계약은 복종의 의무를 발생시킨다. 그리고 이때의 의무는 통치자의 명령 곧 법의 명령을 따라야 하는 정치적 의무(political obligation)이다. 캐롤 페이트만은 홉스가 말하는 이런 의무를 "스스로 부여한 의무(self-assumed obligation)"라고 규정하고 있다.[10]

밖으로부터 주어진 의무가 아니라 스스로 떠맡은 정치적 의무는 어떻게 해서 생기는가? 이를 이해하기 위해서는 『리바이어던』 16장에서 홉스가 사용하고 있는 본인(author)과 대리인(actor) 개념에 주목해야 한다. 보통 법률적 행위와 관련해서 볼 때 본인은 권위를 가지고 행동하는 주체이며, 대리인은 본인의 명령을 수행하는 대리자일 뿐으로 그 책임의 양(量)도 본인에 비해 훨씬 적다. 홉스는 통치자를 백성의 대리인으로 보고 있으며, 통치자에게 권위를 부여하는 백성을 본인으로 보고 있다.[11] 따라서 통치자가 자연법을 위반했을 때 그 책임의 몫은 본인(백성들)에게 돌아가야 한다. 명령의 주체자는 통치자 자신이 아니라 계약을 통해 그 통치자를 세운 백성 자신들이기 때문에 정치적으로 복종해야 할 의무의 근거는 바로 자기 자신에게 있다는 것이다. 민주주의가 자기 지시적(self-directive)인 통치 형태라는 말도 바로 이런 의미이다. 우리가 어떤 통치자를 선택하는가는 바로 우리 자신의 역량에 달려 있는 문제이며, 잘못된 통치자를 세우는 것도 그 책임은 우리 자신에게 있다고 보아야 한다.

홉스가 복종의 의무를 계약론적 관점에서 정당화하려는 작업은 『리바이어던』 20장(가부장적 지배와 전제적 지배에 관하여)에서 절정에 이른다. 이곳에서 홉스는 통치권을 세 가지 종류로 구분하고 있는데, 자연적 출생(generation)에 의해 획득된 통치권(세습 군주, 아버지), 정복에 의해 획득된 통치권(승전국의 군주나 쿠데타를 통해 집권한 전제 군주, 조직 폭력배의 두목) 그리고 세워진 통치권(입헌 군주, 대통령, CEO)이 그것이다. 이 세 가지 통치권은 그 출처가 비록 다르다고 하더라도 지배의 권리는 동일하며 실질적 힘과 합법적 권위를 반드시 가지고 있어야 한다. 힘과 권위가 없는 통치권은 백성들이 권리를 양도하면서까지 확보하려는 자기보존의 목적을 보장해 줄 수 없기에 계약의 파트너가 될 수 없다.

이 힘과 권위를 소유한 자에게 복종해야 할 이유는 어디에 있으며 그 근거는 무엇인가? 위에서 설명했듯이 세워진 통치자의 권위에 복종해야 하는 이유는 보호에 있으며, 그 근거는 계약에 있다.[12] 마찬가지로 나머지 두 가지 형태의 통치권 역시 계약에서 복종의 근거를 찾고 있다. 아들이 아버지에 복종하는 것은 자기를 낳아 주었기 때문이 아니라 자기를 보호해 줄 힘을 아버지가 가지고 있기에 복종할 것을 아들이 묵시적으로 동의했기 때문이다. 정복자에게 피정복국의 신민들이 복종해야 하는 이유도 마찬가지이다. 복종을 약속하지 않으려면 노예로 살면서 해방을 위해 적극적으로 불복종해야 한다. 적극적 불복종의 경우 자기 생명에 대한 확보가 불가능하며 동시에 정복자에게 복종할 의무도 발생하지 않는다. 그러나 자신의 생명과 재산 보호를 담보로 복종을 약속함으로써 노예 상태에서 벗어날 수 있으며, 복종의 의무를 지게 된다.

그런데 여기서 한 가지 주목해야 할 점이 있다. 홉스는 복종의 의무 근거가 계약과 동의에 있다고 말하면서도 두려움(공포)이라는 감정이 복종하게 만드는 역할에 대해서도 언급하고 있다.[13] 물리적 처벌을 할 수 있는 힘과 권위를 가지고 있는 대상은 언제나 두려움의 대상이 된다. 이 두려움은 사람들이 복종하게 만드는 심리적 배경이 된다. 부모나 정복자는 두려움의 대상이며 이 두려움이 그 권위자의 명령에 복종하게 만든다. 마찬가지로 세워진 통치자에 복종하게 만드는 두려움도 홉스의 표현대로 하면 상호 간의 두려움(mutual fear)이다. 자연 상태에서 "사람은 사람에 대해 늑대(homo homini lupus)와 같다." 서로에 대해 가상의 적이 되기 때문에 상호 간에 끊임없는 전쟁은 불가피하다. 전쟁 상태에서 피할 수 없는 폭력적인 죽음에 대한 공포(fear of violent death)와 두려움을 극복하는 데 가장 적절한 수단은 전쟁 중지를 위한 상호 계약을 맺고 그 약속의 유지를 위해 통치자를 세우는 일이다. 세워진 통치자에게 복종하는 이유는 자기 파멸에 대한 두려움을 피하고자 하는 근대적 개인들의 밝은 계산적 사고에서 찾을 수 있다.

복종의 대가가 자기 보호이지만 동시에 자유를 잃게 되고 노예 상태로 전락할 위험이 있을 수 있다는 비판에 대해서 홉스는 다음과 같은 논리로 반박한다. 자유의 상실이 자연 상태에 빠지는 것보다 낫고, 권력자로부터 오는 나쁜 결과(억압, 폭정)가 무정부상태보다 낫다. 절대군주론자로 알려진 홉스가 법의 명령에 대해 적극적 복종을 강조하는 것은 자연스러운 일이다.

그렇다면 홉스 철학 체계 내에 불복종 행위를 정당화할 만한 자리는 없는가? 홉스는 『리바이어던』 14장에서 양도할 수 없는 권리에 대해 언급하고 있으며, 그 구체적 사례를 21장에서 지적하고 있다. 사회계약은 권리의 양도 행위인데, 자연으로부터 주어진 모든 권리를 양도한다고 하더라도 끝내 양도할 수 없는 권리가 있다. 그것은 최소한 자기 생명을 지킬 수 있는 방책인데 양심적인 병역 거부권과 묵비권이 그것이다. 이 두 가지 권리를 지키기 위해서 통치자의 명령에 불복종하는 일은 정당화가 가능하다. 자기 보호에 치명적인 위협을 가하는 경우 그 위협에 대해 불복종이 가능하며, 계약을 통해 양도하지 않은 것들에 대한 요구도 불복종은 가능하다. 그런데 홉스는 두 가지 구체적 경우만을 들고 있다. 17세기의 사회적 문맥에서 홉스가 양심적인 병역 거부권과 묵비권을 양도할 수 없는 권리로 인정한 것은 그 자체로 놀랄 만한 주장이다. 캐롤 페이트만은 이 두 가지 권리를 인정하는 홉스의 주장을 근래에 많이 논의되고 있는 시민 불복종 운동과 유사하게 평가하는 플래스만(Flathman)의 주장에 비판적인 견해를 보이면서 "홉스는 개인들이 자신의 양심적인 판단에 근거해서 불복종 행위를 할 수 있는 모든 가능성을 배제하고 있다"고 주장하고 있다.[14] 불복종은 자연 상태로 되돌아가는 길이며, 반란의 씨앗이며, 평화를 파괴하고 국가를 약하게 하거나 붕괴시키는 범죄라는 것이 홉스의 기본적인 시각인 것만은 분명하다.

그러나 양심적인 병역 거부를 정당한 불복종의 행위로 인정한다고 하더라도 통치자는 국가의 질서와 평화를 위해 불복종 행위자를 처벌할 수 있다고 말한다. 또 묵비권의 행사는 처벌을 감수하되 자기 보호를 위한 최소한의 소극적 복종 행위이다. 그렇기 때문에 홉스가 처벌을 감수하면서도 양심적인 병역 거부권을 주장한다면 이는 소극적인 불복종 행위이며, 시민 불복종과 동일선상에 있다고 말할 수 있다. 시민 불복종 행위자는 처벌을 감수하면서 정치적, 도덕적 이유로 법률을 거부하는 불복종자(disobedient)이지만 결코 범법자(criminal)나 혁명가(revolutionary)는 아니다. 또 시민 불복종 행위자는 법치 국가의 근간을 무너뜨리는 사람이 아니라 법치 국가의 규칙을 지지하는 충성스러운 시민으로 남아 있어야 한다.

5. 버클리의 소극적 복종

1712년 버클리(G. Berkeley)는 「소극적 복종」(passive obedience)이라는 작은 책자를 출판하는데, 이것은 자신의 모교인 트리니티 칼리지의 예배 시간에 행한 설교가 세인들에게 오해를 받게 되자 그 내용을 다소 완화시켜서 출판한 것이다. 비록 작은 소품에 불과하나 버클리의 도덕철학과 정치철학의 단면을 포착하는 데에는 아주 중요한 작품이다. 코플스톤은 이 작품이 버클리 윤리학 체계의 프롤레고메나(prolegomena)와 같다고 평가하고 있다.[15] 버클리는 독자들을 위한 서문에서 왜 이 책자를 출판하게 되었는지에 대해 간략하게 해명하고 있다. 자신의 설교가 재코바이트(Jacobite)나 토리당(Tories)의 입장을 대변하는 것으로 오해받고 있고, 심지어 외국에까지 자신의 견해가 잘못 알려지는 상황에서 자기 변론의 필요성을 느끼지 않을 수 없었다고 말한다.[16] 국왕에 대한 충성은 제한적이고 조건적이어야 한다는 휘그당(Whigs)의 이론에 반론을 제기하지만 자신이 어느 특정한 정당에 더 우호적인 입장을 취하지 않는다는 것을 분명하게 밝히고 있다.

그러나 버클리가 살았던 18세기 전반부의 영국 역사를 염두에 두고 읽는다면 그의 본의에 더 가까이 접근할 수 있을 것이다. 1688년 명예혁명은 가톨릭을 신봉하던 제임스 2세를 폐위시키고 네덜란드에 있던 기독교 신봉자 메리와 그녀의 남편 오렌지 공(윌리암 3세)을 왕으로 옹립하는 사건이었다. 윌리암 3세의 등극에 불만을 가진 재코바이트들은 스튜어트 왕가의 정통성을 잇는 제임스 2세와 그의 아들만을 영국 황실로 인정하였기에 여러 차례 반란을 시도하였다.[17] 버클리는 이런 반란의 분위기를 잠재우기 위한 논리의 개발이 필요하다는 것을 인식했을 것이다. 또한 명예혁명의 성공 이후 국왕의 권력을 제한하고 의회의 힘을 강화하려는 속셈으로 사회계약론에 근거해서 혁명론을 지지하는 의회주의자들의 주장에도 버클리는 동의하기 어려웠을 것이다. 이 책의 부제목이 말하고 있듯이 소극적 복종은 "자연법의 원리 위에 입증되고 증명된 최고 권력에 저항하지 않아야 할 기독교적 교리"이다. 통치자에게 복종해야 할 원리가 자연법에 근거하고 있다는 것을 강력하게 천명함으로써 사회계약론에 근거한 혁명론과 제한적 복종론에 반대하고 있다.

정통성 시비에 말린 통치자에게 적극적으로 복종하는 일이 쉽지 않았을 것이며, 실질적인 통치자에 대항해서 혁명을 정당화하려는 사회계약론자와 의회주의자의 주장에도 동의할 수 없었던 버클리는 기독교 성직자로서, 그리고 충성의 의무를 다해야 할 신민으로서 어떻게 행동하는 것이 옳은가를 고심하지 않을 수 없었을 것이다.

버클리가 세운 논의의 전체 구도는 세 가지 요소로 구성되어 있다. 첫째, 최고의 정치적 권력자에게 무제한적이고 절대적으로 무저항(non-resistance)하거나 또는 소극적 복종(passive obedience)을 해야 할 의무가 있다는 것을 증명하는 일이며, 둘째, 이에 반대하는 주장들에 대해 반론하는 일이며, 셋째, 무저항했을 때 올 수 있는 결과를 예상해서 소극적 복종에 반대하는 주장들에 대해 재반박하는 일이다. 이 글에서는 그가 말하는 소극적 복종의 의미가 정확하게 무엇인지를 파악하고 어떤 근거 위에서 정당화될 수 있으며, 우리에게 어떤 의미로 다가오는가를 살펴보는 데 집중할 것이다.

(1) 소극적 복종은 최고 권력자인 통치자에게 무저항하고 복종하는 행위이다. '무저항과 소극적 복종은 시, 공간을 넘어서서 모두에게 요구되는 보편적 도덕률이다.'[18] 따라서 로크와 같은 의회주의자가

말하는 제한적 복종이나 혁명의 가능성을 열어 놓는 일은 반란을 합법화하고 사회를 무정부상태에 빠지게 만들 위험이 있다고 버클리는 믿었다. 그렇기에 버클리는 복종과 충성의 기준이 보편적 근거 위에 있어야 한다고 믿었다. 그 결과 그는 복종 행위의 근거를 자연법에서 찾고 있다. 자연법은 신의 명령이며 이성의 명령이며 보편적인 도덕률이기 때문이다. 물론 인간은 이성을 소유한 존재이기 때문에 자연법을 파악할 수 있는 능력을 갖고 있다는 점이 전제가 된다.[19]

인간은 본래부터 자기애(self-love)를 본능으로 갖고 태어나고 감각적 쾌락을 추구하지만 성장하면서 이 자기애와 감각적 쾌락의 추구가 일시적이라는 사실을 깨닫게 된다. 이성은 자기애와 자기 이익의 항구적인 확보를 위해 신의 명령에 복종하는 일이 절대적으로 필요하다는 사실을 깨닫게 만든다. 인간은 자신의 행위를 신의 의지와 동일하게 맞출 때, 즉 자연법의 제정자인 신의 명령에 복종할 때 영원한 행복을 얻을 수 있다. 여기서 버클리는 자기애와 공동선, 자기 이익 추구와 의무가 양립할 수 있고 또 양립해야만 한다는 것을 강조하고 있다. 충성과 복종은 이성의 규칙이며 잘 질서 잡힌 사회를 만들기 위한 근본적인 의무이며, 이 의무를 수행하는 것이 곧 자기애와 자기 이익 추구의 바른길이라고 말한다.[20]

(2) 버클리는 복종에 대한 반론들을 반박하면서 자신의 주장을 피력하고 있다. 그중 대표적인 것이 사회계약론에 대한 반론이다. 복종과 불복종의 근거가 계약에 있다고 주장하는 사람들은 계약을 위반하는 통치자에 대한 반란은 합법적이라고 주장하는데, 버클리는 이런 계약을 명시적으로나 묵시적으로나 한 적이 없다는 것이다. 그리고 이런 계약 사상은 통치자를 단순히 대리인으로만 보게 만들며, 법에 대한 존중심을 약화시키고 사회의 결속력을 약하게 만든다고 경고하

고 있다.[21]

공공의 선에 적합한 법에 대해서만 복종해야 하고 그렇지 못한 법은 거부하는 것이 합리적인 복종이라고 주장하는 견해에 대해서도 버클리는 누가 그것을 판단할 수 있는가? 라고 반문한다. 아무도 완벽한 판단 능력을 지닌 사람은 없다고 보며, 법을 자의적으로 해석할 때 초래되는 위험성을 버클리는 지적하고 있다. 따라서 함부로 공익을 앞세워 불복종하거나 반란을 일으키는 일은 위험하다. 전제 군주의 통치로부터 초래되는 불편함이 무정부상태로 되돌아가는 것보다는 낫기 때문에 전제 군주에게 복종하는 것은 의무이며 자기애의 원리와도 일치한다.[22]

신에게 복종하는 것은 신의 노예가 되는 것이 아니듯, 통치자에게 저항하지 않는 것은 노예 상태로 전락하는 것이 아니라 감정을 이성에 종속시키는 것 이상이 아니라고 말한다.[23] 통치자에게 복종하고 무저항할 것을 명령하는 자연법의 정신이 성서적이라는 것을 보이기 위해 버클리는 이 책의 본문을 시작하면서 성서를 인용하고 있다. "하느님의 권세를 거역하는 사람은 하느님의 명을 거역하는 것이요..."[24]

(3) 그렇다면 양심에 어긋나는 명령을 내리는 전제 군주에 대해서도 복종을 해야만 하는 것일까? 반란은 죄라고 규정하면서 전제 군주에게도 복종할 것을 요구하는 버클리의 주장은 어떻게 이해될 수 있는가? 정통성은 없으나 실제로 힘을 가지고 있는 사실상의 왕에게 복종하는 것은 정당한가?[25] 이것을 제대로 이해하기 위해서는 버클리가 사용하고 있는 두 종류의 복종을 구분해서 보아야 한다. 버클리는 복종을 두 종류로 구분해서 사용하고 있는데, 적극적 복종(active obedience)과 소극적 복종이 그것이다. 소극적 복종은 비폭력 무저항적 복종으로 치환될 수 있다.[26] 전제 군주에게 복종하라고 할 때 의미하

는 바의 복종은 소극적 복종이지 적극적 복종은 아니다. 그는 백성들에게 고통을 주는 법이나 양심에 어긋나는 통치자의 명령은 이미 신의 법이 아니기 때문에 적극적 복종을 할 수는 없다고 말한다. 전제 군주에게 적극적으로 복종한다면 잘못을 범할 위험성이 높아질 것이다. 전제 군주는 우리의 양심이나 자연법에 어긋나는 명령을 내릴 수도 있기에 맹목적으로 복종하는 것은 잘못을 범할 위험성이 아주 높아진다. 그러나 소극적 복종은 잘못을 범할 가능성이 아주 작다. 왜냐하면 양심에 따라 비폭력과 무저항으로 대응하기만 하기 때문이다. 소극적 복종은 최소한으로 하는 복종이며, 전제 군주를 위한 복종이 아니라 자기방어를 위한 최선의 전략으로 선택하는 복종일 뿐이다. 버클리의 소극적 복종에 관해서 Luce와 Jessop의 해석은 적절하게 보인다. "소극적 복종의 목적은 전제 군주를 명예롭게 만드는 데 있지 않고 하느님의 법(자연법)을 명예롭게 하는 데 있다."[27]

소극적 복종은 두 가지 기능을 가지고 있다. 하나는 통치자에게 직접적이고 물리적으로 저항하는 것을 반대하는 것이며, 다른 하나는 절대적이고 적극적인 복종(absolute positive obedience)에 반대하는 것이다. 다시 말하면 소극적 복종은 비폭력 무저항 운동이지만, 전제 군주에 대한 적극적 복종에 대해서는 반대함으로써 소극적인 불복종과 공통집합을 구성할 수 있다.[28] 소극적 복종은 적극적 복종이 잘못되었을 때 그 대안으로 가능하며 정당성을 가질 수 있다. 버클리가 정당화하려고 노력한 소극적 복종이 혹시라도 일제시대나 유신헌법 치하에서 저항하지 않고 체제에 복종하며 살았던 사람들에게 자신들의 소극적 복종이 그렇게 비굴하거나 비난받을 만한 것은 아니라는 일종의 면죄부를 제공할 수도 있을지도 모른다.

6. 흄: 복종과 저항권

복종에 관한 흄의 논의는 『인간 본성에 관한 논고』 3권 2부 7-10절과 에세이(Essay)집 2부에 있는 「소극적 복종」(Of Passive Obedience)에 집중되어 있다. 그는 복종이라는 용어 대신에 정부에 대한 충성(allegiance)이라는 개념을 더 많이 사용하고 있으나 충성이 정부나 최고 권력자에게 의무를 가지고 복종하는 행위라고 볼 때 이 두 개념 사이에 본질적 차이는 없다.

만약 흄이 나치 정권이나 유신헌법 아래에서 살았다면 그런 정부에 대해 충성을 해야 한다고 말했을까? 아마도 흄은 다음과 같은 두 가지 대답을 했을 것이다. "극악한 폭정과 압제의 경우에 최고의 권력에 맞서 무장 봉기하는 것은 정당하며, 정부는 인간이 상호 이득과 안전을 위해 발명한 것일 뿐이므로 정부의 이런 기능이 일단 중지된다면 더 이상 자연적 책임이나 도덕적 책임을 부과하지 못한다."[29] "우리의 도덕 개념은 소극적 복종의 개념처럼 불합리한 개념을 담고 있을 수 없으나, 전제 정치와 압제에 대한 악명 높은 사례에서 저항을 허용하고 있다."[30]

이 구절을 보면 흄은 정부가 수행해야 할 기본적인 의무, 즉 백성들의 안전(safety)과 보호(protection)의 의무를 다하지 못할 경우에 저항할 수 있다는 점을 분명하게 밝히고 있다. 다른 영국경험론자들과 마찬가지로 흄은 자기 보호와 자기애 그리고 자기 이익의 추구가 인간의 기본적인 행위 동기라는 점에 동의하고 있다. 그리고 자기 보호의 구체적인 내용은 생명과 재산에 대한 안정성 확보이며 평화와 질서의 항구적인 보장이다.

그런데 인간은 본성상 치유하기 어려운 약점을 가지고 있다. 장기적인 이익보다는 단기적인 이익에 더 쉽게 넘어가며, 정의와 공평의 원칙을 지키기보다는 위반하려는 욕망을 가지고 있다. 이런 본성상의 약점을 치유하고 항구적으로 자기애의 감정에 충실하면서도 자기 이익을 추구할 수 있는 가장 효과적인 방법이 정부와 최고 통치자를 세우는 일이라는 것을 경험을 통해 자연스럽게 알 수 있다. 정부가 없을 때 정의의 원칙은 지켜질 수 없고 그럴 때 발생하는 불편함이 계속 반복되다 보면 사람들은 자연스럽게 '공통 이익에 대한 일반적인 감각'을 갖게 된다. 그리고 이 감각을 통해 정부를 세우는 데 자발적으로 동의하게 된다. 흄은 이것을 규약(convention)이라고 부르고 있다.[31] 흄이 볼 때 정부란 인간이 공통의 이익을 추구하기 위해 고안해 낸 유용한 발명품에 불과한 것이다.

잘 알려진 바대로 흄은 규약론의 입장에서 왕권신수설과 사회계약론에 대해 모두 비판하고 있다.[32] 왕권신수설이나 계약론은 모두 정치학의 사변적인 체계라고 규정하고 이를 반박하기 위해 「원초적 계약」과 「소극적 복종」이라는 두 개의 에세이를 작성하고 있다. 정부를 세우고 통치자에게 복종하는 근거가 약속에 있다는 계약론자의 주장에 대해 흄은 그런 일들이 무의미한 일이며 원초적 계약에 대한 경험적, 역사적 기록을 묻는 것도 무모한 일이라고 말하고 있다.[33] 기록된 역사 어느 곳에서도 계약의 흔적은 찾을 수 없다. 만약 그런 계약이 있었다고 하더라도 그것은 너무 오래전의 일일 것이고 또 불완전하기에 정부의 기원이나 복종의 근거를 묻는 문제에 대해 해답을 제공하지 못한다.

흄에 의하면 사회는 정부에 우선하며 정부가 구성되는 과정은 주로 전쟁을 통한 정복이나 사회 내부의 반란 등을 통한다. 전쟁은 영웅을 필요로 하며 그 영웅에 대한 복종의 행위는 자발적으로 발생하며 반복되는 복종의 행위가 자연스럽게 그에게 통치적 권위를 부여하게 된다. 또 반란이나 혁명을 통해 등장한 정부에 대해서도 공포나 필요성 때문에 복종하는 것이지 계약의 결과로 원하지 않는 정부에 대해 복종하는 것은 아니다. 흄은 원시 족장 사회에서 어떻게 정부가 정당화(합법화)되었으며 통치자가 세워졌는가를 설명하면서 '합법적 정부(de jure government)'는 '사실적 정부(de facto government)'에 의존되어 있음을 강조하고 있다. 즉 정부의 정당화는 계약의 산물이 아니라 실질적 힘을 가진 정부에 대한 국민의 인정(시인)의 결과물인 것이다. 반복된 힘의 행사는 습관적으로 그 권위를 인정하도록 만들며 마치 그것이 국민들의 자발적인 충성인 것처럼 보일 뿐이다. 새로운 정부가 수립되었을 때 국민의 복종은 충성심에 대한 도덕적 의무 때문이 아니라 그 정부가 행사할 수 있는 힘의 공포와 자기 보호의 필요성 때문이라고 흄은 말하고 있다.

그렇다면 정부나 통치자의 권위에 복종해야만 하는 의무의 근거는 어디에 있는가? 사회계약론자들의 주장처럼 "시민 정부에 대한 복종의 의무는 백성들의 약속으로부터 나오는 것이 아니다."[34] 충성의 유일한 기반은 정부로부터 얻을 수 있는 최대의 이점인 보호와 안전 그리고 평화와 질서의 확보에 있다.[35] 가정에서 부모의 권위에 자녀들이 복종하는 근거는 계약 때문이 아니라 안전과 보호를 대가로 자발적으로 행위하는 데 있는 것처럼 정부에 대한 복종도 마찬가지이다. 따라서 '정부 또는 통치자의 권위에 복종해야 하는 의무나 국민 저항권의 근거는 계약 사항이다'라는 사회계약론자들의 주장은 현실 세계와 일치하지 않는다. 다시 말해 습관적으로 오랫동안 복종해 왔기 때문에 정부에 대한 충성의 의무가 인정되는 것이지 아주 오래전에 있었을 원초적 계약의 조건 때문은 아니다.

부당한 정부에 대한 불복종 및 저항권에 대해서 흄은 어떤 입장을 취하는가? 앞서 인용한 것처럼 전제 군주나 참을 수 없는 억압에 대해서는 불복종하는 것이 정당하다고 본다. 최고 권력이 휘두르는 폭력에 대해 저항하고 불복종하는 것을 흄은 정당한 것으로 인정하고 있다. 그런데 저항과 불복종 행위의 근거 역시 계약론에 있지 않다는 것을 지적하고 있다. 폭력적인 정부라면 불복종하는 것이 상식이며 그것은 인류의 오랜 일반 관습의 결과라는 것이다. "백성의 안전이 최고의 법(Salus populi suprema Lex)"인데 통치자가 이것을 보장해 주지 않으면 그에 대한 충성과 복종의 의무도 중지된다. 일반적인 인간의 자기 보호 감정, 역사적 경험에 의한 반성, 현재의 고통에 대한 공감 등이 폭력적인 정부나 통치자의 억압에 대해 자연스럽게 저항하도록 만든다.

여기서 한 가지 주목할 점은 폭정과 억압에 불복종하는 것이 일반적인 원리이지만 어느 경우에 불복종하는 것이 정당한지를 알 수는 없다는 것이다. 불복종의 정당성을 판가름해 줄 특정한 규칙을 우리는 알 수 없기 때문이다. 이 말은 어떤 때에 복종하고 또 어떤 때에 불복종하는 것이 정당한지를 판정할 수 있는 일반적인 기준을 어느 누구도 정할 수 없다는 말이다.[36] 저항과 불복종은 아주 예외적으로 긴급한 경우에만 허용되어야 한다는 것이 흄의 입장이다. 단지 저항할 수 있는 정치적 자유는 어느 체제에서나 확보하는 일이 중요하다는 점만은 확실하다고 흄은 말하고 있다. 그리고 일반적인 경우에 정부에 대해 불복종하는 것은 사회에 아주 해롭고 파괴적이기 때문에 저항 이론을 실천에 옮길 때는 신중해야 한다고 흄은 지적하고 있다.[37]

흄은 홉스처럼 시민전쟁을 경험하지도 않았고, 로크처럼 혁명의 위기를 겪지도 않았다. 그의 시대는 왕과 의회의 권력 분점이 잘 이루어진 정치적 안정기였다. 따라서 그가 토리당과 휘그당의 이데올로기를 절충하는 일은 어려운 일이 아니었을 것이다. 의회주의자의 입장에서 시민 불복종과 저항권을 인정하면서도 혁명과 저항이 무정부상태의 혼란으로 몰아갈 위험이 있다는 것을 경고하고 있다. 전제 군주의 폭력으로부터 백성들이 아주 위험에 빠질 때에 마지막 탈출 수단으로 저항하는 것을 제외하면 자신은 언제나 충성의 약속을 단단히 하는 사람의 편에 서겠다고 말하고 있다.[38] 정치적 개혁이 필요하지만 "그것은 당대의 계몽된 천재들이 이성과 자유와 정의의 편에 서서 개혁의 방향을 제시해 줄 때에만 선하다. 어느 누구도 폭력적 개혁의 권리는 없다."[39]

7. 결론: 소극적 복종의 제자리

이 글을 시작할 때 가졌던 생각은 소극적 복종의 자리를 찾아 주는 일이었다. 부당한 권위에 복종하는 것은 비겁한 짓이라는 통념을 거부하고 복종 행위에 도덕적 정당성을 부여할 수 있는 길은 무엇일까 생각해 보았다. 복종의 문제에 관하여 소크라테스, 홉스, 버클리 그리고 흄의 경우를 다루면서 다음과 같은 세 가지 결론을 잠정적으로 내릴 수 있다.

첫째, 소극적 복종과 소극적 불복종은 비폭력적이며 자발적인 행위라는 점에서 공통적이다. 또 이 둘은 처벌을 감내하거나 수용할 준비가 되어 있다는 점에서도 비슷하다. 소크라테스의 경우 탈옥을 거부하고 독배를 마시고 죽음을 청한 행위는 분명 소극적 복종이다. 그러나 소크라테스의 행위는 관점을 달리 보면 타락한 아테네의 집권자들과 그 배심원들에 대한 저항의 몸짓으로 이해될 수도 있다. 탈옥을 거부함으로써 아테네의 법이 잘못되었고 법정이 타락했다는 것을 고발하고 있다. 이 점과 관련해서 야스퍼스(Jaspers)의 다음과 같은 지적은 옳다고 본다. "소크라테스의 죽음은 재판에 의한 살인이라기보다는 재판에 의한 자살이라고 보는 사람들은 소크라테스가 당시에 횡행하는 비진리를 굴욕적으로 받아들이는 처사를 완강히 거부했다는 사실을 보지 못하는 사람이다."[40] 또 철학하는 일이나 청년들을 가르치는 일을 중지하라는 국가의 명령을 거부하는 행위는 소극적 불복종이지만 이 역시 체제에 대한 저항 행위이다. 『변명』에서는 자연법에, 『크리톤』에서는 계약론에 근거해서 각기 달리 선택한 행위처럼 보이지만 악법에 대해 저항하려는 소크라테스의 의도는 충분하게 보여 주었다고 판단된다. 그의 경우 소극적 복종과 소극적 불복종 사이에는 아무런 차이가 없다고 말할 수 있다.

둘째, '계약이 복종의 근거이다.' 라는 계약론자들의 복종론에는 이 세상에 절대적 복종이란 없으며, 계약되지 않은 것은 복종할 의무가 없다는 뜻이 함축되어 있다. 홉스의 경우 절대군주에게 적극적 복종을 말하고는 있지만, 어느 경우에도 양도할 수 없는 양심적인 병역 거부권과 묵비권을 동시에 말하고 있다. 양심적인 병역 거부권을 행사하는 일은 기존 법체계를 거부하고 그 법에 따라 처벌을 감수하겠다는 의지가 표현된 것으로 소극적 불복종에 해당된다. 이는 법체계에 대한 저항 행위이다. 또 묵비권을 행사하는 일은 기존 법체계를 인정한다는 점에서 소극적 복종 행위로 해석될 수 있으나 최소한의 자기 보호를 위한 저항 행위로 이해될 수도 있다. 홉스는 소극적 복종과 소극적 불복종이 교차하는 공통집합 부분에 두 가지 권리가 있음을 분명하게 선언하고 있다.

셋째, 잘못된 권위에 대해 적극적으로 복종하는 것은 분명 부도덕하다. 친일 행위자를 비난하는 이유도 그들이 적극적으로 복종했기 때문이다. 그렇다고 해서 소극적인 복종 행위마저 비난해야 할 이유는 없다는 것을 버클리는 함축적으로 보여 주고 있다. 사람은 누구나 자기애와 자기 이익을 최우선으로 고려해서 행동한다. 그렇다면 자기 생명을 보호하기 위해 부당한 권위에 대해 소극적으로 복종하는 행위는 최소한의 자기방어 기제로 간주될 수 있다. 일제 강점기나 군사정권 아래에서 저항하지 않고 묵묵히 살았던 사람들의 행동에 대해 누가 비난할 수 있는가? 이들이 생존 전략으로 선택할 수 있었던 행위는 소극적으로 복종하는 길뿐이었을 것이다. 정당하지 못하고 불법적인 통치자의 명령에 대해 소극적으로 복종하는 것은 저항 형식의 하나로 평가될 수 있다.

회고와 재검토

1. 왜 이 글을 쓰게 되었는가?

「복종에 대하여」는 2004년 출간된 장욱 교수의 퇴임 기념 논문집에 실린 글이다. 이 글을 쓰게 된 배경에는 세 가지 자극이 있었다. 하나는 아주 오래된 질문 가운데 하나인 소크라테스의 명제로부터 받은 자극이다. 악법도 법인 한 복종해야만 하는가? 하는 소크라테스의 명제는 군사독재 시절과 제5 공화국을 살아오면서 항상 자문해야 했던 물음이었다. 악법에 복종해야 한다고 할 때 그 복종은 어디까지 정당화될 수 있는가? 탈옥을 하면 살 수 있었으나 소크라테스는 이를 거부한다. 탈옥은 그것이 비록 악한 법이라 하더라도 현행법을 위반하는 것이고, 현행법 위반은 약속 위반과 다를 바 없기 때문이다. 1980년 10월 제5 공화국 헌법 개정을 위한 국민투표에 나는 의도적으로 참여하지 않았다. 그리고 그다음 해인 1981년 3월 국회의원 선거 투표 전에 나는 나의 주민등록이 말소된 것을 알았다. 동사무소에 찾아가 그 연유를 물었더니 말단 공무원인 자신의 직권으로 말소했다고 한다.

명시적으로 헌법 개정 투표를 하지 않아서 주민등록 말소를 했다는 표현은 하지 않았으나 직권 말소했다는 말의 행간에 그런 의미가 들어 있던 것을 나는 알아차릴 수 있었다. 주민등록 말소는 나의 작은 불복종에 대한 보복적 행위로 보였다. 지금은 그렇게 할 수 없겠지만 그때는 그런 일이 가능했던 시절이었다.

두 번째 자극은 2000년대 초에 내가 일하던 대학교의 학내 갈등과 연관되어 있다. 이때는 학교의 책임자인 총장 선출과 관련해서 많은 대학이 진통을 겪던 시기였다. 학교마다 여러 사정이 있으니 이를 고려하지 않고 일률적으로 평가하기는 어렵다. 내가 가르치던 학교는 소위 주인이 없는 종교재단의 사립대학이다. 재단 이사회는 법적 지위를 갖고 있었고, 이사의 대부분은 목회자들로 구성되어 있었다. 이들 이사장과 이사들은 학교 경영에 대해 거의 아무런 책임을 지지 않는 명목상의 직위만을 가지고 있었다. 그러나 법인 이사회가 가진 가장 막강한 힘은 총장을 선출하는 권한이었다. 이것이 사립학교법이 보장하고 있는 권한이었다. 이사회의 권한과 총장을 직접 우리 손으로 선출하고자 하는 교수협의회의 직선제 요구는 늘 충돌했다. 이사회가 선출한 총장은 정통성을 확보하는 일이나 다수 교수의 지지를 받는 데 어려움을 겪어야 했다. 복종과 불복종의 문제가 첨예하게 대립이 된 지점이 바로 여기이다. 명목상의 법적 정당성은 가졌으나 사립학교법의 독소 조항이나 다수의 동의를 얻지 못한 총장의 선임에 어디까지 복종하고 또는 불복종할 것인가? 이 물음은 즉각적 행동과 실천이 요구될 만큼 절박한 문제였다. 피켓 시위나 보직 사퇴 등을 통해 총장 선임을 거부할 것인가 아니면 이사회의 결정을 수용할 것인가? 당시 내가 직면한 현실 상황에 대해 답할 수 있는 일은 이런 글을 쓰는 일이었다.

이 글을 쓰게 된 세 번째 자극은 에릭 프롬(Eric Fromm)의 작품집, *On Disobedience and Other Essays* (1984)였다. 나는 유학을 마치고 귀국하기 직전인 1984년 12월 19일 런던의 대표적인 대형 서점인 포일스(Foyles)라는 곳에서 우연히 이 책을 구입했다. 이 책의 1장 "심리적, 도덕적 불복종"은 내게 진하고도 신선한 충격을 주었다. 인류 역사가 불복종으로부터 시작되었고, 결국 복종함으로써 절멸할 수도 있다는 프롬의 경고는 섬뜩할 정도로 실감 나게 들렸다. 아담과 하와의 불복종은 에덴으로부터의 추방을 초래했고, 신들의 창고에서 불을 훔쳐 인류에게 전해 준 프로메테우스의 불복종은 매일 독수리에게 간을 쪼아 먹히는 고통을 감수해야 했다. 이후 나는 불복종이 미덕이고 맹목적 복종이 인류의 미래에 더 위험하다는 믿음을 가졌고 강의실에서 학생들에게 그렇게 말하는 것이 선이라고 믿었다. 희미한 기억이지만 1960년의 4.19 학생 혁명을 목격하고, 1980년 5.18 광주 민주화운동, 1987년 6월 항쟁 등 혁명의 시기를 거치면서 나는 복종과 불복종의 긴장 관계를 체험하고 숙고하지 않을 수 없었다. 언제나 불의에 불복종하는 것이 미덕이고 악한 정부에 복종하는 것은 굴종으로 이해했다. 이런 일련의 배경 사건들이 '복종에 대하여'라는 글을 쓰게 만든 자극이었다.

2. 분노와 저항: 논개의 경우

> "거룩한 분노는 종교보다도 깊고, 불붙은 정열은 사랑보다 강하다.
> 아, 강낭콩꽃보다도 더 푸른 그 물결 위에 양귀비꽃보다도 더 붉은 그 마음 흘러라." —「논개」, 변영로[41]

위의 시는 변영로 시인의 「논개」라는 제목의 시 일부이다. 예전에는 고등학교 국어 교과서에 실려 있어서 많이 알려진 시이다. 내가 이 시를 인용한 이유는 '거룩한 분노'라는 시어 때문이다. 이는 왜적의 적장을 끌어안고 진주 남강으로 투신하며 그녀의 마음은 어떠했을까 하는 상상적 호기심 때문이다. 왜적에게 함락당한 진주성의 백성들은 죽음의 위험 앞에서 두려움에 사로잡혔을 것이고, 승전에 도취된 왜장들은 자축하는 연회를 열었을 것이다. 관기로 위장하여 왜장과 함께 남강에 뛰어든 논개는 충절의 열사로 기록되어 있다. 그러나 논개의 행위는 남편 최경회의 죽음에 대한 복수심이나 나라를 구하겠다는 충성심만으로 설명하기에는 부족하다. 진주성 백성들 대부분은 피정복민으로 온갖 수모를 당하면서도 목숨을 부지하기 위해 저항하기보다는 숨죽여 복종하며 살았을 것으로 짐작이 된다. 왜군들이 저질렀을 만행이나 수탈의 임계점이 넘었다고 하더라도 조선의 백성들은 저항하거나 반항하는 일이 쉽지 않았을 것이다. 이들에게 불복종은 곧 죽음을 각오하는 일이었으며 다른 선택지가 있다면 그것은 의병에 가담하여 싸우는 길밖에 없었을 것이다. 그렇지 않으면 대부분 노예와 같은 굴종의 삶을 살아야 했을 것이다. 그러나 논개가 선택한 길은 불복종과 저항의 삶이었고 거룩한 분노는 저항할 수 있는 불복종의 에너지를 제공했을 것이다.

저항하고 반항하는 행위는 적어도 두 가지 감정이 강렬해야 가능하다고 본다. 하나는 극도의 두려움 또는 공포이다. 죽음이 곁에 다가와 있다는 공포감 수준의 두려움이어야 한다. 어정쩡한 두려움과 공포는 오히려 저항과 반항을 포기하도록 만드는 경향이 강하다. 강렬한 두려움이 있어야 저항하고 반항할 마음이 생긴다. 객관적 전력이 열세에 있더라도 죽기를 각오하고 싸우는 운동선수들은 종종 의외의 결과를 가져온다. 운동선수들이 정신력으로 싸웠다고 말할 때의 그 정신력은 달리 표현하면 두려움을 극복했다는 말이다. 패배의 두려움과 공포가 임계점에 이르면 그 두려움은 새로운 힘의 에너지 원천으로 변화된다. 고양이 앞에서 쥐가 막다른 골목에 몰릴 때 피할 수 없는 상황이라면 쥐가 느끼는 죽음의 공포는 오히려 공격 본능을 일깨우는 것과 비슷한 현상이다. 두려움은 지레짐작으로 사람을 죽이기도 하지만 어떤 경우에는 살리기도 한다. 항해하다 풍랑을 만나 침몰 위기에 놓일 때 물건을 배 밖으로 던지는 행위는 죽음에 대한 두려움 때문이지만 그 두려움과 공포는 역으로 목숨을 살리기도 한다. 나라가 망해서 임금도, 정부도 백성의 생명과 재산을 보호해 줄 수 없는 상황에서 자기를 보호할 수 있는 길 중의 하나는 저항하는 길이며, 논개가 선택한 길도 바로 그것이다. 굴종하며 노예로 사는 길은 죽어 사는 길이나, 죽기를 다해 저항하는 길은 사는 길이라는 것을 보게 된다. 두려움의 끝자락에서 저항의 용기를 찾을 수 있다.

저항하게 만드는 두 번째 감정은 분노의 감정이다. 분노가 없이는 저항과 반항은 불가능하다. 이때의 분노는 의분(義憤) 또는 공분(公憤)이라고도 할 수 있다. 변영로는 논개가 품었던 분노의 감정을 '거룩한 분노'라고 했다. 어떻게 분노가 거룩할 수가 있는가? 거룩하다는 말은 보통 신(神)에게나 붙일 수 있는 말인데 변영로는 논개의 분노를 종교심보다 더 깊은 분노의 감정으로 읽었다. 홉스의 말처럼, (사람에 대한) 분노는 "보통 모욕당했다는 생각에서 나오는 비통한 마음"으로 정의될 수 있다. 개인 간의 관계에서나 공적인 관계에서도 모욕감은 분노의 감정을 일으킨다. 명예가 훼손되었다는 생각이 들 경우에도 분노의 감정은 불길처럼 일어난다. 이 분노는 복수심을 갖게 만든다. 왜군의 침략으로 임금과 조정 그리고 백성이 모욕당했다고 생각될 때 분노는 저항의 명분을 제공한다. 또 저항하기에는 너무도 두려운 왜장은 조선 백성들에게 씻을 수 없는 상처와 모욕을 준 왜군의 상징이었다. 이 모욕감은 분노의 감정으로 점화되고 그 분노는 저항이 거의 불가능한 왜장을 상대로 싸울 수 있는 에너지의 원천이 되었다. 반인륜적인 범죄에 대해 신의 분노를 요청하는 것처럼 논개의 저항은 사사로운 복수심을 넘어섰다는 데 그 거룩함의 향기를 품고 있다.

다행스럽게도 우리는 목숨을 담보로 한 저항이 필요한 시대를 지나가고 있고, 또는 지나갔다고 말할 수 있을지도 모른다. 그러나 여전히 노동 산업계에서는 목숨을 걸고 저항하는 일들이 일어나는 것도 사실이다. 1970년대와 80년대 군부 독재와 유신독재 시대를 지나면서 숱한 사람들이 목숨을 내놓고 독재, 억압 체제에 맞서 불복종하고 저항했다. 그러면 민주주의 체제가 어느 정도 정착된 지금은 저항이나 불복종은 더는 필요하지 않은 시대인가? 21세기에 들어서서도 세계 곳곳에서는 민주화를 위해 시민 불복종 운동과 저항 운동이 지속되고 있다. 아랍의 봄으로 알려진 아프리카 북부의 여러 나라에서 민주화 운동은 다양한 형태의 저항 운동이 수반되었다. 미얀마와 홍콩의 우산혁명도 희생을 치러야 했다. 그러나 우리나라의 경우 촛불 시위를 거치면서 대규모 저항 운동은 정권 교체라는 결실을 얻어 낸 것으로 유종의 미를 거두었다.

그렇다면 이제는 어떤 방식의 저항이 가능한가? 나의 안전과 보호를 맡기기에는 너무도 무능하고 무기력한 정부에 대해 어떻게 저항하고 거부 행위를 할 것인가? 이런 상황은 어떤 민주주의 국가에서나 일어날 수 있다. 나는 우리가 가지고 있는 저항의 권리를 민주적이고 합법적인 방식으로 표현할 수 있는 유일한 길은 투표 행위라고 믿는다. 투표를 통해 믿을 만한 좋은 정부를 세우는 일은 우리 모두의 몫이고 책임이다. 그것이 실패했을 때 따르는 위험과 고통도 참여자 모두가 같이 나누어 질 수밖에 없는 것은 민주주의 제도의 딜레마이다. 권투 경기에 참여하는 선수들은 서로 상해를 당할 수 있는 위험을 감수해야 한다는 '위험 감수의 원칙(*volenti non fit injuria*)'은 여기 민주주의 제도에서도 적용된다.

3. 복종과 불복종의 종류

복종과 불복종의 긴장 관계가 생기는 경우는 다양하다. 가정, 학교, 직장, 사회, 군대, 그리고 정치와 법 등 명령하는 자와 수행하는 자가 있는 삶의 영역 대부분에서 발생할 수 있다. 그러나 이 글에서는 복종과 불복종의 충돌이 심각한 파장을 일으키는 공적인 영역에 집중해서 생각하고자 한다. 이 두 개념을 둘러싼 논의의 명료화를 위해서는 사용되는 개념에 대한 분석이 우선한다. 복종이란 개념에는 준법, 순종, 이행, 인정, 수용 등의 의미가 포함되어 있다. 또 불복종이란 개념 안에는 저항, 반항, 거부, 불인정, 불이행 등의 의미가 들어 있다. 이렇듯 여러 가지 의미들이 포함된 복종, 불복종 개념을 단순화해서 아래와 같이 도식화했다. 이런 단순한 도식화가 다소간에 혼란을 일으킬 수 있는 부분이 있으나 개념 간의 경계선을 세움으로써 일단은 애매함에서 조금은 벗어날 수 있으리라 본다.

적극적 복종	소극적 복종	소극적 불복종	적극적 불복종
자발적 폭력 수반 증가 최대한 안전 보장과 보상 예) 일제 강점기 친일 부역자	비자발적 경향 비폭력적 최소한의 안전 보장 예) 악법, 불법에 대한 묵인, 소극적 수용	비자발적 경향 비폭력적 처벌 감수 및 최소한의 안전 보장 예) 촛불 및 피켓 시위	자발적 폭력 수단 증가 처벌 감수 및 최대한의 위험 노출 예) 단식투쟁, 양심적 병역 거부, 파업

이 분류표에 따르면 「복종에 대하여」 본문에서 잘못 표현된 부분이 두 군데 있다. 소극적 복종을 '비폭력적이며 자발적 복종'이라고 했는데, 이는 '비자발적 경향'으로 수정해야 마땅하다. 왜냐하면 부당한 명령에 대해 소극적으로 복종하는 일은 대부분 비자발적인 경향이 많기 때문이다. 식민 통치나 잔인한 군사정권 아래에서 숨죽이며 살았던 사람들은 소극적으로 복종하되 비자발적인 경우가 대부분이다. 또 묵비권 행사에 대해서도 '자기 보호를 위한 최소한의 소극적 복종'이라고 했는데, 이것 역시 '소극적 불복종'으로 수정해야 한다. 묵비권이란 그것이 아무리 진실이라 해도 자신에게 불리할 것 같은 진술을 거부할 수 있는 권리를 의미하기 때문이다.

위의 그림처럼 도식적인 구분은 애매하거나 모호한 부분이 있음을 간과해서는 안 된다. 복종과 불복종 사이의 경계선이 분명한 것에 비하면 소극적인 것과 적극적인 것 사이의 경계선은 상호 교차 가능한 부분이 분명 있다. 2016년 11월 초부터 시작된 촛불 시위는 점차 확대되며 규모 면이나 요구 사항의 내용 면에서 혁명적 수준으로 진화해 나갔다. 이 촛불 시민운동은 적극적 불복종 운동이나 폭력이 수반되지 않았으며, 처벌에 대한 위험 부담도 그렇게 높지 않았다. 국정이

제 역할을 하지 못하는 현실에 대해 저항하고 싶지만, 국민투표로 선출된 대통령의 탄핵에 대해서는 소극적 입장을 취한 사람들이 많았다. 이들의 일부는 비자발적이면서 소극적인 복종의 태도를 취했을 것이고, 또 다른 일부는 소극적으로 자발적 불복종을 취했을 수도 있다. 결국 대통령의 탄핵이 이루어졌고 정권이 바뀌었다는 사실은 촛불 시위가 촛불혁명으로 진화해 갔으며, 초기의 소극적 불복종이 적극적 불복종 운동으로 발전해 간 것이라 평가할 수 있다. 이렇게 보면 4가지로 구분한 개념들 사이의 기준을 너무 경직되게 적용할 필요는 없다.

복종과 불복종 사이에는 일종의 변증법적 운동이 작동한다. 위의 도식에서 소극적 복종과 소극적 불복종 사이에는 임계선(臨界線)이 있다. 그리고 임계선 안에는 여러 종류의 임계점들이 있다. 상온에서 물이 액체로 유지가 되지만 임계점 이하로 내려가면 얼음이 되고, 반대로 이상으로 올라가면 기체로 변화한다. 이렇듯 복종과 불복종 사이에서 임계점에 다다르면 복종은 불복종으로 불복종은 복종의 방향으로 운동의 방향이 돌아선다. 순자(荀子)가 말했듯이 "군주는 배이고, 백성은 물이다. 물은 배를 띄울 수도 있지만, 또한 뒤엎을 수도 있다.(君舟也 人水也. 水能載舟, 亦能覆舟.)" 물이 배를 띄울 때까지는 백성이 임금에게 복종하나, 그 임계점에 다다르면 백성은 불복종하여 임금을 갈아엎을 수도 있다. 복종의 방향에서 불복종의 방향으로 돌이키는 그 경계가 곧 저항의 시작이다.

알베르트 까뮈가 쓴 『반항하는 인간』의 첫머리에서 그는 반항인(反抗人)을 '농(non)' 이라고 말하는 사람이며 동시에 '위(oui)' 라고 말하는 사람이라고 규정하고 있다. 주인의 명령에 '예' 라고 말하던 노예가 '뒤돌아서서 아니오' 라고 말하는 그 시점이 곧 임계점이자 경계선이라고 말하고 있다. 노예가 '아니오' 라고 뒤돌아서서 말하게 만드는 때는 언제이고 무엇인가? 까뮈는 그것을 "언제까지건 이러고 있을 수는 없다. 해도 해도 너무한다. 넘어서는 안 되는 선이 있다."고 느끼는 때라고 말한다. 반항인의 불복종은 선을 넘는 침해자에 대해 '농' 이라고 말함과 동시에 내가 지켜야 할 권리와 선에 대해서는 '위' 라고 말하는 행위이다. 항상 '아니오' 만을 말하는 사람은 반항인이 아니라 '반란인(rebel)' 이다.[42] 따라서 '농' 과 '위' 를 동시에 말하는 까뮈의 반항인은 불복종, 저항, 반항하는 행위 안에는 무엇인가에 대한 거부(against)와 동시에 복종하고 지지해야만 무엇(for something)이 동시에 존재한다는 에릭 프롬의 말과 일치한다.

4. 불복종은 어렵고 복종은 쉬운가?

에릭 프롬의 말이 아니더라도 이 말은 누구나 쉽게 수긍할 수 있는 말이다. 집, 학교 그리고 사회에서 권위 있는 상급자의 말에 복종하는 일은 자연스럽고 미덕으로 여겨져 왔다. 부모 말을 잘 듣는 아이는 착하고 성실한 아이로 인식되었다. 학교나 사회에서도 비슷하다. 교사의 말에 잘 따르고 상사의 지시를 잘 수행하는 사람은 인정받으나 반발하고 제멋대로 행동하고 입바른 소리를 잘하고 엉뚱한 생각을 하는 사람은 따돌림당하고 조직에서 밀려나기 쉽다. 그래서 사람들은 튀지 않으려고 하고 윗사람의 지시나 명령에 순종하는 데 익숙해져 간다. 그만큼 불복종하는 데는 위험이 도사리고 있다. 불복종은 어렵고 복종은 쉬워 보인다. 때로는 거부하는 일이 생존의 문제와 직접 연관이 되어 있는 경우 불복종은 더욱 어렵다. 일터에서 해고의 위협을 받는 경우 위법하고 양심에 어긋나는 지시나 명령에 불복종하는 일은 더 어렵다. 이것이 현실이고, 그렇기에 복종은 쉽고 불복종은 어렵다고 할 수 있다.

그러나 어떤 경우에는 복종하는 일이 더 어렵고 차라리 불복종하는 것이 쉬울 수도 있다. 특히 양심에 어긋나는 부당한 명령이나 지시에 따르는 일이 거부하는 일보다 더 어렵게 느껴질 수도 있다. 우리는 어릴 적에 부모의 말이 많은 부분 부당하게 느껴졌던 경험이 있다. 합당한 이유는 아니어도 내가 싫다는 분명한 이유가 있었기에 순종하기보다는 저항의 몸짓으로 대응했던 기억들이 있다. 그러나 사회에서는 내가 싫다는 것이 불복종이나 거부의 이유는 될 수 없다. 분명하고도 합당한 거부의 이유가 있어야 한다. 양심에 거슬리거나 위법적인 지시나 명령의 경우에는 불복종과 거부의 명분이 선명하다.

위에서 언급된 제5 공화국 헌법의 경우 기본권 침해의 여지가 있어서 수용하기 어려운 부분이 있다면 그것에 복종하는 일은 양심과 도덕의 기준으로 볼 때 어렵다. 또 비전향 장기수나 양심적 병역 거부자 그리고 정치적 신념 때문에 투옥된 사람에게도 복종의 길은 불복종의 길보다 더 어렵고 힘든 선택이 될 수도 있다. 복종함으로써 주어지는 보상이 신변의 안전이고 물질적인 보상과 혜택이고, 감형 또는 석방이라 하더라도 그 길을 택하지 못하고 대신 불복종의 길을 택하는 것은 불복종의 길이 복종의 길보다 더 쉽기 때문이다. 국, 내외에서 일어난 많은 분신 사건들에서 그들이 선택한 길은 복종이 얼마나 어려운 일인가를 보여 주고 있다. 1960년대, 1970년대 그리고 1980년대의 대표적인 분신 사건의 예를 상기해 보자. 1965년 7월 허직은 굴욕적인 한일 협정을 반대하며 분신하였다. 1970년 11월 청계천 피복 노동자 전태일은 유명무실한 근로기준법을 불태우며 스스로 분신하였다.

1980년 5월 아일랜드의 국회의원 보비 샌즈는 수감된 IRA(아일랜드 해방군) 군인들의 정치범 대우를 영국 마가렛 대처 정부에 요구하는 단식투쟁, 소위 헝거 스트라이크(hunger strike) 끝에 아사(餓死)했다. 이외에도 얼마나 많은 사례가 있지 않은가.

우리는 이들의 선택을 어떻게 이해해야 하는가? 기존 질서와 체제에 대한 불복종 행위로만 볼 것인가? 나는 이들의 행위가 표면적으로 보면 극단적인 불복종 행위처럼 보이지만 다른 시각에서 보면 불복종하는 것보다 복종하는 일이 훨씬 참을 수 없었기에 가능한 행위였다고 본다. 잘못되고 굴종적인 한일 협정, 노동자의 인권을 보호해 주지 않는 근로기준법, 그리고 억압적인 영국 정부 등에 굴종적으로 복종하기보다는 차라리 불복종(분신)을 선택한 것이 더 쉬운 길이었을 것이다.

때로는 이처럼 복종하는 일이 저항하는 일보다 더 어려운 선택지가 될 수도 있다. 알베르트 까뮈가 『반항하는 인간』에서 "무릎 꿇고 살기보다는 서서 죽기를 원한다(plutôt mourir debout que de vivre à genoux)"라고 했을 때, 이 말의 의미도 복종의 어려움을 말하고 있다. 나는 대학 시절에 반정부 시위를 적지 않게 참여했다. 그때 불렀던 노래 가운데 이런 것이 있었다. "우리들은 자유파다 훌라훌라~~ 무릎 꿇고 살기보다 서서 죽기를 원한단다 훌라후라~~" 죽음까지 불사할 정도의 절박함이 있었는지 지금은 기억할 수 없으나 적어도 억압과 통제가 절정에 다다르고 있던 유신 시대에는 이 까뮈의 말은 가슴에 피가 모이는 느낌을 주었다. 나는 까뮈의 이 절규를 왜곡하고 훼손하는 정치인이 함부로 이 말을 하지 않았으면 한다. 복종과 불복종의 경계에서 치열한 내적 갈등을 겪어 보지 않은 사람은 이 말을 할 자격이 없다고 본다. 무릎 꿇고 살도록 강요된 적이 거의 없는 사람들은 너무도 쉽게 복종하기보다는 불복종하면서 죽겠다고 말을 한다. 내게 이들의 말은 거의 진정성이 있어 보이지 않는다. 다른 사람을 굴복시키는 일에 익숙한 사람들이, 그리고 상명하복에 너무도 오래 길들여진 사람들이 복종하느니 서서 죽겠다고 말하는 것은 체 게바라, 까뮈, 조명하, 김근태 등 강요된 복종보다는 불복종의 삶을 살았던 사람들을 모욕하는 일이다. 복종이 불복종보다 어려운 것은 복종하는 일이 양심과 이성 그리고 자연법을 위반하도록 강요되는 경우이다. 이성과 양심을 위반하는 일에 참을 수 없는 분노의 감정을 느끼지 않는다면 서서 죽는 것이 더 낫다고 말할 수 없다.

5. 시민 불복종 운동의 정당한 조건은 무엇인가?

시민 불복종 운동(civil disobedience movement)을 상징하는 사건은 인도의 마하트마 간디가 전개한 비폭력 불복종 운동일 것이다. 영국의 식민 통치 아래에서 생필품인 소금에 세금을 부과하는 영국 정부에 저항하기 위해 전개한 불복종 운동이다. 또 마틴 루터 목사의 흑인 민권 운동은 미국에서 민주주의 수준을 진일보시키는 데 중요한 역할을 했다. 앨라배마주 몽고메리에 살던 로사 파크스라는 이름의 흑인 여성이 백인 좌석에 앉았다는 이유로 현장 체포되었다. 이후 흑인들이 주도하여 버스 보이콧 운동이 시민 불복종 운동의 형태로 전개되었다. 이외에도 외국에는 시민 불복종 운동이라 할 수 있는 사건들이 많이 있다. 내가 직접 경험한 사례는 우리나라에서 전개되었던 KBS 시청료 납부 거부 운동이었다. 1986년 시청료 거부 운동 본부가 주도한 불복종 운동이었으며, 이는 공영방송 KBS의 시청료 납부 자체에 대한 불만보다는 방송의 불공정성과 편파 방송이 주된 원인이었다. 전기료와 시청료가 함께 통합 고지되는 상황에서 납부를 거부하기 위해서는 동사무소에 가서 분리 고지서를 발부받아야 했다. 매달 이런 일을 반복하는 일이 번거로웠지만 나는 납부거부 운동에 참여했다. 1년 가까이 했던 것으로 기억된다. 2016년 겨울의 촛불 시위를 시민 불복종 운동의 하나로 평가하는 일은 반론도 있을 수 있다. 그러나 나는 촛불 시위가 시민 불복종 운동이라 평가하는 데 다음과 같은 시민 불복종 운동의 정당화 논리에 근거하고 있다.

시민 불복종 운동이 정당화되기 위해서는 몇 가지 조건이 충족되어야 한다. 보는 이에 따라 조금씩 다른 조건을 말하기도 하지만 나는 다음 세 가지로 압축할 수 있다고 본다. 첫째, 시민 불복종 운동은 공동선(common good)을 지향해야 한다. 개인적이거나 특정한 정치 집단 또는 시민 단체의 이익을 위한 저항이어서는 안 된다. 공동선을 지향한다는 것은 시민 불복종 운동의 목적과 관련되어 있다. 최종 목적이 선한 가치를 지닐 때 불복종은 정당화가 될 수 있다. 여기서 공동선의 내용은 여러 가지가 있을 수 있다. 최대한의 공동선으로는 인간의 양심과 이성에 부합하는 것이어야 한다. 존 롤즈가 말하는 것처럼 정의의 원칙들, 즉 자유의 원칙과 공정한 기회의 원칙이 충실하게 실현되는 상황을 목표로 삼을 수도 있다. 이 목표를 실현하는 데 방해되는 악법의 철폐는 불복종과 저항의 표적이 될 수 있다. 반면 최소한의 공동선으로는 모든 사람이 시민으로서 존재하는 데 필수적인 생명과 재산의 자기 보호가 가능한 상황이 될 수 있다. 우리 헌법이 보장하고 있는 기본 권리들이 공동의 선이라면 이를 침해하거나 방해하는 법과 명령에 대해서는 불복종하는 것이 정당화되어야 한다.

둘째 시민 불복종 운동은 자발적이며 비폭력적이어야 한다. 이것은 시민 불복종 운동의 수단과 관련되어 있다. 목적이 선한 만큼 수단도 선해야 한다. 목적(결과)이 수단(방법)을 정당화해 주는 공리주의적 논리는 이 시민 불복종 운동에서는 적용하기가 어렵다. 때때로 목적을 달성하기 위해 처음에는 비폭력적 수단과 참여자의 자발성으로 출발하여도 과정에서 목적에 함몰되면 폭력적이고 비자발적인 방법으로 변질이 될 수 있는 위험이 있다. 어느 경우라도 시민 불복종 운동은 자발적이며 비폭력적인 수단으로 최종 목표에 이르러야 한다.

셋째 시민 불복종 운동은 처벌을 감수해야만 한다. 위의 그림에서 본 것처럼 소극적이거나 적극적이거나 관계없이 불복종은 처벌을 감수해야 한다. 불복종은 표면상 현행법에 대한 도전이 포함되어 있다. 노동조합이 주도하는 준법투쟁과 불복종은 분명하게 구별해야 한다. 준법투쟁은 어디까지나 합법의 테두리 안에서 쟁취하고자 하는 목표를 요구하는 것이지만 불복종 운동은 특정한 법령의 개정 및 폐기를 요구하는 저항 운동이다. 따라서 불복종 운동은 현행법을 위반할 소지가 많고 그에 따라 처벌이 수반될 가능성도 높다.

6. 철학사는 문제아들의 기록이다.

나는 서양철학자들을 거의 모두 시대의 문제아들이라고 규정했고, 시대정신은 이런 문제아들이자 기존의 정치 질서, 사유 체계 그리고 전통에 불복종했던 이들을 통해 구현되었다고 강변했다. 보에티우스가 말한 것처럼, "우리는(철학자들) 가장 악한 자들의 비위에 거슬리도록 운명지어져 있기" 때문이다. 에릭 프롬은 마르크스가 자신의 박사학위 논문(「데모크리토스와 에피쿠로스 자연철학의 차이」, 1841)의 서문에서 한, "프로메테우스는 철학의 역사에서 가장 저명한 성인이자 순교자이다"라는 말을 인용하며 프로메테우스를 불복종 행위의 이상적 모델로 간주했다. 프로메테우스는 모든 철학자의 수호성인이다. 신들이 볼 때 프로메테우스는 문제아였지만 인간의 시선으로 보면 그는 영웅이다. 신들의 세계에서 문제아였던 프로메테우스의 비전은 그의 이름 프로메테우스(Προμηθεῦς, Prometheus)가 함축하듯 '앞서서 생각하는' 선지자(prophet)였다. 프로메테우스의 불복종과 저항 정신은 신들로부터 해방되고 인류가 자신들만의 문명을 시작할 수 있게 된 원동력이었다.

내가 철학자들을 자기 시대의 문제아로 보고 이들의 불복종이 시대정신을 개척해 나갔다고 할 때 그 불복종의 의미는 에릭 프롬이 본 것처럼 정치적, 종교적 권위에 대한 불복종만은 아니다. 오히려 자신보다 앞선 선배 철학자의 학문적 권위를 비판하고 거부했다는 의미에서 반항하는 사람들이라 하는 것이 더 적합할 것이다. 다른 말로 하면 철학의 정신은 곧 어릴 적 소크라테스의 별명처럼 '끊임없이 질문을 던지는' 비판 정신이라고 할 수 있다. 비판을 듣는 사람이나 대중들에게 비판자는 성가신 존재이다. 철학의 주제를 자연에서 인간으로 전환한 소피스트들이 그러했고, 무지의 지혜를 말하며 아테네 청년들에게 각성을 촉구했던 소크라테스도 그러했다. 소크라테스가 탈옥을 거부하고 독배를 마시고 죽음을 선택한 것에 대해 그를 체제 순응적이라고 평가해서는 안 된다. 그가 선택한 죽음은 그가 할 수 있는 최선의 저항 방식이었다. 교회의 권위에 도전했던 코페르니쿠스나 갈릴레이의 저항은 "한 사람에게는 작은 걸음이지만 인류에게는 거대한 도약"을 과학사에 남겼다. 근대 정치철학의 문을 연 홉스 역시 절대왕권에 우호적이었던 것으로 평가되지만 그의 삶은 망명과 의회의 위협 그리고 당시 여러 지식인과 끊임없는 논쟁에 휘말리며 살았던 삶이었다. 유대교에서 파문을 당하는 치욕을 감수하면서도 자신의 입론을 견지했던 스피노자도 그러했다. 신은 죽었다고 반항하며 서구의 그리스도교 문화에 도전장을 던진 니체는 문제아 중의 문제아였다. 진화론을 신학의 안으로 끌어들인 떼이아르 드 샤르댕(Teilhard de Chardin)도 가톨릭교회의 시각에서 보면 불순한 사제였다. 철학사와 과학사에 등장하는 숱한 문제아들은 언제나 앞선(낡은) 이론이나 선배 철학자들을 비판적 시각에서 바라보고 거부, 저항하는 사람들이었다.

이 시대 한국에서 철학을 가르치는 사람들은 자신들이 속한 시대를 어떻게 인식하고 있으며, 실천적 삶을 살아냈는가? 강단철학과 사변철학자로 불리기 좋아하는 철학자는 흔치 않아 보이지만 철학계 밖에 있는 사람들이 볼 때 한국의 철학자들은 대부분 강단철학을 가르치던 사람들이다. 나를 포함해서 대학교수로서 직업적 안정성을 누리며 철학을 가르치던 사람들은 사변철학자로 불리는 것이 마땅하다. 동, 서양철학의 거대한 유산을 지키고 전수하는 일에는 게으르지 않았으나 이 시대정신을 담아내는 일과 삶을 통해 실천하는 일에는 무력했음을 고백해야 하지 않을까?

11
J. Bentham의 Panopticon Project의 폭력성 비판

1. 1791년, 1984년 그리고 2003년

벤담(J. Bentham; 1748-1832)은 1791년 소위 원형 감옥으로 알려진 Panopticon Project를 발표하였다. 일망(一望) 감시 시설로 번역되고 있는 Panopticon의 설계도를 세상에 내놓은 벤담의 야심에 찬 계획은 여러 차례 영국 정부와의 줄다리기 끝에 결국 실용화되는 데까지 이르지는 못했다.[1] 그러나 18세기 이후 서구의 감옥 형태는 벤담의 구상대로 감시와 통제의 효율성과 관리 운영의 경제성을 높일 수 있는 구조로 바뀌기 시작했다. 존 프라트(John Pratt)에 의하면[2] 영국의 경우 1842년 세워진 펜톤빌(Pentonville) 감옥은 처벌의 문명화를 한 단계 높이는 계기가 되었다고 말하고 있는데 이 변화는 혐오스럽고 동물적인 국가 처벌의 상태를 바꿔 놓았다. 프라트는 영국에서 감옥의 건축물이 어떻게 변화되어 왔는가를 추적하면서 점차 감옥이 기능 위주로 바뀌었다고 지적하고 있다. 이런 변화의 계기를 제공한 벤담의 Panopticon Project는 효율성과 경제성을 극대화하려는 데 목적을 두고 설계된 것이다.

18세기 말에 구상된 벤담의 계획은 현실 세계에서 실패로 끝난 것은 아니었다. 오히려 150년이 지나 조지 오웰(George Orwell; 1903-1950)의 디스토피아 소설 『1984년』을 통해 감시와 통제는 더욱 강화된 모습으로 나타났다. 한 국가 전체를 일망 감시 시설로 만드는 일이 가능하다는 것을 보여 주는 오웰의 소설에서 윈스턴 스미스는 머지않은 미래의 우리 자신이며, 그가 살고 있는 오세아니아는 정보화 사회를 지향하는 가까운 미래의 한국 사회와 다를 바 없다. 인터넷으로 국가 간의 장벽이 무너지고 에셜론 계획(Echelon Project)[3]이 현실로 나타나는 상황은 벤담의 Panopticon Project의 확대 재생산이자 오웰이 경고한 전체주의 사회로의 이행이라고 볼 수 있다.

벤담이 설계한 원형 감옥이 범죄자라는 소수의 사회적 이탈자를 효율적으로 격리하고 감시하기 위한 시설이라면 조지 오웰이 『1984년』에서 그리고 있는 디스토피아는 사회 구성원 전체를 감시의 대상으로 보고 이탈자를 감시, 처벌할 수 있는 암울한 통제 사회이다. 사회 전체가 하나의 거대한 감옥이며 최고 통치자 대형(Big Brother)의 감시로부터 아무도 자유로울 수 없다. 텔레 스크린이라 불리는 방송 및 감시용 화면은 모든 사람의 행동과 표정까지 감시할 수 있다. 대형은 턱수염을 기른 스탈린의 모습을 하고 있지만 거대한 괴물 리바이어던(Leviathan; 국가 또는 절대 권력자)의 상징이다.

2003년 한국의 국가인권위원회는 국민의 인권 의식을 계몽하려는 목적으로 「6개의 시선」이란 제목의 영화를 제작하였다. 여섯 개의 에피소드 가운데 두 번째인 '그 남자의 사정'은 벤담의 Panopticon

Project, 조지 오웰의 『1984년』이 이미 지나간 과거의 상황이 아니라 가까운 장래 또는 지금 우리 곁에서 일어날 가능성이 매우 높은 상황이라는 점을 강하게 시사해 주고 있다.

'그 남자의 사정'에 등장하는 그 남자는 마치 벤담이 설계한 원형 감옥과 같은 구조의 아파트에서 살고 있다. 가운데는 중앙 홀처럼 텅 비어 있고 원형 대신 사각형의 구조를 지닌 이 아파트 내부 벽에는 "당신의 이웃에 누가 살고 있는가?" "지식이 힘이라면 정보는 무기이다." 등의 글씨가 씌어져 있는데, 이는 오웰의 『1984년』에서 "대형은 당신을 지켜보고 있다."라는 문구가 그의 초상화 밑에 언제나 같이 걸려 있는 것과 동일한 모습이다. 밤에는 탐조등으로 아파트 내부를 비추고 있는 모습이 감옥을 연상시키기에 충분하다. 또 그 남자의 집 현관에는 지문 사진이 걸려 있고 그 위에 A라는 알파벳 대문자가 씌어진 표지판과 그가 성범죄자라는 사실을 알리는 표식이 붙어 있어서 누구나 그가 어떤 사람인지를 알고 기피하도록 만들고 있다. 알파벳 A는 나다니엘 호던(Nathaniel Horthon)의 『주홍글씨』에서 간음죄를 저지른 여인 헤스터 프린이 가슴에 달고 있었던 글자임을 쉽게 알아차릴 수 있다. 간음(Adultery)을 상징하는 A 글자를 그 남자의 아파트 현관문에 붙인 것은 그가 성범죄자라는 사회적 낙인을 찍는 행위이다.[4]

벤담이 설계한 1791년식 원형 감옥, 조지 오웰의 1984년 사회 그리고 성범죄자를 공개하는 2003년의 한국 사회에서 우리는 제도의 이름으로 가해지는 폭력의 모습을 목격할 수 있다. 시, 공간상의 간격에도 불구하고 벤담의 원형 감옥, 대형(大兄)이 통치하는 오세아니아의 1984년 사회, 그리고 성범죄자인 '그 남자'가 살고 있는 한국의 어느 아파트는 서로 중첩되어 섬뜩한 감옥의 이미지를 우리에게 투사해 주고 있다.

이 글은 폭력에 관한 철학적 성찰의 두 번째 연구이다. 앞선 연구에서 필자는 홉스를 중심으로 인간의 폭력성 문제를 다루었다.[5] 국가나 제도가 한 개인에게 가하는 폭력의 뿌리도 사실은 인간의 폭력적 본성에 있음을 홉스의 이론을 통해 천착했다. 이 선행 연구가 개인의 폭력성에 초점을 맞추고 있다면, 이번 연구는 합법의 이름으로 자행되고 있는 제도적 폭력, 특히 감시와 처벌의 문제를 벤담의 Panopticon Project를 중심으로 논의하고자 한다.

2. 감시와 처벌: 국가권력의 확대 재생산

17세기 이후 근대 시민사회의 출범과 더불어 더욱 강화되기 시작한 국민 국가(nation state)는 제도의 이름으로 가하는 폭력의 성향을 감추지 않고 드러내고 있다. 특히 제도적 폭력(institutional violence)의 대표적인 양상인 감시와 처벌은 전근대적인 야만성에서 탈피하는 방향으로 개선되어 왔음에도 불구하고 다른 면에서는 더 강력하고 효과적인 억압 장치를 개발해 왔다.[6] 벤담의 Panopticon Project도 형법 제도의 개혁을 통해 더 인간적인 수형 제도와 시설의 필요성을 강조하면서 동시에 공리주의 원리가 제도적 폭력을 정당화하는 역기능으로 작동될 수 있다는 이중성을 잘 보여 주고 있다. 사법 개혁을 주창한 벤담의 노력 속에는 죄수들의 수형 여건 등을 개선해야 한다는 휴머니즘적 관점이 배어 있지만 동시에 권력자의 통제력 강화를 위해서는 공리성의 원리가 그 개혁의 원리가 되어야 한다는 믿음이 깔려 있다.[7]

제도적 폭력과 다른 일반적, 또는 개별적 폭력을 구별한다는 것은 용이하지 않다. 이 글에서 사용하고자 하는 제도적 폭력이란 구체적으로 국가가 국민을 대상으로 감시하고 공적인 처벌의 이름으로 신체를 감금하는 수형 제도를 지칭한다. 즉 감시와 처벌을 동시에 수행하는 감옥을 제도적 폭력의 핵심으로 보고자 한다.

감옥의 경우 그곳은 형법이 규정하고 있는 처벌의 현장이면서 동시에 수인들 간의 개별적 폭력이 어떤 집단보다 빈번하게 발생하는 곳이기도 하다. 처벌이 곧 제도적 폭력이라고 말할 수는 없다. 그러나 사형(私刑)이 폭력이라 금지된 것과 마찬가지로 공형(公刑)도 제도적 폭력으로 흐를 위험성을 언제나 가지고 있다. 로벤과 노드스톰에 의하면, "폭력에는 고정된 형식이 없으며,… 폭력은 인간의 행위에 관한 어떤 근본적인 원리 또는 사회의 기본적인 구조 또는 인지적이고 생물학적인 과정 등으로 환원될 수 없다"라고 말한다.[8] 이 말은, 폭력은 개인적이면서 집단적이고, 심리적이면서도 제도적인 구조를 모두 공유하고 있다는 것을 의미한다. 폭력은 그것을 이용하거나 희생당하는 사람과 문화에 따라 유동적이며 성격 변화가 심한 현상이다.

감옥은 폭력을 억제하거나 궁극적으로 제거하려는 목적을 가지고 만들어진 제도이나 감옥 안에서 일어나는 폭력은 일반 사회에서의 폭력보다 더 심각하고 위험하다는 사실은 이미 많은 연구와 실증적 자료들을 통해 입증되고 있다. 한스 토취(Hans Toch)에 의하면, "감옥(제도)을 통해서는 폭력적인 인간을 억제할 수 없을 뿐만 아니라. … 오히려 감옥은 권력 중심적인 정글과 같아서 더 이상 잃을 것이 없는 수형자들이 더 사악한 행위를 하도록 만든다."[9]

푸코가 『감시와 처벌』에서 관심을 가진 주제 의식도 바로 이런 감옥 제도가 낳은 폭력성을 비판하려는 데 있었다. 푸코는 1757년 3월

2일에 실시된 다미엥이란 죄수의 처형 방식을 소개하는 것으로 논의를 시작하고 있다. 그는 처벌의 역사를 서술하려는 데 목적을 두지 않고 처벌이 권력자들의 자기 이익을 확대 재생산하려는 욕구의 표현이라는 사실을 폭로하려는 데 초점을 맞추고 있다. 푸코의 이 작품은 "인간을 처벌하고 감금하는 권력에 관한 서술이자 근대적 도덕과 영혼의 계보학이며, 권력의 역사이자 권력에 대한 철학적 이론"이다.[10]

그러나 동시에 이 작품은 권력이 제도의 이름으로 행사하는 폭력의 미학이라고 볼 수 있다. 전체 4부로 이루어진 이 『감시와 처벌』에서 푸코는 먼저 신체(몸)에 가하는 권력의 폭력성을 사실적으로 묘사하고 있다. 18세기 중엽부터 신체형(주로 잔인한 고문형, 공개 처형, 단두대의 효수형, 거열형 등)이 소멸된 이유에 대해 주목하고 있다. 범죄자의 몸에 가하는 잔인한 처벌을 민중이 보게 함으로써 범죄 예방 효과가 있다는 생각에서 오랫동안 유지되어 온 신체형은 그 반대의 효과를 나타내기 시작하였다. 신체형에 대한 개혁 요구가 당시에 유행하던 휴머니즘과 인도주의 운동의 반향인 것은 사실이지만 그렇게만 평가하는 것은 소박한 생각이라는 것이 푸코의 분석이다.[11]

신체형 소멸의 근본적인 이유는 다음 세 가지로 요약될 수 있다. 첫째, 범죄와 처벌의 보편성과 필연성을 증가시킴으로써 처벌의 정당성을 권력자가 더 확보하기 쉽다는 현실적인 이유가 그것이다. 둘째, 처벌의 근본 목표를 보복의 기능에서 교정과 치료의 기능으로 전환함으로써 사형 집행관을 혐오스러운 직무에서 해방시켜 줄 수 있었다. 셋째, 강제 노동을 수반한 감금형으로 대체함으로써 더 부드럽고 교묘한 방법으로 범죄자의 고통을 전환시킬 뿐만 아니라 당시 절실하게 요구되던 노동력의 수요를 충족시키기 위한 자본가 계급의 전략과도 맞아 떨어졌기 때문이다.[12]

푸코는 18세기에 형벌 제도가 급격한 변화를 겪게 되는 역사적 사실을 설명하면서 신체형에서 감금형으로 변화한 것을 단순히 처벌 방식의 변화로 읽지 않고 권력의 형태 변화라는 코드로 읽어 내고 있다. 권력이 문명화, 인간화라는 이름으로 포장된 새로운 제도의 틀을 만들어 사회적 이탈자들의 신체나 정신에 가하는 폭력이 곧 감시와 처벌의 변화라는 것이다. 푸코가 폭로하려는 것도 바로 이런 권력의 폭력성에 있었다.

감시와 처벌의 기술이 야만성에서 문명화의 길을 걸어 온 것은 부인할 수 없는 사실이다.[13] 『감시와 처벌』에서 잘 보여 주고 있듯이 잔혹한 신체형에서 감금형으로 전환된 것은 계몽주의와 인도주의(humanitarianism) 운동이 활발하게 전개된 18세기의 산물이다. 형벌 제도와 사법 개혁을 강하게 요구하는 벤담의 법철학적 관심은 이런 당시의 사회적 요구에 부응하려는 데서 출발했다.

3. J. Bentham의 Panopticon Project의 구조

벤담의 *Panopticon or The Inspection House*라는 이름의 작품은 1787년 백러시아의 크리체프(Crecheff)에 거주하고 있던 동생 사무엘 벤담을 방문하여 그곳에서 영국에 있는 친구에게 보낸 21통의 편지를 1791년에 출판함으로써 세상에 알려지게 된 것이다.[14] 벤담을 공리주의 철학자이자 법철학의 이론가로 만든 것이 그의 대표작 『도덕과 입법의 원리에 관한 서론』[15]이라면 공리주의 원리에 따라 사법 개혁과 형벌 제도의 개혁을 주창한 실천가로 만든 것은 바로 *Panopticon*이다. 그의 생애에서 가장 많은 시간을 투자해서 몰두한 일이 바로 이 계획을 세우고 추진하는 일이었다. 벤담이 제안한 Panopticon Project에 관해 영국 정부는 애매한 태도를 취했다. 그의 제안을 거부하지도 그렇다고 해서 적극적으로 수용하지도 않았다. 결국 1813년 영국 의회는 벤담에게 23,000파운드의 배상금을 지불할 것을 결정했다. 비록 그의 계획이 영국 의회(1794년 법령)에 의해 좌절되었으나 그가 죽기 1-2주 전 영국 의회는 '대 개혁법안(the Great Reform Bill)'을 통과시켰다. 벤담의 Panopticon Project는 실패로 끝난 꿈이 아니라 벤담 이후 영국 사법 개혁의 초석을 놓는 데 결정적 역할을 하였다. 맥컬리의 표현에 의하면, "벤담은 알아들을 수 없는 법학 이론을 과학으로 만들었다는 점에서 갈릴레이나 로크와 같은 반열에 속한다." 또 브로험은 영국 의회에서, "벤담 이전 어느 누구도 입법을 과학처럼 다룬 사람은 없으며, 그렇게 다룸으로써 그렇게(과학처럼) 만들었다." 말하고 있다.[16]

3.1 배경

Panopticon Project에 대해 벤담이 관심을 가지게 된 데는 세 가지 배경이 있다. 첫째, 흄(L.J. Hume)의 설명에 의하면 1770년대 영국 사회에서는 감옥의 시설과 사용 등에 관한 공론이 활발하게 이루어지고 있었다. 특히 기독교 인도주의자들은 수용 시설의 새로운 증축과 환경 개선을 강하게 요구하였다. 당시 영국 정부는 대부분의 죄수를 식민지였던 미국이나 호주로 이송하였다. 영국 국내에는 중앙 정부가 운영하는 감옥이 없었다. 식민지 미국이 독립 전쟁을 일으키자 미국으로의 죄수 이송이 불가능하게 되었고 호주 역시 죄수 이송을 거부하는 상황에 이르자 영국 정부는 1779년 수형 시설법을 제정하여 런던 근처에 대형 감옥을 건축하기로 하였다. 그러나 Panopticon Project가 발표된 1791년까지 영국 의회는 논쟁하는 것 이외에 아무런 일도 하지 않았다.[17] 감옥의 시설 개선과 형법 제도의 개선을 요구하는 사회 여론은 사법 제도 개혁에 관심을 갖고 있던 벤담에게 자연스럽게 수형 시설에 관해 관심을 갖도록 만들었다.

그런데 여기서 벤담의 Panopticon Project의 배경에 중요한 역할을 한 두 사람에 대해 주목해야 할 필요가 있다. 한 사람은 사형제도의 폐지를 주장한 이탈리아의 형법학자 베카리아(Beccaria; 1738-1794)이며, 다른 사람은 벤담의 친구였던 존 하워드(John Howard)이다. 이 두 사람은 모두 벤담과 동시대 인물들이며, 벤담에게 직접적 영향을 주었다. 베카리아의 영향은 주로 벤담의 법률 이론과 관련되어 있는데, 예를 들면 법실증주의(legal positivism)의 입장에서 자연법에 대한 비판, 법과 도덕의 엄격한 구분, 그리고 사형제도의 폐지 등이 그런 것들이다.[18]

존 하워드가 벤담에게 끼친 영향은 구체적인 수형 제도의 실질적 개선과 관련되어 있다. 하워드는 자신의 생애 마지막 17년 동안 유럽 여러 나라의 감옥을 직접 시찰하여 감옥 제도와 시설의 개선을 요구하는 실천적 삶을 산 사람이며, 1779년에는 영국 정부가 세우려는 감옥의 감독관으로 임명되기도 한 인물이다. 벤담은 존 하워드의 업적에 대해서 다음과 같이 찬사를 보내고 있다.

"도덕적 공적의 크기에 있어서 법률가나 저술가들의 노력은 그(하워드)의 노력에 비하면 한참 아래이다. 이는 마치 하늘이 땅 아래에 있는 것과 같다. 그의 왕국은 보다 나은 세상이었으며, 사도로서의 삶을 산 후 순교자로 죽었다."[19]

벤담이 Panopticon Project에 관심을 갖게 된 두 번째 배경에는 그의 동생 사무엘 벤담이 있다. 백러시아에 거주하고 있던 동생을 방문하여 러시아의 감옥 시설이나 수형 제도 등을 둘러보게 되는데, 그곳에서 그는 적은 수의 감시자를 두고서도 많은 수의 죄수를 효율적으로 감시할 수 있는 러시아의 감옥 시설을 보고 인상을 깊게 받았다. 그런 시설에다 Panopticon이라는 이름을 붙였다. 이 개념은 모든 것을 의미하는 pan(전체)과 관망하는 장소를 의미하는 opticon이라는 두 개의 그리스어 합성어이다. 러시아에서 건축 설계사로 일하고 있던 동생 사무엘의 도움을 얻어 수형 시설 설계에 관심을 갖게 되었다는 점을 고려할 때 사실상 Panopticon Project의 원래 생각은 벤담 자신의 것이라기보다는 동생 사무엘 벤담의 것이었다고 보아야 한다.[20]

셋째, 벤담은 법률과 수형 제도에 관한 자신의 연구를 통해 명성과 부를 얻을 수 있기를 기대했다. 이를 위해 그는 여러 가지 노력을 기울였다. 예를 들어 러시아의 카테리나 대제의 후견에 힘입어 새로운 법률 제정을 건의하였으나 수용되지는 않았다. 대신 벤담은 새로운 형태의 감옥 시설, 즉 Panopticon Project를 영국 정부에 건의하였다. 1791년에 출판된 *Panopticon or the Inspection House*, 「Panopticon Postscript Part I and II」에서 벤담은 자신의 생각을 실현시키기 위해서 영국 의회나 정부의 고위 관리와 귀족들을 상대로 설득하는 작업에 전력을 기울이고 있다.[21] 벤담이 정부로부터 받은 배상금 23,000파운드는 당시 화폐로 엄청난 거금이었다.

3.2 설계도

존 보우링(John Bowring)이 편집한 벤담 전집 4권에는 벤담이 직접 설계한 Panopticon의 설계도가 실려 있다. 맨 처음 페이지에는 "Panopticon 또는 일망 감시 원리에 따라 2,000명의 남녀노소를 수용할 수 있는 공장 기숙사를 위한 건물과 가구"라는 제목의 설계도가 실려 있다. 기혼 부부와 어린아이까지 거주할 수 있는 형태의 설계도이다. 그리고 Panopticon의 본문 목차 앞 페이지에는 원형 감옥의 설계 단면도가 실려 있다. 러시아의 감옥을 설계하고 있던 동생 사무엘에게서 기본 개념을 얻어 벤담이 설계한 이 감옥 시설의 개략적인 제원은 다음과 같다.

전체가 6층으로 된 이 건물은 원형으로 설계되어 있는데, 감방은 모두 외벽 쪽으로 향해 있고 중앙에는 360도 감시가 가능한 타워가 있다. 지붕에는 큰 바퀴 모양의 채광창이 있어서 자연 광선이 실내로 들어오도록 되어 있다. 감방문은 쇠창살로 만들어져 있고 옆방과 대화를 할 수 없도록 벽이 문보다 더 나와 있다. 감방 앞에는 길고 좁은 복도(cell galleries)가 놓여 있고 복도와 감시자가 다니는 복도(inspection galleries) 사이에는 바닥에서 천장까지 닿는 벽이 세워져 있어 두 공간을 격리시키고 있다. 적은 수의 감시자가 많은 수의 죄수를 감시할 수 있도록 설계되어 있으며, 감방과 중앙 감시 타워 사이에는 연결 통로가 만들어져 있다. 감방은 창이 높은 쪽에 하나 있어서 그곳을 통해 자연 채광이 될 수 있다.

감시인 방(inspection lodge)에는 사각지대가 있어서 감시자는 죄수를 볼 수 있어도 죄수들은 감시자를 볼 수 없도록 만들어졌다. 원형 감옥의 전체 지름은 100피트(약 90m)이고 한 층에 48개의 감방이 있어서 96명을 수용할 수 있으므로 6층 건물에 총 288명의 죄수를 수용할 수 있다.[22]

벤담에 따르면, Panopticon Project는 두 가지 분명한 기능을 달성하도록 설계되었다. 하나는 감시가 필요한 사람들, 즉 죄수들을 교정하기 위해 노동이 가능한 시설이어야 하고, 다른 하나는 감금을 통해 처벌의 고통을 받게 할 수 있는 시설이어야 한다. 그리고 이런 기능이 제대로 작동되기 위해서는 두 가지 조건이 필요한데, 하나는 설계와 관련된 것이고 다른 하나는 관리 운영 시스템과 관련된 것이다.[23] Panopticon Project가 크게 두 개 영역으로 구성된 이유가 바로 여기에 있다.

첫째 설계 부분과 관련해서는, 중앙 감시 시설로서 감시자 자신은 보이지 않고 피감시자만을 감시할 수 있는 최적의 감시 체제가 유지될 수 있는 구조이다.[24] 작은 인력과 공간으로 많은 사람을 효율적으로 감시할 수 있어야 하며, 감시의 완전성을 최대한으로 높일 수 있는 건물로서 감옥뿐만 아니라 감시가 필요한 어느 건물에나 적용이 가능하도록 설계되어 있다. 그래서 벤담은 이 일망 감시 시설이 감옥뿐만 아니라 갱생원, 빈민 구호소, 격리병원, 공장의 기숙사, 병원, 작업장, 정신병원 그리고 학교 등에도 적용할 수 있다고 제목 밑에 설명을 붙이고 있다. 일망 감시 시설은 죄수 또는 피감시자가 언제나 감시당하고 있다는 느낌을 갖게 만들 수 있는 형태의 감옥이다.[25] 또 실제로 완전 감시가 가능하다고 벤담은 확신했다.

둘째 관리 운영 시스템과 관련해서는, 공리성의 원칙에 따라 계약 관리제를 채택했다. 감옥을 관리하고 운영하는 주체에 관해서는 두 가지 방식이 있는데, 하나는 정부와 계약하여 민간인 개인이 직접 운영 관리하는 계약 관리(contract management)제이며, 다른 하나는 정부가 직접 운영하는 신탁 관리(trust management)제이다. 벤담은 계약 관리제가 신탁 관리제보다 더 효율적이고 경제적이며, 죄수들의 이익에도 더 기여한다고 믿었다.[26] 계약 관리제는 벤담보다 앞서 존 하워드의 생각이기도 했는데, 이 제도는 오늘날의 사설(私設) 감옥과 다를 바가 없는 형태이다. 정부와 계약을 맺은 관리자는 자신의 이익 창출을 위해 감옥 관리에 열과 성의를 다하지만, 신탁 관리제는 공무원의 무책임과 비능률의 문제점을 안고 있다는 것이다. 감옥의 관리 방식에 관한 한 벤담과 하워드는 동시대 최고의 법 이론가이자 정치가였던 윌리엄 블랙스톤(William Blackstone)과 반대 입장을 보였다. 블랙스톤은 1779년 실제로 정부에서 감옥을 세우고 공무원이 직접 관리할 것을 규정하는 법률안(Hard Labour Bill)을 제안하기도 했다.

1789년 벤담은 중노동 법률에 대한 비판의 글을 쓴다. 이 글에서 벤담은 블랙스톤과 한판 승부를 걸면서 정부의 제안에 대해 신랄하게 비판한다. 벤담이 비판한 신탁 관리제의 문제점은 관리의 비효율성 문제에 있다. "신탁 관리를 하는 주체가 한 사람이거나 위원회 형식이거나 간에 이들은 성공(적인 운영)에 대한 어떤 관심도 갖고 있지 않으며, 얻는 것도 없고 잃는 것도 없다. … (교정) 공무원들의 이익과 의무는 일치하지 않는다."고 지적하고 있다.[27] 또 신탁 관리제는 비경제적이라는 점을 지적하기도 한다. "경제는 두 개의 큰 적을 가지고 있는데, 공금유용과 태만이 그것이다. 신탁 관리제는 이 두 적에게 문을 열어 주고, 계약 관리제는 문을 걸어 닫는다. 특히 태만은 일어나지 않으며, 공금유용은 불가능하다."[28]

3.3 계약 관리의 세 가지 규칙

완전 감시가 가능한 건축물인 Panopticon의 설계와 그 효율적인 관리 시스템인 계약 관리제는 Panopticon Project의 두 가지 핵심 사항이라는 것은 앞에서도 지적했다. 그런데 이 두 가지는 모두 감옥의 본래 기능을 달성하려는 목적과 불가분의 관계에 있다. 즉 죄수들에게 가해진 처벌을 정당하고 안전하게 집행하는 일과 그 임무를 수행하는 데 최대한 효율성을 높이는 일은 Panopticon Project의 근본 목적이다. 그리고 이 목적을 달성하기 위해서는 교도 행정의 세 가지 규칙에 부합해야 한다. 벤담이 생각한 교도 행정의 세 가지 규칙이란 다음과 같다:[29]

첫째, 관대함의 규칙(rule of lenity)이다. 이 규칙은 죄수의 신체적 조건과 관련된 것인데, 죄수는 일정한 기간 동안 강제 노동을 하게 되어 있으며, 그 경우 생명이나 건강을 침해하거나 위험한 신체적 고통을 겪는 사람을 수감해서는 안 된다는 규칙이다. 이 규칙은 표면적으로 보면 수감자의 건강이 유지되도록 배려해야 한다는 규칙이지만 동시에 내면적으로 보면 처벌의 한 방식으로 강제 노동을 인정하며, 환자로 인한 비용의 발생을 줄이겠다는 공리적 계산 방식이 함축되어 있다.

둘째, 엄격함의 규칙(rule of severity)이다. 이것은 처벌을 받게 되어 있는 죄수의 생명, 건강 그리고 신체적인 안락함에 대한 배려를 확보하기 위한 규칙인데, 이는 죄수들의 일상적인 조건은 죄를 짓지 않고 자유로운 상태에 있는 백성 중에서 가장 가난한 계층의 사람들이 받을 수 있는 것보다 더 나빠서는 안 된다는 규칙이다. 관대함의 규칙이나 엄격함의 규칙이 제대로 지켜지기 위해서는 음식, 의복, 난방 그리고 의료 서비스가 제공되어야 한다는 점을 벤담은 자세하게 지적하고 있다.

셋째, 경제성의 규칙(rule of economy)이다. 이는 죄수의 생명, 건강, 신체적인 안락함 그리고 적절한 지도와 미래에 대한 대비를 위해서는 관리 운영의 모든 점에서 경제적 관점이 고려되어야 한다는 규칙이다. 처벌이나 특권을 위해 이익을 발생시키거나 공적 자금을 투입하는 일은 없어야 된다. 이 규칙은 공리주의의 효율성의 원칙과 일치하며, 아래에서 지적할 Panopticon Project에 내재된 폭력성과 직결되어 있다.

4. Panopticon Project에 은폐된 폭력성

벤담의 야심에 찬 계획안에는 제도적 폭력성이 은폐되어 있다. 두 가지 관점에서 지적할 수 있는데, 하나는 관리 운영 시스템의 위험성과 관련된 것이고,[30] 다른 하나는 벤담 철학의 기본 원리인 공리성의 원칙(principle of utility)과 관련된 것이다. 이 글에서는 두 번째 문제점에만 집중하고자 한다. 왜냐하면 벤담이 제안한 계약 관리제도 근본적으로는 공리성의 원칙이 낳는 위험성과 동일선상에 있기 때문이다.

공리성의 원칙은 누구나 알고 있듯이 '최대 다수의 최대 행복'이라는 표어로 압축되어 있다. 이 원칙을 벤담이 처음 사용한 것은 아니나 이 원칙을 개인윤리의 범위를 넘어서 사회윤리의 원칙으로 확장시키는 데 결정적 기여를 한 사람은 바로 벤담이다.[31] 주지하다시피, 벤담의 윤리학을 대변하는 공리주의는 서양 쾌락주의의 전통에 서 있는 이론이며, 자본주의 시장경제 체제와 가장 잘 어울리는 사회 이론이다. 그리고 그 중심에는 쾌락과 고통이라는 두 가지 기준으로 모든 행위를 결정하려는 심리적 쾌락주의, 효율성을 극대화하려는 합리적 이기주의 그리고 결과주의에 대한 확고한 신념이 놓여 있다. 이런 신념들이 벤담의 처벌 이론과 결합되었을 때 우리는 Panopticon Project 속에 감추어진 제도적 폭력성이 얼마나 심각한가를 포착할 수 있다.

『도덕과 입법의 원리에 관한 서론』이 처음 출판된 때가 1789년인데, 이는 벤담이 러시아에서 귀국한 바로 그 해이며, 이 대표작에서 그는 처벌 이론을 공리주의 원리 위에서 정당화하고 있다. 그리고 결코 우연이 아니듯 그 2년 뒤인 1791년 『Panopticon』이라는 구체적인 제안서를 세상에 내놓게 된다. 이 두 작품은 원리와 그 원리의 적용이라는 상호 의존적 관계로 보인다.

"벤담은 공리주의 관점에서 처벌에 관한 이론을 거의 완벽하게 만들었다" 말하는 밀의 평가가 그렇게 과장된 것은 아니라고 프리모라츠(Igor Primoratz)는 주장하고 있다.[32] 벤담의 대표작 『도덕과 입법의 원리에 관한 서론』에 나타난 처벌 이론의 중심은 억제론(deterrence theory) 또는 예방론(prevention theory)에 치우쳐 있다.[33] 일반적으로 처벌의 기능을 세 가지로 말하고 있는데, 보복(retribution)의 기능, 억제(deterrence) 기능, 그리고 개조(reform)의 기능이 그것이다. 그런데 벤담은 처벌의 보복 기능이 나머지 두 가지에 비해 공리성의 원칙에 맞지 않는다고 말하고 있다. 처벌의 보복 기능은 '공감과 반감의 원리'에 근거하고 있는데 이는 윤리학이나 사회철학의 비공리주의적 접근의 변형에 불과하다는 것이다.[34]

예방 또는 억제 이론에 치중된 벤담의 처벌 이론은 법철학자 하트(H.L.A. Hart)의 지적대로, "사회를 보호하기 위한 전향적인 도구(forward-looking instrument)이지 범법자가 자신이 행한 죄의 대가를 제대로 치르게 만드는 퇴행적인(backward-looking)도구는 아니다."[35] 구체적인 수용 시설의 설계도인 Panopticon Project 속에는 처벌의 예방 효과를 극대화하려는 의도가 반영되어 있고, 벤담의 처벌 이론 속에서 우리는 공리성 원칙의 위험성과 제도적 폭력의 정당화라는 부정적인 이중성을 발견하게 된다. 공리성 원칙에 근거한 처벌 이론과 Panopticon Project에 숨겨진 위험성과 폭력성은 다음 세 가지 측면에서 설명될 수 있을 것이다.

4.1 처벌의 효율성 제고: 개체성 부인과 인권 침해의 위험성 내포

최대 다수의 최대 행복이라는 공리성의 원칙은 불가피하게 소수자의 고통에 대해 외면할 수밖에 없는 원칙이다. 사회적 소수자 중 하나인 범죄인에 대한 감시와 처벌은 다수의 안전을 위해 불가피하게 만들어진 제도적 안전장치이다. 벤담의 처벌 이론은 철저하게 소수자에 대한 고통을 대가로 다수의 쾌락을 추구하는 공리주의 원리 위에 근거하고 있다. 물론 "모든 처벌은 해악이며, 그 자체로 악이다."라고 하며 "처벌은 더 큰 악을 제거하겠다고 약속하는 한 허용되어야 한다."고 그는 말하고 있지만[36] 처벌의 직접적이고 중요한 목적은 (소수 범죄자의) 행동을 통제하는 데 있다. 처벌의 고통과 사회적 안전의 확보라는 쾌락은 정비례의 관계에 있다는 것이 벤담의 생각이다. 개인에게 가해지는 처벌이 모든 다른 사람의 안전을 위한 근거가 되기 때문에 개인의 희생은 공동의 안전을 위해 불가피하다.[37] 심지어 가장 좋은 결과를 초래한다면 무고한 사람을 처벌하는 것도 용납되어야 하는 것이 공리성의 원칙에 부합되는 것이라 주장하고 있다.[38]

공리주의는 17세기 영국경험론 철학이 19세기에 변형, 확장된 이론이며, 자유주의를 뿌리로 하고 있으나 개인의 도덕적 판단을 인도하는 윤리학이 아니라 사회적 합의를 합리적으로 도출해 내려는 통제 이론이다. 따라서 벤담의 공리주의적 처벌 이론은 사회적 효율성, 즉 사회적 안전 확보를 위해서라면 개인의 자유와 권리도 유보할 수 있다는 점을 전제로 하고 있다. 메리 워녹(Mary Warnock)의 지적에 따르면, 벤담은 천부적인 개인의 권리와 자유를 강조하는 자연법 이론과 개체성을 근거로 하는 사회계약론을 비판하며, 이 두 이론을 대

신하여 공리성의 원칙으로 대체하고 있다.[39]

처벌받는 사람이 범법자이거나 무고한 사람이거나 간에 처벌하는 것이 유용하다면 그 처벌은 정당화될 뿐만 아니라 시행되어야 한다. 반대로 만약 유용하지 않다면 유죄인이거나 무고한 사람이거나 간에 처벌하는 것은 정당화되지도 허용되어서도 안 된다. 유용성의 확보라는 기준은 사회적 기준이며, 이 기준을 개인의 경우에 적용할 때 불가피하게 특수성과 개인의 인권, 자유는 어느 정도 유보가 불가피하다는 것이 벤담의 기본 생각이었다. 이 점과 관련해서 할레비(Halevy)는 벤담의 말을 직접 인용하면서, "자유의 정신과 자유 시민의 역량이 군인이나 성직자의 기계적인 훈련으로 변질되지 않을까?"라는 의문을 제기한다. 그러나 벤담은 말하길, "자유는 문제가 아니며, 오직 문제가 되는 것은 이와 같은 훈련이 행복을 증가시킬 것인가 아니면 감소시킬 것인가에 있다. 자유는 인간 활동의 목적이 아니며, 효율성의 이론은 그 기원이나 본질에 있어서 자유의 철학은 아니다."[40]라고 한다. Panopticon Project 속에는 벤담의 인간주의적 배려가 분명 포함되어 있지만 그것도 사회적 효율성이라는 목적보다는 하위에 속한 가치였다. 효율성을 담보로 개인의 자유와 권리를 유보할 수 있는 위험성이 벤담의 이론 안에 숨겨져 있음을 직시해야 한다.

4.2 처벌의 합목적성: 위법성(pseudo-legality)으로 전이

벤담은 처벌의 목적을 네 가지로 설정하고 있다. 첫째, 가장 광범위하고 적합한 목적은 가능한 한 모든 범죄행위를 예방하는 데 있다. 둘째, 만약 사람이 어떤 형태의 범죄를 저지를 수밖에 없다면 그다음 목적은 그가 또 다른 죄를 짓지 않고 최소한의 범죄에 머물도록 하는 데 있다. 셋째, 어떤 사람이 어떤 특정한 범법 행위를 저지르겠다는 결심을 했다면, 그다음 처벌의 목적은 자신의 목적에 필요한 것보다 더 많은 범법 행위를 하지 않도록 만드는 데 있다. 그리고 마지막으로 그 범죄행위가 무엇이든 가능한 한 적은 비용으로 범죄행위를 예방하는 데 있다.[41]

앞에서 프리모라츠(Primoratz)나 하트(H.L.A. Hart)도 지적했듯이, 벤담의 처벌 이론은 기본적으로 예방 억제 이론에 집중되어 있다. 소급 입법을 금지하고 일사부재리의 원칙을 준수하고 있는 현대법의 정신은 벤담의 미래 지향적인 처벌 이론과 상응한다고 볼 수 있다. 즉 억제 효과를 극대화하고 처벌의 효율성을 높이기 위해서는 범죄행위로부터 얻어지는 쾌락보다 그 자체로 악인 처벌의 고통이 훨씬 커야 한다. "범법 행위의 이점이 얼마나 크건 간에 처벌의 악은 그것을 능가하도록 만들어져야 한다."[42] 처벌의 고통이 크면 클수록 예비 범죄자에 대한 억제 효과는 높아질 것이라는 점이 벤담을 포함해서 예방, 억제론자들이 내세우는 논변이다. 일벌백계식의 처벌이 기대하는 효과가 바로 그런 종류의 것이다.[43]

그러나 처벌의 억제 이론은 법의 합목적성에 지나치게 의존되어 있다는 점에서 위험성을 내포하고 있다. 효율성이 높을수록 처벌의 목적은 정당화되며, 목적에 부합하는 한 과정과 절차보다는 결과에 더 집착할 수밖에 없기 때문이다. 공리주의나 쾌락주의로 대표되는 결과주의 윤리학이 공통으로 비판받고 있는 것도 바로 이 부분이다. 악법도 합목적적이라 할 수 있다. 그렇다고 해서 그 법이 정당하다고 말할 수 없는 것처럼, 일벌백계식의 강한 처벌이 사회적 안정성을 높이는 데 효율적이라고 해서 그 처벌이 정당화될 수는 없다. 처벌의 합목적성과 효율성의 강조는 일벌백계식의 부당한 위법적 처벌을 묵인할 위험이 있다. 일벌백계는 한 사람의 행위에 대해서는 다소 과도한 처벌을 하지만 그렇게 함으로써 범법 행위 가능자들에게 심리적으로 억제하는 경고의 효과는 크기 때문에 묵인되고 있다. 일벌백계는 부정의한 처벌이다. 일벌백계는 '각자에게 각자의 몫을 주려는 항구적인 의지(a perpetual will to give everyone to his own)' 라고 정의할 수 있는 고전적인 정의(justice)의 원칙에 위배된다. 행위한 만큼보다 더 과중한 처벌을 받는 것은 그것이 아무리 억제 및 예방 효과가 크다고 하더라도 분명 불공정한 처벌이자 위법의 위험성에 노출되어 있다. 더 나가서 법률적 폭력을 은폐하거나 정당화할 위험이 커진다.

법의 합목적성이 위법성의 위험으로부터 벗어나기 위해서 어떻게 할 것인가? 법률가와 그 집행관은 결과주의나 효율성에 대한 집착을 포기해야 한다. 그리고 자연법 이론과 사회계약론이 전제하는 인간의 기본권에 대한 절차적 정의와 천부적 자유에 대한 확고한 신념이 보강되어야 한다.

4.3 개인적 쾌락주의에서 사회적, 집단적 쾌락주의로 전이

데카르트 이후 서양 근대 철학은 주체성 또는 동일성의 철학이라는 이름으로 불리기도 했다. 이는 개인이 곧 인식의 주체(cogito)이자 행위의 주체이며, 자기 동일성을 유지하는 존재임을 의미한다. 이런 동일성의 철학은 17세기 이후 동질성을 바탕으로 한 민족국가의 형성과 강하게 맞물리게 된다. 개인의 동일성은 사회적 또는 민족적 동질성 확보로 확장되었고 이는 권력자들의 지배 이데올로기 역할을 하게 된다. 서유럽 국가들이 영토와 자원 확보를 위해 아시아나 아프리카로 식민지를 개척했던 공격성도 그 바탕에는 동일성 철학이 놓여 있다고 지적할 수 있다. 자기 동일성의 확장은 이질적인 민족, 문화, 종교 등에 대해 공격적인 배타성을 드러낼 수밖에 없다. 이런 점에서 유럽 문화를 사디즘(sadism)의 문화라고 평가하는 것도 타당하게 보인다.

그런데 근대의 동일성의 철학은 반대로 '타자에 대한 두려움(fear of others)'과 '집단 동일화(group identification)'를 강화시켜 왔다. 타자에 대한 감시와 처벌의 기술이 민족국가의 형성 시기부터 발전해 왔다는 것도 이런 점에서 결코 우연이 아니다. 19세기 중엽부터 급속하게 성장해 온 감옥 사업은 동일 사회 내에서 일탈자(범죄자)를 격리시킴으로써 사회적 동일성과 동질성 유지를 강화하려는 전략에서 비롯되었다. 존 프라트는 『처벌과 문명』에서 타자에 대한 두려움(fear of others)이 어느 문화권에서나 발견되지만 특히 20세기에 와서 더 강화되었다는 것을 지적하고 있다. 그리고 지그문트 바우만(Zygmund Bauman)은 이런 타자에 대한 두려움을 '이질성 공포증(heterophobia)'이라 부르고 있다. 이런 타자에 대한 두려움은 "한 사람이 어떤 상황을 통제할 수 없고 그 상황의 전개에 대해 아무런 영향을 미치지 못하거나 자신의 행위 결과에 대해 예측할 수 없는 상황에서 더욱 강화된다."고 말하고 있다.[44] 이질성 공포증은 개인에게 나타나는 심리적 상태가 아니라 집단 히스테리처럼 동일한 집단에 공통으로 나타나는 심적 상태라고 한다.

벤담이 새로운 감옥을 설계하고 건축하려는 야심을 갖게 된 것은 동질성을 확보하고 이질적인 것을 동일성 사회로부터 격리시켜 사회적 안전을 확보하려는 당시의 요구에 부응한 결과로 보인다. 감시와 처벌의 법제화 그리고 새로운 감옥의 건축은 동일성 또는 동질성을 유지하고 타자성과 이질성을 배제하려는 목적으로 두 영역의 경계선에 세워진 장벽과도 같은 역할을 하게 된다. 동일한 다수(일반 시민)의 행복(사회적 안전)을 위해 이질적인 소수(범죄인)의 고통(완전 감시와 처벌)을 강제하는 것은 법의 정신에도 부합하며 정의로운 사회적 쾌락이라는 것이 벤담의 생각이었다. 여기서 우리는 데카르트 이후 서양 근대철학이 밑받침해 온 집단적 가학 문화(culture of group sadism)와 집단적 쾌락주의의 일면을 보게 된다.[45]

5. 결론: 감시와 폭력적 처벌이 없는 사회를 위하여

미셸 푸코식으로 표현하면 한국 사회 전체는 하나의 커다란 감옥과도 같다. 이렇게 보면 벤담의 Panopticon Project는 전자 감시 체계로 전 방위 통제가 가능해져 가고 있는 현대사회의 축소판이라 할 수 있다. 그럼에도 불구하고 현대 한국 사회는 감시와 처벌 그리고 제도적 폭력의 문제를 심각하게 인식하고 있지 못하다. 이렇게 된 데에는 그것이 때때로 합법적인 공권력의 집행과 구분하기 어렵다는 현실적인 문제 때문이지만 동시에 그것이 오랫동안 묵인 또는 은폐되어 왔기 때문이다. 군사독재 시절에는 국가에 의해 가해지는 제도적 폭력을 고발하거나 문제를 제기하는 것조차 금기시되어 왔던 것이 사실이다.

최근 학교 체벌을 폐지하자는 교육 운동이 일어나는 것과 때를 같이하여 군대 내에서의 폭력도 근절되어야 한다는 목소리가 높다. 우리 사회를 오랫동안 지배해 온 군사 문화의 한 특징으로 자리 잡은 폭력 문화는 학교 사회에서도 그대로 반영되어 왔다. 학교나 군대 내에서 일어나는 폭력 현상은 감옥처럼 은폐되어 있고 고립되어 있는 상황에서 일어난다는 점에서 공통점을 가지고 있다. 이런 제도적 폭력들을 제거하거나 감시 없는 사회를 위해서는 어떻게 할 것인가? 다음 세 가지 점을 제안하고자 한다.

첫째, 어려운 일이지만 폭력의 하부문화(the subculture of violence)를 개선하는 일이 필요하다. 여기서 말하는 폭력의 하부문화란 "한 사회의 구성원들이 가지고 있는 가치관, 신념의 체계 그리고 삶의 태도 등의 형태 안에 존재하는 것으로 모든 상황에서 어떻게 행동하는 것이 적절한 것인가를 규정해 주는 것"을 의미한다.[46] 위에서 든 것처럼 군대 내에서 일상적으로 묵인된 폭력, 학교에서 사랑의 매라는 이름으로 용인 내지는 권장되어 온 폭력 등이 바로 폭력의 하부문화라고 할 수 있다.

폭력을 줄이기 위해서 처벌을 통해 사람을 개조하거나 감시를 강화하여 통제 사회로 리모델링한다는 일은 불필요하거나 아니면 불가능한 일이다. 이 점에 관해 필자는 한스 토치(Hans Toch)의 다음과 같은 주장에 동의한다. "폭력은 결코 사회적으로나 심리적으로 고립된 현상이 아니다. 폭력의 하부문화가 폭력적 성향보다 더 중요한 요인으로 작용한다."[47] 예를 들면, 가정이나 학교에서 부모나 선생이 자녀나 학생을 때리는 일은 부모와 선생이 폭력적인 사람이어서가 아니라 폭력의 하부문화가 그렇게 만들었다는 것이다. 이런 폭력의 하부문화는 폭력을 폭력으로 인식하지 못하게 만들기 쉽다. 전통과 관행의 이름으로 폭력을 묵인하거나 정당화하는 경우가 많기 때문이다. 우리 사회에서 그것이 개인적이거나 구조적이거나 상관없이 폭력을 줄이기 위해서는 견고하게 형성되어 있는 폭력의 하부문화를 개선해야만 한다.[48]

둘째, 감시와 처벌을 통해 사회를 통제할 수 있다는 잘못된 믿음을 포기하는 일이다. 사회통제 이론가들에 의하면, 통제 집단의 부재는 인간을 범죄로 이끄는 지름길이기 때문에 감시와 처벌의 효율성이 높으면 높을수록 통제 집단의 필요성은 더 요청된다고 한다.[49] 벤담이 Panopticon Project에서 최고의 효율성을 지향하는 공리성의 원칙을 감옥 통제 이론에 그대로 적용한 이유도 여기에 있다는 것은 이미 밝힌 바 있다. 벤담의 기본 생각을 확장해서 보면 현대사회의 통제 이론에도 그대로 적용될 수 있다. 감시와 처벌의 효율성을 높이겠다는 유혹은 권력자들에게는 마약의 유혹과도 같은 것이다. 이것을 포기하지 않는 한 권력자(국가, 정부, 대기업)는 시민, 개인, 단체, 그리고 심지어는 권력 그룹의 내부자까지 감시하고 싶은 유혹을 받게 된다. 인간을 감시와 통제의 수단으로 보는 시각에서 탈피하는 일은 중요하다. 그리고 인간을 합리적 존재, 평등한 존재 그리고 그 자체로 목적이자 그 어떤 것의 수단이 될 수 없는 존재로 보려는 시각으로 바뀌어야 한다. 그렇지 않는다면 인간은 언제나 타자성에 머물고, 물화, 수단화의 함정에서 벗어날 수 없을 것이다.

셋째, 감시와 폭력적인 처벌이 없는 사회를 만들기 위해서는 적극적인 저항권의 확대를 통해 제도적 폭력에 맞서야 한다. 개인이 홀로 제도적, 구조적인 폭력에 맞서는 일은 쉽지 않다. 시민 불복종 운동과 같은 연대 의식이 필요하다. 제도적, 구조적 폭력의 실체를 드러내고 개선을 요구할 수 있는 것은 저항권의 확대를 통해서 힘을 얻을 수 있다. 예를 들면, 국가 폭력으로 규정할 수 있는 사형제도의 폐지를 위해 입법 청원 운동을 하는 시민 단체의 노력 등이 그것이다. 이런 저항권의 확대는 소극적인 의미에서 제도적 폭력을 제거하는 데 머물지 않고 오히려 사회적 갈등 해소와 안전 확보에 적극적인 기여를 할 수 있을 것이다. 감시와 제도적 폭력이 없는 사회는 누군가, 특히 권력자가 베푸는 선물이 아니라 시민들 스스로 만들어야만 하는 구체적인 실천 목표이다.

회고와 재검토

1. 2003년에서 2005년까지

나는 2003년 3월에서 2005년 2월까지 문과대학의 학장으로 선출되어 행정 일을 맡아 보았다. 학장을 선출하는 것은 일종의 다면평가와 같았다. 문과대학 소속 모든 교수가 학장 후보자를 평가하여 투표로 선출하는 방식이었기 때문이다. 돌이켜 보면 2년의 임기 동안 학장의 직무 수행이 우선이었지만 연구 활동도 게을리하지 않으려고 애썼다. 다행스럽게도 2003년에서 2005년까지 세 가지 보람 있는 일을 할 수 있었다.

첫 번째로는 학생들을 위해서 두 권의 책을 공동으로 집필하여 출판한 일이다. 『드넓은 세상으로 나서는 그대들에게』라는 제목의 책이다. 어떤 선생이라도 그러하듯이 졸업하는 학생들 앞에서 선생은 언제나 미안한 마음을 갖는다. 그래서 책 한 권의 선물로라도 그 미안함을 대신하고 싶었다. 그렇게 해서 시작한 일이었고, 문과대학 교수들의 공동 집필로 기획되었다. 강의실에서 하지 못했거나 졸업생에게 꼭 해 주고 싶은 이야기를 담아 보고자 했다. 대학을 떠나 사회로 나가는 젊은 그대들에게 작은 응원이라도 하고 싶은 마음으로 교수들이 글을 보탰다. 그리고 2005년에는 『버릇없는 젊은이가 미래를 연다』라는 제목의 책을 만들어 새내기 신입생들에게 선물로 주었다. 필진들에게는 자신의 자녀가 대학에 입학했다면 부모로서 자식에게 해 주고 싶은 이야기가 있을 것이고 그것을 담아 보자고 집필 의도를 밝혔다.

보람이 있었던 두 번째 일은 홉스 철학을 일반인에게 소개하기 위한 입문서, 『리바이어던-국가라는 이름의 괴물』을 출판한 일이다. 강의 부담이 많이 줄어든 임기 2년 동안 틈틈이 준비한 책이다. 대학 행정을 핑계 삼아 나태해지는 연구자가 되지 않기 위해 매일 조금씩이라도 원고를 쓰고 검토하는 일을 게으르지 않게 스스로 다그쳤다. 홉스 연구자로서 일반인들에게 홉스 철학을 알리는 일은 나에게 주어진 일종의 책무 같은 것이었다. 이 책이 출판되었을 때 작은 짐 하나를 벗었다는 사실에 마음이 홀가분했던 기억은 지금 돌이켜 봐도 생생하다.

세 번째는 「J. Bentham의 Panopticon Project의 폭력성 비판」이라는 논문을 준비할 수 있었던 일이다. 2002년 한국학술진흥재단의 지원을 받아 시작한 연구였고, 학장 임기 중에 초안을 작성하고 보강한 후 2005년 9월에 학술지에 게재하였다. 본문 안에서도 밝혔듯이 이 글에 앞서 폭력에 대한 철학적 논의가 있었다. 「홉스의 힘의 정치철학: 폭력과 통제」인데, 이는 2003년 「동서철학연구」 제29집에 게재되었다. 인간에게는 욕구와 함께 폭력적 성향이 근원적으로 존재하고 있으며, 이를 통제할 수 있는 대안을 계약론의 관점에서 제안한 홉스의 폭력 이론을 소개하는 글이었다. 따라서 이 글은 폭력에 관한 두 번째 글이 된다 할 수 있다.

이 글(「J. Bentham의 Panopticon Project의 폭력성 비판」)을 쓰게

된 직접적 계기는 2003년 국가인권위원회가 제작한 「여섯 개의 시선」이라는 옴니버스 형태의 영화였다. 여섯 개의 에피소드 중 '그 남자의 사정'과 '신비한 영어 나라'는 충격적이었다. 그래서 벤담의 원형 감옥 설계도가 발표된 1791년, 조지 오웰의 디스토피아 소설 『1984년』 그리고 대한민국의 2003년 사이에 서로 상관관계는 없지만 나는 이들 사이에 하나의 연결고리가 있는 것으로 보았고 이를 1절의 소제목으로 붙였다. 폭력과 처벌, 감시와 통제, 인권 침해, 사회적 편견과 차별 등은 이들 세 개의 서로 다른 시대를 관통하고 있는 열쇠 말이었다. 벤담의 원형 감옥 프로젝트가 기획된 의도는 감시와 통제의 효율성을 높이는 일이었지만, 그 원형 감옥은 2003년 「여섯 개의 시선」 '그 남자의 사정'에 나오는 효율성 높은 아파트와 마치 데칼코마니 같았다.

외모 지상주의에 함몰된 사회는 묵시적 성폭력을 묵인하는 사회로 만들고 있다. 「여섯 개의 시선」 중, '그녀의 무게'와 '얼굴값'은 이 문제의 심각성을 잘 표현해 주고 있다. '그 남자의 사정'은 성범죄자 신상 공개 문제를 다루고 있다. 신상 공개와 전자발찌 감시는 성범죄 예방을 위한 장치이면서도 동시에 국가에 의해 자행되는 제도적 폭력의 일종이라는 비판을 피할 수 없다. 또 안전하고 이용 편리한 이동 수단을 장애인에게 제공해야 하는 것은 국가의 책무 가운데 하나이다. 그렇지만 현실에서는 숱한 장애물이 존재한다. 이처럼 장애인의 이동권을 제한하는 것은 소수자를 향한 다수의 또 다른 횡포라고 할 수 있다. 「여섯 개의 시선」 중 '대륙횡단'이라는 에피소드는 사회적 장애물 넘기의 처절한 사투를 보여 주고 있다. 네 번째 에피소드는 '신비한 영어 나라'라는 제목을 가지고 있다. 조기유학과 영어연수가 한창 유행할 때쯤에 실제로 있었던 폭력적 에피소드였다. 나는 지금도 영어

walk와 work의 정확한 발음을 내지 못한다. L과 R의 영어 발음을 잘 할 수 있도록 아이에게 설소대 수술을 받게 한다. 아이가 지르는 비명은 부모가 선의로 아이에게 가하는 폭력의 고통을 상징적으로 보여 주고 있다. 마지막 에피소드 '믿거나 말거나 찬드라의 경우'는 한국 사회의 무심한 차별과 편견이 한 해외 이주 여성 노동자의 삶에 얼마나 깊은 상처를 남겼는지를 보여 주고 있다.

나는 생각과 글과 삶이 내적으로 연결되도록 자가 점검을 게을리하지 않으려고 노력했다. 내가 살아가고 있는 시간과 머무르는 공간의 제약은 연구 주제에 제한을 가함으로써 선명한 문제의식에 집중하도록 해 주었고 연구 내용도 내 주변의 현실을 담아내도록 만들었다. 거기에 덧붙여 나의 개인적인 삶의 경험이 어떤 방식으로든 글에 투영되도록 시도했다. 이 글을 쓰게 된 간접적인 계기 중 하나는 아주 오래전의 있었던 나의 경험에까지 거슬러 올라간다.

나는 1974년 5월 서대문 경찰서에서 반정부 시위와 관련한 조사를 받고 풀려난 이후 어떤 이유인지는 지금도 알 수 없으나 R.O.T.C. 장교 후보생의 신분은 유지될 수 있었다. 당시의 상황으로는 나와 같은 경우 장교 후보생 신분에서 제명되고 강제로 군대에 가는 것이 흔한 일이었다. 누군가가 나를 위해 강하게 변호해 주었다고 믿는다. 학교 행정 당국일 수도 있었고, 학군단 단장님일 수도 있다. 졸업 후 대한민국 육군 소위로 임관했고 전방 부대 소대장으로 2년의 복무를 마쳤다. 복무 기간 중 어느 날인가 나는 당시 보안부대 파견자로부터 놀랄 만한 소식을 들었다. 나를 찾아와 어색한 면담을 마친 후 이제 더 이상 나에 대한 동향 보고를 하지 않고 종료한다는 말이었다. 그동안 나를 계속 감시해 왔다는 것을 의미하는 말이었다. 1974년 5월의 일은 그때 끝이 난 일이 아니었다. 보안부대의 감시는 내가 모르는 사이에 오랜 시간 지속되었다는 사실에 전율을 느끼지 않을 수 없었다. 국가의 감시도 폭력이며, 감시당하는 자의 고통은 언제 끝이 날 줄 모르는 불안과 공포이다. 국가에 의한 감시와 통제 그리고 여러 형태의 국가 폭력은 점차 더 교묘해지고 은밀하게 이루어지고 있다. 통신 기술은 도청과 감청의 수법이 더 정교하고 은밀하게 진화했고 개인정보의 과도한 노출은 통제와 감시를 손쉽게 만들었다. 우리는 지금도 누군가에 의해 감시당하고 있지 않을까?

2. 악의 평범성과 폭력의 일상성

잘 알려진 것처럼 한나 아렌트는 지난 20세기에 일어난 전쟁과 혁명을 총칭해서 '폭력의 세기'라고 규정하고 있다. 그리고 그 폭력의 규모와 파괴력은 전대미문(前代未聞)의 것이었다. 그렇다면 폭력과 관련해서 21세기 인류는 지난 세기의 실수를 반복할 것인가? 이제 인류가 저지를 수 있는 마지막 치명적인 전쟁은 핵전쟁뿐인데 아마도 그것은 불가능할 것이다. 핵무기를 사용한 전면전은 인류의 공멸을 초래할 것이 너무도 분명하기 때문이다. 핵무기를 보유한 국가의 통치자 누구도 핵무기의 발사 장치를 누를 수는 없을 것이다. 그런 의미에서 핵전쟁은 (희망적이지만) 불가능할 것으로 보인다. 에릭 프롬은 복종에 길들어진 병사의 손에 발사 스위치가 쥐어져 있는 경우 핵전쟁의 위험이 경각에 달려 있을 수 있다고도 했다. 그러나 그것은 현실적이지 않은 과도한 경고이다. 그렇다고 해서 전쟁의 폭력성이 사라지는 것은 결코 아니다. 재래식 무기 경쟁은 지속될 것이고 이를 통한 전쟁은 계속해서 일어날 것이다. 끊임없이 계속되는 아프리카 국가들의 내전, 탈레반의 승리로 끝이 난 미국과 아프가니스탄 간의 긴 전쟁, 우크라이나와 러시아의 전쟁 그리고 이스라엘과 팔레스타인 민족 간 전쟁 등 국지전쟁은 앞으로도 지속될 것이다. 국지전의 위험성으로 보면 우리나라의 경우도 결코 예외일 수 없다.

한나 아렌트는 『예루살렘의 아이히만』에서 악의 평범성(banality of evil)을 말하고 있다. 아이히만의 예루살렘 전범 재판을 보면서 그가 특별히 악한 사람이라서 저지른 전쟁범죄가 아니라 누구라도 그와 같은 악행을 저지를 수 있다는 무서운 사실을 그녀는 강조하고자 했다. 같은 재판에서 아이히만의 최후진술을 인용한 에릭 프롬도 아렌트와 같이 평범한 일상인들의 내면 안에 숨어 있는 악의 보편성에 동의하고 있다. 너무도 섬뜩한 느낌을 주는 구절이라 여기서 길게 인용해 보고자 한다.

> "아이히만은 조직인(organization man), 소외된 관료의 상징이다. 이들 때문에 많은 남자와 여자 그리고 아이들은 (수용소의) 숫자에 불과했다. 아이히만은 우리 모두의 상징이기도 하다. 우리는 아이히만한테서 우리 자신을 볼 수 있다. 그러나 그에 관한 가장 놀라운 일은, 그가 (범죄 혐의를) 인정한 내용으로 모든 진술을 마친 후 그는 완전히 확신에 차서 자신의 무죄를 호소했다는 사실이다. 만약 그가 다시 같은 상황에 놓인다면 또다시 그렇게(유대인 학살) 할 것이 분명하다. 따라서 우리도 마찬가지이고 우리도 그렇게 할 것이다."[50]

악의 평범성은 어찌 보면 모든 사람의 본성 안에 내재되어 있는 죄성(罪性) 또는 죄의 보편성과도 연관이 되어 있는 것 같다. 죄를 범할 수 있는 성품이나 성향이 살인이나 강도 같은 중한 범죄를 범한 사람에게만 있다고 말하지는 않는다. 모든 사람은 항상 크고 작은 죄를 지으며 살 수밖에 없는 한계 상황적 존재이다. 여기서 말하는 죄가 꼭 그리스도교의 교리 안에서 말하는 종교적 죄만을 뜻하는 것은 아니다. 죄성은 불완전한 존재가 감당해야만 하는 한계 상황의 하나이며, 실제 행동을 통한 죄와 더불어 생각과 말로 짓는 죄까지 모두 포함된다. 죄의 크기로 보면 생각으로 짓는 죄가 가장 무거울 것이다. 생각으로는 짓지 못할 죄가 없기 때문이다. 그다음으로는 말로 짓는 죄가 될 것이다. 겉으로 드러나는 말로 짓는 죄를 우리가 얼마나 쉽고도 자주 범하는지는 자아 성찰을 통해서 어렵지 않게 확인할 수 있다.

나는 악의 평범성과 죄성 못지않게 폭력의 일상성(ordinary of violence)에 주목하고자 한다. 가장 넓은 의미로 폭력을 정의해 본다면 다음과 같이 할 수 있다. '폭력이란 자신, 타인, 다른 집단, 다른 종족과 국가를 향해 말이나 행동을 통한 물리력을 사용하여 심리적 위협, 신체적 상해, 죽음에 대한 위협 그리고 최종적으로 생명을 빼앗는 결과를 낳는 모든 행동이다.' 나는 자살 역시 폭력으로 간주한다. 왜냐하면 자살은 물리력을 통해 자기 신체와 정신 전체에 대한 자기부정이기 때문이다. 또 인간에 대한 것만 아니라 동물이나 식물의 생명에 대해 인간이 가하는 위협 역시 폭력이라 본다. 가정, 학교, 군대, 직장 내에서뿐만 아니라 국제 질서 안에서 강대국과 약소국 사이에 일어나는 경제적, 문화적 위협과 간섭 행위 그리고 군사력을 동원한 위협과 전쟁 역시 폭력으로 간주할 수 있다.

자살률 세계 1위인 우리나라는 자기 폭력에 그만큼 노출이 많이 되어 있는 나라이다. 모방 범죄가 전염성이 있듯이 자살 역시 전염성이 있다. 나는 어린 자녀와 함께 하는 동반 자살 소식을 들을 때마다 안타까움과 함께 그 폭력성에 몸서리쳤다. 아이의 생명을 부모라고 해서 빼앗을 권리는 없다. 신병(身病)이나 경제적 빈곤을 탓하며 자살을 선택하는 절박함을 이해하지 못하는 것은 아니나 그런 선택에 나는 동의와 지지를 보낼 수 없다. 왜냐하면 이것은 변형된 가정 폭력이기 때문이다. 가정 폭력의 배후에는 (우월의식과 열등의식이 모두 혼재되어 있는) 개인의 왜곡된 심리 상태가 한 가지 원인으로 자리 잡고 있다.

학교 폭력은 거의 일상적으로 일어나는 흔한 현상이 되어 버렸다. 학교 폭력은 단지 가해자와 피해자만의 문제가 아니다. 학교 폭력은 폭력 현장에서 방관한 채 묵인하는 다수의 학생에게도 상처를 주는 행위라는 게 더 심각한 문제이다. 집단 따돌림이라는 폭력 현상은 학교 교실에서만 일어나는 일이 아니다. 어른들의 세계에서도 흔하게 발견되는 집단 따돌림은 폭력이 전염되는 대표적인 현상 가운데 하나이다. 직장 내에서 일상적으로 일어나는 집단 따돌림은 아이들의 폭력을 보고 어른이 배우는 퇴행성 학습의 일종이라 할 수 있다.

아마도 우리 사회에서 가장 손쉽게 이해할 수 있는 폭력의 일상성을 드러내는 단어는 '갑질'이라는 형태의 현상일 것이다. 갑질이란 힘과 권력, 주도권, 결정권을 가진 갑이 그것이 없는 을에게 가하는 폭력 행사를 말한다. 작은 편의점에서 점원과 고객 사이, 학교, 기업, 정부 조직상 지위의 상하 등 거래가 있는 대부분의 갑을 양자 사이에서는 갑질이 발생하기 쉽다. 강준만은 갑을 관계가 동서고금 사람 사는 세상에서는 어디서나 나타나는 현상이지만 우리 사회가 유독 더 심하다고 평가하고 있다. 갑을 관계가 심하다는 말보다는 갑질이 심하다고 해야 적절할 것이다. 나는 갑을 관계 자체를 문제로 삼기보다는 갑질 자체가 문제라는 점에 주목하고자 한다. 왜냐하면 갑질은 어떤 형태로든 폭력적 행위와 쉽게 연결되어 있기 때문이다.

누구라도 항상 갑의 위치에 있을 수는 없다. 갑도 을이 될 수 있고, 을도 다른 관계에서는 갑이 될 수 있다. 직장 상사에게 갑질을 당한 나는 회사 내의 카페에 있는 점원에게 갑질을 할 수 있다. 그렇다면 조금만 입장을 바꿔 생각해 본다면 갑질은 상당 부분 억제될 수 있어 보인다. 그러나 현실은 자신이 갑질을 하고 있다는 것조차 의식하지 못한 채 갑질을 행하는 경우가 일상 속에서 빈번하게 일어난다. 그런 이유 중의 하나를 나는 아직 우리의 의식 안에 평등성이 결핍되어 있기 때문이라고 본다. 많이 나아지기는 했으나 여전히 남녀 사이에 불평등의식은 남아 있으며, 꼰대 의식도 왜곡된 장유유서가 만들어 낸 일종의 갑질 행위이다. 남녀와 노소간에 불평등하다는 생각이 자리하는 한 갑질 행위는 어디에서나 일어날 수 있다.

폭력의 일상성을 확대 재생산하는 기제(mechanism) 중의 하나를 나는 한국 정치의 장(ground)이라고 본다. 한국의 정치인들이 내뱉는 말과 행동이 얼마나 폭력적인지는 언급할 필요도 없다. 품격과 유머와 절제의 덕을 잃은 정치인들의 거친 말과 행동은 정치를 혐오하게 만들고, 이런 혐오감은 잠재되어 있던 폭력성이 폭발하는 기폭제가 되기도 한다. 특히 언론 매체와 S.N.S를 통해 필터링 없이 노출되는 정치인들의 언어폭력은 폭력의 일상성을 더욱 쉽게 수용하도록 만든다. 정치는 이질적이고 낯선 타자들을 끊어 내고 배제하는 것이 아니라 불편한 접촉을 통해 경쟁 관계를 이어 가는 일이다. 정치 공동체는 문제를 합리적이고 개방적으로 해결할 수 있는 공적 공간이다. 억울한 일을 당한 사람이 사적인 공간에서 문제를 해결할 수 있는 길은 사적으로 보복하는 길이 있으나 이는 폭력의 길이다. 법에 호소하거나 정치 공동체인 정당과 정부에서 공적으로 해결해야만 한다. 그 공적 기구가 제 기능을 상실하게 되면 정치 공동체는 문제 해결의 공간이 아니라 오히려 저항하기 어려운 억압과 폭력의 사용이 가능한 공간으로 변질이 된다.

국가에 의해, 또는 정부의 무능과 무책임 때문에 발생한 제도적 폭력에 억울함을 호소하는 사람들이 아직도 우리 주변에 많다. 정치 공동체에 호소할 수 없을 때 이 억울함을 당한 사람은 일상을 송두리째 빼앗긴 삶을 살아가면서 지루한 투쟁과 호소를 반복한다. 그리고 최종에는 절망에 함몰되어 죽음을 선택할 수밖에 없는 경우도 있다.

아주 오래전에 읽은 로렌 아이슬리(Loren Eiseley; 1907-1977)의 수필 '새들의 판단(The Judgment of Birds)'을 나의 기억 깊은 바닥에서 소환하는 이유는 이 작품 안에서 일상적인 폭력의 모습과 그것을 대하는 우리의 부끄러운 모습의 단면을 볼 수 있었기 때문이다. 요지에 해당이 되는 부분을 줄여서 인용하고자 한다.

"그곳(숲속)은 햇볕이 따스했고, 빛이 소나무 사이로 비스듬히 비추어 숲속의 빈터는 마치 거대한 성당처럼 빛나고 있었다. 뻗은 가지 위에는 붉고 꿈틀거리는 새끼 새를 부리에 물고 있는 큰 까마귀가 앉아 있었다. (잡아 먹히고 있는) 새끼 새의 부모는 분노에 차서 울부짖으며 빈터를 속수무책으로 맴돌고 있었다. 그 번질거리는 검은 색의 괴물은 (어미 새의 울부짖음에) 무관심한 채 새끼 새를 꿀꺽 삼키고 죽은 나뭇가지에 부리를 문지른 뒤 가만히 앉아 있었다. 그런데 갑자기 그 숲속에서 부드러운 불평의 소리가 들리기 시작했다. 새끼 새의 어미들이 내는 비통한 울부짖음에 이끌려 여섯 종류의 작은 새들이 숲속의 빈터로 날아들었다. 누구도 감히 까마귀를 공격하지 못했다. 그러나 그 새들은 본능적으로 똑같이 (당할) 비참함 속에서 모두 함께 울었다. 그 새들은 마치 살인자를 향해 날개를 겨눈 것처럼 펄럭거렸다. 그 살인자 검은 새는 강력하고 꼼짝도 하지 않고 흔들리지도 않고 건드릴 수 없는 사람 같았다. 한숨짓는 일은 사라져 갔고, (작은 새들이) 저항하는 동안 그들은 점차 폭력(적 상황)을 잊어버렸다. 그때 참새 한 마리가 그 숲속 빈터로 머뭇거리며 맑은 소리를 내며 들어왔다. 그리고 마침내 고통스러운 날갯짓을 한 후에는 다른 새들이 따라 노래를 불렀다. 이 (맑은 소리의) 노래는 마치 어떤 사악한 일이 천천히 잊혀 가는 것처럼 이 새에서 저 새로 전달되었다. 그들은 까마귀의 음울한 그림자 아래서 노래를 불렀다. 그들은 까마귀를 잊어버렸다."

숲속에서 일어나는 약육강식의 이런 일들은 언제나 평범하게 일어난다. 사람들이 사는 세상에서도 마찬가지이다. 이 이야기는 저항할 수 없는 강력한 폭력 앞에서 발만 동동거리다가 어느새 폭력의 잔인함도, 희생자에 대한 애도도 잊고, 언제 그랬는지 망각하고 일상으로 돌아가는 우리의 서글픈 모습을 그리고 있다. 폭력의 일상성이 무서운 것은 폭력에 대해 우리를 무감각하게 만든다는 데 있다. 이는 삶의 전체 과정에서 타인을 향한 폭력을 묵인하거나 외면하게 만든다. 까마귀 같은 거대한 폭력의 가해자는 국가일 수도 있고, 대기업일 수도 있고 불법 체류자를 고용한 농장주일 수도 있다. 사회 여러 권력으로부터 가해지는 폭력의 희생자를 보면서 우리는 어미 새처럼 무기력하게 분노만 토로하다 잊어버린다. 또는 자신이 그런 폭력의 대상이 될 때는 그냥 참고 견디거나 아니면 폭로하거나 법에 호소하기도 한다. 때로는 자살로써 강자의 폭력에 항변하기도 한다.

폭력의 과잉 시대에 우리는 살고 있다. 폭력도 이제는 게임처럼 하나의 구경거리가 된 시대가 되었다. 1990년대 이후 전쟁은 월드컵 중계하듯 전투 현장에서 전 세계의 안방으로 생중계되었다. 미국

C.N.N. 방송이 그 일에 선도적 역할을 했던 것으로 나는 기억한다. 처음 T.V. 화면으로 전쟁의 참상을 실시간 목격하는 일은 충격적이었지만 점점 무디어진 감성은 전쟁의 생중계를 하나의 리얼리티 쇼처럼 여겨지게 했다. 우리는 구경꾼의 처지로 변해 갔다. 인터넷과 S.N.S. 그리고 동영상 시대를 연 Youtube를 통해 폭력 현장의 생중계는 더욱 쉬운 일이 되었고 그 파급력은 상상을 초월할 정도로 확장되었다. 마치 우리 모두의 손안에 폭력의 증폭기가 주어진 것과도 같았다. 납치된 미국인 기자를 참수하는 장면을 영상으로 공개한 I.S.의 행위를 반인륜적이라고 비난하면서도 그것과 유사한 상황이 지금 우리 안에서도 발견된다. 성폭행하는 장면을 영상으로 찍고 그것을 협박의 수단으로 삼는 행위, 집단 폭행하면서 영상으로 만들어 온라인에 올리고 그것을 공유하는 청소년들의 일탈행위 등은 보호되어야 할 사생활의 세계를 파괴하고 있다. 자극의 강도를 높여가며 피사체를 경제적 이익 창출의 수단으로 삼는 극단적인 유튜버들의 행위는 폭력의 경계선을 넘나들고 있다. 이들은 이미 타자의 고통을 고려의 대상에서 제거해 버리고 자기 검열의 기준선을 쉽게 넘어선다. 공감력의 결핍과 무지가 크고 작은 권력과 결탁했을 때 얼마나 쉽게 야만적인 폭력이 일어나는지를 우리는 매일 경험하며 살아가고 있다.

3. 동일성 문화의 폭력과 관용의 문화

서양 근대철학의 시작은 주체의 동일성을 확보하는 일에서 시작되었다고도 할 수 있다. 신의 보증과 도움 없이 인간이 이성의 힘만으로도 독자적으로 설 수 있다는 확신은 자아라는 주체를 확보하는 일과 그 주체가 항상 동일성을 유지할 수 있다는 자신감에서 시작되었다. 그래서 서양 근대철학의 인식론적, 존재론적 주제는 주체의 동일성을 어떻게 확인, 확보할 수 있는가에 있었다. 근대 유럽에서 민족국가(nation state)의 확장은 동일성 문화와 주체 철학과 일맥상통하고 있다. 동일한 언어와 문화를 토대로 한 정치 조직은 이질적인 문화와 종족의 출현에 대해 강한 거부감을 보였고, 제국주의 식민지 개척으로 동일성 문화와 이질적 문화의 충돌은 불가피했다. 서유럽의 동일성 문화는 그 내부에 배타성과 폭력성을 배태하고 있었다.

역설적이지만 근대 유럽 사회가 관용의 정신을 강조하게 된 것도 많은 종교적 갈등을 겪고 난 후의 자기 생존을 위한 전략이라고도 할 수 있다. 가톨릭과 개신교 사이의 충돌 해소만이 아니라 식민지 개척의 산물로 들어온 이질적인 인종과 문화와의 공존을 위한 자구책의 일환으로 관용의 정신이 더욱 요청되었다. 불관용의 경험이 관용의 필요성을 자극했다면 이는 결국 불관용이라는 폭력과 배제의 논리로는 동일성을 유지하는 일이 불가능하다는 자각과도 같다. 다원주의 또는 다문화주의는 관용의 윤리가 그 도덕적 토대를 제공할 때 가능한 이념이다. 한때 다문화주의의 실패를 말하는 정치인들이 있었는데 이들이 내세운 실패의 증거는 이민자들이 동일성의 문화를 토대로 한 주류 사회에 부적응한 사례를 들고 있었다. 특히 이슬람 극단주의자들의 사례를 말하고 있으나 이것이 다문화주의의 실패를 말할 수 있는 증거는 결코 되지 못한다. 소수자들에게 주류 사회에 동화하라고 요구하는 것은 자기 동일성에 대한 불관용이며 문화적 폭력과도 같다. 자기 정체성의 혼란을 겪고 있는 이민자들에게 동일성의 문화와 그 사회 시스템은 불관용의 장벽과도 같다.

자기 정체성의 확인을 동일성의 기준으로 삼는 태도는 위험할 수 있다. 성 소수자에게 주류의 성적 동일성을 강요하는 것은 제도와 관습의 폭력이다. 또 혈연관계를 기본으로 해서 이루어진 가족 개념이 변화하고 있고 다양한 가족 형태가 존재하는 시대에 우리는 살고 있다. 혈연 중심의 가족 개념만으로 다양한 형태의 가족 관계를 설명하려면 거기에서 배제와 차별은 불가피하게 발생한다. 우리와 동일하지 않은 "새로운 길을 따르는 이들을 찾아내기만 하면 남자든 여자든 결박하여 예루살렘으로 끌고 오겠다."는 사울의 선언(사도행전 9장 2절)은 여전히 우리 안에도 여러 가지 형태로 존재하고 있다.

현대인들은 대체로 근대로부터 동일성과 주체성 철학을 유산으로 물려받고 있다. 나는 언제나 동일한 나여야 하고, '우리는 항상 하나로 남아 있어야 한다'라는 집단 무의식을 전통의 이름으로 존경해 왔다. 이런 동일성 확신을 통해 나와 우리는 안전하고 보호받을 수 있다는 믿음을 갖고 살아왔기 때문이다.

이런 동일성의 문화는 타자의 출현이라는 도전 앞에서 당황하고 불안을 느끼지 않을 수 없었다. 타자는 주체의 안티테제(Anti These)이며 이 양자는 충돌을 피할 수 없다. 타자는 본질상 부정성, 즉 주체의 동일성에 대한 거부와 부정을 내포하고 있다. 따라서 그 안에는 이질성과 파괴성을 내포하고 있다. 동일성과 타자성 사이의 충돌은 근대 사회의 역동성을 상징하기도 하지만 동시에 변증법적 운동 과정에서 불가피하게 발생하는 숱한 갈등을 구조적으로 고착시켰다. 타자에 대한 감시, 거부, 억압, 추방 그리고 전쟁을 통한 타자의 제거 시도는 동일성 문화가 만들어 낸 파괴적 본능이다.

동일성 문화는 다름과 타자를 위험 요소로 보고 이를 배제하려는 논리가 잘 발달된 문화이다. 또 동일성 문화는 타자의 부정성 자체를 부정함으로써 자기를 스스로 파괴하는 역설적 상황에 직면하기도 한다. 대부분 동일성은 다수의 주장이고 타자성은 소수에게 붙여진 이름이다. 따라서 숫자의 불균형은 힘의 불균형을 의미하며, 기울어진 힘의 운동장에서 벌어지는 게임은 불평등과 소외를 낳는다. 그렇다고 해서 타자가 없는 게임은 불가능하다. 동일성 안에서도 타자는 언제나 존재한다. '나'와 '우리'라는 존재는 '너'와 '너희'라는 타자가 존재함으로써 의미를 갖는 존재이다. 타자가 없는 주체는 주체가 아니다. 언뜻 보면 너와 너희라는 타자는 나와 우리라는 주체에 대한 부정처럼 보이고 그 타자는 위협적인 존재처럼 보이지만 그 타자 없이는 주체 역시 존립할 수 없다. 따라서 서양 근대사회는 이런 동일성 문화를 추구해 오면서도 타자성이 갖는 특징인 다양성과 다름의 문화에 대해 포용하고 관용하려는 노력을 기울여 왔다.

내가 관용의 윤리를 오랜 시간 논의의 대상으로 삼아온 배경은 그것이 자유주의 덕목으로서 다문화 사회로 나아가는 데 필요했기 때문이다. 다문화 사회에는 다름과 다양성이 존중되어야 하고, 그러기 위해서는 동일성 추구에 함몰된 배타적인 근대성의 극복이 우선해야 했다. 다름과 차이를 위험한 타자로 인식하는 한 소수자에 대한 배제와 제거라는 폭력적 반응은 증폭될 위험이 크다. 소수자에 대한 차별을 금지하는 차별금지법조차 통과가 안 되는 편협하고 성숙하지 못한 사회에 우리는 아직도 살고 있다. 혐오와 불관용은 우리와 다른 타자에 대한 감시와 처벌 그리고 사회적 통제를 강화할 명분을 계속 찾아내려고 할 것이다. 배제의 논리는 결코 승리하지 못한다. 왜냐하면 배제와 거부 그리고 제거는 고통을 낳으며 종국적으로 자기 존재를 부정할 수밖에 없는 한계에 도달하기 때문이다. 지금 우리는 고통에 대한 공감 의식이 없는 사회로 질주하고 있다. 단절된 사회, 고립감과 우울감이 내면화되고 있다. 경쟁 사회, 피로 사회의 필연적 종착점은 고립과 단절, 배제와 타자성의 부정이라는 막다른 세계로 간다.

다시 관용의 윤리로 돌아가야 한다고 말할까? 아마도 그럴 것이다. 그런 의미에서 이 글은 여기서 멈추는 것이 아니라 계속 이어져야 할 것이다.

에필로그

유효기간이 한참 지났을 것 같은 글들에다 다시 회고하며 재검토하는 글을 덧붙여 쓰는 일은 마치 독자들에게 독약과 치료약을 동시에 주는 파르마콘(pharmakon)과도 같다. 세상에는 양약과도 같은 책들도 많고 독약 같은 글들도 넘쳐난다. 힘들이지 않고서도 매일 손안으로 지식과 정보가 배달되는 시대에 살면서 우리는 독약과 치료약을 구분하는 일조차 쉽지 않은 세상에 살고 있다. "책 어딘가를 읽어 주는 걸 듣거나 또는 가벼운 치료들에 우연히 접하고서는, 의술에 대해서는 아무것도 전문적으로 아는 바가 없으면서도, 의사가 된 걸로 생각"하는 사람을 제정신이 아니라고 평가하는 파이드로스의 말이 가슴을 찌른다.[1] 나의 글들과 거기에 사족처럼 덧붙인 회고와 재검토로 구성된 이 책이 어떤 이에게는 좋은 약이 되기도 할 것이나 또 어떤 이에게는 독약이 될 수도 있다. 아니면 아무런 효과도 없는 당의정(糖衣精)에 불과할 수도 있다. 이 책이 독자들에게 위약 효과(placebo effect)라도 있다면 그것도 괜찮은 일이다.

세상에 좋기만 한 약은 없듯이 세상의 모든 책과 글 역시 치료약과 독약의 기능을 모두 담고 있다. 아마도 그렇기에 자크 데리다(J. Derrida)는 플라톤의 이 파르마콘을 '비결정성(indeterminacy)' 이라는 의미와 연결을 시키고 있는지 모르겠다. 나의 글들이 독자들에게 치료약도 독약도 당의정도 될 수 있다는 점에서 나는 이 글들에 대한 평가 역시 판단중지한 채 자유롭게 사유하는 독자들에게 맡기려고 한다. 이 책의 값(price)은 출판사가 정할 수 있으나 그 가치(value)는 글을 쓴 내가 정하는 것도 아니고 출판사가 정하는 것도 아니다. 도서관이나 서점에서 이 책을 만나거나 구매할 미래의 독자들이 정하는 것이다.

1971년부터 오늘까지 나는 철학도로 살아오고 있다. 사유의 힘은 나의 정신적 삶을 지탱해 준 힘의 근원이었다. 삶의 목적과 방향을 잃어버리지 않도록 방향 지시등과 같은 역할을 한 것은 내가 걷는 길에 대한 끊임없는 질문과 대답이었다. 내 일상의 삶은 거의 정해진 답대로 살아왔고 또 그렇게 사는 것이 정답이라고 자식들에게 가르쳤다. 그러나 나의 철학적 삶은 가능한 한 자유로움과 호기심을 추구하며 살았다. 질문에 따라 답을 찾듯이 그때마다 주어진 물음에 적합한 답을 찾고자 했던 것이 지금 여기서 묶은 여러 편의 글들로 남았다. 처음 이 책을 구성할 때 자문해 본 질문처럼 다시 스스로 물음을 묻는다. 누구를 위해 이 책을 쓴 것인가?

무엇보다 우선으로 나는 나를 위해 이 책을 만들었다. 일상적인 삶에서 나는 뒤를 돌아보는 일을 잘 하지 않는다. 지난 일에 대해 길게 후회하지 않는 것은 나의 이런 성격과 관련이 있다. 디지털 카메라가 나온 이후 수없이 찍은 그 많은 사진을 두 번 다시 들여다보지 않는 것도, 그리고 지나간 숱한 인연들에 연연하지 않는 것도 모두 과거가 무의미해서 그런 것은 아니다. 과거보다는 현재가 중요하고 현재보다는 미래가 훨씬 더 중요하기에 지난 일에 마음을 둘 여유가 없기 때문이다.

그러나 철학적인 삶에서는 항상 과거를 돌이켜 보는 일에 우선했다. 과거의 철학자들이 남긴 글을 읽으며 보낸 시간이 얼마이던가? 나는 400년 전의 철학자의 글을 통해 현재와 미래를 보려고 했고, 그런 노력의 산물이 여기에 실린 글들이다. 70이 넘은 나이에 미래를 이야기하는 일이 웃음거리처럼 들릴지 모른다. 그러나 지금 내게 중요한 것은 과거 70년의 일이 아니라 우리의 손자 세대가 살아갈 한국 사회의 모습이 어떨까 하는 궁금함이다. 예전의 글과 거기에 회고와 재검토를 덧붙인 가장 큰 이유는 현재의 관점에서 과거를 반성하고 가능하다면 미래에 대한 희망을 표현하고 싶었기 때문이다. 이렇게 하는 것이 사유하는 존재로 살아온 나의 삶을 정리하고 끝맺음하는 적절한 방식이라 믿었기 때문이다.

두 번째로 나는 서양 근대철학의 여러 철학자를 공부하고 근대철학회를 구성하고 있는 동학(同學)을 위해 이 책을 헌정한다. 철학이라는 학문의 생태계가 존립하기조차 어려운 상황에서도 모범적으로 연구 활동을 이어 가고 있는 서양근대철학회 회원들에게 존경의 마음을 담아 이 책을 드리고자 한다. 2018년 서양근대철학회 창립 20주년 학술대회의 기조 강연에서 나는 서양 근대철학의 확장을 위해 '타 학문의 목소리에 귀를 기울이고, 상업주의의 해독제를 찾아내고, 새로운 휴머니즘의 회복'을 주문한 바 있다. 그리고 철학이 더는 공리공담(空理空談)이 되지 않기 위해 이론과 실천, 독서와 사색 그리고 근대철학 연구의 심화와 확장의 균형을 요청한 바 있다. 잠자는 숲속의 공주 오로라의 깊은 수면을 깨운 것은 사랑을 담은 왕자의 입맞춤이었던 것처럼, 공리공담에 눈감아 버렸을 지혜의 여신 아테나(Αθηνά)는 지혜를 사랑하는 우리 철학자들의 입맞춤을 기다리고 있지 않을까? 나의 이 책이 동학에게 전해지고 읽혀서 근대철학 확장과 심화라는 나의 바람대로 작은 변화라도 이루어지길 소망해 본다.

세 번째로 이 책은 지난 수십 년 동안 나와 맺었던 인연을 기억하는 사람들에게 전하는 나의 마지막 선물이다. 강의실에서 만났던 그 많은 학생, 철학계의 선배, 후배들 그리고 여러 다른 기회에 만나서 경험과 시간을 공유했던 사회 관계망의 지인들에게 고마움을 담아 이 책을 전하고 싶다. 나는 그들로부터 다 갚을 수 없는 은혜와 도움을 받았고, 다 갚지 못한 채무 의식을 조금이라도 덜기 위해 닿는 만큼 이 책을 전하는 것으로 갚고자 한다. 지금은 시공간적으로 만나기 어려운 인연들이지만 나와 그들의 기억을 통해 소중한 만남은 다른 차원에서 지속될 것이라 믿는다. 가능한 시간까지 나는 그들을 기억할 것이며, 그들 또한 이 책을 통해 나를 기억하리라 믿는다. 그 기억을 공유하고자 하는 나의 마음을 담아 이 책을 전한다.

지혜의 학문이라는 철학을 평생의 업으로 삼고 살아오면서 그 철학에서 내가 얻은 위안과 기쁨은 미미하다. 그러나 홉스 철학의 전공자, 관용의 전도사 그리고 공감력의 중요성에 일찍 눈을 뜬 사람이라는 평가를 받는다면 '지치고 늙은 내 운명은 큰 위로' (보에티우스, 『철학의 위안』)가 되며 내게 그보다 더 큰 명예는 없을 것이다. 그러나 '철학하는 일(philosophieren)' 을 통해 내가 찾은 것들의 흔적은 구우일모(九牛一毛)와 같은 하찮은 것이라는 회한도 남는다. 서양 근대철학의 언저리에서 머물며 보낸 시간은 순간이나 서양철학 2,500년이라는 긴 시간 동안 인류가 남긴 지적인 유산은 너무도 크고 위대하다. 그 위대함에 비하면 내가 찾고자 노력했고 얻었다고 자신했던 작은 지혜들은 미천할 뿐이다. 그 작은 지혜들은 이 한 권의 책으로 남겨지고 나머지 보잘것없는 생각의 단편들은 이제 긴 침묵 속으로 걸어 들어가야만 한다. 그것이 노년의 삶에 어울리는 길이다.

처음 이 글을 시작할 때 지녔던 에너지도 이젠 거의 소진되었다. 다시 시작한다고 해도 지금 이만큼만도 쓰지 못할 것은 분명하다. 신체적 에너지의 문제일 뿐 아니라 사유하는 힘도 많이 소모되었고 더구나 글을 쓰는 일은 내게 독약이 될 것이 분명하다. 이제 내게 남겨진 힘이 있다면 그것은 수도사들이 그랬던 것처럼 렉시오 디비나(lectio divina; 聖讀)에 쏟고 싶다. 독서(lectio)와 묵상(meditatio) 그리고 기도(oratio)와 관상(contemplatio)하는 일로 이루어진 렉시오 디비나는 특히 노년에 이른 사람들의 영혼에 큰 위로를 주기 때문이며, 나의 철학자 토마스 홉스가 자서전의 마지막에서 말한 것처럼 "죽음이 내 곁에 서서 말하길, 두려워 말라"고 하기 때문이다.

이제 한국 사회를 향해 열려 있었던 나의 지적 호기심과 소박한 실천의 문을 닫을 때가 되었다.

2024년 11월

미주

프롤로그

1 David Hume, *The Philosophical Works*, (ed. Thomas Green & Thomas Grose), Scientia Verlag Aalen, 1964. vol. III, p. 1.

2 홉스와 관용에 관한 나의 저서, 역서와 연구 논문 목록은 아래와 같다.
『홉스의 사회·정치철학』(철학과 현실사, 1999), 『리바이어던-국가라는 이름의 괴물』(살림, 2005), 『홉스의 리바이어던으로의 초대』(L.M. 존슨 백비 지음, 서광사, 2013), 『법의 기초』(홉스 지음, 아카넷, 2023), 『서양근대철학』(공저, 창작과 비평사, 2001), 『서양근대윤리학』(공저, 창비, 2010), 『서양근대종교철학』(공저, 창비, 2015), 『서양근대교육철학』(공저, 서울대학교출판문화원, 2021)
『관용과 열린사회』(철학과 현실사, 1997), 『관용과 다문화 사회의 교육』(철학과 현실사, 2016 관용과 열린사회의 확장판), 『관용주의자들』(공저, 교우미디어 2016), 『혐오를 넘어 관용으로』(공저, 서광사, 2019)

3 각각의 논문 출처는 다음과 같다. 1장: 『한남대학교 논문집(인문과학편)』, 제19집, 1989. 2장: 한민족철학자 대회보 2권, 1991. 407-417쪽. 3장: 조우현 엮음, 『희랍철학의 문제들』, 현암사, 1993. 4장: 『철학연구』 제38집, 철학연구회, 1996. 5장: 『철학』, 제32집, 한국철학회, 1989. 6장: 『가톨릭 철학』, 5권, 2003. 63-90쪽. 7장: 『철학』, 제50집, 한국철학회, 1997. 8장: 『철학』, 제76집, 한국철학회, 2003. 9장: 『철학』 제66집 별책, 「21세기의 도전과 희망의 철학」, 2000. 10장: 장욱 외, 『영원을 향한 철학』, 2004. 11장: 『동서철학연구』 제37호, 한국동서철학회, 2005.

제1장

1 D.D. 라파엘, 『정치철학의 문제들』, 김용환 옮김, 서광사, 1986. p. 181.

2 Irwin Edman (ed.), *John Dewey*, The Bobbs-Merrill, 1955. pp. 311-13.

3 S.K. Padover, *The Meaning of Democracy* (양호민 역), 탐구신서 44. p. 16.

4 cf. 실재론자들, 특히 Aristoteles, Aquinas와 관념론자들 특히 Hegel, T.H. Green 등은 공통적으로 복종(정치적 의무)의 기반을 어떤 형태의 목적에 두고 있는 철학자들이다. - Robert Beck, *Handbook in social philosophy*, Macmillan, 1979. 1장과 5장 참고.

5 Ted Honderich, *Violence for Equality*, Penguin, 1980. pp. 148-52.

6 E. Fromm, *On Disobedience and other essays*, R.K.P. 1984. p. 3.

7 국민 저항권 또는 시민 불복종의 권리가 보장됨으로써 현대 민주주의 국가에서 발생하고 있는 보호와 복종의 불균형은 어느 정도 해소되리라 본다. 불복종의 강조는 국가가 개인에 대해 가하는 위험으로부터 어느 정도 벗어날 수 있는 안정장치 역할을 할 수 있다. E. Fromm은 앞의 논문에서 복종은 미덕이고 불복종은 악덕이라는 전통 교육을 비난하고 인류의 역사가 불복종으로부터 시작했으나 복종함으로써 종말을 고할지도 모른다고 경고하고 있다.

8 Hans Kelsen, *The Foundation of Democracy*, (이종호 역) 홍성사. p. 9.

9 Aristoteles, *The Politics*, 1274b32-1275a21.

10 Ibid., 1276b20-1277b15.

11 R. Beiner, *Political Judgment*, The Univ. of Chicago Press, 1983. p. 2.

12 Ibid., p. 3.

13 C.B. Macpherson, *The Life and Times of Liberal Democracy*, Oxford, 1977. pp. 93-115.

14 Robert A. Dahl, "Procedural Democracy", *Philosophy Politics and Society*, fifth series, Blackwell, 1979. pp. 101-108.

15 Richard Wollheim, "A Paradox in the Theory of Democracy", *Philosophy, Politics and Society*, second series, 1972. p. 72.

16 C.B. Macpherson, op. cit. p. 93.

17 Peter Calvert, *Revolution, Key Concepts in Political Science*, Macmillan, 1970. pp. 132-136.

18 Ted Honderich, 앞의 책, pp. 157-158.

제2장

1 아리스토텔레스의 *The Nicomachean Ethics*의 대본은 David Ross(Oxford, 1980)와 H. Rackham의 원문 대조 영역판(Harvard, 1968)을 사용하였다.
2 *The Nicomachean Ethics*, Bk. VI, v, 1140a25.
3 Ibid., Bk. VI, viii, 5, 1142a15.
4 Ibid., Bk. VI, viii, 5, 1142a15.
5 여기서 상식(common sense)이란 비주관적인 판단을 의미하며, 다른 사람들과 공유하는 객관적 세계에 대한 판단이다.
6 *The Nicomachean Ethics*, BK. VI, ix, 1142b14.
7 Ibid., BK. VI, ix, 6, 1142b25.
8 박전규, 『아리스토텔레스의 실천적 지혜』, 서광사, 1985. 119쪽.
9 위의 책, 122-123쪽.
10 정치적 결정을 내리는 일에서 토론의 중요성을 아리스토텔레스가 분명하게 자각하고 있었음에도 불구하고 민주주의에 대해 부정적 견해를 보인 것은 선동 정치가(demagogue)들의 등장으로 지나친 토론이 분열을 낳기 쉽다는 점 때문이었다. (『정치학』 1297a7 참조)
11 *The Nicomachean Ethics*, BK. VI, x, 2, 1143a10.
12 Ibid., BK. VI, xi, 1, 1143a20.
13 Ibid., BK. VI, ii, 4, 1139a30.
14 Aristoteles, *The Politics*, 1254a7.
15 *The Nicomachean Ethics*, BK. I, v, 3, 1095b20.
16 Ibid., BK. VI, ii, 5, 1139b1.
17 Ibid., BK. I, 3, 1095a6.
18 김용환, 『관용과 다문화 사회의 교육』, 철학과 현실사, 2016. 10장 참고.
19 프란치스코 교황, 『찬미 받으소서』, 한국천주교주교회의, 2015. 제6장 참고.

제3장

1 R. Nozick, *The Examined Life*, Simon and Schuster, 1989. 298-299쪽.
2 소크라테스의 지덕일체(知德一體) 사상은 이론과 실천, 지식과 행동의 상호 의존성을 잘 나타내 주며, 이때의 덕은 물론 도덕적 상태로의 덕이 아니라 사물의 본질을 가장 잘 드러내는 활동으로서의 덕(arete)이다. 또한 플라톤도 철인 군주론을 통해 인식과 실천이 최고의 통치자에게 요청되는 덕목이라는 것을 강조하고 있다. 철학자의 이데아 인식 능력(관조적 삶)과 통치자의 국가 통치 기술(정

치적 삶)이 한데 어울릴 때만이 진정한 통치자가 됨을 강조하고 있다.

3 아리스토텔레스, 『니코마코스 윤리학』, 1권 4장 1095a.

4 위의 책, 1권 7장 1098a.

5 관조적 활동의 특징을 아리스토텔레스는 다음과 같이 말하고 있다. ① 최고 행태의 활동이다. ② 최고의 지속성이 있다. ③ 가장 유쾌한 활동이다. ④ 최고의 자족적인 활동이다. ⑤ 그 자체로 목적적 활동이다. ⑥ 인간의 내부에 있는 신적인 요소에 대한 활동이다. ⑦ 가장 한가한 활동이다.

6 물론 아리스토텔레스는 행복한 삶을 영위할 수 있는 계급을 그리스인으로 자유인이며 남자여야 한다는 제한을 하고 있지만 그것은 그의 시대적 한계일 뿐이다.

7 이론(theoria)은 형이상학이나 물리학과 같은 순수 이론적 지식을 의미하며, 가장 엄밀함과 정확성이 보장된 이론이다. 실천(praxis)은 윤리학과 정치학과 같은 실천적 학문을 하는 데 요구되는 지식이며 행동과 분리가 불가능한 지식이다. 포이에시스(poiesis)는 제작성을 의미하는 것으로 예술 활동을 포함해서 일반적인 노동 행위를 위한 지식을 의미한다.

8 아리스토텔레스, *The Politics*, 1254a7.

9 김용환, 「phronesis와 praxis」, 『한민족철학자 대회보』, 1991 참고.

10 G. MaCarthy, "German Social Ethics and the Return to Greek Philosophy: Marx and Aristotle", *Karl Marx's Social and Political Thought, Critical Assessment*, (ed. Bob Jessop), vol. 1, 360쪽.

11 마르크스의 시민사회 비판은 헤겔이 한 시민사회 비판의 연장선상에 놓여 있다. 사회계약에 뿌리를 둔 시민사회의 역사적 기능을 인정하되, 이런 형태의 사회는 극복되어야 한다고 두 사람은 모두 믿고 있었다. 헤겔의 대안이 국가 사회의 구현이라면 마르크스의 대안은 국가의 소멸과 공산 사회의 건설이었다.

12 K. Marx, *Economic and Philosophic Manuscripts of 1844*, London: L&W, 1981. 62쪽. 마르크스의 지적에 의하면, 국민 경제학자들은 무엇인가 설명할 때는 가상적으로만 존재하는 '원초적 상태(primordial condition)'에 의존한다. 이 '원초적 상태'나 '소유욕을 가진 사람들의 전쟁' 같은 말들은 홉스의 '자연상태'나 '만인에 대한 만인의 투쟁'을 연상시키고 있다. 시민사회에 대한 마르크스의 비판은 자연히 홉스 이후의 자유주의 전통에 대해 비판적일 수밖에 없다.

13 마르크스는 노동의 소외와 사적 소유의 관계를 인과 관계로 보면서도 소외된 노동이 외화된 삶으로 이해되는 데 사적 소유가 매개 역할을 한다고 설명하고 있다. 그리고 여기서 사적 소유는 자본과 노동의 소유를 의미한다. 위의 책, 72쪽, 82쪽 참고.

14 위의 책, 64-65쪽.

15 종적 연대의식(인종 간의 상호 의존 감정)이란 개념을 마르크스가 사용하고 있지는 않지만 근대 서양의 자유주의와 개인주의가 극단적인 형태의 고립주의로 흐르는 것을 비판하고 "인간에 대해 낯선 권력으로 존재하는 것은 오로지 인간 자신일 뿐"이므로 '모든 인간의 인간에 대한 소외'를 극복해야 한다고 말하는 그의 생각을 표현하는 데는 적절하다고 본다.

16 마르크스가 사용하고 있는 '유적 존재'라는 개념은 포이에르바흐의 개념으로 전체로서의 인간 또는 인류를 지칭하는 개념이다. 『1844년 경제학-철학 수고』에서는 이 개념을 포이에르바흐에 따라서 사용하고 있는 듯하나 1845년에 쓰여진 『포이에르바흐에 관한 테제』에서는 그 추상성을 비판하고 있다.

17 K. Marx, 앞의 책, 67쪽.

18 위의 책, 73쪽. 적어도 이 『1844년 경제학-철학 수고』에서 마르크스는 노동자의 개념을 확대해서 사용하고 있다. 노예 상태에 놓여 있고 낯선 삶을 살아가고 있는 모든 인간의 해방을 염두에 두고 있어 보인다. 만약 우리가 오늘날에도 마르크스를 읽어야 한다면 그것은 그가 어느 특정한 계급(노동자)의 해방을 말해서가 아니라 보편적 인간의 해방을 말하고 있다고 믿기 때문일 것이다.

19 K. Marx. "Theses on Feuerbach", 제8 테제.

20 Richard Bernstein, *Praxis and Action*, Univ. of Pennsylvania Press, 1971. 13쪽.

21 실천의 의미를 이런 방식으로 구분하는 것은 호프만(J. Hoffman)에 따른 것이며, 여기서 특징으로 사용하고 있는 개념들은 번스타인(R. Bernstein)에 따른 것이다. J. Hoffman, *Marxism and the Theory of Praxis*, L&W, 1975. 156-176쪽 참고. R. Bernstein, 위의 책, 34-83쪽 참고.

22 맥카시(G. MaCarthy)는 아리스토텔레스의 '실천적 지혜(phronesis)'와 마르크스의 실천 개념의 유사성, 그리고 좋은 삶과 실천 사이의 관계에 대해서 비교하고 있다. G. MaCarthy, 앞의 논문, 347-369쪽.

23 R. Bernstein, 앞의 책, 54쪽에서 재인용.

24 J. Hoffman, 앞의 책, 164쪽에서 재인용. 그리고 Theses on Feuerbach의 10번째 테제를 참고.

제4장

1 Charles Taylor, *The Ethics of Authenticity*, Harvard Univ. Press, 1991. 제1장 참고.

2 세계화라는 말은 국제화라는 말과 얼마나 다른지 분명하지 않다. 국제화를 영어로 표현하면 globalization이 되는데 세계화로 용어가 바뀌면서 정부의 공식적인 표기법은 Segyewha로 통일하고 있다. 북한에서 주체사상을 'Zuche'라고 표기하는 것을 연상시킨다.

3 Martha Nussbaum, *The New Religious Intolerance*, The Belknap Press of Harvard Univ. Press, 2012. 2장 p. 20 이하 참고.

4 Ibid., p. 35. 캐스케이드란 큰 폭포 곁에서 떨어지는 가느다란 여러 개의 실낱같은 물줄기를 의미하며, 맹목적으로 따르는 종속 상태를 상징하기도 한다. 폭포현상이라고도 말하지만 나는 개인의 의사 결정이 집단적 의사 결정에 함몰되는 의미를 더 분명하게 드러내기 위해 부화뇌동(附和雷同)으로 번역했다.

제5장

1 John Locke, *Two Treatises of Government*,(ed. by Peter Laslett), Cambridge Univ. Press, 1965. Bk I, §11, §13-15, Bk. II, §4, §61, §87. (이하 『정부에 관한 두 논고』로 표기)

2 Peter Laslett, "Introduction to His Edition of Two Treatises of Government", Cambridge Univ. Press, 1965. p. 97.

3 여기서 말하는 '불완전성의 원리'라는 개념은 인간이 본질적으로—존재론적으로나 인식론적으로—불완전하다는 사실을 의미하며, 이 원리로부터 그 어떤 이론이나 실천의 영역에 있어서 배타주의와 절대주의를 거부할 수 있는 근거가 마련된다. 나의 책, 『관용과 열린사회』, 철학과 현실사, 1997, pp. 29-32를 참조.

4 John Locke, *An Essay concerning Human Understanding*, (ed. by Peter H. Nidditch), Oxford Univ. Press, 1975. Bk. II, ch. XXI, §62, p. 274. (이하 『인간 오성론』으로 표기)

5 경험주의 또는 합리주의라는 구분과 명칭은 적어도 18세기에 이르러서야 사용되기 시작했다.

6 John Locke, 『인간 오성론』, Bk. IV, ch. I, §2. p. 525.

7 Ibid., Bk. IV, ch. II, ch. II, III 참고.

8 Ibid., Bk. I, ch. II, §24-26. p. 61-63 참고.

9 John Locke, *A Letter Concerning Toleration*, (ed. Mario Montuori), Amsterdam, 1983. p. 7.

10 John Locke, 『인간 오성론』, Bk. I, ch. I, §6, p. 46.

11 Ibid., The Epistle to the Readers, p. 8-9.

12 Ibid., Bk. II, ch. XX, §2, p. 229.

13 Ibid., p. 239.

14 Ibid., p. 236. 지각에는 세 종류가 있는데, (1) 정신 안에 있는 관념들에 대한 지각, (2) 기호의 의미에 대한 지각, (3) 관념들 사이에 존재하는 일치와 불일치에 대한 지각들이 그것이다.

15 Ibid., p. 236, pp. 240-241. 참고.

16 Ibid., p. 237.

17 Ibid.

18 Ibid., p. 258.

19 John Locke, 『정부에 관한 두 논고』, Bk. II, ch. II, §6, §7, §8. pp. 311-312 참고.

20 Ibid., Bk. II, ch. IV, §128. p. 397.

21 C.B. Macpherson, *The Political Theory of Possessive Individualism, Hobbes to Locke*, Oxford Univ. Press, 1972. p. 3, pp. 264-6.

22 John Locke, 『정부에 관한 두 논고』, The Preface, p. 171.

23 Peter Laslett, "Introduction on Two Treatises of Government", Cambridge Univ. Press, 1965. p. 60.

24 John Plamenatz, *Man and Society*, vol. 1, Longman, 1981. p. 210.

25 John Locke, 『인간 오성론』, I, iii, §13, p. 75. 『정부에 관한 두 논고』, Bk. I, ch. IX, §101, p. 253.

26 John Locke, 『정부에 관한 두 논고』, Bk. II, ch. II, §4, p. 309.

27 cf. Narthan Tarcov, *Locke's Education for Liberty*, Univ. of Chicago Press, 1984.

28 John Locke, 『정부에 관한 두 논고』, Bk. II, ch. II, §6, p. 311.

29 Ibid., ch. IX, §123, p. 395.

30 Ibid., ch. I, §3, p. 308.

31 Ibid., ch. V, §27, pp. 328-9.

32 Ibid., Bk. II, ch. VII, §78, p. 362, §87, p. 367.

33 Ibid., Bk II, ch. VIII, §97, p. 376.

34 Ibid., Bk II, ch. VIII, §96-99, pp. 375-377.

35 J.W. Gough, *John Locke's Political Philosophy*, Oxford, 1974. p. 91.

제6장

1 우도 틸, 『존 로크』, 이남석 옮김, 한길사, 1998. 180쪽.

2 이 논문에서는 Richard Ashcraft가 편집한 *John Locke: Critical Assessement*, vols III에 있는 재산권에 관련된 논문들을 주요 참고 문헌으로 삼았다.

3 John Locke, *Two Treatises of Government*(『정부에 관한 두 논고』), Bk. I, ch. II, §11, p. 183, ch. II, §13-15, Bk. ch. II §4, p. 309. ch. VI, §61, p. 350. ch. VII, §87, p. 366. 참고.

4 Peter Laslett, "Introduction to John Locke's Two Treatises of Government", Mentor, 1965. p. 60.

5 John Plamenatz, *Man and Society*, Longman, 1981. vol. I, p. 211.

6 라파엘의 지적에 의하면 "동의론은 사회계약론을 모호하게 해석한 것이며 사회계약론이 직면하고 있는 곤란을 피하기 위해 고안된 것이다. 대중적 동의라는 관념은 영국의 경우 의회제도의 발전에 중요한 부분을 담당했다." (D.D. 라파엘, 『정치철학의 문제들』, 김용환 옮김, 서광사, 1987. 122쪽.)

7 Gough는 로크가 사용하고 있는 동의개념의 특징들에 대해 잘 설명하고 있다. 동의는 현재의 행위만이 아니라 과거의 약속이기도 하다. 다수의 동의는 전체적 동의로 간주되어야 한다. 동의는 의무를 수반한다. 동의는 재산권 이론의 한 중요한 특징을 이룬다. 묵인도 동의로 간주한다. 동의에 의한 권위만 인정한다. J.W. Gough, *John Locke's Political Philosophy-eight studies-*, Oxford, 1974. pp. 52-79.

8 명예혁명 다음 해인 1689년에 선포된 권리장전(Bill of Right)은 혁명의 정당화 작업의 시작이었으며, 이는 의회와 왕권의 완전한 분리의 기점이 되었다. 이 권리장전을 기초한 위원회의 위원장이었던 존 서머스(John Somers)의 경제 자문 역할을 로크가 했으며, 그의 권고에 의해 화폐에 관한 글을 발표하게 되었다.

9 John Locke, 앞의 책, Bk. II, chap. IX, §124. p. 395.

10 Ibid., Bk. II, §123. p. 395.

11 Ibid., Bk. I, ch. IX, §92, p. 247, Bk. II, ch. V, §26. p. 328.

12 이 점과 관련해서 로크는 『정부에 관한 두 논고』 1권에서 로버트 필머의 가부장제에 대해 비판하고 있다. 필머의 왕권 신수설과 가부장제의 근거라고 볼 수 있는 아담의 권한에 대한 필머의 논증에 대해 로크는 비판하고 있다.

13 John Locke, 앞의 책, Bk. II, ch. V, §28. pp. 329-330.

14 Ibid., Bk. II, ch. V, §27. p. 328.

15 Ibid., Bk. II, ch. V, §31. p. 332.

16 로크의 단서조항(Lockian Proviso)에 대한 논의에 노직(R. Nozick)이 주목한 이후 대부분의 연구가들이 본문에서 밝힌 두 가지 단서 조항에 대해서만 집중했다. Macpherson은 두 가지 단서 조항에서 유추해 볼 수 있는 세 번째 단서 조항—정당한 점유는 자신의 노동력으로 산출할 수 있는 양(量)으로 제한되어야 한다—을 언급하면서 이것 역시 앞의 두 단서 조항과 마찬가지로 제거된다는 것을 보여주고 있다.

17 John Locke, 앞의 책, Bk. II, ch. V, §34. p. 333.

18 우도 틸, 앞의 책, 181쪽, 185쪽.

19 John Locke, 앞의 책, Bk. I, ch. IV, §42. p. 206.

20 창세기 3장 17-19절.

21 *Two Treatises of Government* 2권 5장 40절에서 로크는 대지의 산물에서 노동이 차지하는 성과를 10분의 9가 아니라 100분의 99라고 말할 만큼 노동의 성과에다 많은 비중을 두고 있다. "토지에다 그 가치의 가장 큰 부분을 부여해 주는 것은 노동이며 노동 없이 토지는 거의 아무런 가치도 없다."(43절)

22 C.B. Macpherson, 『홉스와 로크의 사회철학-소유적 개인주의의 정치이론-』, 황경식, 강유원 역, 박영사, 1990. 240쪽.

23 John Locke, 앞의 책, Bk. II, ch. V, §43. p. 340.

24 우도 틸, 앞의 책, 183-184쪽 참고.

25 D.D. 라파엘, 『정치철학의 문제들』, (김용환 옮김), 서광사, 1987. 134쪽.

26 위의 책, 90-91쪽 참고.

27 John Locke, 앞의 책, Bk. I, ch. IV, §42. p. 206.

28 John Locke, *An Essay concerning Human Understanding*, Bk IV, ch. III, §18. p. 549.

29 S.B. Drury, "Locke and Nozick on Property", in *Locke; Critical Assessement*, (ed. by Richard Ashcraft), vol. III, Routledge, 1991. p. 500.

30 Ibid., p. 501.

31 John Locke, *Two Treatises of Government*, Bk. II, ch. V, §46. p. 342.

32 John W. Yolton, *A Locke Dictionary*, Blackwell, 1993. p. 107에서 재인용.

33 John Winfrey, "Charity versus Justice in Locke's Theory of Property", in *John Locke: Critical Assessment*, (ed. by Richard Ashcraft), vol. III, Routledge, 1991. pp. 385-399.

34 John Locke, *Two Treatises of Government*, Bk. I, ch. IV, §42. p. 206.

35 존 윈프레이는 자선을 그리스도인으로서 도움이 필요한 사람에게 최저 생계를

제공하는 의무라고 해석하고 있다. John Winfrey, 앞의 논문, 386쪽.

36 누가복음 10장 25절-37절.

37 John Winfrey, 앞의 논문, p. 397.

38 우도 틸, 앞의 책, 32-33쪽.

39 폴 켈리, 『로크의 통치론 입문』, 김성호 옮김, 서광사, 2018. 15쪽.

제7장

1 R.H. Popkin, *D. Hume: His Pyrrhonism and His Critique of Pyrrhonism*, *David Hume Critical Assessments*, (ed. Stanley Tweyman), vol. II, 1995. 161쪽.

2 이 세 작품 이외에 「특별한 계시와 미래 국가」라는 또 하나의 소논문이 있는데, 이것은 「기적론」과 같이 『인간 오성에 관한 탐구』에 실려 있다. 이 논문은 『자연 종교에 관한 대화』와 논증이나 주제에서 유사하기 때문에 오랜 동안 해석자들에 의해 간과되어 왔다.

3 R.H. Popkin, *The History of Scepticism from Erasmus to Spinoza*, Univ. of California Press, 1979. 18-19쪽. 포프킨은 회의주의에 대한 정보가 르네상스의 사상가들에게 알려지게 된 출처를 세 가지로 들고 있다. 첫째, 엠피리쿠스 작품의 출판이며, 둘째, 키케로의 회의주의적 작품, 셋째, 디오게네스의 회의주의 운동에 대한 설명이다.

4 Julia Annas, Jonathan Barnes, *The Modes of Scepticism*, Cambridge, 1985. 6쪽에서 재인용.

5 Ibid., 6쪽.

6 David Pears, *Hume's System*, Oxford, 1990. 64쪽.

7 Julia Annas, Jonathan Barns, 앞의 책, 6쪽.

8 흄은 『인성론』의 내용을 쉽게 설명하기 위해 두 개의 각각 다른 책으로 나누어서 출판했다. *An Enquiry concerning Human Understanding*과 *An Enquiry concerning Principles of Morals*가 그것이다. 이 글에서는 편의상 앞의 것을 『탐구(Enquiry) I』이라고 표기한다. 이 글에서 인용하고 있는 『탐구 I』의 쪽수는 David Hume, *The Philosophical Works*, (ed. Thomas Green & Thomas Grose), Scientia Verlag Aalen, 1964. 가운데 vol. IV에 따른다.

9 David Pears, 앞의 책, 66쪽.

10 David Hume, *A Treatise of Human Nature*, L.A. Selby-Bigge(ed.), Oxford, 1978. 191쪽. 이하 『인성론』으로 표기함.

11 David Pears, 앞의 책, 66쪽.

12 『탐구 I』, 126-127쪽 참고.

13 『인성론』, 657쪽. 이 구절을 인용하면서 흄의 회의주의 성격을 자연주의적 관점에서 설명하고 있는 대표적인 해석가는 안토니 플루(Antony Flew)와 포프킨이다. Antony Flew, *David Hume, Philosopher of Moral Science*, Blackwell, 1986. 109쪽 참고. R.H. Popkin, 앞의 논문, 161쪽 참고.

14 『탐구 I』, 124쪽.

15 『탐구 I』, 130쪽. 흄이 기본적으로 퓌론주의자인 것은 사실이지만 엠피리쿠스의 작품을 읽었다는 흔적은 분명하지 않다. 다만 키케로(Cicero)와 피에르 베일(Pierre Bayle)의 작품을 통해 회의주의 전통에 대해 접할 수 있었다는 것은 분명하다. Terence Penelhum, *David Hume*, Purdue Univ. Press, 1992. 23쪽.

16 『인성론』, 187쪽.

17 『인성론』, 183쪽.

18 포프킨에 의하면, '완화된 회의주의는 Castellio, Chillingworth에 의해 싹이 트고, Mersenne, Gassendi에 의해 세밀해졌으며, Glanvill에 의해 발전했으며 그리고 마지막으로 Hume에 의해 완성되었다.' R.H. Popkin, 앞의 책, 213쪽.

19 『인성론』, 273쪽. Robert J. Fogelin, *Hume's Skepticism in the Treatise of Human Nature*, R.K.P. 1985. 2쪽.

20 『탐구 I』, 123쪽.

21 R.H. Popkin, 앞의 논문, 162쪽.

22 Robert J. Fogelin, 앞의 책, 6쪽.

23 홉스의 Erastianism과 로크의 종교적 관용에 대한 자세한 논의는 필자의 논문, 「관용」에 대한 철학적 분석(II), 인문과학, 64집, 연세대학교, 1990.을 참고.

24 『인성론』, 250쪽.

25 Antony Flew, 앞의 책, 110쪽.

26 이 「기적론」의 기본 생각은 흄이 프랑스의 수도원에 거주할 때 수도자들과 대화를 통해 형성되었다. 『인성론』에서는 이 「기적론」이 나타나지 않다가 『인성론』의 1부를 요약 정리한 『탐구 I』에서 「특별한 섭리와 미래 국가」라는 논문과 함께 등장한다는 사실은 주목해 볼 필요가 있다. 애초에는 『인성론』에 포함시킬 계획이었으나 너무 공격적이라는 점과 반발에 대한 두려움이 그 계획을 포기하도록 했다. B.M. Laing, *David Hume*, Thoemmes, 1990, 33쪽 참고.

27 「기적론」 89쪽. 이 작품은 『탐구 I』에 실린 것이며 쪽수도 이에 따른다.

28 위의 책, 93쪽.

29 Richard Swinburne(ed.), *Miracle*, Macmillan, 1989. 49쪽, 53쪽, 71쪽 참고.

30 David Hume, 「기적론」, 94쪽.

31 위의 책, 95쪽.

32 위의 책, 96-7쪽.

33 위의 책, 99쪽.

34 「종교의 자연사」, 315쪽. 이 글에서 인용하고 있는 「종교의 자연사」는 Green과 Grose가 편집한 *David Hume, The Philosophical Works*, scientia verlag aalen, 1964. 4권에 있는 것임.

35 위의 책, 325-7쪽 참고.

36 위의 책, 336쪽.

37 위의 책, 337쪽.

38 위의 책, 338쪽.

39 위의 책, 336쪽.

40 위의 책, 337-8쪽.

41 흄의 이 작품은 키케로의 *De natura deorum*을 모델로 해서 구성했다. 대화체로 작품을 구성한 이유를 흄은 단절된 대화법의 전통을 잇는 일과 자유로운 논쟁의 분위기를 보장하는 일에서 찾고 있다. 참고) 대화체로 작품을 쓴 근대의 전통은 갈릴레오와 홉스에서 그 전형을 발견할 수 있다. 대화법은 새로운 이론을 전개시키는 방법이라기보다는 논쟁의 상대방에게 자신의 이론을 설득하는 데 가장 효과적인 방식이라는 점에 홉스와 흄은 인식을 같이하고 있다.

42 『자연 종교에 관한 대화』, 378쪽. 이 글에서 인용된 『자연 종교에 관한 대화』는 Green과 Grose가 편집한 *David Hume, The Philosophical Works*, scientia verlag aalen, 1964. 2권에 있는 것임.

43 위의 책, 468쪽.

44 J.C.A. Gaskin, "Hume's Critique of Religion", in Stanley Tweyman(ed.), *David Hume, Critical Assessments*, vols. V, 1995. 56쪽, 61쪽.

45 J. Noxon, "In Defence of Hume's Agnonsticism", in Stanley Tweyman(ed.), *David Hume, Critical Assessment*, vols. v, 1995. 71쪽.

46 『자연 종교에 관한 대화』, 390쪽, 404쪽.

47 위의 책, 434쪽.

48 위의 책, 392쪽, 410쪽 참고.

49 위의 책, 460쪽.

50 위의 책, 412쪽.

51 위의 책, 391쪽. 여기서 주목할 점은 흄이 전통적으로 신의 본성을 나타내는 개념들이 사실은 찬양과 경배를 위한 용어라고 지적하는 부분이다. 흄의 이 말은 홉스가 『리바이어던』에서 "신은 찬양과 숭배의 대상이지 추론의 대상이 아니다"라고 말한 것과 동일선상에 있다.

52 R.H. Popkin, 앞의 책, 55쪽.

53 『자연 종교에 관한 대화』, 382쪽, 388쪽. 「종교의 자연사」, 329쪽.

54 Terence Penelhum, *David Hume - An Introduction to His Philosophical System*, Purdue Univ. Press. 1992. 34쪽.

55 배국원, 『현대 종교철학의 프리즘』, 도서출판 대장간, 2013. 460쪽.

56 위의 책, 462쪽, 464쪽.

57 위의 책, 517-518쪽.

제8장

1 박찬구, 「흄과 칸트에 있어서의 도덕감」, 『철학』 제44집(한국철학회), 1995.
금교영, 「막스 쉘러의 공감론(I)」, 『철학논총』 제13집(새한철학회), 1997.
「막스 쉘러의 윤리학적 공감론」, 『철학논총』 제16집(새한철학회), 1999.
이상인의 논문 「연민과 비극의 도덕」(『철학』 제64집)은 아리스토텔레스의 시학 13장에서 다루고 있는 연민의 감정에 대한 논의에 한정되어 있다.

2 흄의 도덕론이 의무감을 강조하기에 약하다는 평가는 공정하지 못하다. 흄이 칸트처럼 도덕적 의무감의 선험적 조건을 말하지는 않지만 그의 도덕 이론에서 의무감을 과소평가하는 것은 위험하다. 의무감을 요구하지 않는 도덕 이론이 무슨 의미가 있겠는가? "도덕 감정에 의한 덕과 악덕, 쾌락과 고통에 대한 경험은 의무감을 갖게 만든다"고 흄은 말하고 있다. D. Hume, *The Philosophical Works*, (ed. by) Green and Grose, vol. 4, Scientia verlag Aalen, 1964. p. 171.

3 금교영, 「막스 쉘러의 공감론(I)」, 『철학논총』, 13집, 1997, pp. 436-440.

4 박정순, 「감정의 윤리학적 사활」, 『감성의 철학』(정대현 외 지음), 민음사, 1992. pp. 69-124

5 Platon, *Phaedrus*, 246a 이하.

6 D. Hume, *A Treatise of Human Nature*, L.A. Selby-Bigge(ed.), Oxford, 1978, p. 413. 이하 Treatise로 약칭함. 번역본으로는 이준호의 것을 참고하였음.

7 D. Hume, *Treatise*, p. 413.

8 Ibid., p. 415.

9 Ibid., p. 517.

10 아담 스미스, 『도덕 감정론』(박세일, 민경국 공역), 비봉 출판사, 1996, 572쪽. 역자들은 공감을 동감으로 옮기고 있으나 이 논문에서는 모두 공감으로 바꾸어서 사용한다.

11 박정순, 앞의 책, 115쪽. 박정순의 지적대로 이성과 감성의 관계를 '주인과 노예' 의 메타포로 규정한다면 주인인 이성과 노예인 감성의 관계(칸트)이거나 주인인 감성과 노예인 이성의 관계(흄)로 이 양자 사이를 설명하는 것이 선명하게 보일 수 있다. 그러나 이 두 철학자가 "이분법을 고수함으로써 이성과 감성이 서로 섞일 수 있는 가능성, 즉 인지적 감정의 가능성을 탐구하지 않았다."(77쪽)고 지적하고 있다. 이것은 적어도 흄에게는 사실이 아니다. 흄은 감정의 헤게모니를 말하면서도 이성의 역할을 간과하고 있지 않다. 주인과 노예의 메타포는 어디까지나 도덕적 합리주의자들이 이성의 우위성을 강조하기 위해 사용한 메타포일 뿐이다. 주인도 노예가 없으면 더 이상 주인이 아니며, 노예도 주인과의 관계에서 규정되는 지위일 뿐이다. 따라서 이성과 감성은 애초부터 상호의존적이다. 다만 누가 주도권을 쥐어야 하는가에 대한 투쟁만 있었을 뿐이다.

12 막스 쉘러는 칸트의 이성주의 윤리학을 비판하면서 감정의 윤리학을 세우려고 했으며, 공감이 중요한 기능을 한다는 점에 주목하였다. 그는 아담 스미스의 도덕감정론을 비판의 대상으로 삼으면서 가치의 객관성을 확보하려고 시도하고 있다. 이런 점에서 보면 막스 쉘러와 필자는 약한 의미의 보편주의적 도덕론을 지향하고 있다는 점에서 유사하다.

13 독일어로 공감은 Mitgefühl, 연민은 Mitleid인데 이 두 개념은 모두 '함께', '더불어' 의 의미를 가지고 있는 Mit를 접두어로 가지고 있다. 이것은 두 개념이 대상, 타자와의 관계에서 발생하는 감정임을 나타내 준다.

14 금교영과 박정순은 공감과 동정심을 구분하지 않고 혼용함으로써 논란의 여지를 남기고 있다. 금교영은 Mitgefühl을 공감으로, Sympathie를 동정심으로 번역하고 있으며, 흄의 공감(sympathy) 개념을 동정으로 옮기고 있다(위의 논문, 435-438쪽). 또 박정순은 R.M. Hare의 *Freedom and Reason*에서 인용한 'sympathetic imagination' 을 '동정적 상상력' 이라 옮기고 있다. '공감적 상상력' 으로 옮기는 것이 더 적절할 것이다. R.M. Hare, *Freedom and Reason*, Oxford, 1973. p. 185. 정대현(외), 『감성의 철학』, 민음사, 1994, 120쪽.

15 D. Hume, *Treatise*, p. 316.

16 위의 책, p. 318.

17 D. Hume, *Inquiry concerning the Principle of Morals*, in *The Philosophical Works*, (ed. by) Green and Grose, vol. 4, Scientia verlag Aalen, 1964, pp.

207-208.

18 아담 스미스, 『도덕 감정론』, 27쪽.

19 위의 책, 89쪽.

20 D. Hume, *Treatise*, p. 369. 여기서 흄은 쾌락이나 즐거움보다는 고통과 슬픔의 감정이 더 강렬하고 지속적으로 영향을 준다고 지적하고 있다.

21 이준호는 『정념에 관하여』 2부 7절에 있는 'of compassion'을 연민으로, 안옥선은 compassion을 '자비'로, benevolence를 인(仁)으로 번역하고 있다. Ok-Sun An, *Compassion and Benevolence - A Comparative Study of Early Buddisht and Classical Confucian Ethics*, Peter Lang, 1998. 안옥선, 「자비의 윤리와 보살핌의 윤리의 비교 윤리학적 고찰」, 『백련불교논집』 제7집, 1997. 안옥선의 용어 선택과 정의에 대해서는 이 글 5장을 참고.

22 D. Hume, *Treatise*, p. 369.

23 Ibid., p. 370.

24 R.W. Altmann, "Hume on Sympathy," in *David Hume Critical Assessments* (ed. by Stanley Tweyman), vol. iv, Routledge, 1995. pp. 467-8.

25 흄의 *Treatise* 3권, 「도덕에 관하여」는 제목과는 달리 정치론에 가깝다. 2권의 내용은 여러 가지 정념들에 대한 분석이지만 그것이 결국 인간의 행위와 어떻게 연관되어 있는가를 설명한다는 점에서 도덕 이론이라 볼 수 있다.

26 D. Hume, *Treatise*, p. 369.

27 R.W. Altmann, 위의 논문, p. 469.

28 D. Hume, *Treatise*, p. 322.

29 김선영, 「흄의 상상력 비판」, 박사학위 논문, 연세대학교 대학원, 1999. 이 논문에서 김선영은 상상력이 흄의 도덕 이론에서 공감과 어떤 관련이 있는가에 대해서는 언급하고 있지 않지만 상상력이 지식 구성의 원리로서 어떻게 작동하는가에 대해서는 상세하게 논의하고 있다.

30 D. Hume, *Treatise*, p. 10.

31 위의 책, p. 318.

32 아담 스미스, 『도덕 감정론』, 566쪽.

33 위의 책, 46쪽.

34 위의 책, 50-51쪽.

35 인간의 원초적 감정은 자기애이다. 그리고 타자와 자기를 비교하면서 생기는 감정이 자존심(amor propre)이다. 자신을 포함해서 모든 존재자들이 죽을 수밖에 없다는 사실을 깨닫는 순간 자기 연민과 타자에 대한 연민의 감정을 갖게 된다.

따라서 연민은 자기애와 더불어 인간이 가지는 최초의 감정이다. 김용환, 「새로운 homo educandus를 위하여」, 한국철학회, 『21세기의 새로운 도전과 희망의 철학』, 한국철학회 편, 철학과 현실사, 2001, pp. 319-321 참고.

36 Timoth O' Hagan(ed.), *Jean Jacques Rousseau and the Source of the Self*, Avebury, 1997, p. 72.

37 안옥선, 앞의 논문(1997), pp. 225-226. 안옥선, 「불교의 상호존중과 포용성」, 『철학』 제63집(2000), p. 90.

38 안옥선, 위의 논문, p. 225, 각주 2 참고

39 안옥선, 앞의 논문(2000), p. 91. 안옥선은 논문(1997)에서 자비의 윤리와 보살핌의 윤리(care ethics)가 같은 근거에 서 있다는 것을 비교 고찰하고 있다. 보살핌의 윤리는 "보살핌을 받는 사람과 함께 느끼는 감정인 '함께 느낌(feeling with)' 이다." 이 두 윤리는 모두 감성 윤리학의 범주에 속한다. p. 239, 257.

40 안옥선, 앞의 논문(1997), p. 229.

41 논어(論語), 이인(里仁) 2절.

42 맹자(孟子), 공손축장구(公孫丑章句) 상(上), 6.

43 子貢問曰, 有一言而可以終身行之者乎, 子曰, 其恕乎. 己所不欲, 勿施於人. 論語, 衛靈公 23절.

44 중용(中庸), 13장 3절에 대한 주자(朱子)의 주(註).

45 D. Hume, *Treatise*, p. 365.

46 박동환, 「古代漢語와 原始反求」, 『안티호모에렉투스』, 도서출판 길, 2001, pp. 32-48.

47 위의 책, p. 36.

48 君子求諸己(論語 衛靈公) 射有似乎君子, 失諸正鵠, 反求諸其身(中庸 14장).

49 R.M. Hare, *Freedom and Reason*, Oxford Univ. Press, 1978, p. 94.

50 Ibid., pp. 97-98, p. 185.

51 Ibid., p. 126.

52 Ibid., p. 94.

53 강진영, 「아담 스미스의 공감과 교육적 의미」, 『교육철학』 제26집, 2001, p. 3, 각주 3.

54 위의 글, pp. 15-16.

55 아담 스미스, 앞의 책, 89-90쪽.

56 J.J. 루소, 『사회계약론(외)』, 이태일(외) 옮김, 범우사, 1994, p. 243.

57 J.J. 루소, 『에밀』 상권, (정봉구 옮김), 범우사, 2000, pp. 387-388.

58 위의 책, p. 407. 연민, 동정심에 대한 논의는 『에밀』 제4부에서 주로 논의되고 있다. 『인간 불평등 기원론』의 1부에서도 교육과 관련해서 다루고 있다.

59 Ibid.

60 Ibid.

61 제러미 리프킨, 『공감의 시대』, 민음사, 2010. 16쪽.

62 막스 쉘러, 『공감의 본질과 형식』, 이을상 옮김, 지식을 만드는 지식, 2013. 90쪽.

63 혐오에 대한 누스바움의 분석에 대해서는 우리 말로 번역된 『혐오와 수치심』, 『혐오에서 인류애로』 그리고 김용환 외, 『혐오를 넘어 관용으로-관용:혐오주의에 대항하는 윤리-』, 서광사, 2019.를 참고하길 바란다.

64 김용환, 『관용과 열린사회』, 철학과 현실사, 1997. 제6장 1절(공포의 감정과 불관용) 참고

65 위의 책, 6장, '관용교육이 우리의 미래다' 참고

66 제러미 리프킨, 앞의 책, 541쪽.

제9장

1 인간의 자기규정 노력은 가히 피나는 여정이었다. 머리를 하늘로 향해 치켜든 homo erectus가 신과 우주의 위대함에 거부의 몸짓을 한 형이상학적 자기규정이라면, 양심과 도덕률에 대한 경외심으로 용솟음치는 가슴을 부여안고 인간은 homo moralis, homo religiosus를 외쳤다. homo economicus는 뱃속에 가득한 욕망을 숨기지 않고 떳떳하게 드러내려는 자유주의자들과 신보수주의자들의 또 다른 자기규정이다. 이 글에서 homo educandus는 이상적으로 교육받은 사람을 지칭하는 것으로 사용하고자 한다.

2 에밀은 고아였다. 그렇기 때문에 실패할 위험이 많은 부모로부터의 교육은 피할 수 있었다. 그러나 도시에서 벗어나 자연에 가까운 전원에서 완벽한 교사의 가르침을 받는 행운을 누리고 있는 아이였다. 인간은 우주 안에서 고아와 다름이 없으며, 자연은 인간에게 가능한 한 모든 좋은 조건을 다 제공하고 있다는 점에서 우리 모두는 에밀이다. 다른 점이 있다면 에밀에게는 훌륭한 교사가 있었지만 우리에게는 우리 자신밖에 없다는 사실이다.

3 이만규, 『다시 읽는 조선교육사』, 도서출판 살림터, 2010, 243-250쪽.

4 위의 책, 225쪽.

5 조선조 후기의 실학자들은 예외이다. 이들의 학문관은 탈 주자학, 실사구시(實事求是)의 정신에 뿌리내리고 있으며, 학문의 유용성을 강조하였다.

6 위의 책, 278-284쪽. 함경, 평안, 황해도 출신의 인재는 등용을 꺼렸다는 점에서 지방 편파교육이었고, 여성들에게는 제대로 된 교육을 시키지 않았다는 점에서 성차별교육이라 말할 수 있다.

7 위의 책, 410쪽.

8 위의 책, 624쪽.

9 최재희, 「교육상의 자유주의」, 조선교육, 1947년 12월호, 『문화, 대학, 철학』, 을유문화사, 을유문고 24, 1969. 185-197쪽에서 재 인용.

10 김정환, 『인간화 교육 어떻게 할 것인가』, 내일을 여는 책, 1996. 94쪽.

11 이런 비인간화된 교육과 인문학 위기 현상은 비단 우리만의 문제는 아닌 것 같다. 20세기 후반기 전 세계가 공통적으로 직면하고 있는 교육 현실로 보아도 무방할 것이다. 영국의 교육실천가 A.S. Neill(닐)은 20세기를 병든 세기로 규정하고 있는데 그 병리 현상 역시 위에서 말하고 있는 교육의 비인간화와 맥을 같이 하고 있다.

12 최선영, '교양 교육의 원천', 『인간주의 교육 사상』, 고려대학교 교육사. 철학연구회 편, 내일을 여는 책, 1996. 49-50쪽 참고.

13 Erich Fromm, *On Disobedience and other essays*, R.K.P. 1984. pp. 1-8.

14 조동일 교수도 인문학문의 위기를 과학주의에서 찾고 있다. 조동일, 『인문학문의 사명』, 서울대 출판부, 1997. v쪽 참고.

15 Tom Sorell, *Scientism*, Routledge, 1991. p. 1.

16 위의 책, 4쪽.

17 교육에 관련한 루소의 다른 두 작품은 『생트 마리의 교육안』(*Project for the Education of M. de Sainte-Marie*)과 『줄리: 신 엘로이즈』(*Julie: The New Héloise*)이다. 앞의 작품은 로크의 *Some Thoughts concerning Education*을 답습한 것이며, 뒤의 작품은 연정 소설로 줄리의 자녀 교육에 관한 긴 대화가 포함되어 있다. 『에밀』보다 한 해 먼저 출판되었다.

18 오인탁, 『루소, 위대한 교육 사상가들 II』, (연세대학교 교육철학연구회 편), 교육과학사, 1998. 238-242쪽.

19 Paul Nash, Andreas M. Kazamias, Henry J. Perkinson, *The Educated Man*(교육받은 사람 II), 성기산 옮김, 집문당, 1997. 28-29쪽.

20 오인탁, 앞의 책, 239쪽.

21 J.J. 루소, 『에밀』, 박석주, 박제구 공역, 새글사, 1970. 16쪽.

22 Amelie Oksenberg Rorty, *Philosophers on Education*, Routledge, 1998. p. 240.

23 J.J. 루소, 『인간 불평등 기원론, 사회 계약론(외)』, 이태일(외) 옮김, 범우사, 1994. 243쪽.

24 J.J. 루소, 『에밀』, 243쪽. 루소는 홉스가 자연법의 정신을 '복음의 규칙' 으로 요약하며 말한, "남에게 대접을 받고자 하는 대로 남을 대접하라."를 인용하면서 이보다는 자신의 동정심의 격률이 더 유용하다고 말하고 있다.

25 루소를 비롯한 프랑스 계몽주의자들이 18세기 당시의 프랑스 교육에 대해 비판적이었다. 그 이유는 대체로 프랑스 교육이 반종교 개혁자 집단인 예수회 교단에서 운영하는 각급 학교에서 이루어졌고, 근대 과학의 빠른 변화에 대해 적절하게 대응하기보다는 고전 교육을 암기식으로 가르쳤기 때문이다. 생명력을 잃은 그리스와 로마의 고전문학을 가르쳤고 귀족들에게는 어린 나이부터 상류 사회에 필요한 예절 교육이 강조되었다. Paul Nash 외, 앞의 책, 10-11쪽.

26 J.J. 루소, 『에밀』, 18쪽 참고.

27 위의 책, 84쪽.

28 Daniel E. Cullen, *Freedom in Rousseau's Political Philosophy*, Northern Illinois Univ. Press, 1993. p. 21 참고.

29 위의 책, 17쪽.

30 에릭 프롬, 『섬머 힐』(A.S. Neil), 머리말, 강성위 옮김, 배영사, 1984. 10쪽.

31 J.J. 루소, 앞의 책, 『에밀』, 92쪽.

32 위의 책, 261쪽

33 위의 책, 273쪽. 연민, 동정심에 대한 논의는 『에밀』 제4부에서 주로 논의되고 있다. 『인간 불평등 기원론』의 1부에서도 교육과 관련해서 다루고 있다.

34 위의 책, 273쪽.

35 Amelie Oksenberg Rorty, 앞의 책, p. 253 각주 5.

36 루소, 『에밀』, 274-276쪽.

37 Nicholas Dent, "Rousseau and respect for others", in *Justifying Toleration*, (ed. Susan Mendus), Cambridge, 1988. p. 124.

38 유가에서 말하는 충서(忠恕)의 윤리도 자기로부터 출발하여 타자에게로 나가는 과정을 거친다. 주자의 해석에 따르면, 충이란 진기지심(盡己之心)이며, 서는 추기급인(推己及人)이다. 연민, 동정심은 나와 다른 사람의 마음을 같게 놓는 것(恕)에서 생긴다.

39 A.N. Whitehead, *The Aims of Education and Other Essays*, The Free Press, 1967. p. 1.

40 한국의 대학 교육에서 교양이라는 개념에 혼란이 왔다. 전통적인 의미에서 문

학, 역사, 철학 중심의 교양 개념은 약해지고 일반 상식이나 전공 기초 지식을 교양으로 보려는 세력이 대세를 이루고 있다. 이런 경향이 교양 교육의 교과목 설정에 결정적 역할을 하고 있으며, 인문정신을 훼손시키고 있다. 인문학의 위기가 초래된 이유 가운데 하나도 바로 여기에 있다.

41 A.N. Whitehead, 앞의 책, p.48

42 위의 책, p. 47.

43 위의 책, p. 48.

44 위의 책, p. 48.

45 C.P. 스노우, 『두 문화』, (오영환 옮김), 민음사, 1993. 29쪽.

46 위의 책, 30쪽.

47 영국 산업혁명 시기에 기계 파괴 운동을 벌였던 사람들이며, 오늘날에는 기계를 혐오하는 사람들, 컴퓨터 문맹자들이 여기에 해당된다.

48 K. 야스퍼스, 『대학의 이념』, (민준기 역), 서문당, 1974. 63-64쪽.

49 위의 책, 94쪽.

50 A.N. Whitehead 앞의 책, p. 26.

제10장

1 Eric Fromm, *On Disobedience and other Essays*, RKP. 1985. p. 6.

2 Roger Scruton, *A Dictionary of Political Thought*, Pan Books, 1983. p. 329.

3 홉스에 의하면, 노예가 주인에게 생명 보호에 대해 아무런 보장도 받지 못한다면 복종의 의무도 없다고 한다.

4 플라톤, 『변명』, 30a.

5 Darnell Rucker, "The Moral Grounds of Civil Disobedience", *Ethics*, vol. 76, p. 142.

6 플라톤, 『변명』, 30c. 소크라테스가 신의 명령을 실정법의 명령보다 더 우선으로 생각하여 불복종을 정당한 것으로 본 것에 대해 뒤에 홉스는 법 실증주의 입장에서 비판하고 있다. 계시를 통해 전달되는 신의 명령은 사적인 것으로 공적인 의무를 발생시키지 않으며 구속력이 없다는 것이 홉스의 주장이다. 소크라테스의 『변명』에서 제시된 불복종의 자연법론적 논거는 비판하고 『크리톤』에서의 사회 계약론적 논거는 지지하겠다는 것이 홉스의 입장이다.

7 Darnell Rucker, 앞의 논문, p. 142. 소크라테스의 『변명』에서의 불복종을 시민 불복종과 동일선상에서 확대 해석하는 Rucker의 견해는 문제가 있다. 실정법을 위반하고 처벌을 감수했다는 점에서는 공통점이 있으나 시민 불복종은 집단적

행위(collective act)여야 하는데 소크라테스의 불복종은 그렇지 못하며 그 이후에도 아무런 집단적 행위로 확대되지 않았다.

8 D. Hume, "Essay XII, Of Original Contract", in *The Philosophical Works of D. Hume*, (eds. Green/Grose), Scientia, 1964. vol. 3, p. 460.

9 T. Hobbes, *Leviathan*, (ed. C.B. Macpherson), Penguin Books, 1980. pp. 194-195.

10 당위와 의무를 구별하는 일이 이 글을 이해하는 데 중요하다. 당위는 자신의 의지와는 무관하게 외적으로 주어진 부담이며, 의무는 자기 스스로 부여한 행위 부담이다. 자연법은 당위적 명령이고, 법률은 스스로 부여한 의무 수행을 수반한다. Carole Pateman, *The Problem of Political Obligation*, Politiy Press, 1985. p. 37.

11 *Leviathan*, 16장. 참고) 김용환, 『홉스의 사회 · 정치철학』, 철학과 현실사, 1999. 202-206쪽.

12 *Leviathan*, 20장, p. 254. "복종의 목적은 보호에 있다." 21장, p. 272.

13 *Leviathan*, 20장, p. 252. 참고) 김용환, 앞의 책, p. 258.

14 Carole Pateman, 앞의 책, p. 55.

15 F. Copleston, *A History of Philosophy*, Image Books, 1964. vol. 5 Pt. II, p. 60.

16 G. Berkeley, "Passive Obedience", in *The Works of George Berkeley*, (eds. by A.A. Luce, T.E. Jessop) Edinburgh, 1948-57, vol six(1953), 독자들을 위한 서문, p. 15. 재코바이트는 명예혁명 후 망명한 제임스 2세와 그 후계자를 영국의 정통 왕으로 옹립하려는 사람들이었다. 이들은 윌리암 3세를 죽이고 제임스 2세의 아들을 왕으로 세우려는 음모와 반란을 두 차례(1715년과 1745년) 시도했으나 실패한다. 왕권을 제한하고 의회의 권력을 강화하려는 의회주의자들(휘그당)과 대립각을 보인 토리당은 왕권주의자들이었다. 버클리는 최고 권력에 대해 절대적 복종을 강조함으로써 당시에 만연된 로크의 혁명론에 대항하고자 했다.

17 1715년과 1745년 두 차례 반란이 있었다. 버클리는 1745년에 반(反) 재코바이트의 입장을 분명하게 밝히면서 가톨릭 교인들에게 반란에 참여하지 말 것을 권고하는 편지를 쓴다. Copleston, 앞의 책, p. 11.

18 G. Berkeley, "Passive Obedience", 2. p. 17.

19 위의 책, 15, p. 24.

20 위의 책, 6-7. pp. 20-21.

21 위의 책, 23, 24, pp. 29-30.

22 위의 책, 36, p. 36. 자연 상태의 완전한 자유보다는 절대 군주에게 복종하여 자기 보호를 확보하는 것이 더 낫다는 홉스의 관점과 일치한다.

23 위의 책, 38, p. 37.

24 로마서 13장 2절. 로마서 13장(1절에서 7절까지)에서 바울은 그리스도인과 세속적인 권력과의 관계를 설명하고 있다. 모든 권력은 하느님으로부터 나오는 것이며, 통치자는 하느님의 일꾼이기 때문에 그에게 복종하는 것은 곧 하느님께 복종하는 것과 마찬가지라고 바울은 천명하고 있다. 홉스가 『리바이어던』 31장에서 "통치자에게 복종하는 것은 하느님의 율법에 거슬리지 않는다"고 한 말과도 같다.

25 버클리는 사실상의 왕(de factor king)과 합법적인 왕(de jure king) 사이를 구분하기 어렵다는 입장을 1709년에 쓴 편지에서 밝히고 있다. 버클리는 정통성보다는 사실상 힘을 가진 군주에게 복종하는 것이 의무라는 생각을 가졌다.

26 이재영은 passive obedience를 '무저항적 복종'으로 번역하고 있다. 서양 근대철학회 엮음, 『서양 근대철학』, 창작과 비평사, 2001, p. 254.

27 G. Berkeley, 앞의 책, p. 10.

28 이재영은 소극적 복종을 말하는 버클리의 견해를 "관점을 달리 하면 시민들에게 비폭력적인 불복종의 권리, 곧 소극적 저항권을 인정한 것으로 해석할 수 있다"고 말한다. 서양 근대철학 엮음, 위의 책, p. 256.

29 D. Hume, *Treatise of Human Nature*, (ed. Selby-Bigge), Oxford, 1978. p. 563. 이하 T.로 표기함. 번역본은 이준호(서광사, 1998)의 것을 사용하였다.

30 위의 책, p. 552. 이준호는 passive obedience를 수동적 복종으로 번역하고 있다.

31 위의 책, p. 490.

32 한국 사회윤리연구회 편, 『사회계약론 연구』, 철학과 현실사, 1993. 이 책에 있는 필자의 「흄의 규약론에서 본 정의론과 정부론」을 참고.

33 D. Hume, *The Philosophical Works of D. Hume*, (eds. Green/Grose), scientia, vol. 3, 1964. Essays, Pt. II, XII (Of the original contract), pp. 445-447.

34 D. Hume, T. p. 546.

35 D. Hume, "Inquiry Concerning the Principles of Morals", in *The Philosophical Works of D. Hume*, (eds Green/Gorse), scientia, 1964. vol. 4 p. 197.

36 D. Hume, T. p. 563.

37 위의 책, p. 563. Essays, Pt. II, XIII (Of Passive Obedience), p. 462.

38 D. Hume, Essays, Pt II, XIII (Of Passive Obedience), p. 461.

39 D. Hume, T. pp. 553-554. Essays, Pt. II, XII (Of the Original Contract), p. 452.

40 K. Jaspers 외., 『소크라테스, 불타, 공자, 예수, 모하메드』, (황필호 옮김), 종로서적, 1994. p. 19.

41 변영로의 시 논개.

42 A. 까뮈, 『반항하는 인간』, 김화영 옮김, 민음사, 2023. 31-32쪽 참고.

제11장

1 panopticon은 John Bowring이 편집 출판한 벤담의 전집, *The Works of Jeremy Bentham*, Edinburgh, 1843. vol. IV.에 실려 있다. 이곳에는 부록(Appendix)과 후기(Postscript I, II)가 포함되어 있다. vol. XI에는 Panopticon Project와 관련하여 벤담이 주고받은 서간문들이 실려 있다. 이후 전집은 WJB로 약칭함.

2 John Pratt, *Punishment and Civilization*, Sage Publications, 2002. pp. 35-36.

3 에셜론 계획이란 세계적인 통신 감청망을 지칭하는 이름으로 1948년 냉전 시기에 미국과 영국 등이 주도한 국제적인 감청망 구성 계획이다. 각국의 감청 기지를 인공위성으로 통합 연결하여 유·무선 전화, 팩스, 이메일 등 모든 통신을 감청할 수 있는 네트워크이다.

4 사회적 낙인(social labeling)은 다수에 의해 소수에게 가해지는 폭력의 한 현상이다. 특히 부정적인 사회적 낙인은 죄형 법정주의 원칙에 따라 자신이 저지른 범죄에 대한 정당한 죗값을 치르고 난 후에 무제한적으로 치러야 하는 추가적인 처벌이다. 사회적 낙인의 폭력성에 대해서는 이 글의 5절 결론에서 다룬다.

5 김용환, 「홉스의 힘의 정치철학; 폭력과 통제」, 동서철학연구, 제29집, pp. 113-137.

6 미셸 푸코의 책 제목이기도 한 감시와 처벌은 국가가 합법의 이름으로 개인이나 집단에 가한 폭력의 또 다른 이름이기도 하다. 감옥의 역사라는 부제목이 붙어 있는 『감시와 처벌』은 국가 권력이 어떻게 인간과 인간의 몸을 감시하고 처벌해 왔는지에 대한 계보학적 연구서이다.

7 Elie Halevy, *The Growth of Philosophical Radicalism*, Kelley & Millman, 1928. pp. 80-81.

8 Kimmett Edgar, Carol Martin and Ian O'Donnell, "Institutional violence", in Elizabeth A. Stanko (ed.), *The Meanings of Violence*, Routledge, 2003. p. 222.

9 Hans Toch, *Violent Men, An Inquiry into the Psychology of Violence*, Ameri-

can Psychological Association, 1997. p. 221.

10 푸코, 『감시와 처벌』(오생근 역), 나남 출판, 2003. 역자 서문 8쪽.

11 위의 책, 29-30쪽.

12 위의 책, 33-34쪽.

13 존 프라트(John Pratt)는 서구에서 형벌 제도의 개혁이 처벌의 문명화를 유도했지만, 예전의 동구권이나 제3 세계에서의 처벌보다 더 문명적이라는 증거는 없다고 지적하고 있다. 기술의 발달과 관료주의의 결탁은 처벌의 비문명화를 초래했다는 것이 프라트의 주장이다. John Pratt, *Punishment and Civilization*, Sage Publication, 2002. p. 3, 8.

14 John Bowring, WJB. vols. IV. p. 39. 이외에도 전집 4권에는 후기(postscript part) I, II가 포함되어 있는데, I부에는 건축 설계에 대한 보충 설명이, 그리고 II부에는 운영 관리 지침에 관한 벤담의 생각이 담겨 있다. 벤담은 죽기 1년 전인 1830-1831년 사이에 자신과 영국 왕 조지 3세 사이에서 있었던 Panopticon Project를 둘러싼 갈등에 대해 해명하고 있다. *History of the War between Jeremy Bentham and George the Third*라는 제목의 이 책은 벤담 전집 11권에 부록으로 실려 있다.

15 J. Bentham, *An Introduction to the Principles of Morals and Legislation* (eds. by) J.H. Burns and H.L.A. Hart, Methuen, 1982. 이하 PML이라 칭함.

16 H.L.A. Hart, "Introduction to PML.", p. xxxvii.

17 John Bowring, WJB, vol. IV, p. 127.

18 벤담 전집인 John Bowring이 편집한 벤담의 전집 색인에는 베카리아 관련 색인이 12개 이상 포함되어 있다. 그러나 이 전집에 포함되어 있지 않은 벤담의 베카리아 언급은 많이 있다. 벤담과 베카리아의 관계에 관해서는 H.L.A. Hart, "Bentham and Beccaris", in *Essay on Bentham*, Clarendon Press, Oxford, 1982. pp. 40-52 참고.

19 John Bowring, WJB, vol IV, p. 121. vol. XI, p. 98.

20 John Bowring, 위의 책, Letter 1, p. 40.

21 벤담과 영국 정부 사이에 있었던 줄다리기 논쟁에 관해서는 L.J. Hume, "Bentham's Panopticon: An Administrative History", in J. Bentham, *Critical Assessments*(ed. by Bhikhu Parekh), vols. iv pp. 189-229 참고.

22 수용 인원의 적정화는 사법 개혁 주창자와 박애주의자(philanthropist)들의 요구 사항 중의 하나였다. 미국의 독립전쟁 이후 죄수 수출이 불가능해지자 1776년에 세워진 영국 내 감옥은 죄수들로 넘쳐 나게 되었다. 그 결과 죄수들의 열악

한 위생 상태 등 많은 문제가 발생하고 감옥은 범죄 학교로 전락하게 되었다. 수용 인원의 감소는 감옥 개혁의 주요 과제였다. Elie Halevy, *The Growth of Philosophical Radicalism*, Kelley & Millman, 1928. p. 82.

23 John Bowring, WJB, vol. XI, p. 98.

24 위의 책, vol. IV, p. 44.

25 매일 우리가 이용하고 있는 은행이나 관공서뿐만 아니라 길거리에 설치되어 있는 폐쇄회로 감시 카메라는 집 밖에서 활동하는 우리의 모습을 24시간 감시할 수도 있다. 점차 원형 감옥으로 변화되어 가고 있는 것은 아닌가?

26 Elie Halevy, 앞의 책, pp. 83-84. John Bowring, 앞의 책, letter ix, pp. 47-48.

27 J. Bentham, WJB, vol. XI, p. 98.

28 위의 책, vol. IV, p. 127.

29 위의 책, vol. IV, pp. 122-123. Elie Halevy, 앞의 책, p. 83.

30 벤담이 제시한 계약 관리제는 오늘날의 사설 감옥의 형태로 운영하는 것을 의미한다. 미국의 경우 여러 주에서 사설 감옥을 운영하고 있는데, 많은 문제점을 낳고 있다는 것이 사실이다. 주 정부의 입장에서 보면 사설 감옥은 공리성의 원칙(이 경우 소수의 범법자를 위해 납세자의 돈을 투자하는 것보다는 최대 다수의 행복을 위해 민영화하는 것이 더 합리적이라는 원칙)에 따라 허용되어야 한다. 그러나 실제로 사설 감옥은 교정 회사의 수익 창출의 수단으로 전락하고 있으며, 재소자의 인권은 사각지대에 놓일 위험성이 있다. 예를 들면 강제 노동을 통한 이윤 창출과 열악한 수형 시설 등이 문제점으로 지적될 수 있다.

31 벤담이 공리성의 원칙을 누구로부터 차용하고 있는가에 대해서는 논란이 있다. Mary Warnock은 Joseph Priestley로부터 처음 알게 되었다고 주장하며, H.L.A. Hart는 Beccaria인지 Priestley인지 분명하지 않다는 벤담의 언급을 지적하고 있다. 그러나 벤담이 공리주의 정신을 Hume, Helvetius, Beccaria 등으로부터 전수받았다는 것은 분명하다. Mary Warnock(ed.), *J.S. Mill, Utilitarianism, On Liberty, Essay on Bentham*, New American Library, 1962. Introduction, p. 7. H.L.A. Hart, *Essay on Bentham*, Oxford, 1982. p. 40.

32 Igor Primoratz, 「The Utility of Punishment: Bentham」, in *Bentham: Moral, Political and Legal Philosophy II*, (ed. by) Gerald J. Postema, Ashgate, 2002. p. 330.

33 벤담의 형벌 이론은 또 다른 작품 *Principles of Penal Law*에서도 자세하게 전개되고 있다. WJB. vol. I에 실려 있다.

34 Igor Primoratz, 앞의 논문, p. 332. 벤담은 공리주의 원리와 대비해서 비공리주

의 윤리학의 대표적인 이론으로 신학적 원리, 금욕주의적 원리 그리고 공감과 반감의 원리를 지적하고 있으며, 이들 세 가지는 모두 개인과 사회를 위한 도덕적 판단 기준이 될 수 없다고 비판하고 있다. PML, pp. 17-25.

35 H.L.A. Hart, Introduction to PML, p. lx.

36 J. Bentham, PML, p. 158.

37 J. Bentham, WJB, vol. I, p. 396. Igor Primoratz, 위의 논문, p. 333. 참고.

38 위의 책, vol. I, p. 476. Igor Primoratz, 위의 논문, p. 339. 참고.

39 Mary Warnock, 앞의 책, p. 12. 벤담은 법 실증주의자로서 법과 도덕을 구분하고, 그 연장선상에서 자연법과 흄의 원초적 계약(original contract)론을 거부하고 있다. 벤담이 처음으로 출판한 *Fragment on Government*에서 자연법론자 블랙스톤(Blackstone)을 비판하는 가운데 이 논의가 집중되어 있다.

40 Elie Halevy, 앞의 책, p. 84. J. Bentham, WJB., vol. IV, pp. 63-64.

41 J. Bentham, PML, p. 165.

42 J. Bentham, WJB, vol. I, p. 367.

43 벤담은 개조 이론에 대해서 회의적인 태도를 보이고 있다. 범죄인을 개조한다는 것은 달성하기 어려운 목표이며, 감옥의 열악한 조건하에서는 불가능하다고 보고 있다. 따라서 개조보다는 억제 기능을 통해 예비 범죄자를 예방하는 것이 더 효율적이라고 판단하고 있다.

44 John Pratt, 앞의 책, pp. 7-8.

45 동질적인 집단 안에서 자신의 안전이 보장될 수 있다는 신념은 19세기에는 민족주의로 나타났으며, 20세기에는 국가주의로 나타났다. 히틀러의 유대인 학살을 묵인하거나 방관한 유럽인들의 의식 안에는 이성 공포증이 자리 잡고 있었다. 아우슈비츠는 유럽인 자신들과는 다르고 미운 오리새끼와 같은 존재였던 유대인과 집시 그리고 동성애자들을 사회로부터 격리시키는 데 효율적인 감옥이었다.

46 Hans Toch, 앞의 책, p. 187.

47 위의 책, p. 223.

48 폭력의 하부문화에 관해서는 Hans Toch의 위의 책, pp. 185-186. 참고.

49 사회통제 이론은 범죄 사회학에서 주로 논의되고 있는 이론이다. 이 이론은 거의 모든 개인이 합법적 행위보다는 불법적인 행위를 더 선호하며, 아무도 감시하거나 비난(처벌)하지 않는다면 손쉽게 범죄나 비행을 저지른다는 점을 전제로 하고 있다. 이런 사회통제 이론에 대한 비판의 핵심은 통제의 효율성이 과잉 포장되었다는 사실을 지적하는 데 모아지고 있다. 최영인, 염건령, 『사회통제 이론과 범죄 낙인 이론』, 열린출판사, 2003, p. 6, p. 17, pp. 44-45.

50 Erich Fromm, *On Disobedience and other essays*, R.K.P. 1984. p. 8.

에필로그

1 플라톤, 『파이드로스』, 268c, (박종현 역주), 서광사, 2016, 342쪽.